资 本 论 下册

（第一卷）

［德］ 马克思◎著

郭大力　王亚南◎译

湖南人民出版社·长沙

目　录

资本论第一卷补遗
马克思未发表遗稿

V　劳动者与机械之间的斗争

　　资本家与工资劳动者间的斗争，是与资本关系一同开始的。这种斗争，在全制造业时期，皆甚猖獗[①]。但劳动者反抗劳动手段——资本之物质的存在方法——的斗争，却是机械采用以后的事。劳动者视生产手段的这个形态，为资本主义生产方法的物质基础，而反抗之。

　　在 17 世纪，全欧几乎都有劳动者，反抗 Bandmühle（或称

[①]　特别可参看豪登（John Houghton）。著《改良的农工业》伦敦 1827 年；《东印度贸易的利益》1720 年；白拉斯著《设立工业大学的建议》伦敦 1696 年。雇主与其劳动者，不幸常在战争状态中。雇主的不变的目的，是尽可能以低廉的价格得到劳动。他们不惜用种种手段来达到这个目的。但劳动者也想利用每一个机会，使雇主不得不容纳他们的更高的要求。（《现时食物价格腾贵的原因的研究》1767 年第 61、62 页。）此书系福斯特（Nathaniel Forster）牧师所著，是站在劳动者方面说话的。

Schnurmühle，Mühlenstuhl，是一种织丝带和花边的工具）①。约在1630年，有一荷兰人在伦敦附近开办一个风力锯木厂，为暴民所袭击。十八世纪初叶，英格兰用水力推动的锯木厂，仍为民众反抗，这种反抗，因得国会方面的后援，是颇费了些力气，才克服下来的。1758年，爱维累德（Everet）始造成用水力推动的羊毛剪裁机。但卒为十万失业者所焚毁。阿克莱特的粗梳机与梳刷机初被采用时，有五万一向以梳毛为业的工人，向国会请愿禁止。十九世纪初十五年间，英国制造业区域，机械（主要是蒸汽织机）的大破坏，被称为"鲁第运动，（Ludditen bewegung）"的，曾成为反雅各宾党政府（主要人员为西特莫兹 Sidmouth，凯赛里 Castlereagh 等）采用极反动高压手段的借口。工人要能分别机械与机械之资本主义的使用，从而，不以物质生产手段，而以物质生产手段之社会的榨取形态为攻

---

① Bandmühle（丝带机械）是在德意志发明的，一个意大利僧人兰塞洛蒂（Lancellotti），曾于1636年在威尼斯出版一本书（那是1579年写的），里面有这样的话："约在五十年前，丹锡人安东·缪勒（Anton Müller）在这个都市看见一个极精巧的机械，那可以同时织四匹至六匹。但丹锡市会因恐这个机械的采用，会使许多工人失业，把这个机械烧毁了，发明者是秘密地绞杀了或溺杀了。"在勒登，这个机械，直到1692年才有人使用。在那里，当初也曾在丝带织工间，引起暴动。市议会虽以1623年1639年的法令，限制它的使用。最后，依1651年12月10日的法令，它还只能在一定条件下使用。关于丝带织机在勒登市的采用，博克士荷恩（Boxhorn）在《法制论》（1663年）中说："在这都市，差不多在20年前，发明了某织的工具，用这种工具，不仅比普通人，可以在相同时间内织出更多的丝带；所织成的丝带也更精致。因此，地方上发生了一种扰乱，织工人群起不平。后来由协议会禁止使用了事。"在科隆，1676年，这个机械被禁了。差不多在同时，这个机械输到英格兰去，也曾在工人间引起骚扰。1685年2月19日的敕令，在德国全部，禁止这个机械的使用。在汉堡，是以市会命令，公开把这种机械烧毁的。1719年2月9日，查理六世重申1685年的敕令；在萨克逊侯国，这个机械也到1765年，才公开准许采用。但这个如此袭传世界的机械，实际便是纺织机械的先导，是18世纪产业革命的先驱。一个无经验的儿童，只要把起动杆拉动，就可以把织机及其所有的梭推动。改良后，它已能同时织40匹至50匹了。

击目标，那尚须有相当的时日和经验①。

制造业内部的关于工资的斗争，是以制造业为前提，但不否定它的存在。制造业的成立，曾遭遇反抗，但反抗乃从基尔特的老板和特权的都市那方面来，非从工资劳动者那方面来的。因此，在制造业时代的著作家眼里，分工虽然是可能代替劳动者的手段，但不是现实驱逐劳动者的手段。这个区别，是自明的。试举一例以明之。比方说，我们说，今日英吉利五十万劳动者用机械纺绩的棉花，若用旧式纺车纺绩，必须有一万万劳动者。我们说这句话的意思，自然不是这数千万从来不存在的劳动者，已为机械所代替。我们仅说，要代替这种纺绩机械，必须有数千万劳动者始可。反之，若我们说，在英吉利，蒸汽织机曾使八十万织工失业。我们的意思就不是说，现存的机械只能由一定数劳动者代替，却只说一定数现存的劳动者，已在事实上为机械所代替，所驱逐。在制造业时代，手工业经营是已经解体了，但依然是基础。中世纪留传下来的都市劳动者，比较是很少的；新殖民地市场的需要，不能由此满足。同时，真正的制造业，又为因封建制度崩溃而从土地被驱逐出来的农民，开放新的生产范围。所以，在当时，工作场所内的分工和合作，也多从积极

---

① 在旧式制造业，我们发觉，即在今日，工人对于机械，仍不时发生粗暴的反抗。1865年席菲尔德的镗刀工人，就是一例。

方面被考察，被认为可以增进所使用的劳动者的生产力①。不错的，应用到农业上来，合作与劳动手段在少数人手中的结合，也曾在多数国家，远在大工业时代以前，在农民生产方法上，从而，在农民的生活条件及职业手段上，引起突然的强烈的大革命。但这种斗争，原来，与其说发生在资本与工资劳动之间，宁说是发生在大地主与小地主之间。并且，就这个场合来说，在劳动者为劳动手段（羊马等）所驱逐的限度内，也自始就以直接的暴力行为，为产业革命的前提。劳动者从土地被逐出来，然后羊进去。像英吉利那样大规模的土地剥夺，乃是大农业成立的第一步②。所以，这个农业革命，最初即多有政治革命的外观。

劳动手段一经采得机械的形态，它便会成劳动者自己的竞争者③。资本由机械而起的价值增殖，与由机械而生存条件被破坏的劳动者数，成正比例。我们讲过，资本主义生产的全体系，是立足在劳动者以劳动力当作商品来出卖的事实上。但分工尚仅使劳动力化为操纵部分工具的完全特殊化的熟练。自操纵工具的事务也归于机

①　斯杜亚爵士也完全从这个意义，考察机械的影响。他说："我以为，机械是这样一种手段，它会（在可能性上）增加活动的人数，但不会引起给养费的增加。……机械的作用，和新住民的作用，就由这一点区别。"（《经济学原理》法译本第1卷第1篇第19章。）配第还更素朴地说，机械把"一夫多妻制"（Polygamie）代替了。这个见地，至多只能适用于北美合众国若干地方。反之，庇尔西·莱文斯登（Piercy Ravenstone）著《公债制度及其影响》一书（伦敦1824年第45页），却说："使用机械以缩短个人劳动这一件事，是很少成功的；其建造所费的时间，会比其应用所节省的时间更多。在它能有大规模作用的时候，换言之，在一个机械能帮助几千人工作的时候，它才是有用的。因此，机械最多的地方，必定是人口最众，游惰者最多的地方。……采用机械的原因，不是劳动者稀少，只是劳动得以集合使用的便利。"

②　第四版注——这也适用于德意志。在盛行大农业的德国各处，尤其是德国东部，大农业的成立，是"自耕农民驱逐（Bauernlegen）"的结果。这种驱逐，自16世纪以来，尤其是自1648年以来，是极流行的。——F. E.

③　"机械与劳动，在不断的竞争中。"里嘉图前书第479页。

械以来，劳动力的交换价值，就和它的使用价值一同失效了。劳动者变成了不能出卖的东西，像不许通用的纸币一样不能出卖。以机械之故而被转化为过剩人口（在资本增殖上，他们不复是直接需要的人口）的那一部分劳动阶级，一方面，或者是在旧式手工业经营和制造业经营对机械经营的不均衡的斗争中消灭，他方面，是流入比较容易接近的产业部门，拥挤在劳动市场内，使劳动力的价格低于其价值。这些贫苦无救的劳动者，每每一方面以为他们自己的痛苦，只是暂时的痛苦（一时候的不便），他方面又以为，机械仅徐徐侵入一生产领域全部，其破坏作用的范围与强度或可得以缓和，而自慰的。但前一种安慰，适足以攻破第二种。在机械徐徐侵入一生产领域的地方，机械会使那些与机械竞争的劳动者，陷于继续不断的贫乏。而在急速推转的地方，其影响又是急切的，广被的。英吉利手织工人渐次的消灭（那曾茬苒数十年之久，至 1838 年，才算完全），是世界史上一幕空前可怕的悲剧了。其中，有许多是饿死的，有许多是长期间每日以 $2\frac{1}{2}$ 便士养活一家的[①]。反之，英国木棉机械，却在东印度，引起了急切的影响。1834—1935 年，印度的总督曾说："这样的穷乏，在商业史上，实难有其匹。棉织工人的白骨，

---

① 在 1834 年新救贫法实施以前，手织机与机械织机的竞争，在英格兰有一个时期，是由这个事实而延长的：工资降到最低限以下的工人，得受教区津贴，以为补足。"杜尔讷牧师在 1827 年是彻夏州威谟斯洛地方（一个制造业区域）的教区长。移民委员的质问和杜尔讷君的答复，曾说明人类劳动对机械的竞争，是怎样维持。问：'机械织机的使用，曾驱逐手织机的使用么？'答：'毫无疑问的；不设法支持手织工人，使他们能够容忍工资的减低，则被驱逐的，尚不止此数。'问：'在这样容忍下，他所接受的工资，不够保持，因此，不得不仰望教区的津贴来补足吗？'答：'是的。实际，手织机和机械织机的竞争，是由救贫税来维持的。'工业人口由采用机械所得的利益，是屈辱的救恤，或移住，那不过把高尚的且相当独立的手工人，变为萎缩的贫乏者，使其必须赖屈辱的慈善面包来生活。但他们称此为一时候的不便。"（《竞争与合作的比较功绩论》伦敦 1834 年第 29 页。）

把印度平原的土地都漂白了。"当然，就这一辈已经辞世的织工说，机械所给予他们的只是"一时候的不便"，但就其余各点说，因机械会不断侵入新的生产范围，故机械的"暂时的"作用，实际也是永久的。我们以前讲过，资本主义生产方法一般，会在劳动条件与劳动生产物上，附加上与劳动者相对立相独立相分离的形态。这个形态在机械形态上，才发展为完全的对立①。所以，劳动者对劳动手段之粗暴的反抗，也是和机械的采用同时初次发生的。

劳动手段扑杀劳动者"这种直接的对立，在新被采用的机械，与旧手工业经营和制造业经营相竞争的地方，暴露得最为分明。但在大工业内部，机械之无间断的改良，和自动机组织之发展，也有同样的作用。机械改良之目的，是减少筋肉劳动，或以铁的装置代替人的装置，以完成工厂生产过程的一环。②""以蒸汽力或水力装在机械上以代替人力的事情，几乎每日都有发生。……以节省动力，改良制成品，增加同时间的工作量，或驱逐一个儿童，一个妇女，或一个成年男子为目的的机械小改良，是不断发生的，那在外表上虽似不甚重要，但也会引起重要的结果"。③ "一个过程必须有手工的熟练与把握时，此过程每要尽速从太过狡猾太易犯规则的工人手

---

① "增加一国收入的原因，同时会使人口过剩，劳动者的状况恶化。"（里嘉图前书第469页）。在那里，里嘉图说明了，他所谓"一国收入"，是指地主和资本家的收入。从经济学考察，他们的收入，等于国家的收入。——机械改良的永久的目标和趋势，是实际驱除男人的劳动，或以妇女儿童的劳动代替成年男子的劳动，以不熟练工人的劳动代替熟练工人的劳动，以减低劳动价格。（乌尔《制造业哲学》第1卷第35页。）

② 1858年10月31日工厂监督专员报告第43页。

③ 1856年10月31日工厂监督专员报告第15页。

里夺下来，交给一个特殊的可由一个儿童照料的自动机构去担任。"① "在自动机的体系下，熟练劳动日益被驱逐。"② "机械改良的结果，不仅使一定结果的获得，无须和先前雇用等量的劳动，且使一种人类劳动可以代替他种人类劳动，使较不熟练劳动可以代替较熟练劳动，使幼年劳动可以代替成年劳动，使妇人劳动可以代替男子劳动。这一切变化，都会在工资率上不断引起扰乱。"③ "以自动妙尔纺绩机代替普通妙尔纺绩机的结果，是使成年男子纺绩工人大部分失业，而将少年儿童保留。"④ 由实际经验的蓄积，由现有的机械手段，由技术的不绝进步，工厂组织得有非常的伸缩力。试一考察工厂组织在劳动日强迫缩短以后的长足的进步，当可证明这是实在的。但 1860 年（英国棉业极发达的年度），谁会梦想到，在此后三年间，在美国南北战争的刺激下，机械会异常进步，手工劳动会相应地被驱逐呢？对此，工厂监督专员的政府报告，曾提示一二例证，可以援引在下面。孟彻斯德有一个工厂主说："以前我们的工厂有梳整机 75 架，现在只有 12 架，生产额现在却是和以前一样。……我们使用的工人，减少了 14 名，因此，每星期可以节省 10 镑工资。依我们估计，所节省的棉屑约当所用棉花量 10%。"在孟彻斯德别一个细纱纺绩工厂内，"据报告，因速度增加及采用自动机之故，劳动

---

① 乌尔前书第 19 页。——"火砖制造上使用机械的大利益，是在这点：雇主可以完全不依赖熟练工人"（童工委员会第五报告，伦敦 1866 年第 180 页第 46 号）。——第二版加注。大北铁道公司机械部监督斯台洛克（Sturrock），关于火车头等机械的建造，曾说："英国的多费的工人，是一天比一天，更少被人使用了。因采用改良工具之故，生产是增加了，照料这种工具的，又是低级劳动。……以前，蒸汽机的各部分，都须用熟练劳动。现在，蒸汽机的各部分，是用熟练较小的劳动和优良的工具来生产了。所谓工具，我是指机械建造上所使用的机械。"（敕命铁道委员会述证证伦敦 1867 年第 17862 号、17863 号。）

② 乌尔《制造业哲学》第 20 页。

③ 前书第 321 页。

④ 前书第 23 页。

者人数，在某一部分减少 $\frac{1}{4}$，在某一部分减少约 $\frac{1}{2}$，而以梳刷机代替第二梳整机的结果，又曾把梳整室以前使用的职工数减少许多。"别一个纺绩工产，据估计，曾节省劳动 10%。孟彻斯德纺绩业者基尔末公司报告说："就送风部说，我们估计我们使用新机械的结果，足减少了，$\frac{1}{3}$ 的工人和工资……在起重室，支出和工人，约减少 $\frac{1}{3}$。在纺绩室，支出也约减少 $\frac{1}{3}$ 但还不止此。本公司制成的纱，因采用新机械之故，已改良多了，所以，到织布业者手中时，它比用旧机械纺成的纱，可以生产较大量又较便宜的布匹来。"① 在同报告中，工厂监督专员勒德格莱夫还说："减少工人而增加生产的事情，是不断发生；在毛织物工厂，若干时以前，工人即已开始减少，且继续在减少"。数日前，罗虚德尔附近一位校长对我说，女学校生徒的大减少，不仅因为市面萧条，且因为毛织业工厂机械的改革，因此，有七十个"半时间工"被裁了②。

下表，可以说明，南北美战争曾在英国棉业的机械上，引起怎样的改良。各年的工厂数如下表：

	1856 年	1861 年	1868 年
英格兰与威尔士	2,046	2,715	2,405
苏格兰	152	163	131

---

① 1863 年 10 月 31 日工厂监督专员报告第 108、109 页。

② 1863 年 10 月 31 日工厂监督专员报告第 109 页。——机械在棉业恐慌中的急速的改良；使英国的工厂主，在南北美战争刚刚停止不久，就以制品塞满在世界市场。在 1866 年最后六个月间，织物之类的东西，是完全卖不出去。于是，开始把商品送往中国和印度，那当然是使市场壅塞的情状更恶化。1867 年初，工厂主遂用他们常用的办法，把工资减低 5%。劳动者纷起反对，宣言说（这种说法，从理论的见地说，完全对的），唯一的救治方法，是缩短工时，即每星期只开工 4 日。争持许久之后，工业界的自委的队长，不得不照这样办，但有些地方的工资还是减低 5%，不过有些地方是照旧。

	1856 年	1861 年	1868 年
爱尔兰	12	9	13
全国合计	2,210	2,887	2,549

蒸汽织机数如下表：

	1858 年	1861 年	1868 年
英格兰与威尔士	275,590	368,125	344,719
苏格兰	21,624	30,110	31,864
爱尔兰	1,633	1,757	2,746
全国合计	298,847	369,992	379,329

纺锤数如下表：

	1858 年	1861 年	1868 年
英格兰与威尔士	25,818,576	28,352,152	30,478,228
苏格兰	2,041,129	1,915,398	1,397,546
爱尔兰	150,512	119,944	124,240
全国合计	28,010,217	30,387,494	32,000,014

被雇工人数如下表：

	1858 年	1861 年	1868 年
英格兰与威尔士	341,170	407,598	357,052
苏格兰	34,698	41,237	39,809
爱尔兰	3,345	2,734	4,203
全国合计	379,213	451,569	401,064

由上表，可知 1861 年至 1868 年间，有 388 个棉工厂消灭了，那就是，生产力较大的规模较大的机械，已累积在较少数资本家手中了。蒸汽织机减少了 20,663 架，但同时期蒸汽织机的生产物反而增加，可知改良织机必比旧织机生产得更多。又，纺锤数增加了1,612,541 个，职工数则减少 50,505 名。工人因棉业恐慌而蒙受的"一时的"穷乏，因机械有急速的不断的进步，而益加增进，永久化了。

但与工资劳动者对立的机械，不仅是一个占优势的常常使工资劳动者"过剩"的竞争者。它还是对抗工资劳动者的势力。资本是这样大声说，也是断然这样做的。劳动者反对资本的专制，举行周期的暴动罢工等，机械便成了压抑罢工的最有力的武器[1]。依加斯克尔（Gaskell）说，蒸汽机关自始即是"人力"的对敌。工人的益益增大的要求，几乎给当时方始萌芽的工厂制度以恐慌的威胁，资本家所以能把工人的这种要求压倒，就赖有这个对敌[2]。我们可以说，1830年以降的全部发明史，都表明它是资本压抑劳动者反抗的武器。在这里，最先叫我们想起的，是自动妙尔纺绩机，因此为自动机时代的发端[3]。

纳斯密兹，汽槌的发明者，曾在职业工会调查委员会前，关于他1851年因机械工人长期大罢工而采用的机械改良，提出如下的报告。"近代机械改良的特征，是自动工作机的采用。现在机械工人所从事的事项，虽儿童也能从事。他们无须自己劳动，只须监督机械的美丽的劳动。因此，专门依赖熟练的工人阶级，在今日，就全然消灭了。以前，我雇用一个机械工人，须雇用四个少年工人。感谢新的机械结合，我现在雇用的成年男工人，已由1,500人，减为750人了。结果，我的利润大大增加了。"

乌尔关于印花工业使用的一种染色机，曾说："资本家终依科学的资源，渐渐从这种难堪的束缚（那就是使他们扼腕的劳动契约条件）解放出来，并迅即恢复了他们的合法的支配权，即头脑支配肢体的机力。"关于一种曾因引用而直接引起罢工的整纱机的发明，他说："到这时候，自认在旧分工线后占有不拔阵地的这一群不平者，

---

[1] "在硬玻璃瓶玻璃的工业上，雇主和工人的关系，等于一种慢性的罢工。因此，压缩玻璃的制造，一时就旺盛起来了，因为压缩玻璃主要是由机械造的。纽凯赛有一个公司，以前每年生产350,000磅硬玻璃，现在是生产3,000,500磅压缩玻璃了。"（童工委员会第四报告1865年第262、263页。）

[2] 加斯克尔著《英国制造业人口》伦敦1833年第3、4页。

[3] 在机械建造上机械的应用，有若干重要的地方，应归功于肥尔贝伦（Fairbaim）在罢工中所得的经验。他是一个造机械的工厂的所有主。

才发觉他们的侧面，已在新机械的战术面前崩解，发觉他们的防御已经无效，不得不无条件降服了。"关于自动妙尔纺绩机的发明，他说："这一种创造，负有在产业各阶级间恢复秩序的使命。……这一种发明，印证了以上阐明的原理，即：资本利用科学，反抗的劳动者遂不得不降服。"① 乌尔的著作，是 1835 年出版的，那时候，工厂制度比较尚不甚发展，但虽如此，他的著作，因含有无掩饰的犬儒主义风味，且坦白地把资本头脑的无意义的矛盾暴露出来，故仍不愧为工厂精神的典型的表现，例如，他说资本得御用科学之助，常可使"反抗的劳动者不得不降服"之后，又对于世人非难机械物理学的话（认机械物理学为巨富资本家压迫贫苦劳动者的工具），表示愤懑。他以一大篇话，说明机械急激的发展如何如何于劳动者有利之后，又对劳动者警告，说他们的反抗，他们的罢工，曾加速机械的发展。他说："这种粗暴的反抗，表示了近视者是可鄙的自苦者。"但数页之前，他的说话，又正好相反。他说："若不是工厂的职工，因怀谬误的见解，以致发生激烈的冲突和停顿，则工厂制度必有更速的发展，对于各方当事人也必更有利益。"但往下，他又说："幸而，在大不列颠棉业区域，机械的改良是徐徐的。我们曾听人说，机械改良，曾将成年工人一部分驱逐，使成年劳动的供给过剩，从而使他们的工资低减。但它曾增加幼年劳动的需要，从而，把他们的工资率提高了。"但这位安慰者，又以儿童工资率低微，为可赞成的事情。他说这种事情，使父母不致把年龄过幼的儿童送到工厂去作工。总之，他全书，不外为无限制的劳动日辩护。当立法院禁止十三岁未满儿童每日作工 12 小时以上时，他这种自由主义的精神，使我们回想起中世的黑暗时代。但虽如此，他仍劝工厂劳动者感谢上帝，因上帝曾以机械使他们有闲暇反省自己的"永久的利益。"②

---

① 乌尔《制造业哲学》第 368 页 370 页。
② 乌尔前书第 368 页，7 页，370 页，280 页，321 页，281 页，475 页。

Ⅵ 机械驱逐劳动者同时会予以赔偿的学说

詹姆斯·穆勒，麦克洛克，托伦斯，西尼耳，约翰·穆勒等资产阶级的经济学者，认机械驱逐劳动者，但同时必然会把相当的资本，游离出来雇用同数的劳动者[①]。

假设某资本家，在壁纸制造业上雇用 100 工人，每人每年工资 30 镑。每年支出的可变资本，等于 3,000 镑。现在他裁去 50 个工人，而以值 1,500 镑的机械，使用其余 50 人。为使问题简明起见，我们且不计入建筑物煤炭等。再假设每年消费的原料，现在是和从前一样值 3,000 镑[②]。这种形态变化，曾游离出任何资本来么？在形态变化之前，6,000 镑的总额，半为不变资本，半为可变资本。在形态变化之后，则 6,000 镑中，4,500 镑为不变资本（3,000 镑为原料，1,500 镑为机械），1,500 镑为可变资本。可变资本部分，即转化为活劳动力的资本部分，原为总资本 $\frac{1}{2}$ 的，现已减为 $\frac{1}{4}$。在此场合，不但没有资本游离出来，且有一部分资本被拘束在不能与劳动力交换的形态上，那就是，由可变资本转为不变资本。在其他事情不变的条件下，6000 镑的资本，仍旧不过雇用 50 个劳动者。而机械每改良一次，所使用的工人还会减少一次。当然，如果新采用的机械，比机械所驱逐的劳动力和工具所值较小，比方说，机械不值 1,500 镑，只值 1,000 镑，则由可变资本化为不变资本的数额，仅为 1,000 镑，因而有 500 镑的资本会游离出来。假设工资不变，这样游离出来的 500 镑，将成为一种基金可以在被解雇的 50 人中，大约雇用 16

[①] 里嘉图原来是抱这个见解的；但此后，他是用他特有的科学无偏性和真理爱，把这个见解明白放弃了。参看其所著《原理》第 31 章《论机械》。

[②] 注意，我是仿照那几位经济学者的方法，举这个列举的。

人。但一定不及 16 人，因这 500 镑转化为资本时，其中也须有一部分再转化为不变资本，而仅以一部分转化为劳动力。

又假设，新机械的建造，会需要较多的机械工人，但这能说是壁纸制造工人解雇后的赔偿吗？并且，建造新机械所使用的人数，与使用机械所驱逐的人数比较，是必较少的。1500 镑的总额，以前代表壁纸工人的工资，现在他们被解雇了，这数额，将在机械形态上，代表（1）建造机械所使用的生产手段的价值；（2）建造机械所使用的机械工人的工资；（3）雇主所得的剩余价值。再者，机械一经完成，不到磨灭的时候，是不必要更新的。所以，这追加的机械建造工人数，如要不断有职业，则壁纸制造业者，必定要一个一个，相继用机械把工人驱逐出来。

当然，这些辩护论者，所指的，不是这样的资本游离。他们所指的，是被游离出来的劳动者的生活资料。就上例言，我们不否认，机械不仅游离出了 50 个劳动者，任凭他人去利用，同时它还把他们和价值 1500 镑的生活资料的关联破坏，使这种生活资料游离出来。这个单纯的决非新奇的事实——机械使劳动者从生活资料那里游离出来，——用这些经济学者的话来说，便是：机械游离了劳动者的生活资料，或是把这种资料，转化为使用别的劳动者的资本。总之，不过说明方法不同罢了。恶的事用好的名目掩饰了。

按照这个学说，价值 1500 镑的生活资料，将形成资本，而依那被解雇的 50 个壁纸工人的劳动，发生价值增殖。所以，这个资本虽在 50 个人被逼停工时不被使用，但它会继续寻求新的"用途"，俾能再由这 50 个人实行生产的消费。所以，资本与劳动迟早会再会在一起，从而得到赔偿。这样说，机械所驱逐的工人的苦痛，便也和这个世界的富一样，是暂时的了。

但这值 1500 镑的生活资料，决不能再以资本的资格，和被解雇的工人相对立。以资本的资格和他们相对立的，是现在转化为机械的 1500 镑。在更精密的考察下，这 1500 镑货币，不过代表那被解雇的 50 个工人每年生产的壁纸的一部分，这一部分是在货币形态上不是在实物形态上，当作工资，由雇主付给他们的。他们一向就用这种已换成为 1500 镑的壁纸，来购买等价值的生活资料。所以，在他们看，这种生活资料，不是资本，只是商品，而与此种商品相对而言，他们也不是工资劳动者，只是购买者。机械使他们从购买手段游离出来的事实，使他们由购买者变为非购买者了。因此，这种商品的需要减少了。但就不过如此。如果这种减少，不由他方面需要的增大来补偿，商品的市场价格是会跌落的。假令这种情形居然持久下去，扩大开来，则原来为生产此种商品而被使用的劳动者，也会有一部分被驱逐。以前用来生产必要生活资料的那部分资本，可以在别种形态上再生产出来的。在价格跌落，资本被驱逐时，生产必要生活资料的劳动者，也会从他们的工资的一部分游离出来。所以，资本辩护论者，与其用他们的至高至上的供求律来证明，当机械把劳动者从生活资料游离出来时，它会使此等生活资料，转化为再使用他们的资本，实无宁用这个法则来证明，机械不仅会在采用机械的生产部门，并且会在不采用机械的生产部门，将劳动者驱逐。

经济学者的乐观主义，把事实的真相曲解了。事实的真相是：从工作场所，被机械驱逐出来的劳动者，走到劳动市场上来，在那里，增加原来的任凭资本榨取的劳动力的数目。本书第七篇将说明，机械的这种作用，不但不是劳动阶级的赔偿，反之，那正是劳动阶级最可怕的刑罚。在此，我只要说：从一产业部门被逐出的劳动者，无疑，可以在某别的产业部门求职业。倘他们求得了，他们和被游离的生活资料间的结合，会再缔结起来，那一定因为，曾有新的追加的资本，投下来作媒介，决非因为原先使用他们现已转化为机械的资本，在当中作媒介。并且，就使他们果真能够求得，他们的前途也是何等暗淡啊！他们已由分工之故，变成了不健全的；他们在原劳动范围之外，几乎是没有用处的，所以，他们所能加入的职业，只有少数低级的报酬甚差而求职者又非常拥挤的劳动部门罢了①。再者，每一个产业部门，每年都会吸引一种新的人口之流，来补充缺额并准备扩充的。当机械在某产业部门将有业工人一部分游离出来时，补充队也会重新分割，而为其他部门所吸收。不过，原来的牺牲者，却大都在过渡期间饥饿死了。

无疑的，劳动者从生活资料的游离，机械是一点责任也不负的。机械会在采用机械的生产部门使生产物便宜，并使其量增加，但在当初，其他产业部门所生产的生活资料量是不发生变化的。所以，在机械被采用后，社会所有的可用来给养被解雇劳动者的生活资料，即不较前为多，也必和以前相等；而年生产物中由不劳动者浪费的极大部分，尚不计算在内。这就是经济学辩护论者的根据点了！与机械之资本主义使用为不可分离的矛盾和对立，是不存在的；因为这种矛盾和对立，非生于机械本身，仅生于机械之资本主义使用！因为机械本身是缩短劳动时间的，是使劳动变为轻易的，但机械之资本主义使用，却延长劳动日，却加强劳动；因为机械本身是人类对于自然力的胜利，但机械之资本主义使用，却使人类隶从于自然力；因为机械本身可以增加生产者的富，但机械之资本主义使用，却使生产者化为待救济的贫民——就因此，所以资产阶级经济学者直接了当地说，就机械本身观察，这一切表面上的矛盾，都是普通的现实之单纯的假象，从而，在事实上，在学理上，都是不存在的。于此，他们不要再绞一下脑筋，便说反对派不攻击机械之资本主义

---

① 一位里嘉图学徒反对萨伊的愚论说："在分工甚发达的地方，劳动者的熟练，不能在取得这种熟练的特殊部门之外被使用；他自己就是一种机械。像鹦鹉一样反复说事物有归于水准的趋势，有什么用处呢？看看我们周围的事物，我们就知道，事物的长期的水准是找不到的；就使找到，那也常比过程开始时的水准更低。"（《需要性质的原理》伦敦 1821 年第 72 页。）

使用，而攻击机械本身，是再愚蠢不过的。

当然，资产阶级经济学者不否认机械之资本主义使用，会引起一时的不便；但那里有没有里面的徽章！在他们看，机械只能有资本主义的使用。所以，在他们看，机械由劳动者使用，即是劳动者由机械使用，没有两样。所以假使有人对他说明，机械之资本主义使用，实际是怎么一回事，他就会把这个人看作是反对使用机械的，是社会进步之敌①！这是有名的杀人犯比尔塞克的论法。"审判官先生们，这个旅行商人的头是割掉了。但这不是我的罪。这是刀的罪。我们能因有这种一时的不便，就不用刀么？先生们自己想想看。没有刀，那里有农工业？没有刀，外科医生怎样医病？没有刀，解剖学者怎样辨识呢？又，筵席的备办，不也要用刀么？若把刀废止，我们必定会再陷于野蛮。"②

机械虽必然会在采用机械的劳动部门驱逐劳动者，但它不是不能在别的劳动部门，引起雇佣的增加。惟此结果，与所谓赔偿说，没有任何同点。机械生产物（例如一码机织品），既比它所驱逐的同种类手工生产物更便宜，其结论当为如下的绝对法则：如机械生产物的总量，与它所代替的手工业的或制造业的生产物的总量相等。则所使用的劳动总量必减少。而生产劳动手段（机械，石炭等）所必要的劳动的增加额，必小于使用机械所引起的劳动的减少额。否则，机械生产物必和手工生产物一样贵，也许还会更贵。不过，较少人数使用机械所生产的物品总量，比它所驱逐的手工生产物总量，

---

① 麦克洛克便是一个这样自大的白痴病的能手。他像一个八岁的小孩，天真无邪地说："如果益益发展工人的熟练，使其能以同量劳动或较小量劳动，生产益益多量的商品，是有利益的。那么，为要最有效地达到这个结果，虽利用机械的助力，也必定是有利益的。"（《经济学原理》伦敦1830年第182页）

② "纺绩机的发明，把印度破坏了，但这个事实很少影响到我们。"（提尔士A. Thiers 著《财产论》巴黎1848年）提尔士君把纺绩机和机械织机混在一起，但这个事实也很少影响到我们！

实际是更大得多，决不止相等的。用蒸汽织机织四十万码布，比用手织机织十万码布，所须使用的工人数虽较少，但在四倍的生产物中，是包含四倍的原料。所以，原料生产也必须四倍。就所使用的劳动手段（如建筑物、石炭、机械等）说，其生产所必要的追加劳动可以在什么限界内增加呢？这个限界是与机械生产物的量与同数工人的手工产物的量之差，一同变化的。

机械经营在一个产业部门扩大，供此产业部门以生产手段的别的产业部门的生产也须增加。所以，若劳动日的长度与劳动的强度为已定的，则被雇劳动者数如何增加，乃定于所使用的资本的构成，换言之，定于不变部分与可变部分的比例。此比例，随机械侵入（已经侵入或方在侵入）此等产业的程度，而有显著差别。因英吉利的机械组织进步之故，被迫往矿坑或碳坑内工作的工人数，是大增加了——虽然在过去数十年间，因采矿业采用新机械之故，其所雇工人数的增加，已比较缓慢①。此外，还有一种新的劳动，与机械同时出现。那就是生产机械的劳动。我们知道，在这生产部门，机械经营是以益益大的规模侵入②。再拿原料来说③。无疑的，棉纺绩业之长足的进步，又曾助长美国的棉花栽培业，助长非洲的奴隶贸易，且曾使黑人饲养，成为边境若干州的主要营业。1790 年，美国第一

① 依照 1861 年的国势调查（第二卷伦敦 1863 年）英格兰威尔斯煤矿使用的工人数，计 246,613 名，其中有 73,545 名是 20 岁未满的，173,067 名是在 20 岁以上的。在上项内，有 835 名是 5 岁至 10 岁，有 30,701 名是 10 岁至 15 岁，有 42,010 名是 15 岁至 19 岁。铁矿、铜矿、铅矿、锌矿及其他种种金属矿山使用的工人数为 319,222 名。

② 英格兰和威尔士生产机械所使用的工人数，在 1861 年，为 60,807 人。此数，已将工厂主及其属员包括在内，在这生产部门营业的代理人商人，也包括在内。但锯机之类的小机械和纺锤（工作机内用的）之类的工具的生产者，不包括在内。土木工程师的总数，为 3,329 名。

③ 铁为最重要的原料之一。1861 年在英格兰威尔士，计有熔铁厂工人 125,771 名。其中有 123,430 名为男工，2,341 名为女工人，在男工人中，有 30,810 名 20 岁未满，92,620 名在 20 岁以上。

次奴隶调查的结果，知美国境内的奴隶，共 697,000 人，但 1861 年，人数总计已约有四百万。不过在他方面，我们也可同样证明，机械毛织工厂的兴起，及由耕地到牧羊地的渐渐的转化，确曾大批将农业劳动者驱逐，使他们成为过剩的。此际爱尔兰正在发生这样的过程。自 1845 年以来 20 年间，其人口曾减少几乎 $\frac{1}{2}$，照此看去，人口不减少到与爱尔兰地主和英吉利毛织工厂主的需要恰好符合的地步，这个趋势是不会停止的。

假设在劳动对象达到最后形态所必须经过的种种准备阶段或中间阶段中，有任一个阶段采用了机械，劳动材料的供给会增加，同时，由机械供给原料的手工业或制造业的劳动需要也会增加。例如，用机械纺绩的结果，棉纱的供给是如此便宜了，如此丰饶了，以致手织工人当初虽以全部时间作工，也无需有追加的支出。他的收入，就因此增加了①。于是，有许多人加入棉织业，直到后来，由多轴纺绩机，塞洛纺绩机，精纺绩机在英国唤起的八十万棉织工人，才为蒸汽织机所扑灭。又因机械生产的衣服材料加丰之故，男女缝衣工人的人数也继续增加，至缝机出现之时始止。

机械经营以比较少数工人为助，可以增加原料，半制品，劳动工具等的量。其量愈增，则此等原料与半制品的加工事业，必分成无数亚种。社会生产部门的复杂性，于是增加了。机械经营，比制造业，还更增进社会的分工；因采用机械的职业的生产力，得以不能比较的程度，增进起来。

机械的直接结果，是增加剩余价值，同时，代表剩余价值的生产物也增加。资本阶级及其附随者所消费的物质既更丰饶了，社会

---

① "在 18 世纪末和 19 世纪初，一个有四个成年人织棉布，两个儿童绕纱的家庭，每日劳动 10 小时，一星期可收入 4 镑。如果工作加紧，还可多得一些。……在此以前，他们常感到棉纱供给的不足。"（加斯克尔前书第 25 页至 27 页。）

上这一个阶层的人数也会增加。他们的财富增加了，生产第一生活资料所必要的劳动者数相对减少了，那除引起新的奢侈欲外，还会引起满足此种欲望的手段。社会生产物中有较大部分转化为剩余生产物，而剩余生产物中，又有较大部分，在精制的多样化的形式上，再生产出来，消费掉去。换言之，奢侈品的生产将增加①。又，大工业所创立的世界市场的关系，又曾使生产物的形式精致，式样繁杂。因此，不仅有较大量外国享乐资料，来与国内生产物相交换，且有较大量外国原料，补助材料，及半制品输进来，在国内工业上用作生产手段。再者，因有世界市场的这种种关系，运输业的劳动需要也增加了，并且把这种产业分成了许多新的亚种②。

　　劳动者数相对减少而生产手段与生活资料皆增加的结果，是在运河、船坞、隧道、桥梁那种种只能在较远的将来结实的产业部门，把劳动的需要扩大。那还形成若干新的生产部门，若干新的劳动领域，直接以机械为基础，或以和机械相应的一般产业革命为基础。不过，那若干生产部门所使用的劳动者数，即在最发达的国度，也未曾在总生产上，占显著的位置。且这诸生产部门所使用的劳动者数，又与其唤起的对于粗筋肉劳动的需要，成正比例。这一类产业，最主要的，有瓦斯制造业、电报业、照相业、轮船航业、铁道业。依据 1861 年国势调查（英格兰与威尔士），瓦斯工业（瓦斯制造业，瓦斯机械生产业，瓦斯公司经理处）使用人员计 15,211 人；电报业使用人员计 2,399 人，照相业使用人员计 2,366 人；轮船航业计 3,570 人；铁路业计 70,599 人（其中约有 28,000 人是不熟练工人和管理上商务上的人员）。所以，这五种新产业被使用的人员，总数计 94,145 人。

---

① 恩格斯在其所著《英国劳动阶级的状况》中曾说明，奢侈品工业所使用的工人，大部分是过的怎样悲惨的生活。关于这个问题，还可参看童工委员会的报告。

② 1861 年商船使用的人数，在英格兰和威尔士，计为 94,665 人。

最后，大工业领域内生产力异常的增进，使其他各生产范围劳动力的榨取在强度上广度上均增加了，且容许在工人阶级中有不断增加的一部分，被使用在不生产的方面，于是往日称为家庭奴隶，今日称为"仆役阶级"（例如男仆、女仆、随从等）的人，就以不断加大的规模再生产了。依据1861年国势调查，英格兰及威尔士的总人口，计20,066,244。其中，有9,776,259是男子，有10,289,965是女子。把一切年纪过大或过小不能劳动的人除外，把一切"不生产"的妇人及少年人幼年人除外，再把一切从事"观念"事业（例如官吏，僧侣，法律家，军人等）而在地租利息等形态下以消费他人劳动为唯一职业的人除外，最后，再把被救恤贫民，浮浪人，犯罪者等除外，——英格兰威尔斯各种性别各种年龄的人，概计为八百万。其中尚包含在生产、商业、金融各方面从事的资本家。在这八百万人中有：

农业劳动者（包括牧人，农业家属下的农仆下婢）……2,098,261人

棉，羊毛，绒绵，亚麻，丝，黄麻等制造厂，及以机械织袜，织花边等种职业使用的人……642,607人[1]

炭坑及金属矿山使用的人……565,835人

金属工厂（熔铁厂，辗铁厂等）及各种金属制造业使用的人……396,998人[2]

仆役阶级……1,208,648人[3]

---

[1] 其中仅177,596名，是13岁已满的男子。

[2] 其中，仅30,501人是女性。

[3] 其中，仅137,447人是男性。不在私人家内服役的人，是不包括在1,208,648名内的。第二版注。1861年至1870年间，男仆人数几乎加倍了。1871年国势调查中的男人数，为267,671名。1847年，野猎人（那是供贵族阶级野猎时使用的）计2,694名，1869年计4,921名。——敦小市民家中使用的少女，通称为"小奴"（little slavers）。

金属矿山煤矿与织物工厂的使用人员，合计只 1,208,442 人；金属制造业与织物业的使用人员，合计只 1,039,605 人，皆较家庭奴隶人数为小。请看看，机械之资本主义使用，曾获得怎样辉煌的结果罢！

Ⅶ 机械经营的发展及劳动者所受的斥力和引力：棉业恐慌

每一个有相当地位的经济学者，都承认机械的新采用，对于立即立在竞争位置的旧手工业和制造业的工人，会发生有害的影响。他们都叹息工厂劳动者的奴隶状态。他们赌的是怎样一副大牌呢？他们说，采用时期和发展时期的恐怖状态一成过去，劳动奴隶结局是会增加，不会减少的。经济学者居然会欢欣鼓舞地，提出这样可厌的学说（每一个信资本主义生产有永久的自然必然性的慈善家，都觉得这个学说讨厌），承认以机械经营为基础的工厂，经过一定的发展时期，经过一或长或短的"过渡时期"后，它所压伏的工人，会比它当初逐出的工人更多①。

---

① 甘尼尔认机械经营的最后结果，是劳动奴隶人数绝对减少。但绅士阶级（gens honnêtes）以劳动奴隶为牺牲，将有较大的人数可以生存，可以发展他们的"可以完成的完成能力"（perfectibilité perfectible）。对于生产的运动，他是很少理解的，但至少他感到了：如果机械的采用，会把有业的工人，化为待救济的贫民，如果机械的发展，会使它驱逐的工人较它所唤起的工人更多，机械便是一种极不祥的制度。至若他的立场的愚昧，那是只有引用他自己的话，才可以充分表示出来的。他说："必定要从事生产和消费的阶级的人数将减少；反之，指导劳动，安慰抚化全人口的阶级的人数将增加，……他们将占有由劳动费减少，生产物丰富，消费品便宜所生出的一切利益。人类将由此向天才至高的创造领域上升，通过宗教的神秘的堂奥，以确立健全的道德原则（那就是有闲阶级去占有一切利益的道德原则），以制定保障自由（必定要从事生产的阶级的自由？），保障权力，保障顺从，保障正义，保障义务，保障人道的法律。"以上的梦呓，是从他所著《经济学体系》（巴黎 1821 年）第 2 卷第 224 页引述的。还可参看该书 212 页。

在工厂异常扩充（例如英国的绒线工厂与丝工厂）的一定发展阶段中，所使用的工人人数不仅相对减少，且绝对减少。1860年，在国会命令下，联合王国曾举行了一次全国工厂的特别调查。这次调查的结果，说明工厂监督专员贝克尔君所辖区域（即兰克夏、彻夏、约克夏三州），计有工厂652所，其中570所共有85,622架蒸汽织机，6,819,146个纺锤（复捻纺锤不包在内），使用27,439马力蒸汽，1,390水马力和94,119个人。1865年，这570所工厂共有织机95,163架，纺锤7,025,031个，蒸汽28,925马力，水力1,445马力，使用人88,913个。自1860年至1865年，织机是增加了11%，纺锤增加了3%，蒸汽马力增加了5%，使用人数却减少了 $5\frac{1}{2}$%[1]。自1852年至1862年，英国毛织业显著增加了，但其所使用的工人数，却几乎没有变更。"这证明，新采用的机械，曾怎样大规模驱逐前一时代的劳动。"[2] 在若干场合，使用工人数虽增加了，但这种增加只是外观的。其增加非因在机械经营基础上已经建立的工厂扩大，乃因有诸种副业次第合并。例如，"蒸汽织机及其所使用的人数，在1838年至1856年间，曾大增加，其增加，在英国的棉业，是单纯因为该营业已经扩大，但在他业，却是因为毡条织机，丝带织机，麻布织机，一向用人力推动的，今皆改由汽力推动。"[3] 故这诸种工厂

---

[1] 1865年10月31日工厂监督专员报告第58页以下。但同时，雇用追加数工人的物质基础，早就在有11,625蒸汽机械，628,756纺锤，2695蒸汽马力和水马力110个新工厂内，具备了。见该报告。

[2] 1862年10月31日工厂监督专员报告第79页。第二版加注——1871年12月底，工厂监督专员勒德格莱夫在布拉特福新机械学会演讲说："过去若干时叫我注目的一件事，是毛织物工厂的外观的改变。原来，工厂里面是充满着女人和儿童，现在，似乎一切工作都由机械担负了。我曾问一个工厂主，请其解释，他给我如下的答复：'在旧制度下，我使用63人；自采用改良的机械后，我把工人数减为33，后来，因有新的大变化，我又把工人数由33减为13了。'"

[3] 1865年10月31日工厂监督专员报告第16页。

劳动者人数的增加，不过是被雇劳动者总数已经减少的表示。最后，我们考虑这个问题时，还完全把如下的事实置于度外；即，除金属工厂外，几乎随便在那里，工厂使用人中，皆以少年人（十八岁未满者）、妇人、儿童为重要分子。

但无论机械经营在现实性上，会驱逐多少劳动者，在可能性上会代替多少劳动者，我们总能了解，怎样随着机械经营的发达，同类工厂的增加，或现有工厂规模的扩充，工厂劳动者人数结局会比机械所驱逐的制造业劳动者或手工业劳动者人数，更大得多。比方说，在旧经营方法下，在每星期使用的 500 镑资本中，有 $\frac{2}{5}$ 为不变资本，$\frac{3}{5}$ 为可变资本。这就是说，200 镑投在生产手段上，300 镑投在劳动力上（假定是每人一镑）。采用机械经营的结果，总资本的构成方法变化了。假设现在是 $\frac{4}{5}$ 为不变资本，$\frac{1}{5}$ 为可变资本。这就是，投在劳动力上的资本，只有 100 镑。如是，原先雇用的工人，将有 $\frac{2}{3}$ 被解雇。假令工厂经营的规模扩大，其他生产条件不变，惟所使用的总资本，由 500 镑增至 1500 镑，则现在使用的工人，是和产业革命以前一样，是 300 名。若所使用的总资本更增加至 2000 镑，则所使用的工人为 400 名。如此，则与往时比较，就更多 $\frac{1}{3}$ 了。不过，被雇人员的人数，虽绝对地增加了 100 名，却相对地（即与垫支总资本比例而说），减少了 800 名，因在旧经营方法下，2000 镑资本，应不只使用 400 名，而应使用 1200 名。因此在所使用的工人数相对地减少时，工人数未尝不可以绝对地增加起来。以上我们皆假定总资本增加，但因生产条件不变，故资本的构成方法也不变。但我们已经知道，机械组织每进步一次，则由机械原料等物构成的不变资本部分，将会增加，而投在劳动力上的可变资本部分，将会减少。

我们又知道，在别种经营方法下，改良并不是这样不断发生的，从而，总资本的构成方法也不是这样时时变化的。但这种不断的变化，会不断地因有休止点而致于中断，在休止时期，技术的基础依然，是只能有量的扩充的。如是，使用的工人数，就增加了。1835 年在联合王国，棉织工厂、绒线工厂、麻织工厂、丝织工厂使用的工人总数，只 354,684 名，1861 年，单蒸汽织机一项所使用的织工人数（男女合计，满八岁者皆计算在内）已有 230,654 名。当然，假如我们想到 1838 年英国手织工人，包括参加工作的家人（且不说亚洲及欧洲大陆方面为蒸汽织机所驱逐的织工人数），尚有八十万[①]，则上述的增加原算不了什么。

关于这一点，我还有若干注解要提出。但我在这若干注解上所论及的实际情形，在此以上，尚为我们的理论的说明所不曾究及。

当机械经营在一产业部门牺牲旧手工业与制造业而扩大时，其结果之确实，殆如持新式枪炮的军队，必能将以弓矢为武器的军队打败。机械夺取作用范围的这个初创时期，因曾帮助生产异常的利润，故有决定的重要性。这种利润，不仅是促进资本蓄积的一个源泉，且会在追加的不绝创造又不绝寻求新用途的社会资本中，吸引大部分，到最有利的生产范围来。这种激动的初创时期，是有特殊利益的。这种特殊利益，且会在新采用机械的生产部门，反复生产出来。但工厂制度已获得相当立足点，相当成熟之后，换言之，为其技术基础的机械，已能由机械生产之后，石炭与铁的采掘，金属加工事业与运输机关已经革命之后。总之，与大工业适应的一般生产条件已经成立之后，这种经营方法，就会在原料供给与市场销路

---

① "手织工人的痛苦，曾成为一个救命委员会调查的对象。他们的痛苦被承认了，被叹息了。但虽如此，他们的状况的改良（！），依然委诸机会和时间的变迁。现在（二十年后了！）我们可以希望，这种种痛苦，几乎已经扫除了，但那也许是蒸汽织机大大扩张的结果。"（工厂监督专员报告 1856 年 10 月 31 日第 15 页。）

的限制内，取得伸缩性，取得突然的跳跃的伸张力的。就一方面说，机械会成为原料增加的直接原因，例如缲机的发明，会引起棉花生产的增加①。在他方面，机械生产物的便宜，与运输方法交通方法的变革，又是征服外国市场的武器。机械经营压倒外国手工业生产物的结果，强迫地使外国化为自己的原料的生产地。例如东印度，现在就成了英国出产棉花、羊毛、亚麻、黄麻、蓝靛的地方了②。大工业国工人的不断的过剩，又助长了移民及殖民的举动，从而，使殖民地成为祖国的原料的栽培地。举例言之，澳大利亚就是这样变作羊毛生产地的③。一种新的与机械经营支配相适合的国际分工，于是发生了，当世界某一些地方成为主要的工业生产区域时，其他各地即转化主要的农业生产区域。这种革命，与农业上的种种激变相伴。

---

① 机械影响原料生产的别的方法，留待第三卷再讨论。

② 由东印度到大不列颠的棉花输出。

1846 年	34, 540, 143 磅
1860 年	204, 141, 168 磅
1865 年	445, 947, 600 磅

由东印度到大不列颠的羊毛输出。

1846 年	4, 570, 581 磅
1860 年	20, 214, 173 磅
1865 年	20, 679, 111 磅

② 由好望角到大不列颠的羊毛输出。

1846 年	2, 958, 457 磅
1860 年	16, 574, 345 磅
1865 年	29, 920, 623 磅

由澳大利亚到大不列颠的羊毛输出。

1746 年	21, 789, 346 磅
1860 年	59, 166, 616 磅
1865 年	109, 734, 261 磅

而起。惟在此，我们对于这种激变，无需乎进一步考究①。

　　1867 年 2 月 17 日，英国下院在格莱斯登提议之下，曾对于 1831 年至 1866 年联合王国各种谷物，谷粉的输出入总额，提出一个概括的统计。我们且将结果摘计如下。谷粉也换算为谷物的单位（卡德）。

---

① 北美合众国的经济发展，本身就是欧洲（尤其是英国）大规模工业的产物。在它现在（1866 年）的形态上，从经济上说来，它依然要看作是欧洲的殖民地。第四版注。——此后，北美合众国已一跃而为世界第二工业国了，但它的殖民地性质，依然没有完全除掉。——F. E.

由北美合众国到大不列颠的棉花输出。

1846 年	401, 949, 393 磅
1852 年	765, 630, 543 磅
1859 年	961, 707, 264 磅
1860 年	1, 115, 890, 608 磅

由北美合众国到大不列颠的谷物输出（以 cwts 为单位）。

	1850 年	1862 年
小麦	16, 202, 312	41, 033, 503
大麦	3, 669, 653	6, 624, 800
燕麦	3, 174, 801	4, 426, 994
莱麦（Rye）	388, 749	7, 108
小麦粉	3, 819, 440	7, 207, 113
荞麦	1, 054	19, 571
玉蜀黍	5, 473, 161	11, 694, 818
草麦（Bere 或 Bigg）（大麦的一种）	2, 039	7, 675
豌豆	811, 620	1, 024, 722
蚕豆	1, 822, 972	2, 037, 137
合计	34, 365, 801	74, 083, 351

	1831—1835	1836—1840	1841—1845	1846—1850
年平均输入（卡德）	1,096,373	2,389,729	2,843,865	
每年平均输出（卡德）	225,263	251,770	139,056	155,461
入超	871,110	2,137,959	2,704,809	8,621,091
人口各时期每年的平均数	24,621,107	25,929,507	27,262,569	27,797,598
每人每年消费的平均量，有若干须仰给予输入（卡德）	0,036	0,082	0,099	0,310

	1851—1855	1856—1860	1861—1865	1866
年平均输入（卡德）	8,345,237	10,912,612	15,009,871	16,457,340
每年平均输出（卡德）	307,491	340,150	302,754	216,218
入超	8,037,746	10,572,462	14,707,117	16,241,122
人口各时期每年的平均数	27,572,923	28,391,544	29,381,460	29,935,404
每人每年消费的平均量，有若干须仰给于输入（卡德）	0,291	0,372	0,543	0,543

　　工厂制度之异常的跳跃的伸张力，及其依存于世界市场的依存性，必然会引起热病样的生产，以致市场壅塞，并由市场的收缩，引起生产的停滞。工业的生命，是不绝地在生意转好，营业振兴，生产过剩，恐慌，和停滞这几个时期的顺序中变动。而机械经营在工人职业和工人生活状况上引起的不确实性不安定性，也与工业循环的周期变化，一同成为常态的。除在营业振兴时期，资本家时时

都要用激烈的竞争，才有在市场上获得个人势力范围的希望。各个人的势力范围，是与生产物的便宜程度成正比例的。为求商品便宜之故，资本家是抢着以改良的机械代替劳动力，并抢着采用新的生产方法。但这种竞争达到一定点之后，他们为求商品便宜，还会以强力压下工资，使其低在劳动力的价值之下①。

工厂劳动者人数的增加，比例地说，以工厂投资总额的增加尚更为迅速这个事实为前提。但工厂投资总额的增加，必须在工业循环的涨潮退潮期中实行。加之，技术的进步——那或在可能性上代替劳动者，或在现实性上驱逐劳动者——又常使这种增加中断，所以，当工厂的量的扩大，把被逐工人和新来工人收进时，机械经营的质的变化，却不绝把劳动者从工厂逐出，或把工厂的门关着，使新来的工人不得进来。如是，工人是不断被排斥又被吸引，不断地来来往往，同时在性别，年龄，熟练上，也不断发生变化。

试一瞥英国棉业的命运，那可以把工厂劳动者的命运，再明白没有地，表示出来。

---

① 1866年7月，被解雇的莱塞斯特的制鞋工人，曾向英格兰贸易协会诉愿说，"二十年前，莱塞斯特鞋业发生一次革命，那是用钉法代替缝法的结果。那时，我们都能得良好的工资。各商店间有激烈的竞争，各想制造最上等的鞋。但不久，一种更坏的竞争发生了，他们各皆要在市场上，以较低的价格出售（undersell）。由此发生的有害结果，迅即表现为工资的减低。劳动价格既减低得如此迅速，以致许多鞋店所付的工资，仅等于原工资的半数。而每当工资益益减低时，利润却乘工资标准的变化，增加起来。"——营业不振的时期，竟也在工厂主手中，被利用来把工资减低到极端，那等于直接偷窃工人的生活资料，以赚取额外利润。试举一例。那是考文特勒丝织业恐慌中的事情。"据我从工厂方面和工人方面所得的报告，工厂主借口国外生产者竞争及其他各种事情的必要，把工资减低了，但其减低程度，毫无疑问，超过了这种种事情所必要的程度。……大多数工人现在的工资，减少了30%至40%。一匹丝带的织成，五年前，工人可得工资6先令或7先令，现在只能得3先令3便士，或3先令4便士了。原来以4先令或4先令3便士计算的，现在是以2先令或2先令3便士计算了。工资的减低，似乎超过了增进需要所必要的程度。并且，就多数丝带说，织的成本减低了，但制品的售价，却没有相应地减低。"（隆格童工委员会第5报告1866年第114页第I号。）

自 1770 年至 1815 年，只有五年，棉业是陷于不振或停滞状态的。在这 45 年内，英国制造业者独占了机械和世界市场。自 1815 年 1821 年，在不振状态内；1822 年与 1823 年，营业振兴；1824 年，取缔工会的法律废止，工厂到处大扩充；1825 年恐慌；1826 年，棉业工人陷于非常的穷苦，曾引起暴动；1827 年稍稍好转；1828 年，蒸汽织机的使用与输出皆大增加；1829 年，输出（尤其是对印度的输出）超过以往各年；1830 年，市场壅塞，大危机来到；1831 年 1833 年，仍不振，东印度公司对印度和中国的贸易独占权撤消；1834 年，工厂及机械大增加，劳动者不足，新救贫法使农村劳动者益加迁移到工厂区域来，儿童大批由农村赶到都市来，白奴贸易发生；1835 年，营业大振兴，同时手工棉织工人濒于饿死；1836 年，大振兴；1837 年与 1838 年营业不振，恐慌来到；1839 年，复兴；1840 年，大危机，暴动，军队出而干涉；1841 年，1842 年，工厂劳动者可怕的穷苦；1842 年，工厂主为达到撤废谷物条例的目的，把劳动者逐出工厂，劳动者大群流入兰克夏约克夏的都市内，为军队赶回，其领袖受兰克夏法庭裁判；1843 年，大穷苦；1844 年，复兴；1845 年，大振兴；1846 年，初犹振兴，后渐起反动，谷物条例撤废；1847 年，恐慌，在"大面包"的名义下工资一般减低至 10% 以上；1848 年，仍不振，孟彻斯德不得不由军队保护；1849 年复兴；1850 年振兴；1851 年物价跌落，工资低贱，罢工频仍；1852 年，景况渐好，罢工继续，工厂主以输入工人为恐吓；1853 年，输出增加，普勒斯登市罢工八个月，大穷乏；1854 年振兴，市场壅塞；1855 年，美国，加拿大，东亚各处市场失败的消息频频传来；1856 年，大振兴；1857 年恐慌；1858 年，恢复；1859 年，大振兴，工厂增加；1860 年，英国棉业繁荣至极点，印度，澳大利亚，及其他各处的市场，皆壅塞，直到 1863 年，仍不能全部售脱；英法通商条约订立，工厂与机械大增加；1861 年，仍暂时振兴，但旋即发生反动，美国发生内战，棉花缺乏；1862 年至 1863 年，完全崩溃。

棉花缺乏的历史是这样特别的，我们不能不稍为叙述如下。试研究 I860 年至 1861 年世界市场的状况，即知棉花缺乏是发生在无害于工厂主的时期的；不仅无害，且于他们相当地有益。这事实曾为孟彻斯德商会报告所承认，曾由拔麦斯登（Palmerston）与德尔贝（Derby）二氏在国会宣述，且为以后的事情所说明了[1]。1861 年联合王国的棉业工厂数，计 2,887 家，其中，有许多是规模极小的。依工厂监督专员勒德格莱夫说，在他所管辖的区域内，计有工厂 2109 家，其中有 392 家或 19%，所用蒸汽在十马力之下，有 345 家或 16%，所用蒸汽在十马力至二十马力之间，有 1372 家，所用蒸汽在二十马力以上[2]。小工厂大多数是织布厂，是 1858 年以后营业振兴时期创立的。创立者大都是投机家，他们往往是一个出棉纱，一个出机械，一个出房屋。经营者大都是旧任工头或小有资财的人。此等小工厂，大多数消灭了。棉花缺乏，把商业恐慌防止了，若这个由棉花缺乏防止的商业恐慌竟发生了，他们自也不能避免这个命运。他们在工厂主的总数中，虽占有 $\frac{1}{3}$ 的比数，但他们的工厂所吸收的资本额，与投在棉业的总资本比较，却不过占一个极小的部分。依可靠的估计，在 1862 年 10 月，是有 60.2% 的纺锤，58% 的织机，陷在休业状态中的（这当然是就棉业全体说，未曾将地方的差异计入）。每星期以全时间（即 60 小时）作工的工厂，只有极少数，其余都是时断时续。即就以全时间作工，并领取普通计件工资的少数劳动者说，也因良棉忽换用劣棉，美国棉忽换用埃及棉，美国棉埃及棉忽换用东印度棉，纯棉忽换用棉屑与东印度棉混合之故，以致每星期的工资，不得不缩少。东印度的苏拉棉，纤维是极短的，成

---

① 参看 1862 年 10 月 31 日工厂监督专员报告第 30 页。

② 前揭报告第 19 页。

分是极不洁净的，纱是脆弱易断的，其经线的糊刷，又不用谷粉，而用各种较重材料。此种种缘故，皆足减少机械的速度，或减少一个织工所能照应的织机数，增加改正机械错误的劳动，并减少生产物的量，从而减少计件工资。当所用棉为苏拉棉时；作完全时间的工人，须蒙受 20%，30%，或以上的损失。且不只此。工厂主大都把计件工资率减低了 5%，7.5%或 10%。所以，这些每星期只作工三日，三日半，或四日，或每日只作工六小时的劳动者的状况是不难想象而知的。1863 年情形比较好了，但纺绩工人和织工人每星期的工资，仍不过三先令四便士，三先令十便士，四先令六便士，五先令一便士①。但在工人情形如此可怜时，工厂主克扣工资的发明精神，仍不稍休止。由棉花不良或机械不适合而起的出品上的缺点，在某程度内，成了扣工资的借口，成了工人受罚的理由了。而在工厂主为劳动者小屋的所有者时，还须从那徒有其名的工资，扣下一定额的房租。工厂监督专员勒德格莱夫告诉我们，自动机看守人（看守一对自动妙尔纺绩机的工人），"作满十四日全工，得工资八先令十一便士，扣去房租后，工厂主虽再以房租之半退还，作为特别待遇，也仅得六先令十一便士。在 1862 年后半年，织工每星期工资有低至二先令六便士者。"② 作短时间的工人，也往往要从工资扣房租③。无怪在兰克夏若干地方，会流行一种饥饿病！但更特色的，是生产过程以劳动者为牺牲的革命。像解剖学者以蛙为实验一样，他们是以无价值的身体为实验。工厂监督专员勒德格莱夫说："我虽曾列举许多工厂职工的实在收入，但他们未必每星期每星期得同样的工资，工厂主常常实验，职工的所得是非常不固定的。……职工的所得，随棉花混合物的品质如何而增减，有时仅及从前的所得 15%，

---

① 1865 年 10 月 31 日工厂监督专员报告第 41 页至 45 页。
② 1863 年 10 月 31 日报告第 41、42 页。
③ 1865 年 10 月 31 日报告第 51 页。

但在下星期，或许竟与从前的所得，相差 50% 乃至 60%。"① 这种实验，不仅以工人的生活资料为牺牲，且以工人的五官为牺牲。"以苏拉棉花为制作原料的劳动者，甚抱不平。他们告诉我，在开棉花包时，有一种难闻的叫人生病的臭味走出来。……在原料掺和室，粗梳室，梳整室内，尘埃与屑粉纷飞，刺激喉头，叫人咳，叫人呼吸困难。……因苏拉棉花纤维甚短之故，纺绩之际，不能不使用多量动物性和植物性的浆。……因尘埃纷飞之故，气管支炎甚为猖獗，喉头炎也甚流行。又，因苏拉棉花混有多量刺激性的污物之故，皮肤病也不少。纱频频折断，织工不得不从梭眼把经线吸过，因此，常发生疾病和消化不良症。"此外，以谷物以外的不纯洁物为浆，因可增加纱重之故，早已成为工厂主的聚宝盆了。这个方法，使"15 磅原料，织成后，有 26 磅重。"② 1864 年 4 月 30 日工厂监督专员报告，曾有这样的话："现在，这个方法，异常被人利用。我曾得确实的报告，重 8 磅的布，是由 $5\frac{1}{2}$ 磅棉花和 $2\frac{3}{4}$ 磅浆造成的；还有重 54 磅的布，内有浆 2 磅。普通输出的作里衣的布，都是如此。别一些布，有时含浆 50%，因此，有一位工厂主曾自夸他的致富方法，是使布每磅的卖价，低于纱每磅的买价。"③ 但工人不仅须忍受工厂主在厂内的实验，和市政当局在厂外的实验，不仅须忍受低微的工资，和工作的缺乏，忍受贫穷和慈善，且须忍受上下二院的甘言。"因棉花缺乏，早已失业，而被挤在社会外的妇女劳动者，虽在商情已经好转，职业已经增加之后，仍不能脱离这不幸阶级的遭遇，将来恐怕还是不能脱离这种遭遇。据我所知，现在城市里年轻的娼

---

① 前揭报告第 50、51 页。
② 前揭报告第 62、63 页。
③ 1864 年 4 月 30 日报告第 27 页。

妓，就比过去二十五年间增加了。"①

我们知道，英国棉业在最初四十五年间（自 1770 年至 1815 年），只有五年陷在恐慌与停滞中，但我们须记着，这是英国棉业的世界独占的时期。第二时期，自 1815 年至 1863 年，共 48 年，内仅有 20 年是复兴时期和振兴时期，却有 28 年是不振的停滞的时期。在自 1815 年至 1830 年那 15 年间，欧洲大陆与美国，已开始与英国竞争。自 1833 年以来，亚细亚市场的推广，是以"人类的破坏"为手段的。自谷物条例撤废以来，在 1846 年至 1863 年，有八年比较尚称繁荣，但却有 9 年是不振的，停滞的。但却在振兴时期，棉业成年男子工人的状态，也可由本文的注解来推断②。

---

① 1865 年 10 月 31 日报告所载波尔登市警察局长哈里斯君的信。见该报告第 61、62 页。

② 1863 年春，兰克夏等处的棉业工人，曾请求组织一个移民会。请原愿中说："要使工厂劳动者脱离现在的苦境，大规模的工厂劳动者的移民，实为绝对必要之事。这一点是很少有人否认的。但不断的移民在一切时候都是需要的，没有这种移民，工人们将不能维持他们平常时的地位。为要说明这点，我们乞求诸先生注意下述的事实。1814 年，棉制品输出的公布价值（那只是量的指数），计 17,665,378 镑，其实际市场价值则为 20,070,824 镑。1858 年，棉制品输出的公布价值，计 182,221,681 镑，其实际市场价值反为 43,001,322 镑。那就是，售量比以前多十倍，售价反比以前约多一倍余。这个结果，对于国家全般，是一种大的不利，对于工厂劳动者尤为不利。这个结果，是若干原因共同作用所引起的。在这些原因中，最明白的一个原因，是劳动的不断的过剩。没有这个事实，这种在结果上如此有害，且须不断扩张市场才不致于消灭的营业，是决不能被人经营的。我们的棉工厂，会由周期营业停滞（在现制度下，这种现象，像死一样是不可避免的）而停滞，但人的心是时时在活动的。我们虽信过去二十五年间从英国迁出的人数不止六百万，但人口自然繁殖，和机械驱逐劳动（为求生产便宜）的结果，仍有一大部分成年男工，在最繁荣的时期，也发觉无论在什么条件下，不能在工厂找到工作。"（1863 年 4 月 30 日工厂监督专员报告第 51、52 页。）在以下某章，我们又知道，工厂主在棉业大激变中，曾怎样努力用他们所有的方法，甚至要求国家的干涉，来防止工厂劳动者的移出。

Ⅷ 大工业在制造业，手工业，家内劳动上引起的革命

A 以手工业及分工为基础的合作的废止

我们已经讲过，机械是怎样把以手工业为基础的合作和以手工业分工为基础的制造业废止。前者的实例，是刈草机，那代替刈草人的合作。后者的实例，是造针机械。依照亚当·斯密的话，他那时候，十个工人，依分工方法，每日可以成针四万八千枚以上。但一架造针机械，就可在一日十一小时内，成针十四万五千枚。一个妇人或女孩可以照应四架这样的机械，故每日约可成针六十万枚，每星期可成针三百万枚以上①。在以单纯工作机代替合作或制造业的限度内，手工业经营依然可以用这种工作机作基础。但这种以机械为基础的手工业经营的再现，不过是工厂经营的过渡。当推动机械的人类筋肉为机械动力（如蒸汽与水）所代替时，工厂经营就出现了。不过，小规模的经营，也间或地暂时地能够使用机械动力。例如，伯明翰若干制造家曾租赁他人的蒸汽。织布业若干部门，也曾使用小型蒸汽机关，以达到此目的②。科文特勒市的丝织业，曾首创一种"小屋工厂"（Cottage Fabriken）的实验。有许多小屋在一个方场排列着，方场的中央建立一个蒸汽机室，以轴，使蒸汽机关与各小屋内的织机相联结。蒸汽是必须支付租钱的，比方说，每一架织机付租钱二先令六便士。无论织机是否动转，蒸汽租钱总须每星期支付一次。每一间小屋有织机二架至六架，那有时是劳动者自己的，有时是赊买的，有时是租赁的。这种小屋工厂曾与真正的工厂抗争

---

① 童工委员会第四报告 1864 年第 108 页第 447 号。

② 在北美合众国，手工业常在机械的基础上这样再现。所以，当该国工厂经营的过渡成为不可避免时，由此引起的累积，与欧洲比较，甚至与英格兰比较，是更有长足进步之势。

十二年之久，结果，是把三百家小屋工厂完全消灭了①。而在生产过程性质自始即不许有大规模的地方，我们又发觉有若干种新产业在最近数十年间兴起，例如信封制造业，钢笔制造业等。此等新产业，通例须通过手工业的经营方法，然后通过制造业的经营方法，当作工厂经营方法的暂短的过渡。当制成品之制造业的生产，不包含顺序的渐进阶段，而包含许多异种过程时，这种转形是极困难的。比方说，这个事实，便是钢笔制造工厂一个大的障碍。但大约距今十五年前，有一种自动机发明，可以同时进行六种异种的过程。1820年，手工业制造的钢笔十二打，须费 7 镑 4 先令；1830 年，制造业制造的钢笔十二打，须费 8 先令；现在，在工厂经营下，十二打钢笔的批发使价格，不过 2 便士至 6 便士②。

B　工厂组织对于制造业和家内劳动的反应作用

工厂组织发达了，农业革命伴着发生了，于是，不仅其他各产业部门的生产规模扩大，共性质也发生了变化。机械经营的原则——以生产过程分解为构成阶段，并应用力学化学等自然科学，来解决当前的各种问题——到处都成了决定的。机械之侵入制造业，是逐渐将其部分过程占夺。于是，制造业组织的坚固的结晶，一向以旧分工方法为基础的，现在是开始分解，而发生不断的变化了。且暂不说此。总劳动者或结合劳动者的联合，也发生了一种根本的革命。这时代，和制造业时代是恰好相反的。在现在，分工的计划，到处都以妇人的劳动，各种年龄的儿童的劳动，不熟练者的劳动，总之，以英国人所谓"廉价劳动"（Cheap labour）为基础，但有这

① 参看 1865 年 10 月 31 日工厂监督专员报告第 64 页。

② 伯明翰最早的一家大钢笔工厂，是基洛特君设立的。早在 1851 年，它每年就能生产一万八千万枚以上的钢笔尖，每年消费 120 吨钢。联合王国的这种工业，是由伯明翰独占的。现在，每年那里可以生产几十万万枚钢笔尖。照 1861 年的国势调查，其所使用的人数计 1,428 人，其中有 1,268 人是女子，年龄最小的是五岁。

种情形的，不仅是使用机械或不使用机械的大规模的结合的生产；在工人自己家内或在小工作场所内进行的所谓家庭工业（Hausindustrie）也是这样。所谓近代家庭工业，和旧式家庭工业——其存在，以独立都市手工业，以独立自耕农业，尤其是以劳动者全家有一间住屋为前提——除有相同的名称之外，再没有别的同点。它现在已经变作工厂，制造厂，或货栈的厂外部分了。资本除将工厂劳动者，制造业劳动者，手工业劳动者聚在一处，并直接命令他们之外，还由一个不可目见的带，统率着散布在市内及郊外的一个军队，即家内劳动者（Hausarbeiter）。譬如，爱尔兰的伦敦德勒地方，就有一家公司，名第累公司，它的衬衣制造所，曾在厂内雇用一千人，在厂外雇用九千家内劳动者①。

便宜的未成熟的劳动力之榨取，在近代制造业，比在真正的工厂，还更无廉耻。这是因为，工厂制度的技术基础——以机械代替筋肉力，使劳动更为轻易——在近代制造业，大抵还是不存在的；同时，妇人的与未成年人的身体，在近代制造业，又依最无意识的方法，受有害物等的影响。但这种榨取，在所谓家内劳动，又比在制造业更无廉耻，这是因为劳动者的反抗力因分散而减少了，因为有一群劫夺的寄生者，介在真正的雇主和劳动者之间；因为家内劳动到处须与同生产部门内的机械经营或制造业经营相竞争；因为劳动者的贫困，使劳动者不能有最必要的劳动条件，如空间，光线，通气设备等；因为职业的不安定性更增加；因为大工业和农业下面"过剩化"的人口，既以此为最后避难所，劳动者间的竞争当然也在此达到极点。由机械经营始系统完成的生产手段的经济，本来与劳动力的毫无怜惜的浪费和劳动机能的正常条件的劫夺，是完全一致的。而在劳动的社会生产力与结合劳动过程的技术基础越不发

---

① 童工委员会第二报告 1864 年第 68 页第 415 号。

达的部门，这种经济，也越是会把这个对抗的杀人的方面暴露出来。

C 近代制造业

以下我要举个实例，以说明上述的原理。实际，我们在讨论劳动日的那一章，已经揭举若干例证了。伯明翰市及其附近的金属制造业，在一万妇人之外，尚雇用三万儿童和少年人，从事极重的工作。他们是从事有害卫生的铜铸造，钮扣制造，珐琅，镀金，和漆细工的工作①，伦敦印刷报纸和书籍的印刷所，就因所雇成年及未成年工人劳动过度之故，致有"杀人所"的恶名②。钉书业有同样过度的劳动，而以妇人，少女，幼童为主要的牺牲者。制钢业的未成年人的劳动，是极重的。制盐业，蜡烛制造业及其他各种化学工业的未成年人的劳动，多系夜间劳动。而在未采用织机的丝织工厂，少年人的劳动，直把人累死③。但最可耻，最不干净，待遇最坏，且最常雇用妇女的一种劳动，是检选烂布的劳动了。英国除贮藏本国的烂布之外，尚是全世界烂布贸易的中心点。烂布，从日本，从南美最远隔的诸国，从加纳利群岛流进来。但主要的供给地，是德意志，法兰西，俄罗斯，意大利，埃及，土耳其，比利时，与荷兰。这种烂布被用作肥料，被用以制造床垫，制造人造羊毛，并用作造纸的原料。检选烂布的女工，就这样，成了天花及其他各种传染病传染的媒介了，而最先在这种种疫病下牺牲的，也就是她们④。且在煤矿及其他各种矿山之外，我们还可在砖瓦制造业，发现典型的例来说明过度的劳动，说明过度的和不适当的劳动，并说明这种劳动

---

① 现在，席菲尔德镪刀业实际就使用儿童。

② 童工委员会第五报告1866年第3页第24号；第6页第55号；第7页第59号60号。

③ 前揭报告第114页115页第6号第7号报告中说，在别的地方，是机械代替人，但在这里，却实实在在是少年人代替机械。这个注解是很正确的。

④ 参看公共卫生第八报告1866年。该报告有一附录（第196页至208页），关于烂布贸易，曾有若干报告和解说。

对于幼年从事该业的工人，曾发生怎样残暴的影响。在英格兰的这两种制造业上，新发明的机械，尚（1866年）只间或地被人采用。在五月至九月之间，工作自晨五时至晚八时，而晒干工作须在户外进行的地方，工作尚往往从早晨四时至晚九时。自早晨五时至晚间七时的劳动日，便算是减轻的，适度的了。六岁甚至至四岁的男女儿童，都被使用。他们的工作时间，和成年人一样，甚至更长。工作是很重的。夏季天热，更使人易疲劳。莫斯勒某一个砖瓦工厂，有一个24岁的年轻妇人，每日通例要制成瓦二千枚，仅有两个搬运黏土和堆瓦的少女作助手。这种少年人每日须从30英尺深的坑，由210英尺的距离，搬运十吨黏土上来。"每一个儿童，要通过瓦制造所的炼狱，皆非蒙受道德上的堕落不可。……他们从幼小时起，即习闻种种下流的话，他们是在不识不知的半野蛮的情形内，在这种卑陋，猥亵，无廉耻的习惯中，成长起来的。这种习惯，遂使他们成长以后，也无法无天，成为无赖之徒。……道德堕落的一个可怕的原因，是居住方法。每个模型工人（他常常是熟练工人，且常为组长），以食宿的地方，供给他属下的七人。无论他们是不是一家的人，总是男女儿童混住在一个小屋里面。每一个小屋，通例有二个房间，最多也不过三个房间。他们通睡地板，空气是极不流通的。他们白天的工作使他们如此疲劳，他们是一点也不讲究卫生，一点也不讲究清洁，一点也不讲究礼节。这种小屋，简直就是紊乱，污秽，与尘埃的标本。……但这种工作雇用少女的最大的弊端，仍在此：这种工作，使她们自幼到老，无时无刻不过无赖的生活。她们，在自然告诉她们自己是一个女人以前，总是粗暴的口舌不好的少年。她们身上，披着几块脏的烂布，大腿露出，颜面与发皆污浊不堪。礼貌与羞耻的感情，通统不放在她们心里。在食事时间，她们是躺在地上，或偷看在附近运河内洗澡的男孩。她们的艰苦工作完毕之后，她们换一身比较好看的衣服，就同男朋友到酒场去了。"在这个阶级内，人们会从幼时起就如此放纵，乃是当然之理。最不良的现象，是瓦制造工人的自暴自弃。他们之中，有一个比较好的人，曾对梭塞尔菲的牧师说："先生要感化恶魔，等于要感化一个烧瓦工人。"①

近代制造业（包括真正工厂以外的一切大规模的工作场所）在劳动条件上，力求经济。关于这种资本主义的资本经济，我们可以在公共卫生第四报告（1863 年）与第六报告（1864 年）上，寻得政府公布的充分的材料。关于这些工作场所，尤其是关于伦敦印刷工场和缝衣工场，这两个报告的描写，虽最幻想的著作家的最不快意的幻想，也比不上。其对于工人健康的影响，是自明的。枢密院主任医官及公共卫生报告主编者西门医师曾说："在第四报告（1863 年）内，我曾说明，要工人主张他们的健康权，那是实际上不可能的，这所谓健康权是，无论雇主叫他们作什么工作，雇主皆应在自己能够负责的限度内，设法防止一切可以避免的不卫生的事情。我曾指出，在工人能自己实行这卫生权以前，他们不能在御用的卫生警察那里，得到有效的支持。……几十万男女工人的生命，现在，是无益地，在无止境的职业所引起的肉体痛苦中，被鞭打，被缩短了。"② 西门博士为要说明工作场所对于劳动者健康状况的影响，还揭举了一个死亡表如下：③

---

① 童工委员会第五报告，1866 年第 16 页第 96——97 号，第 130 页第 3961 号。还可参看 1864 年的第三报告第 48、56 页。
② 公共卫生第六报告伦敦 1864 年第 31 页。
③ 前揭报告第 30 页。——西门医生说，伦敦缝工人印刷工人 25 岁至 35 岁间的死亡率，比本文表上的计算，更大得多。伦敦的雇主，常从农村输入许多 30 岁以下的少年人到这种职业上来学艺，那就是充当"徒弟"或"见习"（improvers）。这些人，在国势调查上是算作伦敦人，从而，把伦敦死亡率所依以计算的人数增加了，但这种人，不曾依比例增加伦敦人的实际的死亡数。他们多数会回到农村去；并且，当重病时，他们总是回农村去的。

各产业所使用的各种年龄的工人数	在健康方面互相比较的产业	各种产业每十万人中以年龄为区别的死亡率		
		自 25 岁至 35 岁	自 35 岁至 45 岁	自 45 岁至 55 岁
958，265	英格兰威尔斯的椒	743	805	1, 145
(男) 22, 301 (女) 12, 379	伦敦裁缝业	958	1, 262	2, 093
13, 803	伦敦印刷业	894	1, 747	2, 367

D　近代家内劳动

我现在要转而论所谓家内劳动。我们要了解这个以大工业为背景的资本榨取范围，和它引起的怕人的结果，可观察英格兰若干僻远区域的外表上非常恬静的制钉业①。但在此，我们只要从花编制造业和草帽缏业（那还未采用机械，且也未与机械经营或与制造业经营相竞争），引述几个例证。

在英国花编业所使用的十五万人中，受 1861 年工厂法取缔的，约有一万。在其余十四万人中，大部分是妇人，少年人，和儿童(男性的仅占少数)。这种“便宜的”榨取材料的健康状况，可从下表推知。这是托鲁门医师（Dr. Trueman 诺亭汉普通疗养院医师）编制的。在 686 名患病的花编女工中（大多数是 17 岁至 24 岁），患肺病的人数，占如下的比率：

1851 年每 45 人中有 1 人　　1853 年每 28 人中有 1 人

① 在这里，我是指槌的钉，不是指由机械切造的钉。参看童工委员会第三报告，第 11 页第 19 页第 125 号至 30 号，第 53 页第 11 号，第 114 页第 487 号，第 137 页第 674 号。

1854 年每 17 人中有 1 人　　1855 年每 18 人中有 1 人

1856 年每 15 人中有 1 人　　1857 年每 13 人中有 1 人

1858 年每 15 人中有 1 人　　1859 年每 9 人中有 1 人

1860 年每 8 人中有 1 人　　1861 年每 8 人中有 1 人①

肺病率的增加，即在最乐观的进步主义者和德意志自由贸易主义的最大的诳言贩卖家看来，也应该是满意的。

1861 年的工厂法，限制以机械制造的花编制造业（以机械制造花编，在英国，已是常例）。我们要在此略加考察（只考察在家内劳动的工人，不问在制造厂及货栈内工作的）的部门，又可分为二部；其一为花编加工（在机械所制成的花编上加工，那又包含许多亚种）；其二为花编织造。

花编加工的工作，当作一种家内劳动，是在"主妇家"（Mistress houses）内进行，或在女工自己家内独力或得儿女帮助进行的。"主妇家"也是由极贫穷的妇人开设的。工作场所，是她自己的住室的一部分。她从工厂主栈房主那里包下工作来，雇用妇人，少女，和幼童劳动。使用的人数，视房间的大小与营业的需要而定。被雇女工数，有时自二十至四十，有时自十至二十不等。儿童开始劳动的最低年龄，平均为六岁，但有许多儿童在五岁未满以前，就开始工作了。通常的劳动时间，自早晨八时起至晚间八时，中间有一小时半可以出去吃饭。吃饭的时间是极不规则的，且往往不得不在龌龊不堪的工作场所内吃饭。在生意好的时候，工作往往从早晨八时（有时是六时）起，至晚间十时，十一时，或十二时不等。英国营房，依法律规定，每个兵士应占有五百立方英尺至六百立方英尺的空间；在陆军医院内，每个兵士必须占一千二百立方英尺的空间。在这样的工作场所内，却每人不过占六十七立方英尺至一百立

---

① 童工委员会第二报告第 22 页第 166 号。

方英尺的空间。还有煤氧灯，要把氧气消耗。为使花编保持洁净起见，工作场所皆铺有石板或砖块，但即在冬间，工作的儿童也不得不把鞋脱去。"在诺亨汉，我们常看见十四名至二十名儿童，挤在一个不过十二平方英尺大的小房间内，每日作十五小时工作。这种工作是吃力的，因其甚无味且甚单调且劳动条件又极不卫生。……最年幼的儿童，也须有惊人的紧张的注意和速度，从不让指头的运动停止或减缓。设有人向他们问话，他们决不抬起眼睛来，让瞬刻的光阴虚掷过去。劳动时间越是延长，'主妇'鞭策用的'长棒'越是用得多。儿童渐渐疲劳了，当他们长久从事一种单调的，费眼力的，因姿势必须保持不变而消耗精力的工作，快要终了的时候，他们简直像鸟一样，不能安逸下来。他们的工作，简直是奴隶的工作。"[1] 反之，女工在自己家里（这所谓家，是指一间租赁的房屋，多半是一间阁楼），和儿女一道劳动的情形，是更坏。这种劳动，是在诺亨汉周围八十英里内进行的。在栈房内作工的儿童，于晚间九时或十时归家时，往往还带一包花编回家去，在家里加工。而伪善的资本家在此时，还由雇员之口，以这样的甘言对他们说："这是给母亲作的"。实则他很知道，这班可怜的儿童，仍非坐下来帮助不可[2]。

花编制造（Spittenklöppelns，pillow Lacemaking），在英格兰，主要是在英国两个农业区域内经营。其一是汉尼登市附近花编制造区域，该区沿德文夏南岸二三十英里地方，并包括北德文夏若干地方。其二包括巴金汉，贝德福，诺桑蒲吞诸州的大部分，及牛津汉亭登二州的邻近的地带。工作场所往往便是农业工资劳动者居住的小屋。有许多制造家，使用这种家内劳动者三千名以上。那大都是儿童与少年人，全是女性。花编加工业所有的各种情形，都在这里复演了。

① 童工委员会第二报告 1864 年第 19、20、21 页。
② 前揭报告第 21 页 26 页。

唯一的差别是"花编学校"代替了"主妇家"。这种学校，就在贫妇人的小屋里办的。"学校"中的儿童，是从五岁起，至十二岁或十五岁。年龄最小的，在最初一年，每日作工四小时至八小时。稍长的，即从早晨六时起，作至晚间八时或十时。"工作的房间，通例即是小屋的卧室。为防止大风侵入，那里的烟囱是闭着的。工人须由自己的体温，保持自己的温度，在冬季，也往往如此。有时，这所谓教室，简直像一个没有火炉的小贮藏室。……这种窠一样的小屋，是异常挤的，空气是非常坏的。水沟，便所，腐败物，及其他各种龌龊，也会发生有害的影响。"关于空间位置，则"就甲校说有十八个少女和一个主妇，每人仅占有三十五立方英尺，就乙校说，气味是闻不得，有十八个人，每人仅占有二十四立方英尺半。在这种产业，有二岁和二岁半的幼童被使用。"①

在巴金汉与贝德福二州花编织造业告终之处，即有草帽缏业。赫特福州的大部和爱色克斯的西部北部，也有这种产业。1861 年，草帽缏业与草帽制造业，共使用 40,043 人中，有 3,815 人是各种年龄的男子，其余都是女性。二十岁未满的女子，共 14,913 人，其中有幼童 7,000 人。在这种产业上，虽没有花编学校，但有草缏学校。儿童通例从四岁起，且往往从三岁起，就开始学习制草缏的方法。当然他们不曾受任何教育。他们到这种学校来每日织三十码草缏，仅为服从那饿得半死的母亲的命令。儿童自己为要区别这种吸血机关，常称普通小学校为"自然学校"。他们的母亲还往往在他们放学后，叫他们在家里工作，一直作到晚上十时，十一时，乃至十二时。麦蒿刺着他们的手；因必须不断以唾液使麦蒿浸湿故，他们的口常被割破。照巴拉德医师（Dr. Bellard）说，"伦敦各医官一般的意见，是每一个人的寝室或工作室，至少应有三百立方英尺的空间。

---

① 前揭报告第 29、30 页。

但草缏学校的空间位置，比花编学校还小。每人，少则 $12\frac{2}{3}$ 立方英尺，17 立方英尺，$18\frac{1}{2}$ 立方英尺，多也不及 22 立方英尺"。据童工委员淮特说，十二立方英尺，与一个每边长三英尺的箱相比，尚不及其二分之一。但儿童却要在这情形下，生活到十二岁乃至十四岁。几乎要饿死的穷极无聊的双亲，也只知道拼命榨取儿童的劳动。无怪儿童一旦长成，即离开父母，不管他们的事。"在这样培养起来的人口中，无怪会如此无知，如此邪恶。……他们的道德，是最堕落的。……大多数妇人都有私生子。这样年轻的女人就有私生子，所以，哪怕最熟习犯罪的人，见此情景，也不免吃一惊。"① 但基督教问题专家曼台兰伯特伯爵（Graf Montaleml ert），还说有这种模范家庭的国家，是欧洲的基督教的模范国家！

在上述二种产业，工资当然是极低的，草缏学校的儿童，最多每星期不过得三先令。又因其中通行以货物支付工资的方法（Trucksystem 此法，在花编织造区域，尤为盛行），所以名目上已经很低的工资，实际还要打一个折扣②。

E　由近代制造业和家内劳动到大工业的推移；　工厂法在这二种经营方法上的施行及由此促进的革命

妇人劳动力及未成年人劳动力的滥用，一切正常劳动条件和一切正常生活条件的盗掠，过度劳动与夜间劳动的野蛮——那种种都会使劳动力，变得便宜。但这种种作用，终久会碰到自然的难于跨过的限制。从而，以此等方法为基础的商品便宜化过程，和资本主义的榨取一般，也都会碰到这种限制。达到这一点，当然须经相当的年日。但这一点一经达到，采用机械的时候就到了，分散的家内

① 前揭报告第 40、41 页。
② 童工委员会第一报告 1863 年第 185 页。

劳动（或制造业）急遽转变为工厂经营的时候到了。

这种转变的最大的实例，是穿着物的生产。照童工雇佣委员会的分类，这种产业包括草帽制造业，女帽制造业，制帽制造业，裁缝业，女冠服制造业①，衬衫制造业，紧身物制造业，手套制造业，鞋制造业，及其他许多小部门，如制造领带，硬领等。1861 年，英格兰威尔士这各种产业所使用的女工数，为 586,298 名，其中至少有 115,242 名，年龄在二十岁以下，有 16,650 名，在十五岁以下。又，联合王国 1861 年这诸种产业所使用的女工数，为 750,334 名。同时，英格兰与威尔士帽制造业，手套制造业，鞋制造业，裁缝业所使用的男工人数，为 437,969 名，其中有 14,964 名年龄在十五岁以下，89,285 名年龄在十五岁至二十岁之间，333,117 名年龄在二十岁以上。属于这方面的许多小部门，未计算在内。我们对于这种计算，且不表示意见。如此，我们将发现，单就英格兰和威尔斯说，依 1861 年国势调查所示，被雇在穿着物制造上的人数，全部为 1,024,277 名。其所使用的人数，与农业及饲畜业所吸收的人数，大约相等。由此，我们可以理解，机械为什么可以咒出这样大量的生产物，"游离"出这样多量的劳动者来。

穿着物的生产，一向是由制造厂（在其内，不过再生产了一种分工，构成这种分工的分散的份子，都是现成的）经营，由手工业的小老板（他们不复像先前一样为个别消费者劳动，而是为制造厂及货栈房劳动了，因此，一个都市全体，或一个区域全体，可以专门从事一种生产事业，例如鞋制造业）经营，并由所谓家内劳动者（他们是制造厂，货栈房，乃至小老板的外围部分）经营②。其劳动

---

① Millinery 严格说，是只制造头部穿戴物的，但也制造女子外套和短外套。Dressmakers 则与德国的 Putzmacherinnen 相当。

② 在英国，女帽制造业（Millenery）女服制造业（Dressmakers），大部分是在雇主屋内经营的，工人一部分是住宿的订有契约的女工人，别一部分是住在外面的日佣女工人。

材料，原料，半制品等，是大工业供给的；便宜的人间物质是由大工业和农业"游离"出来的劳动者构成的。这种制造业的发生，主要是因为资本家欲有一个随时应付需要变动的工人队伍①。这种制造业，也还许分散的手工业经营和家内经营，当作广阔的基础而继续存在。这诸劳动部门所生产的剩余价值是很大的，其所生产的物品是一步一步便宜的。这在过去和现在，皆主要因为工资降至维持生存所必要的最低限，而劳动时间则增至人体上可能的最高限。其生产物的销路向来所以不绝扩大，且犹继续扩大，是因为转化为商品的人的血汗非常便宜。就英国的殖民市场（在那里，盛行英国本国的趣味与习尚）说，尤其是如此的。但那终久会达到一个界点。到这一点后，旧方法的基础，——劳动材料之残暴的榨取和系统发展的分工——就不复能应付扩大的市场，不复能应付增进得更速的资本家的竞争了。采用机械的时候到了。而在这生产范围内对准无数部门（如女服制造业，裁缝业，制鞋业，针绣业，制帽业等）一齐加以袭击的革命的机械，是缝纫机。

对于劳动者，这个机械，和一切在人工业时期征服新职业部门的机械，有相同的影响。太过年轻的儿童是被远斥了。与家内劳动者（他们大多数是"贫民中最贫苦的人"）的工资比较，机械劳动者的工资是相对地提高了的。而与机械竞争的处境比较好的手工业者的工资，却减低了。新机械劳动者完全是少女与少妇。得机械力之助，她们把成年男工人在重工作方面形成的独占破坏了，同时在轻工作方面，她们又把年长的妇人和未成熟的儿童驱逐了。这种一面倒的竞争，扑灭了最弱的手工劳动者。最近十年间伦敦因饥饿而

----

① 委员淮特曾视察一个军服制造厂，那里雇有1,000至1,200人，几乎全是女性，曾视察一个鞋制造厂，那里雇有1,300人，几乎半数是儿童和少年人。（童工委员会第二报告，第17页第319号。）

死亡的人数的激增，是与机械缝纫的扩大相并而行的①。新的女工，或兼用手足，或单用手，或坐着，或站着（视机械的轻重大小，与构造如何而定），把缝纫机运转。在这种工作上，她们必须支出多量的劳动力。她们的劳动时间虽大体比在旧制度下面更短，但她们的职业，仍因过程继续的时间甚长，而于健康上有害。在已经很小，已经很挤的工作房间，例如制鞋，制紧身，制帽等的房间内，再把缝纫机摆进去，不卫生的影响，就更增加了。委员洛德曾说："在有三四十个机械工人作工的天井极低的房间内，站一会，也受不住。……房间内的温度（有一部分因为热熨斗的煤气管的作用），是可怕的……即令工作时间不过度（比方说从早晨八时起至下午六时止），每日照例仍有三四个人闷过去。"②

社会经营方法的革命——那是生产手段变化的必然的结果——须通过种种过渡形态。这种种过渡形态，随缝纫机在一产业部门采用范围的大小与时期的长短而变，随工人原先的状况而变，随制造业经营手工业经营或家内经营的优势而变，且随工作场所的租金③而变等。例如，女服制造业，在那里，劳动人体已由单纯的合作，而组织了，所以，缝纫机最先就是当作制造业经营的一个新因素。而在裁缝业衬衫业制鞋业等业上，则一切的形态，互相交错。有时是真正的工厂。有时是中间雇主（Zwischenanwander）从真正资本家那里领下原料来，而在"房间"或"廊下"，在缝纫机周围，聚合十

---

① 举一例。1864年2月25日，户籍调查员的每周死亡报告，说有5人饿死。同日《泰晤士报》也报告一件饿死的事。一星期有6个人为饥饿的牺牲品！

② 童工委员会第二报告1864年第67页第406—9号，第84页第124号，第73页第441号；第66页第6号；第84页第126号；第78页第85号；第76页第69号；第72页第483号。

③ "工室的租金，似乎是决定这个问题的最后的要素。也就因此，所以，将工作分授于小雇主和家庭的旧制度，在首都维持得最久，并且恢复得最早。"（前揭报告第83页第123号。）最末一语，是专就制鞋业而言的。

名，五十名，或五十名以上的工资劳动者工作。还有时（当机械尚未成为组织体系，仅小规模被使用时，情形往往如此），是手工业者或家内劳动者，和家里人或少数雇来的劳动者在一块，利用自己所有的缝纫机①。而今日在英国实际盛行的制度，是：资本家在自己的建筑物内，累积着许多机械，而以机械生产物分配给家内劳动者的队伍间，叫他们为更进一步的加工②。不过，过渡的形态虽有种种，但其转化为真正工厂经营的趋势，却不因此隐蔽。培养这种趋势的，有几种事情。第一，缝纫机本身的性质，就是培养这种趋势的，这种机械的多样的用途，使以前分散的各职业部门，能集中在一个建筑物内，在同一个资本的命令之下。第二，各种预备的用针工作，及其他若干工作，最宜在缝纫机安置的场所进行。第三，以自有机械从事生产的手工业者与家内劳动者，必致于被剥夺。这种命运，已经在某程度内加在他们身上了。投在缝纫机上的资本量，不绝地增加③。此事，曾刺激生产，使市场壅塞，并指示家内劳动者，把他们的缝纫机卖却。而缝纫机本身的生产过剩，又使难于找到销路的生产者，把缝纫机一星期一星期租给人家，从而，以致命的竞争，压在机械的小所有者身上④。而机械构造的无止境的变化，机械价值的无止境的减低，又使旧的机械，不断地折价，结局不得不大批卖给大资本家；因为，这种旧式机械，要在大资本家手中，方能应用得有利的。最后以蒸汽机关代替人力的结果，乃在这场合，像在一切类似的革命过程中一样，把问题决定。使用蒸汽力之初，也逢到种种技术上的障碍，例如机械的摇动，速度调节上的困难，轻机械

---

① 在手套制造业上，工人的状态，几乎和被救恤民的状况，没有区别，所以不见有这种现象。

② 童工委员会第二报告 1864 年第 2 页第 122 号。

③ 莱塞斯特靴鞋批发制造业，在 1864 年，已经使用 800 架缝纫机。

④ 童工委员会第二报告 1864 年第 84 页，第 124 号。

之急速的磨损等。但这一切障碍，不久就为经验所克服了①。许多工作机在一个大制造厂内累积，固曾引诱人使用蒸汽力，然蒸汽与人类筋肉的竞争，也曾促使工人与工作机累积在大工厂内。因此，英国今日在穿着物的大生产范围内，像在大多数产业上一样，经验到了由制造业，手工业，家内劳动，转化为工厂经营的革命了。惟在此之前，这种种已在大工业影响下完全被变化，被分解，被歪曲的生产形态，虽不包含工厂制度的积极的发展要素，却曾引起甚至过分引起工厂制度的一切恐怖②。

　　自然进行的产业革命，又因工厂法推广施行于一切使用妇人少年人和儿童的产业部门受到人为的促进。劳动日在长短，休息，工作始终点上受到强制取缔，儿童的轮班制度，及未满一定年龄的儿童的使用，受到禁止。这种种，都使机械必须增加③又使当作原动力的筋肉必须由蒸汽代替④。而在他方面，因要在空间上补偿时间上的损失，共同利用的生产手段如熔炉建筑物等，又是不得不扩充。一句话，生产手段须更累积，劳动者须相应地更密集。不过，在工厂

---

① 伦敦平利谷地方的军服制造业，伦敦德勒地方的底利汉德森衬衫工厂，利梅里克地方的合特制服厂（那里约雇用1,200工人），都有这种情形。

② “到工厂制度的倾向”。（童工委员会第二报告1864年第67页。）“这全部职业，现今正好在过渡状态中。这种过渡状态，花编业织布业等也正在通过”。（前揭报告第405号。）“一个完全的革命”。（前揭报告第66页第318号。）1840年童工委员被任命时，织袜还是手工业。1846年后，有各种织袜机械被采用了；现在，这种机械，都是由蒸汽力推动的。英格兰织袜业使用的总人数（三岁以上的男女工人），在1862年，约有十二万九千。但依照1862年2月11日的议会报告，在此总数中，只有4,063人，受工厂法取缔。

③ 拿制陶业作例。“不列颠制陶所格拉斯哥”的科克冷公司，曾报告说：“为维持我们的产量起见，我们曾大大扩充机械，那是由不熟练的劳动照料的；每日的经验，都告诉我们，这个方法的产量，比旧法的产量大”（工厂监督专员报告1865年10月31日第13页。）“工厂法实施的结果，是促进机械的进一步的采用。”（前揭报告第13、14页。）

④ 工厂法推广到制陶业后，以机械辘轳代手辘轳的现象，是大增加了。

法威胁下的各种制造业，虽唱热烈的异议，但它反复援引的论据，不外是要保持旧来的营业规模，已须有较大的资本支出。但制造业与家内劳动之间的中间形态，与家内劳动本身，当劳动日与儿童劳动受这样的限制时，却是只有没落的。这种种产业形态所有的竞争力，乃以廉价劳动力之无限制的榨取为唯一基础。

工厂经营的本质的条件，是结果之标准的确实性；明白的说，即在一定期间，造出一定量商品或有用效果。而在劳动日受取缔时，尤其是如是。又，工厂法规定劳动日须有确定的休止时间，但这种规定所以可能，也因周期地突然地停止劳动，不会给方在生产过程中的制品，以任何损害。在纯机械性的产业，当然比在物理化学过程占相当地位的产业（例如制陶工业，印花工业，染色工业，面包制造业，及大多数金属制造业），更易有结果的确实性和劳动停止的可能性。在劳动日绝无限制，夜间劳动不受禁止，人间生命得任意浪费时，每一种自然发生的障碍，都被视为是生产之永久的"自然限制"的。但任何驱除害虫的毒药，也不及驱除这种自然限制的工厂法那样确实有把握。没有谁，还比制陶业方面的诸位先生，更高声叫"不可能"。但1864年工厂法实施到制陶业上来十六个月后，一切不可能就都消灭了。工厂法在制陶业上唤起的"改良的方法，即以压缩代替蒸发的制造陶土的方法，和改良的烘制陶器的炉等，都是制陶技术上的重要事项。其所划出的进步，实为前世纪所不能梦想到。……炉的温度大减低了，燃料大节省了，但其在陶器上发生的作用，却更迅速了。"[①] 虽有各种预言，但陶制品的成本价格，总没有增加，陶制品的生产量却大增加了。1864年12月至1865年12月那十二个月间，陶制品输出额，比前三年间平均的输出额，要在价值上，超过138,628镑。再就火柴制造来说，一向人们总以为，

---

① 1864年10月31日工厂监督专员报告第96页及127页。

478

少年工人在吃中饭时，仍须继续以木签浸入燐熔液中，使发散的毒气，与工人的面部接触。他们视此为自然法则。但工厂法（1864年）的实施，使时间的经济，成为必要，因此有一种"浸机"出现了；赖有此，其毒气已不复能接触到劳动者身上了①。又，在今日依然不受工厂法限制的花编制造业各部门，人们也以为，因各种花编材料干燥所必须经过的时间有种种不同，有的只须三分钟，有的必须有一点钟以上，所以，要使食事时间有规则，是不可能的。对于这种主张，童工委员也答说："这里所说的情形，与第一报告所述的壁纸印刷业的情形，正好相同。经营此业的大制造家曾有人说，从所用材料的性质及各式各样的过程看，非发生大损失，决不能在任何定时，为食事而将劳动突然停止。……1864 年工厂法的增补条例第六节第六条，却规定食事时间的实行，自该法制定日起，得延迟十八个月的时间②。但这个法律在议会通过不久之后，工厂主就发现了如下的事实："工厂法在我们这种制造业上施行，当初我们总以为一定会发生弊端，我们现在很高兴说，这种弊端是没有发生。我们不见生产受任何干涉。我们在同时间内的生产，是已经增加了。"③很明白，实事求是的英国国会，已由经验知道，要扫除劳动日限制在生产上遇到的所谓自然障碍，单制定一个强制的法律，已经很够。因此，当工厂法将在某产业部门实施时，总会给予六个月乃至十八个月的犹豫期间，责成工厂主，使他们扫除种种技术上的障碍。米拉波（HonoréMirabeau 是法国的政治家，不是那位经济学家）的格言"不可能么？不要对我说这一句无意思的话"，最适用于近代的工艺学。不过，工厂法虽如此促成制造业经营转化为工厂经营所必要

---

① 这种机械及其他若干种机械在火柴制造上的采用，曾在一个部门，用 32 个 14 岁至 17 岁的少年男女，代替 230 个少年男女。1865 年采用蒸汽力时，劳动的节省更进步了。

② 童工委员会第二报告 1864 年第 9 页第 50 号。

③ 工厂监督专员报告 1865 年 10 月 31 日第 22 页。

的物质条件，但同时，因工厂法使资本支出必须增大，故又促进了小老板的消灭和资本的累积①。

不说技术上的障碍及可在技术方面除去的障碍，则工人方面的不规则的习惯，也会妨止劳动日的取缔。在计件工资制度盛行，此日或此星期时间上的丧失，得由以后过度劳动或夜间劳动来补偿——这个方法，使成年工人野兽化，把他的未成年的和女性的伴侣破灭——的地方，情形尤其是如此②。劳动力支出的这种无规则的情形，固然是可厌的单调的劳动苛求之自然的粗暴的反动，但也有极大部分，是由于生产的无政府状态，而生产的无政府状态，又以资本无限制榨取劳动力为前提。即不说产业循环上一般的周期的变迁，及各生产部门上特别的市况变迁，我们也还可以讲一讲所谓"季节"（saison）——那或以航海季节的周期性为根据，或以时式为根据，因此突然接到的大批定单，必须在最短期间内交货。因铁路及电报普及之故，这种定货习惯，更为屡见了。"铁道组织在全国扩展的结果，对于近期交货的习惯，颇有助长的趋势。购买者不像以前一样，向零售店购买了，他们每二星期从格拉斯哥，孟彻斯德，和爱丁堡到批发的都市贩卖所来买一次。数年前，我们可以在

---

① "我们必须记着，这诸种改良虽曾在若干工厂充分地实施，但并未普遍地实施。要把这种种改良，应用到许多旧制造厂来，那非增加资本的支出不可。但这种增加的资本支出，是许多开设工厂的人没有的。……工厂法的施行，必然会伴着发生暂时的紊乱。紊乱的大小，则与所要救济的弊害的大小，成正比例。"（前揭报告第96、97页。）

② "拿熔矿所作例。每到星期之末，劳动时间就会大大增加，因工人在星期一，乃至在星期二的一部或全部，有怠于劳动的习惯。"（童工委员会第三报告，第6页。）"小老板的劳动时间，通常是极不规则的。他们会轻易把二日或三日放过，然后昼夜劳动以弥补。……他们常常使用自己的儿女，如果他们有。"（前揭报告第7页。）"劳动开始点的漫无规则，是因为过度劳动，能够并且实际能够把损失填补这件事引起的。"（前揭报告第18页。）"在伯明翰，有莫大的时间损失掉……一部分是无所谓地消磨，别一部分却像奴隶一样劳苦。"（前揭报告第11页。）

480

生意冷淡的时候，为应付下一季的需要，把货物准备好，但现今谁也不能预先断定下一季的需要是怎样。"①

依然不受工厂法取缔的工厂与制造厂，在所谓节季时期，因接到突然的定单故，往往会周期地陷于极可怕的过度劳动。在工厂，制造厂，和货栈的厂外部，即所谓家内劳动，职业是极不规则的，其原料，其定单，皆取决于资本家的喜怒。在这场合，资本家全不必顾虑建筑物机械等的消耗，而只以劳动者的皮为冒险。他们在这场合是组织地养成了一个可以随时利用的产业预备军（industrielle Reservearmee）。这个产业预备军，在一年中某一个时期，在劳动强制下，忙得要死，而在他一个时期，却因工作缺乏，饿得要死。童工委员报告上曾说："当特别需要劳动时，雇主即利用家内劳动的习常的不规则性，使工作到夜间十一时，十二时，乃至二时，即俗所谓'全时间'。臭气之烈，可以使你昏倒，所以，当你到门口，将门启开时，你会没有进去一步的勇气。"② 有一个证人（一个制鞋工人）说："他们是古怪的人，他们觉得，使工人在半年内从事过激的工作，在其余半年内几乎没有工作，也于工人毫无损害。"③

这种"与职业一同发展的习惯"，像技术上的障碍一样，今仍被当事的资本家，称为生产的自然限制。英吉利棉业初受工厂法威胁时，棉业大王是最喜欢这样叫喊的。固然，他们的产业，比任何产业，都更以世界市场，从而以航海业为基础，但经验却证明他们的主张是谎言。近来，英格兰的工厂监督专员，把一切自称的营业障

---

① 童工委员会第四报告第32、33页。"铁道组织的扩张，据说，曾大大助成近期交货的习惯，因此颇引起工作的急促，食事时间的忽略，和工作时间的超过。"（前揭报告第31页。）

② 童工委员会第4报告第35页第235号237号。

③ 童工委员会第4报告127页第56号。

碍，都看作是假话了①。童工委员的诚意的调查，已经证明——在若干产业取缔劳动时间，结果是使一向使用的劳动量，更平均地，分配在全年间②；这种取缔，对于杀人的，无意义的，本身就与大工业制度不适合的应时习惯，是最早的合理的约束③；海洋航海与交通机关一般的发展，曾把季节劳动技术的基础扫除④；一切其他的被认为难于控制的事情，也因建筑物增加，机械增加，同时使用的工人数增加⑤，及此等原因曾在大商业制度（das system des Grosshandels）引起反应之故⑥，被一扫而空了。但虽如此，若不受国会限制劳动日

---

① "说到营业因定货运送时间不适合而起的损失，我记起了1832年和1833年工厂主所爱唱的论调。这种论调，在蒸汽未将距离缩短，未将新的交通规则确立以前，是有力的，但若在现在提出，却不是这样了。在那时，这个主张，已经受不起事实的试验，现在还更受不起。"（工厂监督专员报告1862年10月31日第54、55页。）

② 童工委员会第4报告第18页第118号。

③ 白拉斯在1699年就说过这样的话。"时式的变化，增加了贫乏的人。那有两个大的害处。第一，工人在冬季，曾因没有工作而陷于贫困。织物商人或织布业者，在春天尚未来到，时式尚未分晓以前，不敢投资本使用他们。第二，到春天，工人往往嫌不足。织布业者为满足一季或半年的国内需要，必须雇用许多徒弟。这个办法，夺去了耕作的手，枯竭了劳动者的农村，使都市充满乞食者，并在冬间，使若干不愿乞食的人饿死"。（白拉斯著《贫民制造业商业，殖民和不道德》第9页。）

④ 童工委员会第5报告第171页第31号。

⑤ 布拉德福输出商人的代表供述："在这种情形下，不需有一个少年工人在货栈内，在午前八时至午后七时半之外，做额外时间的工作。所需要的，是额外的劳动和额外的费用。如果不是因一些雇主太过贪钱，这些少年人的劳动实无到这样晚的必要。一个额外的机械，仅值16镑，或18镑。像现在这样的额外时间，有许多是设备不充分和场所不充足之所致"。（前揭报告第171页第31号，36号，38号。）

⑥ 童工委员会第5报告。伦敦有一位工厂主，他认劳动日之强制的取缔，对工厂主而言是保障劳动者，对大商人而言，是保护工厂主。他曾说："我们营业上所受压迫，是由运送业者造成的。他们要用帆船将货物在一定节季送到目的地，俾便从中赚取帆船运费和汽船运费的差额。如有两条汽船开行，他们又必定拣最先开行的一条，俾能抢先赶到国外市场。"

的法令的压迫①，资本依然不会赞同这种改革。这是资本代言人屡次说明过了的。

IX 工厂法（卫生条款与教育条款）及其在英国的普遍化

社会，对于社会生产过程的自然发生的形态，实以工厂法的制定，为最早的意识的计划的反应。我们讲过，工厂法，和棉纱，自动机，电报一样，是大工业的必然的产物。但在转论工厂法在英吉利的普遍化以前，我们且就英国工厂法，略述若干与劳动日时间限制没有关系的条款。

卫生条款（Gesundheitsklauseln）的字义，是极笼统的，使资本家很容易规避。然姑不说此。它的内容也非常贫弱；事实上，它不过规定，墙应粉白，其他若干点应讲求清洁，空气要流通，机械的危险应设法保障。我将在第三卷，详述英国工厂主，曾怎样热狂反对这种只要出少数钱即保障"工人"肢体的条款。在这个场合，自由贸易主义的信条——在利害关系互相冲突的社会内，只要各人寻求各人自己的利益，即可增进公众的幸福——再度被试验了。且举一例如下。我们知道，在过去二十年间，亚麻工业曾在爱尔兰大扩张，随着，打麻工厂也在爱尔兰增加了。1864年，该处，有打麻工厂一千八百所。照例，在秋冬二季，妇人与少年男女，即附近小农民的妻室儿女，一种完全不熟习机械的人，会离开田间工作，被吸到打麻工厂来，从事以亚麻投入辗辘机内的劳动。由此发生的灾害，论范围与强度，皆成为机械史上空前的例。考克附近居尔第南有一个打麻工厂，自1852年至1856年，发生过六次死亡和六十次残废的

---

① 有一位工厂主说："在一般国会条例的压力下，那种情形只有推广事业，才能除掉的。"（前揭告第10页第38号。）

事件。每一次这种意外的事件，原都只要数先令的破费，以最简单的设备，就可以防制的。准特医生（丹巴特利克的工厂鉴定医师），会在一个政府公报（1856年12月15日）中，说："打麻工厂发生的意外事件，都是最可怕的。多数是身体被铡去四分之一，罹祸者或死亡，或残废，终生痛苦。工厂在该处增加以后，这种可怕的结果也必定会增加……我相信，使打麻工厂受国家的适当的监视，定可防止一个巨大的生命和身体上的牺牲①。"维持清洁与卫生的最简单的设备，也须由国家制立法律来强制实行。还有什么事实，能比这个事实，更明白地，表示了资本主义生产方法的特征吗？在制陶工业方面，1864年的工厂法，"曾粉白扫净二百以上的工作场所。这种工作场所，有许多已经二十年不曾粉刷，有一些是从来不曾粉刷过"（这就是资本家的"节欲"），其所雇用的二万七千八百工人，一向就在过度的日间劳动，和夜间劳动中，呼吸这有毒的空气，从而使一种在其他方面比较更少害处的职业，成为疾病与死亡的渊薮。法律曾使换气的手段改良许多②。同时，工厂法的这个部分又说明了，资本主义生产方法在本质上，不能超过一定的限度，来进行各种合理的改良。我们一再讲过，英国的医师曾一致地声明，在继续工作的地方，每一个人至少应占有空间五百立方尺。好的！但若工厂法已由其强制规定，间接促进小工作场所的工厂化，从而间接侵害小资本家的所有权，确保大资本家的独占权，那么，规定每个工人在工作场所内必须占有适当的空间，就会使成千小资本家在这强制规定的一击之下，被直接剥夺！那会动摇资本主义生产方法的根本，即以劳动力之自由购买自由消费为手段，使大大小小的资本价值增殖。是以，提到五百立方尺空气，工厂法便无路可走了。卫生官员，工业调查员，工厂监督专员，都曾反复说明，五百立方尺空间是必

---

① 前揭报告第15页第72号。

② 1865年10月31日工厂监督专员报告第127页。

要的，但要强迫资本接受这种要求，却是不可能的。他们在事实上说明了，工人患肺结核病或其他诸种肺病，是资本的生存条件之一①。

大体说，工厂法的教育条款（Erziehungsklauseln）也是贫弱的，但它仍以小学教育为劳动的强制条件②。这个条款的成功，第一次证明了，以教育与体操③和筋肉劳动相结合，是可能的，以筋肉劳动和教育与体操相结合，也是可能的。工厂监督专员，在审问学校教师时，发觉了工厂儿童，与正式日校学生比较，虽只受半时间的教育，但所得的学业是一样多，且往往更多。"这种现象是单纯的。他们虽只半日到校，但他们时时觉得新鲜，且时时准备受教。他们以半时间从事筋肉劳动，以半时间受教育的制度，使工作与教育成为交互的休息和安慰。从而，使工作与教育，都更与儿童适合。一个终日在学校内的儿童（尤其是暑天），不能和一个刚刚把工作放下，心情

---

① 我们由实验发现了，一个健全的平均的个人，一次普通强度的呼吸，约须消费二十五立方英寸的空气。每分钟，人约须呼吸二十次。所以，一个人在每日 24 小时内，必须消费空气七十二万立方英寸，即 416 立方英寸。又，我们知道，经过呼吸的空气，必须在自然大工作场所内洗净，方才能在同一过程上再有作用。依瓦伦亭（Valentin）和布鲁内（Brunner）的实验，一个健全的人，在一小时内，约吐出 1300 立方英寸的炭酸气。这就是，在 24 小时内，由肺部排出的固体炭素，约有 8 盎斯。"每个人至少应有 800 立方英寸"。（赫胥黎。）

② 依照英国的工厂法，父母不得送十四岁未满的儿童，到"受取缔"的工厂去作工，除非同时让他们受初等教育。这个法律的遵守，是由工厂主负责任的。"工厂教育是强制的，那是劳动的一个条件"。（1863 年 10 月 31 日工厂监督专员报告第 111 页。）

③ 以体操（在少年人为军事训练）结合于强制教育，对于工厂儿童和贫民学校儿童，会发生有利的结果。关于这点，可参看西尼耳在社会科学促进协会第七届年会的演说辞。（这篇演说，曾载在《议程报告》中，伦敦 1863 年第 63、64 页。）还可参看 1865 年 10 月 31 日工厂监督专员报告第 118、119、120 页，126 页以下。

非常活泼的儿童竞争，乃是当然的事。"① 关于这一点，西尼耳 1863
年在爱丁堡社会科学大会的演说，也可为证。在那里，他曾说明，
上中阶级儿童的单调的不生产的长时间的受业时间，徒然增加教师
的劳动，同时，教师又不仅无益地，并且有害地，浪费儿童的时间，
健康，与精力②。像欧文所详细说明的那样，未来教育——这种教
育，把生产劳动和智育体育结合起来，使每一个已达一定年龄的儿
童皆可享受，此不仅为增加社会生产的方法，且为生产健全人类的
唯一方法——的种子，是从工厂制度发芽的。

　　制造业的分工，使一个完全的人，终生为一个部分工作所吞并。
我们讲过，大工业在技术发展中，把这种分工废止了。但大工业的
资本主义的形态，又依一种更可怕的形态，再生产出这种分工来。
这在真正的工厂内，是因为劳动者变成了一个部分机械的有意识的

---

① 工厂监督专员报告 1865 年 10 月 31 日第 118 页。有一位诚直的丝工厂主对童工委
　员说："我确信，生产优秀工人的真的秘诀，是从幼年期起将教育和劳动结合。
　当然，工作不能太重，不能太烦，不能太不卫生。我希望，我自己的儿童有劳动
　和游戏，这样，他们的学校功课才不致于单调无味"。（童工委员会第 5 报告第 82
　页第 36 号。）

② 西尼耳《议程报告》第 65、66 页。——试比较西尼耳 1863 年的演说，和他 1833
　年对于工厂法的诽谤；或比较这个大会的见解，和英国若干农村区域今日仍有许
　多穷父母为饥寒所逼不得教育其子女的事实，我们就可以说明，大工业发达到一
　定的程度，即能由物质生产方法和社会生产关系的变革，变革人的头脑。关于穷
　父母不得教育子女这一点，斯累尔（Snell）曾报告说，在桑牟塞特，贫民因要请
　求教区救济，往往不得不使子女退学。菲尔登市牧师沃拉吞（Wollarton）也曾述，
　有若干家庭，"因送儿童上学"，故其救济请求不蒙批准！

486

附属物；而在其他各处，却一部分因为机械及机械劳动的间或的使用①，一部分因为妇女劳动，儿童劳动，及不熟练劳动，被采用作分工的新基础。制造业的分工与大工业的本质，是相矛盾的，这种矛盾，现在是热烈地发动了。而在这种可怕的事实——近代工厂制造厂使用的儿童，大部分，从极幼小的年龄起，就被束缚专门从事一种最单纯的工作，但经过多年的榨取后，仍不能学会一种后来可以在同制造厂或工厂内有用的劳动——上，这种矛盾，是表现得尤为显著。试以英国的印书业为例。该业的旧制度，是与旧制造业和手工业相应的。依照这种制度，每一个徒弟都由较轻易的劳动，进而从事内容较充实的劳动。他们须经过种种训练，然后成为完全的印刷工人。无论何人，要从事这种用手作的职业，皆须能读与写。但自印刷机被采用以来，这一切都变化了。印刷机只使用两种劳动者。一种是成年工人，他们是照应机械的；一种是十一岁至十七岁的少年工人，他们的专门职务，是把纸张送到机械里去，或把已经印好的纸张从机械取出。他们每星期有几天要从事这种单调的工作（特别在伦敦），至十四小时，十五小时，乃至十六小时，有时且连续工作至三十六小时，其中只有两小时吃饭和睡眠的时间②。他们大多数不认得字，大多数是粗野的变态的人。"他们从事这种工作，不必有任何智识上的训练。那用不着熟练，更用不着判断力。他们的工资，

---

① 有些地方，手工机械（即由人力推动的机械），直接或间接与发展的机械体系（即由机械动力推动的机械）相竞争。那些地方，就推动机械的劳动者说，是发生了一个大的变化。原来是蒸汽机关代替劳动者，现在是劳动者代替蒸汽机关。劳动力的紧张和支出，达到可惊的程度，而受这种苦处的，还多处是未成年人。委员隆格就发觉，在考文特勒及其附近，往往雇用十岁至十五岁的儿童来推动丝带织机。此外，还有推动小机械的还更年幼的儿童。"这是异常吃力的工作。儿童只是蒸汽力的代用品。"（童工委员会第 5 报告 1866 年第 114 页第 6 号。）——关于这种"奴隶制度"（this system of slavery）的杀人的结果，亦可参看该报告。"奴隶制度"，亦是政府报告给它的名称。

② 前揭报告第 3 页第 24 号。

与一般儿童的工资比较，虽比较的高，但其标准，不与年龄一同提高，他们大多不能希望有较良的待遇，不能希望提升到机械照应工人的位置，因为每一个机械只用一个照应工人，但至少须用两个往往四个少年工人。"① 所以，当他们的年龄长大，不适于作这种工作之后（十七岁以后，便不适于作这种工作了），他们便会从印刷所解雇出来。他们从此流落街头，成为犯罪者的补充队。虽有人为种种尝试，希望给他们以别的职业，但他们的无知，他们的野性，他们肉体上精神上的堕落，使这一类企图，皆归无效。

关于工作场所内制造业分工我们说的话，也适用于社会内部的分工。在手工业与制造业仍为社会生产的一般基础时，生产者专属于一个生产部门的事实，和原有的职业多面性的裂断②，乃是一个必要的发展步骤。立在这个基础上面的每一个特别的生产部门，皆经验地发现它的适合的技术形态，徐徐完成它，而达到一定成熟程度之后，还极迅速地使它结晶起来。除由商业供给新劳动材料外，唯一能引起变化的事情，就是劳动器具的徐徐的变化了。但一经由经验认为适合的形态，依然会凝固着。此可由如下的事实来证明。即，一种形态，由一代传至一代，往往相传数千年，不生一点变化。有一个特征的事实，可以在这里讲讲。一直到十八世纪，各种特制职

---

① 前揭报告第 7 页第 60 号。

② 苏格兰高地有若干处，不多年前，依《统计书》所示，还是每一个自耕农民，用亲自鞣造的皮，亲自制作皮鞋。还有许多牧羊者和小屋农民，他们和妻子到教堂去时，是穿自己缝纫的衣服，而制造衣服的材料，却是自手所剪的羊毛和自手所耕的亚麻。并且，制造此等物品所用的东西，除鞋针、缝针、顶针、戒指，及铁制的织机装置外，几乎没有一件是买来的。染料也主要是由妇女在草木上采取的。（斯条亚全集哈尔登编伦敦第 8 卷第 327、328 页。）

业，都被称为秘诀（Mysteres）①。只有经验上职业上内行的人，能够通透其中的奥义。这一幅帷幕，使人类自己的社会的生产过程，在人类的面前隐蔽着，使各种自然发生的特殊的生产部门，对于职业外的人，甚至对于职业内的人，化作秘密。大工业把这一幅帷幕撕开了。大工业的原理（即不顾人的手，将各生产过程分解为构成要素），创造了近代的工艺学（Technologic）。社会生产过程之杂多的，外表上不互相联络的，凝固的形态，分解为自然科学之意识的，计划的，为所期效果而系统分化的应用。力学，在最复杂的机械体系内，仅发现单纯机械力的不断的反复。工艺学也只发现少数基本形态。各种生产行为所使用的工具虽复杂异常，但都必然要采取这种基本形态的。近世工业决不视生产过程的现存形态为确定的。所以，从前各种生产方法的技术基础，在本质上是保守的，近世工业的技术基础，却是革命的。② 劳动者的机能及劳动过程的社会结合，须经由机械，化学过程，及其他各种方法，而与生产的技术基础，一同不断地发生革命。它们还使社会内部的分工也不断发生革命，使大量的资本和大群的工人，不绝从一生产部门，移转到他一生产部门。所以，大工业的性质，是一方面以劳动的变更。机能的流动，劳动

---

① 在挨提恩·波洛（Etienne Boileau）的名著《职业书》中，我们可以看到这样的话，帮伙（Ceselle）要升作老板（Meister），必须宣誓，"以兄弟的爱，爱护同行，在职业上扶助同行，不故意泄漏本行的秘诀，为全体的利益，决不为要推销本人的货品，故意叫买者注意同行的出品的缺点"。

② "不使生产工具，从而使生产关系，从而使全部社会关系不断地革命，资产阶级是不能存在的。反之，旧生产方法的原样的保持，却是从前一切产业阶级所依以存在的第一个条件。资产阶级时代与其他一切时代所依以区别的特征是，生产的不断的变革，社会状况的不断的扰乱，永久的不安和变动。一切固定的刻板的关系，以及伴起的传统的见解观念，都被扫除了。新形成的东西，尚未凝固，就成了陈腐的。一切安定的固定的东西，都被蒸发了，一切的圣物，都被冒渎了。一切人都不得不以冷眼注视他们的生活地位，他们的相互关系。"（参看恩格斯，马克思合著《共产党宣言》伦敦 1848 年第 5 页。）

者的全面的变动性为条件。但在他方面，它又在它的资本主义的形态上，再生产了旧式的分工，及其凝固的特殊性。这是一种绝对的矛盾。我们曾讲过，这种绝对的矛盾，怎样夺去了工人生活状态的安静，安定，安全；并在夺去工人的劳动手段时，不断地夺去他的生活手段；① 在废绝他的部分机能时，又使他变成过剩的。我们还讲过，这种绝对的矛盾，怎样引起劳动阶级的不断的牺牲，劳动力的无限的浪费，和社会的无政府状态的荒废。惟以上皆属于消极方面。当劳动的变更，现在竟当作无可如何的自然律，并在遇到障碍时，以自然律的盲目的破坏力，发生作用时②，大工业也会在他方面，由它自身的激变，引起一个存亡问题。那就是，劳动的变更与劳动者的尽可能最大的多方面性，必须视为是一般的社会的生产法则；各种关系，也必须和这个法则的正常的实现相适合。那就是，时时变化的资本榨取欲所得而随时利用的贫穷劳动人口，必须为时时变化的劳动需要所得而绝对利用的人类所代替；仅从事社会一部分机能的部分的个人，必须为交互从事各种社会机能的发展完全的个人所代替。一个以大工业为基础的自然发生的革命要素，是工业学校与农业学校，还有是职业学校。在那里，工人的子女，对于工艺及各种生产工具的实际使用法，受得若干的教育。工厂法，虽不过从资本手里挖得最初的贫弱的让步，虽只以小学教育和工厂劳动相结合；

---

① "你夺去我生活的手段，

　　你也把我的生命夺去了。"

　　（莎士比亚《威尼斯商人》）

② 一个法国工人，他从旧金山回来时，曾这样自述。"我在加里福尼亚曾做种种的职业。我决不能相信，我是能作这样多种的职业的。我以为，我只宜印刷业。……但一旦置身在这个冒险者的世界中，我也像别的冒险者一样，像换衬衫一样，更换自己的职业了。因矿山劳动的待遇不甚好，我就到市镇上去，在那里，我曾做活版工人，铺石工人，铅管工人等。当我发觉随便那种工作我都宜做时，我觉得，我更不像一个软体动物，更像一个人了。"（科尔朋《职业教育》第 2 版巴黎 1860年第 50 页。）

但这是没有疑问的，工人阶级在不可避免地夺得政权之后，工艺教育仍会在理论方面和实用方面，在劳动学校内，占得它的位置；这也是没有疑问的，这种以废止旧分工为最后目标的革命酵母，正好与资本主义生产形态及相应的经济的劳动开关系互相矛盾。但一种历史的生产形态之矛盾之发展，乃是该种历史的生产形态所由以崩解，所赖以取得新形态的唯一的历史的路。"让鞋匠固守他的职业"那一句话，虽是手工业者的识见的绝顶，但自钟表匠瓦特发明蒸汽机关，理发匠阿克莱特发明塞洛纺绩机，宝石工人福尔敦（Fulton）发明轮船以来，那一句话也成了可怕的陋见了①。

在工厂法仅取缔工厂制造厂等的劳动时，它不过表现为资本榨取权的干涉。当工厂法进而取缔所谓家内劳动②时，它又可表现为父权（即近代所谓亲权）的干涉。胆怯的英国国会，很久不敢这样做。但事实之威力，使英国国会也不得不承认，大工业把旧家庭组织的经济基础及与此相应的家内劳动推翻时，是连带把旧家庭关系也推翻了。儿童的权利，已经不能不主张。1866 年童工委员最后的报告，也说："根据各种证据，我们都不能不忍痛地说，男女儿童在父母的压力下面，最需要国家保护。儿童劳动（广言之），家内劳动（狭言之）的无限制榨取制度，是这样维持的；即，父母不受一点约束，对于自己幼弱的儿女，可以发挥专擅的有害的权力。……父母不应

---

① 经济学史上一个特出的人物白拉斯，早在 17 世纪末叶，就极明白地了解了，现在的教育制度和分工制度，有废止的必要。这种教育和分工，在社会的一极端，生出了病态的肥大，在社会的别一极端，生出了病态的瘦小。他说，"不劳动的学，比于不劳动，不能更好多少。……筋肉劳动，那是原始的神的制度。……劳动之于身体健康，有如饮食之于生存；游惰固使人免除痛苦，但疾病会把痛苦带来。生命的灯，依劳动而加油，思考则是将油点用。……儿童的愚陋的使用（那是对于巴西多及其近世模仿者的预觉的讽刺），使儿童的心也愚陋。"（《设立工业大学的建议》伦敦 1696 年第 12、14、及 18 页。）

② 这种劳动，大多数是在小工作场所。这种情形，是可以在花编业草帽缏业上看到的。要知其详细，还可研究席菲尔德，伯明翰等处的金属制造业。

有这样的专制权，以致把儿女变作机械，冀图尽可能，在各个星期榨取出工资来。在任何场合，儿童皆有权向立法院请求在亲权的滥用下受保护，俾自己在体力方面得免于破坏过早，在智力方面道德方面，得免于堕落。"[①] 但不是亲权的滥用，使资本对于不成熟的劳动力为直接的或间接的榨取；反之，乃是扫除父权经济基础的资本主义榨取方法，使父权滥用。旧家庭组织在资本制度内的瓦解，虽显得可怕并可厌，但因大工业曾在家庭组织范围之外的社会的组织的生产过程中，给予妇女和少年男女儿童以极重要位置，故又为家庭及两性关系的较高的形态，创造了新的经济基础。当然，基督教日耳曼的家庭形态，和古罗马的家庭形态，古希腊的家庭形态，东方的家庭形态，都不是绝对的。但合起来，则成为一个历史的发展系列。又很明白，不分男女老幼的结合劳动体，虽在自然发生的粗野的资本主义的形态（在那里，是劳动者为生产过程，不是生产过程为劳动者）下，是不道德状态与奴隶状态的有毒的源泉，但在适当的情形下，那却必然会激变为人类发展的源泉[②]。

工厂法本来是以例外法律的资格，专取缔最初采用机械经营的纺织业的。但大工业之历史的发展，却证明了，这种例外法律有转化为一般法律（取缔一切社会生产的法律）的必要，换言之，有普遍化的必要。在大工业的背后，制造业，手工业，家内劳动的旧形态，完完全全地革命了。制造业不断转化为工厂，手工业不断转化为制造业；而在一个比较非常短的时期内，手工业和家内劳动的范围，又变成了贫苦的洞窟，让极凶暴的资本主义的榨取，在那里，为自由的活动。但最后把问题决定的，是两件事情。第一，反复更

① 童工委员会第 5 报告第 25 页第 162 号；第 2 报告第 38 页第 285 号第 289 号，第 35 页 191 号。

② "工厂劳动，能够和家内劳动一样成为纯洁优美，也许更纯洁优美的。"（工厂监督专员报告 1865 年 10 月 31 日第 127 页。）

新的经验，证明了，如资本在社会范围内这一处受到国家的取缔，它会在他处，更无节制起来，冀由此得到赔偿①。第二，资本家自己也要求竞争条件的平等，换言之，要求对于劳动的榨取，加上平等的限制②。关于后一点，我们且听听两种伤心的呼吁。布里斯托市库克斯勒公司（钉，锁等物的制造家），曾自动实施工厂法的条例。"因附近各工厂仍实行旧时不规则的制度，所以库克斯勒公司蒙受了一种不利，其童工，往往被引诱在下午六时后，再到别的工厂去继续工作。该公司自然会说，这是对于他们不公正也不利益的事。这种额外的劳动，将消耗童工体力的一部分，使他们不能充分利用他们。"③ 伦敦纸盒纸袋制造业者辛浦孙氏，也曾向童工委员陈述："他愿意在请求法律干涉的请愿书上签名。……他在夜间关门后，往往终夜睡不好，生怕有别家作工到较晚的时间，把他的生意夺去。"④ 童工委员更总括起来说："大雇主的工厂受取缔，而同业小雇主的工厂则不受法律取缔，那是对于大雇主的一种不公。一则受时间上的限制，一则不受时间上的限制，这当然是竞争条件的不平等。但除这种不平等之外，那对于大制造业家，还有一种不利；即，他们所雇用的未成年人与妇人的劳动供给，往往为不受法律取缔的工作场所夺去。又，这个办法，还会引起小工作场所的增加，这种小工作场所，就健康，快乐，教育，及人性改良诸方面说，几乎一律是不适宜的。"⑤

童工委员最后一次报告，提议使一百四十万以上的儿童，少年

---

① 前揭报告第 27 页 32 页。

② 关于这点，可在工厂监督专员报告内，找出许多例证。

③ 童工委员会第 5 报告第 10 页第 35 号。

④ 童工委员会第 5 报告第 9 页第 28 号。

⑤ 前揭报告第 25 页；第 165 号，166 号，167 号。关于大经营优于小经营的地方，可参看童工委员会第 3 报告第 13 页第 144 号；第 25 页第 121 号；第 26 页第 125 号；第 27 页第 140 号；等。

男女，妇人——约有半数，是小经营和家内劳动使用的——受工厂法取缔①。内云："若我等的提议，为国会所采纳，……则无疑，此种立法，不仅对于幼弱（这是立法的直接对象）会发生最有益的影响，即对于人数更众的成年工人（他们在这诸种职业上，也将直接〔妇女〕或间接〔男子〕受这种法律的影响），也会发生最有益的影响。这种法律，将使他们的劳动的时间规则而且适度，将使他们的工作场所卫生而且清洁，将培育而且改良他们的体力（这不仅是他们个人的幸福的基础，也是国家的幸福的基础），将从破坏身体引致早死的青年时期的过度工作，救出下一代的人，且使他们在十三岁以前有受小学教育的机会，把无知识的状况——这种状况，童工委员的报告，曾予以翔实的描写，那使我们每次想到，都引起深切的痛苦，使我们对于民族堕落的情形，发生深刻的感觉——扫除。"②保守党内阁借 1867 年 2 月 5 日的诏书，才宣称工业调查委员的建议③，已列入议案。但要作到这样，一个延长二十年之久的以无价值体为对象的实验，乃是必要的。1840 年，国会已派遣委员研究儿童劳动的状况。其报告（1842 年刊发的），果如西尼耳所说，曾揭

---

① 受取缔的产业部门，有如下述：花编制造业，袜织业，草帽缠业，衣类制造业（及其所属的多种部门），人造花业，制鞋业，制帽业，手套制造业，裁缝业，自错矿业至造钉业的各种金属工业，制纸业，玻璃制造业，烟草制造业，印度橡皮制造业，纽带（织工用的）制造业，绒毡手帽制造业，雨伞日伞制造业，纺锤及纱卷制造业，印刷业，装钉业，文具制造业（包括纸袋，卡片，色纸等），绳制业，黑玉装饰品制造业，丝手织业，考文特勒织业，制盐业，油脂蜡烛业，水泥制造业，砂糖精制业，饼干制造业，木材加工业，及其他各种混成产业。

② 童工委员会第 5 报告第 25 页第 169 号。

③ 工厂法扩充条例，是 1867 年 8 月 12 日通过的。受该法取缔的产业，有各种金属铸造业，金属锻冶业，金属制造业（包括机械建造）；还包括玻璃制造业，纸制造业，古达白查树胶制造业，弹性橡皮制造业，烟草制造业，印刷业，装钉业，以及一切使用工人在 50 名以上的工作场所。——劳动时间取缔法，是 1867 年 8 月 17 日通过的。受该法取缔的，是各种小工作场所，及所谓家内劳动。关于这两个法令及 1872 年的新矿业法等，我将在第二卷回头来讨论。

发"雇主与父母是怎样贪婪，自利，和残忍，少年男女与幼童是怎样贫苦，堕落，和破坏。……人们也许会说，它所描写的，是过去时代的情形。但有种种证据，证明这种种惨状，现在是和以前一样厉害。二年前哈特威克（Hardwicke）曾刊行一小册，说1842年报告所描写的种种弊害，现今（1863年）依然在全花竞放的时候。这个报告二十年来居然无人留意，而在这期间生育起来，无道德，无知识，无宗教，也无人情的儿童，又竟然作了一代人的父母。这事实，很可证明关于劳动阶级儿童的道德状况卫生状况，还是一般被人忽略。"①

社会状况已经变化了，国会虽拒绝了童工委员1840年的要求，但已不敢再搁置童工委员1862年的要求。因此，1864年童工委员报告尚只发表一部分时，土器工业（包括制陶业），壁纸，火柴，药包，雷管等工业，绒布加工业，已经加入，须和织物工业一样受法律取缔了。当时的保守党内阁，由1867年2月5日敕诏宣布，以童工委员最后建议（其调查工作，至1866年始竣）为基础的法案已被采纳。

工厂法扩充条例（Factory Acts Extension Act）在1867年8月15日，工作场所管理条例（Workshop's Regulation Act）在8月21日，先后得国王裁可。前者适用于大规模经营，后者适用于小规模经营。

受工厂法扩充条例取缔的，有熔矿厂，制铜铁厂，铸造厂，机械建造厂，金属制造厂，树胶制造厂，造纸厂，玻璃制造厂，烟草制造厂，印刷所，装钉所。总之，一切这一类的工作场所，同时雇用五十名工人以上，每年至少有一百日开工的，皆受该条例管理。

要了解这个法律扩充以后的适用范围，我们且引述其中数种定义如下：

---

① 西尼耳《社会科学协会》第55、56及57页以下。

"称手工业者，谓任何职业的，或以营利为目的的筋肉劳动，为贩卖而制造物品或物品一部分，或将物品变更，修理，装饰，或加工者也。"

"称工作场所者，谓有任何儿童，未成年人，或妇人在内从事任何手工业，雇用者有权入内管理之任何房屋或屋外场所"。

"称受雇者，谓得工资或不得工资，而在主人或一个尊亲之下，从事任何手工业。"

"称尊亲者，谓父母，监护人，或有权保护或监督儿童或未成年人之人。"

该法第七条规定，凡违法雇用儿童，未成年人，或妇人之人，课以罚金。受罚者不限于工作场所的占有者（尊亲或其他人），即"尊亲，或从儿童未成年人，或妇人劳动得直接利益，或对其有监督权的人"，也包括在内。

取缔大规模经营的工厂法扩充条例，因曾设立种种例外，并对资本家作卑怯的妥协，把工厂法的效力限制了。

工作场所管理条例的各细目，本来是极贫弱的，其执行，最初是授权于市政及县政当局。在他们手里，那等于是具文。1871年国会才把执行权收回，委工厂监督专员任其事。工厂监督专员所辖区域，一举增加了十万个以上的工作场所和三百个炼瓦工厂。但工作如此增加了，本来就不敷分配的职员，却仅增加了八人①。

1867年英国这种立法的特征是：一方面，支配阶级的国会，不得不以原理上非常的手段，大规模地，防止资本主义榨取的过度；他方面，在实行这种手段时，他们却这样不彻底，这样不热心，这样无诚意。

---

① 工厂监督局的职员，计二监督专员，二助监督专员，四十一副监督员。1871年，如本文所述，加派了八位副监督员。英苏爱三处工厂法的实施费，在1871至1872年年度中，合计不过25,347镑，其中还包括控告雇主的诉讼费用。

1862 年的调查委员，还建议对于采矿业，制定一种新法规。与其他各种产业比较，采矿业是具有一种特征的：即，在那里，土地所有者的利害关系与产业资本家的利害关系相一致。这两种利害关系的对立，对于工厂立法，颇为有利。故其缺乏，已经可以说明，矿业法的制定，何以会如此因循，如此诡谲。

1840 年调查委员曾如此惊人地把真相暴露，耸动了全欧人士的耳目。国会因良心过不去，才于 1842 年通过矿业法（Mining Act）。但该法仅禁止使用妇人及十岁未满儿童在矿山从事地下劳动。

此后于 I860 年制定的矿山监督条例（Mines Inspection Act），规定矿山应受节制于专任公员，并规定不得僱用十岁至十二岁的儿童，除已有学校证明书或以一定时数入学校者。因专任的监督人数过少，其职权极贫弱，以及其他种种我们将要说明的原因，这个条例几乎完全是具文。

关于矿山问题最近发表的蓝皮书之一，是"矿山特别调查委员报告及供述，1866 年 7 月 23 日"。在这以前，曾在下院议员中选任一委员会，赋以传召审问证人的权力。这个报告，就是由这个委员会制成的，那是对开本的一厚册。报告本文只有五行，其内容是：委员会没有任何事要说，还须再审问证人。

这个委员会审问证人的方法，与英吉利法庭的审问方法是相类的。在英吉利法庭上，是由一方的辩护人，用突如其来的叫人摸不着头脑的问题，使证人仓卒间不知怎样回答，并由证人口里钩出话来。在这场合，辩护人即下院选任的委员当中有好几位是矿山所有者和开矿业者。而与证人相当的就是矿工，其中大多数是炭坑工人。这全套滑稽戏，极富有资本主义的精神，其报告，我们不能不摘录如下。为简明计，我把调查的结果分类叙述。问与答，在英国蓝皮书中就是附有号码的；此处引述的证言，全是炭坑工人供述的。

（一）十岁以上儿童在矿山上的使用——矿山的工作，把来往的时间包括在内，通例有十四小时或十五小时之久，有时自午前三时，四时，或五时，至午后四时或五时。（第6号，第452号，第83号）。成年工人分两班替换工作，每班作八小时；但为节省费用，少年工人是不轮班的。（第80号，203号，204号）。较年幼的少年工人，以开闭炭坑各部气口为主要职务，较年长的少年工人，从事较重的工作，如搬运煤炭等。（第122号，739号，1747号）。他们在地下作这样长久的时间，一直作到十八岁或二十二岁，然后才从事真正的炭坑劳动。（第161号）儿童与少年工人现在的待遇，比以前任何时都更坏，工作比以前任何时都更苦。（第1663号至1667号）。矿山劳动者现在是异口同声，要求国会颁布条例，禁止十四岁未满的儿童，从事炭坑劳动。胡塞·维菲安（他自己也是一个开矿业者）问："这要求，不随父母贫苦的程度有别么？"布鲁士也问："在父亲受伤，或害病，或死亡，而只有一个母亲的情形下，禁止十二岁至十四岁的儿童，使不得为家庭幸福，每日去赚1先令7便士的工资，你不觉得是一件残忍的事么……你们必定要订立一般的规则么？……你们赞成制定法律，使十二岁至十四岁的儿童，在父母处任何情形下，皆不得被使用么？"答："是的。"（第107号至110号）维菲安又问："假设真通过一种法律，禁止十四岁以下的儿童不得使用，……儿童的父母不将在别的方面，例如在制造业上，为儿童找职业么？"答："我想不尽是这样。"（第174号）金讷尔特问："少年工人有些是管气口的吗？"答："是。"问："每一次你关闭气口，都很吃力吗？"答："每每是这样。"问："这种工作，好像是很轻的，实际却是很苦的么？"答："关在那里，像关在牢里一样。"维菲安又问："把灯给儿童，他也不能读书吗？"答："是的，如果他找到蜡烛，他就可以读书的。但若他被发觉在读书，他就犯规了。在那里，他要以全力作自己的事，他有他应尽的义务，他必须尽他的责任，我想在坑内读书是不准的。"（第139号，141号，143号，153

号，160 号）

（二）教育——矿山工人要求仿照工厂的成例，为他们的儿童，制定一种强迫教育的法律。I860 年的法律，虽规定十岁至十二岁的儿童，必须有学校证明书方得雇用，但他们认这个条文，完全是具文。关于这个问题，资本辩护人的讯问，是滑稽极了。问："尚须有补充条文，来取缔雇主呢抑取缔两亲呢？"答："我想，对于二者，都须予以较多的取缔。"问："你不能说，对那一方面应有较大的取缔？"答："不，我不能答复这个问题。"（第 115 号 116 号）问："雇主方面绝不愿儿童有时间上学么？"答："决不愿意；工作时间决不会为这个目的缩短。"（第 137 号）金讷尔特问："你说，挖煤工人一般会改进他们自己的教育么？你能举出一个例来证明已开始工作的人，会大大改进自己的教育么？"答："他们大都退步，不会改进，他们大都会染得恶习，染得饮酒赌博种种嗜好；完全变坏。"（第 211 号）问："他们不进夜校吗？"答："设有夜校的炭坑是极少数的；在有夜校的炭坑，也很少儿童到夜校去，他们身体太疲劳了，决不愿再到学校去。"（第 454 号）问："这样看，你是反对教育了。"答："决不反对。"（第 443 号）问："但雇主不是必定要儿童交学校证明书吗？"答："照法律，他们是要，但我不知道，他们实际是否要。"问："然则，你以为，关于学校证明书的规定，未曾在炭坑内切实施行吗？"答："确未切实施行。"（第 443 号，444 号）问："炭坑工人对于这个问题，都很感兴味吗？"答："多数人很感兴味。"（第 717 号）问："他们都渴望法律切实施行吗？"答："多数人是这样渴望。"（第 718 号）问："你以为，在我国，不得人民帮助，一项法律也能切实施行吗？"答："有许多人反对雇用儿童，但他们也许会由此成为被人注意的人物。"（第 720 号）问："被谁注意？"答："被他的雇主。"（第 721 号）问："你以为，遵守法律的人，也会被雇主找到过失吗？"答："我相信会。"（第 722 号）

问："你听说有工人反对使用十岁至十二岁不能写也不能读的儿童吗?"答："这是不让人有选择自由的问题。"（第723号）问："你要求国会干涉吗?"答："我想，倘要在煤炭工人儿童的教育上作一点切实的事情，则以国会通过的法律实施强迫教育，乃属必要之举。"（第1634号）问："你只要以这种义务，加在煤炭工人身上，抑还要以这种义务，加在英国一切工人身上呢?"答："我现在是以煤炭工人的资格说话"（第1636号）。问："你为什么区别炭坑儿童和其他儿童呢?"答："因为我觉得他们是通例的例外。"（第1638号）问："就那一点说呢?"答："就生理方面说"。（第1639号）问："为什么，对于他们，教育是特别有价值呢?"答："我不说特别有价值；但因煤矿的工作太苦了，被使用的儿童，更少有在星期学校或日校受教育的机会。"（第1640号）答："这样的问题，是不能有绝对的答案的。"（第1644号）问："那里的学校够吗?"答："不够。"（第1646号）问："假使每一个儿童都必须送到学校去，有这样多的学校让儿童去进么?"答："没有；但我以为，若情形改良，学校便会增设起来的。"（第1647号）问："我恐怕，有一些儿童，是全不能写，不能读的。"答："大多数不能。大多数成年工人也不能。"（第705号726号）

（三）妇女劳动——自1842年后，妇女是不准从事地下劳动，仅能在地面上担送煤炭等物，搬运炭桶至运河或火车上，或拣选煤炭了。最近三四年间她们受雇的人数显著增加了。（第1727号）她们大多数是炭坑工人的妻女或寡妇，年龄自十二岁至五十岁或六十岁。（第645号1779号）问："关于妇女劳动，炭坑工人的意见怎样呢?"答："我想他们大都反对。"（第648号）问："你觉得其中有什么地方可以反对?"答："我想，因为可以引起性的堕落。"（第649号）问："有一种特别的服装么?"答："是的，那简直是男子的服装，我相信，那有时会掩没一切的羞耻心。"问："妇人吸烟么?"

答："有一部分会。"问："我猜想炭坑内的劳动，是极不干净的?"答："极不干净。"问："她们身上都是墨黑的，脏的?"答："她们和地下工作的人一样脏。有儿女的人不在少数。我相信，她们对儿女一定不能尽母亲的责任。"（第650号，654号，701号）问："你以为，这种寡妇可以在旁的地方找到工资相等的职业吗（每星期有8先令至10先令的工资)?"答："我不能回答这个问题。"（第709号）问："你还准备使她们不能在这种职业上谋生么?"答："我准备如此。"（第710号）问："关于妇人劳动，你们这地方一般人的意思怎样?"答："一般人都以为，这可以使妇人堕落，我们以矿工的资格，愿意更尊敬她们，不忍见她们在坑边从事工作。工作的一部分是极苦的，有些女子，每日须担煤炭十吨之多。"（第1715号，1717号）问："你以为，在炭坑作事的妇人，比在工厂做事的妇人，更无德性么?"答："与工厂女人比较，坏的百分比，略为高一点。"（第1237号）问："你对于工厂的道德状况，也不满意么?"答："不满意的。"（第1737号）问："你也要禁止工厂女工么?"答："我不要。"（第1734号）问："为什么不要呢?"答："我觉得，工厂的劳动，对于妇女，是更适宜的。"（第1735号）问："你以为，那也有害于女人的道德么?"答："比炭坑旁边的工作，当然要好些；但我考虑的，更是社会方面，不只是道德方面。炭坑工作对于妇女的社会地位，有十分悲惨的影响。这四五百女人成为煤炭工人的妻以后，男人大都受这种堕落女人的苦，因而离弃家庭，常常到酒店去。"（第1736号）问："如果不准妇人在炭坑作工，你以为，也应禁妇人在制铁厂作工么?"答："关于别一种职业，我不能发表意见。"（第1737号）问："制铁厂内妇人的工作，和炭坑上面妇人的工作，有什么区别呢?"答："我不能确实答复你，但我逐家探问的结果，知道我们这一个区域的情形，非常可悲。"（第1750号）问："在妇人劳动可使妇人堕落的地方，你都要加干涉吗?"答："是的，英国人的最好的感情，都是由母亲的教诲得到的。"（第1751号）问："农业妇人的工作，也是这样，不是吗？"答："是的，但农业只有二季工作，炭坑却是四季工作。她们的工作往往是昼夜不断的，浑身透湿的，她们的身体虚弱，不健康。"（1752号）问："你对于这个问题未曾研究么？"答："我确曾就平日观察的所得，对于这个问题研究过，我不会发现什么，是和炭坑旁边的妇人劳动一样发生影响。这是男子的工作，是强壮男子的工作。"（第1753号，1793号，1794号）问："你对于这问题全部的意见是，想改良自己的优良的炭坑工人，未曾得妇人帮助，仅受她们牵累么？"答："是的。"（1808号）这般市民再盘问一些问题之后，他们对寡妇，对贫家的"同情心"的秘密，毕竟暴露出来了。他们说："炭坑所有者指派一些绅士去督察。这种绅士，因要博得称许，通例把事情处理得非常经济。成年男工人每日须付工资二先令六便士，若改雇女工人，每日就只须付工资一先令，至多一先令六便士了。"（第1816号）

（四）验尸陪审官——"在你们这一区的工人，在意外事件发生时，相信验尸的种种手续么？"答："不，他们是不相信的。"（第306号）问："为什么呢？"答："主要因为，选任的验尸陪审官，对于矿山及其他类似的事项，多不明了。他不召唤工人作证。被召唤的，通常是附近的小商人，他们往往受矿山所有者（他们的顾客）的影响，他们不知道矿坑的情形，也不懂证人的话。我们要求在陪审官中，有一部分应由炭坑工人充任。以往的判决，往往与证人的供述相矛盾。"（第361号，364号，366号，363号，371号，375号）问："陪审的目的，在求审判公平，是不是？"答："是。"（第379号）问："陪审官大部分由工人充任，就公平么？"答："我不知工人为什么要徧袒。他们对于矿山的情形却的确有更优的知识。"（第380号）问："工人不会为工人的利益作不当的苛刻的判决么？"

答："不会，我想是不会。"（第 378 号，379 号，380 号）

（五）虚伪的度量衡——工人要求改每二星期付工资一次的办法为每一星期付工资一次，要求不以桶的立方容积计算，而改以重量计算，并要求保障不使用虚伪的度量衡（第 1071 号）。问："设有某处诈伪地把桶加大，工人不会用十四日前的通知，辞去那里的职务么?"答："别处是和那里一样的。"（第 1071 号）问："那里不对，不会走么?"答："到处都如此，没有走处。"（第 1072 号）问："只要有十四日前的通知，就可以走，是吗?"答："是的。"（第 1073 号）但他们还不满意。

（六）矿山监督——工人所苦的，不仅是气体爆发的灾变（第 234 号以下）。"工人极喊苦的，是炭坑空气太坏。空气一般是坏到这样，叫他们简直不能呼吸。他们只要在那里做一些时工作，随后，随便到何处去也不能再作工了；在我做工的那个炭坑，有些工人就因此被逼去职回家。主要坑道的空气虽好，但不曾设法把空气通入我们劳动的所在"。问："为什么你们不向监督专员告诉呢?"答："敢说实话的工人是极少的，有许多人，因告诉监督专员致于失业。"问："为什么，告诉了，就会变作被注意的人（Gezeichneter Mann）么?"答："是。"问："他不能到别个炭坑找到职业么?"答："不能。"。问："你以为，你那里的炭坑从不曾在监督专员手里，确实施行法律么?"答："不会，那简直可以说没有监督，自监督专员视察一次以后，现在已经七年了。在我的那一区域，监督专员的人数不够。那里只有一位七十余岁的老人，要监督一百三十多个炭坑。"问："你们希望有副监督么?"答："是。"（第 234 号，241 号，251 号，254 号，274 号，275 号，554 号，276 号，293 号）问："你们自己不告发，单靠监督专员监察，政府哪能聘用这样多专员，来替你们做事呢?"答："这几乎等于是不可能的事。"问："你们希望专员多来几次么?"答："是。"（第 277 号 280 号）问："你以为，监督专员多视察几次，就会把供给良好空气的责任（？）由炭坑所有者肩上，移到政府官吏肩上么？"答："不，我不是这样想；我以为，励行现行的法律，是监督专员的责任。"（第285号）问："你说副监督时，你是指比现监督专员薪水少位置低的人吗？"答："如果可以不更低，我们并不要他们的位置更低。"（第294号）问："你只要增加监督专员的人数，抑要添加一个低级的监督专员呢？"答："我们要一种有作为，处世公正，不顾一己利害的人物。"（第295号）问："若你们的希望竟实现了，委派许多副监督下来，你不怕他们有熟练不足的危险么？"答："我不怕，我想政府一定会委派适当的人来。"（第297号）这样的审问，叫委员会主席也忍不住插进来问："你们要有一种人物，能视察矿坑的一切事由，到每一个矿坑，每一个山角去视察，然后将视察的所得，报告监督专员，监督专员再在事实上应用科学的知识么？"（第298号299号）"假令一切旧矿坑，一律改换通气的设备，不太破费吗？"答："是的。费用固然要紧，人命更要紧。"（第531号）有一位炭坑工人反对1860年条例的第17条。他说："现在，如果监督专员发觉矿坑某部分不宜于工作，他就陈报矿山所有主和内政部。然后，以二十日的时间给矿山所有主研究，到二十日终了时，他有权拒绝专员的提议，而不作任何修理；拒绝时，矿山所有主呈报内政部，内提出五名技师，内政部即在矿山所有主提出的五名技师中，指定一位或数位作仲裁人；所以，在这情形下，仲裁人实际是矿山所有者自己指派的。"（第581号）于是，资产阶级的审问官（他自己也是一位矿山所有主说）："这不是一种架空的抗议么？"（第586号）问："这样，你们对于矿山技师的人格，是很鄙视啊？"答："他们确实是极不公正的人。"（第588号）问："矿山技师都不公吗？他们都像你们忧虑的那样，不能公平判断吗？"答："我相信，在多数时候，他们作事是极不公正的，在这种人命关系的情形下，他们实不应如此。"（第589号）这位资产者竟不怕羞，问道："气体爆发，矿山所有主不也受损失么？"还问："你们工人在兰克夏，不是无须政府帮助，已能维护你们自己的利益么？"答："不能。"（第 1042 号）1865 年，大不列颠计有煤坑 3217 个，监督专员共 12 名。依约克夏一位矿山主计算（见 1867 年 1 月 26 日《泰晤士》报），把监督专员在办公室办公的时间除外，每一个矿山，必须经过十年，才有一个专员来视察一次。无怪在过去十年间（1866—1867 年），气体爆发的事件，就次数和程度说，都是逐渐增加。有时，每爆发一次，要牺牲二三百人。自由资本主义生产的美点，就在此！

1872 年通过的条例，是极不完备的，但第一次限制矿山儿童劳动时间，使开矿业者及矿山所有者对灾害须负相当责任的，就是这个条例。

1867 年会依敕令，委派一委员会研究儿童，少年人，和妇人在农业上的职业。该委员会曾公布若干极重要的报告，并曾几度尝试依修正的形式，将工厂立法的原理，应用到农业上来，但至今完全没有成功。我愿在此叫人注意的一点是，工厂立法原理的普遍化，已成为一个不能避免的趋势了。

工厂法是劳动阶级在肉体方面精神方面的保护手段。但当工厂法的普遍化为不可避免时，则如上所示，由小规模分散的劳动过程到大规模社会结合的劳动过程之转化，资本之累积，工厂制度之独裁，也会普遍化，急速化。工厂法的普遍化，把局部隐蔽资本支配的古代形态和过渡形态，悉加破坏，并以资本之直接的公然的支配，代替它们。同时，它又使反抗资本支配的直接的抗争，也普遍化。工厂法的普遍化，既在各个工作场所内励行划一性，规律性，秩序性，与节约；又由劳动日的限制和取缔，在技术上给予了极大的刺激，从而，加甚了资本主义生产全般的无政府状态和激变，提高了劳动的强度，增进了机械与劳动者间的竞争。过剩人口的最后的避难所，从而全社会机构一向备有的安全办，也和小经营及家内劳动的范围，一同被破坏了。总之，当生产过程的物质条件与社会结合由此成熟时，其资本主义形态的矛盾与对立，同时，新社会的形成要素与旧社会的革命要素，也由此成熟了①。

---

① 欧文，——合作工厂与合作商店的倡始人，他的信徒对于这个孤立的转形要素的意义抱有幻想，但如上所述，他自己是没有这种幻想的——不仅实行了他的工厂制度的试验，且在理论上认这个制度是社会革命的始点。但莱登大学经济学教授菲塞林（Vissering）君，关于这点，似乎是怀疑的。其所著《实际财政学纲要》（1860 年至 1862 年），曾在最适切的形式上，复述庸俗经济学的一切庸俗的主张。他是赞成手工业经营，反对大工业的——第 4 版注。英国的工厂立法，用它的互相矛盾的工厂法，工厂法扩充条例，及工作场所法，形成了一个"新的立法上的合尾鼠"，那是不能再忍耐了。因此，1878 年，制定了工厂与工作场所法（Factory and Workshop Act），将这一类的法律，全部括在一起。当然，要在这里详细评述英国现行的工业法典，是不可能的。只要简括地说说就够了。这个法律所包括的范围如下：（一）织物工厂。在那里，几乎每一件事情，都和先前没有两样。十岁以上的儿童，每日准劳动五小时半，或每日（除星期六）六小时。少年人和妇人，星期一至星期五每日十小时，星期六不得过六小时半。（二）非织物工厂。在那里，要比先前，更与织物工厂受相同的取缔了；但仍有许多袒护资本家的例外。在许多情形下，这种例外，只要得内部的认可，就可以扩大。（三）工作场所。其定义和先前大体相同。在工作场所也雇用儿童，少年人，和妇人的限度内，它是和非织物工厂受大体相同的待遇，但仍有许多细处减轻了。（四）不雇用儿童少年人，但兼雇用十八岁以上男女工人的工作场所。这种工作场所，更有许多减轻的地方。（五）家内的工作场所（Domestic Workshops）即在家内使用家人的工作场所。在那里，限制更有伸缩性。且因工厂监督专员，非受大臣或审判官的命令，不得擅入兼作住屋的工室，以致法律实施，更多一层障碍。最后，草帽缠业，花编业，手套制造业，还无条件认为是家内工业。不过，有着种种缺点的这个法律，和瑞士联邦 1877 年 3 月 23 日制定的工厂法，在这一类法律中依然要算是最优的。试一比较这两个法典，也很有兴味。这种比较，可以暴露两种立法方法的长所和短所。英国的立法是采取"历史的"方法，是由一件到一件的；大陆方面的立法，却以法国革命的传统为根据，而以概括为主。引为遗憾的，是英国的法典，就它对于工作场所的规定言，尚因监督专员人数不足之故，大部分只是具文。——F. E.

X 大工业与农业

　　大工业曾在农业及农业生产当事人的社会关系上，引起革命。关于这种革命，我且留待以后研究；在此，我们仅要将其若干结果，作简单的暗示。机械使用对工厂劳动者在生理方面发生的影响，是可以在农业上面避免的①。但使劳动者过剩的作用，却在农业上面更强烈，更无抵抗。这一点，我们也将在以后详述。为说明起见，我们且以剑桥及萨福克二州的情形为例。最近二十年间，这二州的耕地面积曾显然增加，其农村人口却不仅相对减少了，且已经绝对减少了。在北美合众国，农业机械仅驱逐可能的劳动者（那就是，准许生产者耕作较大的面积），但尚未驱逐现实使用的劳动者。但1861年在英格兰威尔士，制造农用机械的人数，有 1,034 人，而以蒸汽机及工作机从事的农业劳动者数，仅 1,205 人。

　　大工业在农业范围引起的最大的革命，是剿灭旧社会的堡垒——自耕农民（Bauer）——而以工资劳动者代替他们。社会变革的要求，与阶级对立的事实，在农村，是和在都市一样了。最陈旧最不合理的经营方法，为科学之意识的工艺学的应用所代替了。原来在幼稚未发展形态上使农业和制造业互相结合的家庭脐带，为资本主义生产方法所割断了。但同时，资本主义生产方法，又以农业和工业对立发展的形态为基础，而为一个新的较高级的综合——农业和工业的结合——造成了物质的前提。资本主义生产方法，使集在大中心点的都市人口，益益占得优势。所以，一方面，它把社会

---

① 关于英国农业的采用机械，可参看汉漠（W. Hamm）在《英格兰的农具与农用机械》中的适切的叙述（第二版 1856 年）。但关于英国农业的发展，他的叙述，却未免盲从拉味尔尼（Lèonce de Lavergne）。——第 4 版注。当然，这个著作现在已经过时了。——F. E.

之历史的动力集中了；他方面，它又破坏了人与土地间的物质交换，那就是，使人类在消费食物衣物后，不能以消费掉的土地成分归还土地，从而，把土地永久丰度所赖以维持的自然条件破坏。因此，它使都市劳动者牺牲肉体的健康，又使农村劳动者牺牲精神的生活①。不过，它虽破坏这种物质交换的自然发生的条件，但同时会把这种物质交换作用，当作社会生产之规律的法则，依一种与人类完全发展相适合的形态，系统地，恢复过来。在农业，像在制造业一样，生产过程之资本主义的转化，是表现为生产者的苦难史，劳动手段则表现为使劳动者被压服被榨取而致于贫乏的手段。劳动过程的社会结合，组织地，压迫着劳动者个人的活力，自由，和独立。但都市劳动者的累积，足以加强他们的抵抗力，农村劳动者分散在广大地面的事实，却足以削弱他们的抵抗力。又，近世农业，和都市工业一样，是以劳动力本身的浪费和削弱为代价，以增进劳动生产力和劳动实现力（Flüissgmachung der Arbeit）的。但资本主义农业的进步，不仅为劫夺劳动者的技术的进步，且为劫夺地力的技术的进步：在定限时间内增进丰度的方法的进步，结果都成为丰度永久源泉的破坏。是以一国（例如北美合众国）越是以大规模工业为背

---

① "你们将人民分成两个对敌的营垒，一个是健壮的农民，一个是文弱的矮子。天啊！一个分割为农业利害关系和商业利害关系的国家，不但不以这种奇怪的不自然的分割自惭，反以此自称为健全的国家，甚至自诩为开化的文明的国家。"（厄哈特《通用语》第 119 页）这一段话，正好说明一种批判方法的长所和短所。这种批判方法，能批判现在，非难现在，但不能理解现在。

景而迈步发展，则此破坏过程也进行得越迅速①。

　　资本主义生产虽发展了社会生产过程的技术，促进了社会生产过程的结合，但同时它又破坏了一切财富的源泉——土地和劳动者。

<hr>

① 参看利比居著《化学在农业和生理学上的应用》第 7 版 1862 年，尤其是第 1 卷《农业的自然法则概论》。利比居的不朽的功绩之一，是：他从自然科学的立场，把近代农业的消极方面展开了。再者，他对于农业发展之历史的叙述，虽不免有严重错误，但总算在这方面，包含着卓越的见解。但他竟发出这样的无意义的议论来，那是值得遗憾的。他说："把土壤耕得更深，犁得更频繁的结果，是于松土内部的空气流通有益的；并且，受空气作用的土壤面积，又得以扩大和更新。但很容易知道，土地的盈余收益，不与土地上所用的劳动成比例。因前者比后者，是用较小得多的比例增加。"但接着他又说："这个法则，最初是约翰·穆勒依如下的方法，在其所著《经济学原理》（第 1 卷第 11 页）中叙述的。他说：'在其他事情相等的限度内，与所使用的劳动者的增加相对而言，土地生产物是以渐减的比率增加的。这是一个农业上的普遍法则。'"（在这个引语中，穆勒是用错误的公式，覆述里嘉图学派的法则；因为，所使用的劳动者的减少，和农业的进步，在英格兰总是相伴而起的，这个在英格兰发现并且为英格兰发现的法则，至少，不能在英格兰应用。）"这是一个极堪注目的事实，因穆勒并不了解这个法则的根据。"（利比居前书第 1 卷第 143 页。）且不说利比居对于"劳动"一辞的解释是错误的，和经济学上的解释完全不同的。还有一件"极堪注目的事实"是，他认约翰·穆勒是这个学说的首倡者。实则，这个学说最先是由亚当·斯密时代的安徒生（James Anderson）发表的；又曾在 19 世纪初叶，在若干种著作上，反复被人重述过。剽窃的能手马尔萨斯（他的人口理论，是一种最无耻的剽窃），在 1815 年，采用过这个学说；韦斯特（West）曾与安徒生同时，但独立地展开过这个学说；但到 1817 年，这个学说，才被里嘉图用来和一般的价值学说联结，因而在里嘉图大名下，为世界所周知。1820 年，詹姆斯·穆勒（约翰·穆勒的父亲），把这个学说通俗化了。最后，这个学说，才当作一个老生常谈的学派教义，由约翰·穆勒等人反复叙述。这是不容否认的，约翰·穆勒的"极堪注目的权威"，几乎完全得力于这一类的颠倒错乱。

第五篇

价值的生产与相对剩余

绝对剩余价值

关于劳动过程,我们在先（参照第 5 章）是撇开其历史上的诸种形态,抽象地把它当作人类与自然之间的过程来考察。我们那时是说:"假若我们从结果的观点,考察全部劳动过程,则劳动手段与劳动对象,表现为生产手段,劳动自身,表现为生产的劳动." 在该章注七中,且还补充说:"对于生产劳动,单是这样由单纯劳动过程的立场来定义,就资本主义生产过程来说,决不是充分的." 现在,我们得进一步来讨论这个问题。

如把劳动过程看为纯粹个别的过程,则同一的劳动者,会把后来要分离的一切机能,统合于他一身。当他为生活的目的,对自然对象物为个人的占有时,他是自己统制自己。往后才为他人所统制。一个单独的人,如非在自己的头脑的统制下运转自己的筋肉;即不能对自然施行何等作用。在自然体系上,头与手是相待为用;同样的,劳动过程也把头的劳动与手的劳动统合起来。到后来,这两者分离了,变为死命对立的了。由是,生产物一般不复为个别生产家的直接生产物,而转化为一种社会生产物,为集体劳动者的共同生产物,换言之,即转化为结合劳动者的共同生产物,这种结合劳动者的各个份子,大小不等地,都参与劳动对象物的处理。劳动过程之合作性质愈益扩展,生产劳动及其担当者即生产劳动者的概念，也必然相应地扩张起来。从事生产的劳动，并不一定要亲自动手工作。只要作为集体劳动者的一个器官，成就它的某种附属机能，那就够了。以上所述的关于生产劳动的基本定义，系从物质生产本身的性质推来，那对于被看作一个全体的集体劳动者，仍然适用，但若把集体劳动者各分子个别分开来说，却就当别论了。

可是在其他方面，生产的劳动之概念，又变狭窄了。资本主义的生产，并不单是商品的生产，在本质上，且是剩余价值的生产。劳动者不是为自己生产，而是为资本生产。所以，仅仅生产还是不够的。他必须生产剩余价值。只有为资本家生产剩余价值的劳动者，换言之，只有为资本价值增殖而工作的劳动者，才是生产的。我们不妨在物质生产领域以外举一个例子罢：学校教师得称为生产的劳动者，单是在儿童头脑上用工夫，是不够的；除此以外，他还须为增进学校所有者的财富，而曲尽绵薄。学校所有者不投资到腊肠工厂，而投资到教育工厂，那于问题没有何等改变。因此，生产劳动者的概念，并不仅包含劳作与有用效果及劳动者与劳动生产物之间的关系，且包含有一种历史的特殊社会的生产关系，它把劳动者看作是创造剩余价值的直接的手段。所以，成为一个生产的劳动者，并不是幸运，倒是一种不幸。古典派经济学者，常常把剩余价值的生产，看作是生产劳动者的显著的特征，那是我在本书第四卷论剩余价值学说史时，要详细说明的。他们因对于剩余价值的性质之理解不同，故对于生产劳动者所下的定义，也不一样。重农学派诸子断定：只有农业劳动提供剩余价值，故主张只有农业劳动是生产的劳动，在他们看来，剩余价值惟有在地租形态上存在。

在劳动日的一定点内，劳动者仅生产其劳动力价值的等价，把劳动日延长到这一点以上，并把这剩余劳动归于资本占有，那即是绝对剩余价值的生产。那是资本主义体系的一般基础，且是相对剩余价值生产之起点。在相对剩余价值的生产上，以劳动日业已分成必要劳动与剩余劳动两部分为前提。如要延长剩余劳动，就得以各种方法，使工资的等价，得在较短时间内生产，以缩减必要劳动。绝对剩余价值的生产，完全以劳动日的大小为转移；相对剩余价值的生产，则会彻底对劳动的技术过程和社会的配置，行使革命。

因此，相对剩余价值的生产，乃以特殊的资本主义的生产方法为前提；此种生产方法，原系劳动在形式上隶属于资本的基础上，连同它的方法、工具及条件，自发地发生并发展的。在此种发展推移中，劳动对资本的形式的隶属，乃为现实的隶属所代替。

关于若干中间形态（Zwitterformen），这里只要粗略提及就行了。在这种形态中，剩余劳动非依直接强制而自生产者吸取，生产者自己也不在形式上隶属于资本。在这种形态上，资本还不曾获得劳动过程的直接支配权。与那些用古旧经营方法，经营手工业农业的独立生产者相并存的，有高利贷业者，有商人。他们用其高利贷资本或商人资本，像寄生虫似的吸取生产者。一个社会如其是由这种榨取形态占优势，资本主义的生产方法即莫由存在。不过，这种榨取形态，可以说是走向资本主义生产方法的一个过渡，我们在中世末叶所见到的，就是如此。最后，在这类中间形态中，有的还在大工业的背后，在此处或彼处再生产出来，不过外貌全改变了；近世家内劳动，就是一个例。

绝对剩余价值的生产，只须劳动对资本为形式的隶属；例如，只须原来为自己劳动或原来在基尔特老板下面充作职工的手工业者，变为资本家直接支配下的工资劳动者。但前面讲过，生产相对剩余价值的方法，怎样同时就是生产绝对剩余价值的方法。不但如此，劳动日的无限制的延长，是现代大工业的特殊产物。就一般而论，特殊的资本主义的生产方法，一经支配某一生产部门全体，它就不仅仅是生产相对剩余价值的方法；若各种重要生产部门都受其支配，则尤属如此。到这时，资本主义的生产方法，已成为生产过程之一般的在社会上支配的形态。资本主义生产方法，当作生产相对剩余价值的特殊方法而作用，只限于以下两种场合：第一是以前只在形式上隶属于资本的产业，为此生产方法所征服，那就是资本主义生产方法扩大其作用范围；第二是以前已实际隶属于资本的产业，依生产方法（produktionsmeth-oden）上的变化而生革命。

从一定的观点看来，相对的与绝对的剩余价值之间的区别，好像是幻想的。如把劳动日绝对延长到劳动者自身生存的必要劳动时间以上，则相对的剩余价值也是绝对的；如因劳动生产力发达，必要劳动得限制为劳动日的一部分，则绝对的剩余价值也是相对的。不过，如其我们把剩余价值的运动记在心里，这种无区别的外观，就要归于消灭。资本主义生产方法一度确立，并变为普遍的生产方法，则在剩余价值率的增进成为问题时，就会感到绝对的与相对的剩余价值之间的区别了。且假定劳动力是照着它的价值支付罢，在这种假定下，剩余价值率的增进，总不外出于以下二方法之一，要就是在劳动生产力与劳动强度的正常水准不变时，绝对地延长劳动日；不然，就是在劳动日的长度不变时，变更劳动日的两个构成部分（即必要劳动与剩余劳动）的相对量。假若工资不落在劳动力价值以下，这后一方法上的变化，是以劳动生产力或劳动强度的变化为前提。

假若劳动者要为他自身及其家属的生存，用其全部时间去生产生活资料，他将没有时间为第三者提供无给的劳动。如其劳动生产力没有某种程度的发达，劳动者也就没有这种可利用的多余时间；没有这多余时间，也就没有剩余劳动，从而，没有资本家，没有奴隶所有者，没有封建领主，一言以蔽之，就是没有大财产阶级（Grossbesitzerklasse）①。

因此，我们可以说，剩余价值是建立在一个自然基础之上，不过，那只是就以下的极一般的意义而言，即没有绝对的自然障碍，使人不能把他自己生存所需的劳动，转嫁于他人，好像没有绝对的自然障碍，使人不能吃他人的肉一样②。这种自然发生的劳动生产力，虽往往伴有神秘的观念，其实毫无神秘可言。在人类脱却最初的动物状态，并由是发达其劳动而在某种程度内社会化之后，才开始发生这种事态，即一个人的剩余劳动，成为他人的生存条件。在文化初期，劳动生产力低微，人类欲望也低微。人类的欲望，是和满足欲望的手段一同发展的，并借着那种手段的发展而发展的。而且，在初期的时候，依靠他人劳动而生活的社会部分，与直接生产的人数相比，是极其有限的。追劳动的社会生产力进步，社会上这部分人，乃有绝对的与相对的增加③。资本关系（Kapitalverhaltnis），遂在经济地盘——那是长期发展过程的产物——上发生了。劳动的已有的生产力，得视为资本关系的基础与起点；但这种生产力，并非自然的赐物，而是几千万年的历史的赐物。

社会生产发达的程度有大有小，但无论其发展姿态如何，劳

---

① "特殊资本家阶级的存在，乃是依赖劳动生产力。"（兰塞著《财富分配论》第 206 页）"假若每个人的劳动，只够生产他自己的食物，那就没有何等财产存在了。"（莱文斯登著《关于公债制度的考察》第 14—15 页）

② 据最近的计算，单就即经探险到了的地球部分说，至少尚有 4,000,000 吃人的人。

③ "在美洲土著的印第安人中，差不多一切的物件，都是属于劳动者所有，生产物的 99%，都是属于劳动者。而在英国，归属于劳动者的部分，恐怕还不到 $\frac{2}{3}$。"（匿名著者《东印度贸易的利益》第 73 页）

动生产力总要受诸种自然条件的限制。那些条件，可以拢总还原为人类自身（如人种等）的自然和围绕着人类的自然。外部的自然条件，在经济方面分为两大部类：一是生活资料的自然富源，即肥沃的土地和富于鱼类的水等；一是劳动工具的自然富源，如瀑布、航行河道、森林、金属矿山、炭矿等。在文化初期，前一类自然富源具有决定作用；在文化较发达的阶段，则是后一部类自然富源具有决定作用。试把英国与印度，或把古代雅典及科仑与黑海沿岸诸邦作一比较，即可知其分晓。

绝对非满足不可的自然欲望之数愈少，天然的土地肥沃与气候的惠泽愈大，生产者生存与生殖所必要的劳动时间即愈小。由是，必要劳动以上的得为他人劳动的剩余劳动部分，也愈大。老早以前，代阿多拉斯（Diodor）关于古代埃及人就这样说过："他们对于儿童教育所费气力与费用之少，简直达到了令人难于置信的程度。他们把最近旁的极单纯的食物，弄给儿童们吃。可以熏食的纸草的茎一部分，也是他们给予儿童的食粮。水草之根与茎，有的让儿童生食，有的则为他们煮好熏好。因为气候温暖，大多数儿童不用穿鞋，不用着衣。所以，一个儿童长到成人，所费于父母的费用，总共不过 20 德拉玛（Drachmen）。埃及人口所以那样繁多，埃及所以有许多大建筑物，主要可由此得到说明。"[1] 但古代埃及的大建筑与其说是基因于其人口之多，却毋宁说是基因于其得自由利用的人口比例之大。就个别劳动者说，其必要劳动时间愈小，则其所能提供的剩余劳动愈大。就劳动人口说，也是如此。必要生活资料生产上所必要的劳动者人口部分愈小，得利用以从事其他工作之劳动人口部分即愈大。

假定资本主义生产已经确立，则在其他情形没有变化，劳动

---

[1] 代阿多拉斯著《历史文库》第 1 卷第 80 章。

日又保持一定大小的限度内，剩余劳动量将随劳动的自然条件，特别是随土地的丰度而变化。但我们并不能据此就说，丰度最高的土地，最适于资本主义生产方法的发达。资本主义生产方法的成立，以人类支配自然为前提。过于丰饶的自然，"使人类依赖，像儿童依赖引绳一样"。这种过于丰饶的自然，使人类不把发达自身这件事当作自然的必要①。资本的母国，并不是在草木郁然繁茂的热带，而是在温带地方。形成社会分工的自然基础并依照自然环境的变化，刺激人类，使其欲望、能力、劳动工具与劳动方法都多样化的，决不是绝对的土地丰饶性，宁可说是土地的差异性，是土地自然产物的多样性。自然力，必须依人类之手的劳作，加以社会的统制，加以节约，加以大规模的占有和利用的。这个事实，在产业史上，有最决定的作用。在埃及②、朗巴底、荷兰等处所行的灌溉工事，即可为例；在印度与波斯的灌溉工事，也是如此；这些国家借运河所行的灌溉，不仅供土地以不可缺少的水，并还以淤泥的形式，由山上，流给土地以矿物性的肥料。隶属阿拉伯版图的西班牙与西西里的产业，曾甚繁昌，惟其

---

① "前者（自然的富）虽贵重而有利，但使人们不注意，傲慢，不节制；反之，后者则强制人们精细，勉学，有技艺，有政策。"（汤马斯·曼著《英国对外贸易致富论》另题：《外国贸易差额为富之规准》伦敦1669年刊第181—182页）"一个国民位置在这样的地带，生活资料大抵自然生产，衣服住宅无须注意或不许人注意的地带，那是最可咒诅的事。比这更可咒诅的事，在我是不能想象的。……还有与此完全反对的极端场合。总之，纵劳动也不能得到生产物的土地，与不劳动也可供给丰富生产物的土地，是同样的不好。"（匿名者著《当前食粮高价的研究》伦敦1667年刊第10页）

② 在埃及，因有预先确定尼罗河水涨水落的必要，遂产生了天文学与农业指导者（即僧侣阶级）的支配"日至（Sonnenwende）为尼罗河开始泛滥时期，埃及人不得不以最大的注意来观察。这个时期确定了，他们才好在农业上作适当的处置，所以，这在他们是一个重要问题，他们不得不向天空探求这个时期的来回的明证"。（古斐尔〔Cuvier〕著《地球回转论》巴黎1863年刊第141页）

秘密，即存于其灌溉工事之中①。

单是有利的自然条件，只提供剩余劳动（从而，剩余价值或剩余生产物）的可能性，但并不提供它的现实性。劳动自然条件有差异的结果是：同一的劳动量，所满足的欲望量，因国而不同②，所以在其他情形相似的限度内，必要劳动时间是颇不一致的。这些自然条件，只在当作自然限制，决定从何点起得开始为他人劳动的场合，才影响剩余劳动。产业越进步，这些自然限制越是退却。西欧社会的劳动者，是用剩余劳动，购取为自己生存的劳动的许可。由是在这种社会内部，很容易发生一种见解，以为提供剩余生产物③，是人类劳动的天生的性质。但我们试以亚细亚爱琴海诸岛的居民为例来考察罢，那里西米树野生于森林中，"当居民在西米树上钻孔，由是确定树体已经成熟时，即截断其余，分成数节，而抽其髓，再混以水而滤清之，就获有完全可以使用的西米。一棵树可采得的西米量，通例为 300 磅，有时可采到 500 磅乃至 600 磅。这种居民像到森林去采薪一样，去采

---

① 印度之微小而不相联络的生产组织，都由国家权力所支配，而此国家权力的物质基础之一，就是给水的调节。对于此点，印度的回教支配者，较其后继支配者英国人，更有理解。在 1866 年，孟加拉州阿利萨地方，竟有一百多万印度人，因饥饿而牺牲其生命了。我们只要想起这件事，就够明白了。

② 支出同量劳动，生产等量生活资料的两个国家，实际是不存在的。人类的欲望，因其生活所在地的气候，或为酷烈，或为温和，而有所增减。从而，人类必须勤勉努力的程度，也因不同的国度，而发生差异。那种差异的程度，以寒暑的程度来测度，那是再正确没有的。我们由是可以得出这样的普遍结论：一定数人口所必要的劳动量，在气候严寒的地方最大，在气候酷热的地方最小。因为在前者方面，需要更多的衣类，且需要在土地的耕作上，支出更多的劳动。（《论自然利息率的支配原因》伦敦 1750 年刊第 60 页）这部划时期的匿名的著者，为约塞夫·马希（J. Massie）。休谟的利息论，就是以他这部著作为底本。

③ "任何劳动，总归要留下一个剩余量。"蒲鲁东这么说，他似乎把这看为是市民权利义务之一。

取面包。"① 现在假定亚洲方面这些面包采取者，为满足其欲望，每周需要 12 小时劳动罢。自然对于他们的直接赐予，是许多闲暇时间。在他能把这闲暇时间为自身作生产的利用以前，必须有整个系列的历史事实；在他们把闲暇时间当作为他人的剩余劳动而支出以前，又须有外部的强制。但若把资本主义的生产输进来，这些可怜的人们，恐怕为要使自己能占有一劳动日的生产物，或不免有每周工作 6 日的必要罢。他为什么要一周工作 6 日呢，或者他为什么一定要提供 5 日剩余劳动呢，这非自然的恩泽所得说明。自然恩泽所能说明的，只是他的必要劳动时间，限于每周一日。无论如何，他的剩余生产物，都不是发生于人类劳动本有的神秘的性质。

因此，不仅劳动之历史发展的社会的生产力，表现为吞并劳动的资本之生产力；即以自然为条件的劳动的生产力，也是这样表现。

里嘉图自己从未考虑到剩余价值的起源。他视此为资本主义生产方法的固有物。在他看来，这种生产方法，是社会生产的自然的形态。当他说到劳动生产力的时候，他总不以为那是剩余价值的原因，而以为那是决定剩余价值量的原因。但他的学派，已扬言劳动生产力是利润（意即剩余价值）的发生原因。这无论如何，对于重商主义派是前进了一步。因为重商主义派是从交换行为，从生产物在价值以上的售卖关系，去探求生产物价格超过其生产成本的原因。不过，对于这种问题，里嘉图派只是回避，而没有解决。实际上，这些资产阶级经济学者，都有一种健全的本能，知道剩余价值的起源这个爆烈性的问题，若是深入论究，

① 肖符（F. Shouw）著：《土地·植物·人类》第 2 版莱比锡 1854 年刊第 148 页。

必定是极其危险的。在里嘉图以后半世纪，有约翰·穆勒其人出，他拙劣地复述最初庸俗化里嘉图学说者的无价值的遁辞，俨然主张他对于重商主义派的优越。然则对于他，我们又该作何感想呢？

穆勒说："利润的原因，是由于劳动生产了维持劳动以上的东西"。这全是旧话重提，但却附加了他自己的独特的意见，他说："把这改变一个表现方式，就是说，资本之所以提供利润，乃由于食物，衣服，原料，劳动工具等，会持续到其生产所需的时间以上。"在这里，他把劳动时间的持续（Dauer），与劳动生产物的持续，混为一谈。照此见解，面包师（他所供给的生产物，持续不到一天），与机械制造者（他供给的生产物，能持续到 20 年乃至 20 多年）比较，决不能由其工资劳动者，获取同一的利润了。自然哪，假若鸟巢持续的时间，不较长于鸟建巢所需的时间，鸟一定不会要巢的。

这种基本真理一确立起来，穆勒就确立起他对于重商主义派的优越了。这接着说："由是，我们知道，利润不是由交换的附带事项发生，而是由劳动生产力产生的。并且，不管交换发生与否，一国的总利润额，常是由劳动生产力决定。即令分业的局面未成，卖买都不存在，利润却仍旧存在的。"于是，在穆勒看来，成为资本主义生产之一般条件的交换，即买卖，不过是一件附带事项，即使劳动力不买不卖，利润依然会存在！

他继续说："假若一国劳动者全体的生产，超过工资总额 20%，那就不论商品价格如何，利润总为 20%。"这在一方面，是重复语的精萃，因为，劳动者如为资本家生产 20% 的剩余价值，则利润对于劳动者工资总额的比例，为 20：100。但在另一方面，说"利润总为 20%"，却是绝对的错误。利润常是小于 20% 的，因为利润要就垫支资本的总额计算。例如，假定资本家垫支500镑，其中400镑垫支在生产手段上面，100镑垫支在工资上面，如其依上述假定：剩余价值率为20％，则利润率就为20：500，即4％，而非20％。

接着，又提示了一个极好的标本，说明穆勒对于社会生产的各种历史形态，是怎样处理。他说："我在本书全假定：劳动者与资本家为各别阶级的事态，除少数例外，是普遍的通行；那就是，由资本家垫支全部费用，劳动者的全部报酬，也包括在内。"把今日还只当作例外而在地球上支配的事态，看作普遍的事态，当然是稀有的幻觉。但我们再看下去。穆勒爽快地承认："资本家之出此，并非有绝对的必要存乎其间。"但"劳动者如有资本可以暂时维持生活，他就会在生产完成以前，完全不支取工资，也没有什么不行。但在这场合，因为劳动者也提供了营业进行上的必要基金的一部分，故在这限度内，也成了一个投资的资本家。"其实，穆勒还可以进一步说，不仅为自己垫支生活资料，且垫支劳动手段的劳动者，实际就是自己的工资劳动者。他还可以说那些不为领主，只为自己提供徭役劳动的美国自耕农民，无异是自己的农奴。

穆勒这样明白论证资本主义生产即在它不存在的地方，它仍常常存在之后，更从反对方面，完成其一贯主张，论证资本主义生产即在它存在的地方，它也不存在。他说"就在前一场合（资本家对工资劳动者垫支其生活资料全部的场合），我们对于劳动者，也可用同一见地（即当作资本家）去观察。因为他是在市场价格以下（！）提供劳动，可以说他对于企业者垫支了当中的差额（？）……"①。在现实上，劳动者是在一周间或在其他期间，无偿的垫支劳动于资本家，到此期间终末，才取得他的劳

① 约翰·穆勒著《经济学原理》伦敦1863年刊，第252—253页及其他诸处。

动的市场价格的。在穆勒看来，这就是劳动者转化为资本家的缘故！在平坦的地上，土堆看着像山，现代资产阶级的平坦，可由其"大智能者"的高度来测量的。

第十五章 劳动力价格和剩余价值上的量的变化

劳动力的价值，是取决于平均劳动者习惯上必要的生活资料的价值。这种生活资料，随时随地变化其形态，但就一定时代一定社会来考察，其数量终有一定，从而可以看为是不变的量；变化的，是此种量的价值。此外，关于劳动力价值的决定，还有其他两个参与的因素。一是劳动力的发展费用，那种费用的多寡，是随生产方法变化的；一是劳动力的自然的差别，即男性劳动力，女性劳动力，成年劳动力，未成年劳动力之类的差别。这各种劳动力的使用，虽则是出于生产方法的要求，但其使用，终不免在劳动者家族的维持费上，在成年男性劳动者的价值上，引起大的区别。不过，在下面的研究中，我们是把这两个因素除外来考察的①。

我在这里假定：（1）商品依照价值售卖；（2）劳动力价格，有时超过其价值以上，但决不落在其价值以下。

在这种假定上，我们知道：剩余价值和劳动力价格的相对量，是取决于以下三种情形：（1）劳动日的大小或劳动之外延

---

① 在第251页考察的事项，在这场合，当然是要被排除的（第3版注——F. E.）。

的大小；（2）平准的劳动强度，或劳动之内包的大小，在一定时间内，支出一定的劳动量；（3）劳动生产力，因为依照生产条件发达的程度，同一量的劳动，会在同一时间内，提供不等量的生产物。此三因素显然能作多种多样的结合：或者是其中一因素不变，其他两因素可变；或者两因素不变，一因素可变；最后，或者三因素同时可变。当这些因素同时变化时，在其变化的大小与方向上，也可发生种种差异；依此事实，那些结合就更加多种多样了。下面只就其主要的结合来说明。

I 劳动日及劳动强度不变，劳动生产力可变

在这种假定下，劳动力的价值与剩余价值，依三种法则决定：

第一，不论劳动的生产力，从而，不论生产物数量乃至个个商品的价格如何变化，大小一定的劳动日，常常产出同一的价值生产物。

假若由 12 小时的一劳动日产出的价值，为 6 先令，那么，所产出的使用价值量，虽视劳动生产力有种种差异而发生种种差异，但由 6 先令代表的价值，必配分在这或多量或少量的商品之上。

第二，劳动力的价值与剩余价值，以互相反的方向变化。如果劳动生产力发生或增或减的变化，则劳动力的价值会发生方向相反的变化，剩余价值会发生方向相同的变化。

12 小时的一劳动日所产出的价值，是一不变量，例如 6 先令。这种不变量，等于劳动力价值（这个价值会由一个等价，由劳动者代置的）与剩余价值之和。在不变量的两部分中，一方不减少，他方即不得增加，这是自明的事实。让我们假定这两个构

成部分开始相等；劳动力价值 3 先令，剩余价值 3 先令。剩余价值不由 3 先令减到 2 先令，劳动力价值不得由 3 先令增到 4 先令。劳动力价值不由 3 先令减到 2 先令，剩余价值也不得由 3 先令增到 4 先令。所以，在此种情形下，剩余价值或劳动力价值的绝对量，都因其相对量即比例量没有同时发生变化，而莫由变更。双方同时减少或同时增大，是不可能的。

尤有进者，劳动生产力不增进，劳动力价值是不得减少的，剩余价值是不能增加的。就前例来说罢，如非劳动生产力增进，使以前需要 6 小时生产的生活资料量，能在 4 小时生产出来，劳动力的价值，就不能由 3 先令低落到 2 先令。反之，如非劳动生产力低减，致前此只要 6 小时生产的生活资料，需要 8 小时去生产，劳动力的价值，也不得由 3 先令增至 4 先令。由此事实，可导出以下结论，即劳动生产力的增进，会引起劳动力价值的低落和剩余价值的增大；反之，劳动生产力低减，会引起劳动力价值的增大和剩余价值的减少。

在确定这种法则时，里嘉图忽略了一件事实。即，剩余价值或剩余劳动之量的变化，虽会在劳动力价值或必要劳动的大小上引起反对的变化，但决不能说，双方以同一的比例变化。双方诚会以同一的量增大或减少。但价值生产物各部分或劳动日各部分的增减的比例，乃取决于它们在劳动生产力发生变化以前的原来的分割。假若劳动力价值为 4 先令或必要劳动时间为 8 小时，并且，剩余价值为 2 先令，或剩余劳动时间为 4 小时，那么，劳动生产力增进的结果，如其劳动力价值低落到 3 先令，或必要劳动减到 6 小时，剩余价值就会增加到 3 先令，或剩余劳动增到 6 小时，加在一方的是 1 先令或 2 小时，减在另一方的也是 1 先令或 2 小时。但双方之比例的量的变化，却不一样。劳动力的价值，由 4 先令减到 3 先令，即是减少 $\frac{1}{4}$ 或 25%，同时剩余价值由 2 先令增到 3 先令，则是增加 $\frac{1}{2}$ 或 50%。由是可以引出这样的结论：当劳动生产力发生一定的变化时，由此引起的剩余价值之比例的增减，乃取决于由剩余价值代表的劳动日部分的大小，其原来愈小者，则剩余价值的比例的增减愈大，反之则愈小。

第三，剩余价值的增大或减少，常是劳动力价值相应减少或相应增大的结果，但决不是它的原因[①]。

因为劳动日的大小不变，且由不变的价值量所代表；因为剩余价值量的任何变化，都会在劳动力价值量上引起相应的但相反的变化；更因为必须劳动生产力变化，劳动力价值才能有何变化，故其显然的结论是，在这些条件之下，剩余价值的量的变化，都是发生于劳动力价值的相反的量的变化。我们讲过，劳动力价值与剩余价值要在量上发生绝对的变化，非其相对的量发生变化不行，由此我们可以作出这样的结论：劳动力的绝对价值量不先发生变化，劳动力价值与剩余价值之相对量，决不能有何变化。

依照第三法则，剩余价值的量的变化，乃以劳动力价值上的一种运动为前提，而此运动则由劳动生产力的变化而产生。剩余价值的量的变化限界，是由劳动力的新的价值限界（Wertgrenze）所设定。不过，纵令四周的情形，允许这种法则发生作用，其间也会发生诸种补助的运动。例如，即在劳动生产力增进，劳动力

---

① 对于这第三原则，许多著者，特别是麦克洛克，曾附以这样荒谬的补充，即：劳动力的价值即不低减，剩余价值也可因资本家以前所不得不付纳的赋税的废止，而加大起来。这种赋税的废止，对于产业资本家直接由劳动者吸取的剩余价值量，绝对不给予变化；受其影响的，不过是剩余价值在产业资本家自己与第三者之间的分割比例。劳动力价值与剩余价值的比例，并不会由此引起何等变化。所以，麦克洛克的例外，不过证明他对于原则如何误解。他使里嘉图庸俗化，正如萨伊使亚当·斯密庸俗化一样，常常遭遇不幸。

价值由 4 先令减至 3 先令，必要劳动时间由 8 小时减至 6 小时的场合，劳动力的价格，也有不低到 3 先令 8 便士，3 先令 6 便士，3 先令 2 便士以下的可能，从而，剩余价值也有不增到 3 先令 4 便士，3 先令 6 便士，3 先令 10 便士以上的可能。以 3 先令为最低限的劳动力价格的低落程度，是取决于一种相对的重量，因为在天秤上，一方将有资本压迫，他方将有劳动者反抗。

劳动力价值，是由一定量生活资料的价值决定。随劳动生产力变化而变动的，不是这种生活资料量，而是它的价值。劳动生产力增进时，在劳动力价格与剩余价值之间，仍可不发生何等量的变化。劳动者与资本家所得的生活资料量，得同时以同一比例增大，如其劳动力的价值，本来为 3 先令，必要劳动时间为 6 小时，同样的，剩余价值为 3 先令，剩余劳动时间为 6 小时，那么，劳动的生产力即使有两倍的增进，在必要劳动对剩余劳动的比例不生变化的限度内，剩余价值与劳动力价格都不会发生变化。不过，它们两方的使用价值量，较前有两倍的增加；而使用价值也较前便宜一半。劳动力在价格上虽然不变，但已在其价值以上。不过，如其劳动力价格的低落，未低落到劳动力新价值设定的可能最低限，即 1 先令 6 便士，而是低落到 2 先令 10 便士或 2 先令 6 便士，则由这低落了的劳动力价格所代表的生活资料量，仍要增大。这就是说，劳动力的价格虽然随劳动生产力增进而不绝低落，但劳动者的生活资料仍能不绝增大。不过，相对的说，那就是，与剩余价值比较来说，劳动力价值，仍会不断低落，由是，使劳动者与资本家在生活地位上的鸿沟不绝扩大①。

---

① "产业生产力发生变化，一定量的劳动及资本，得造出较以前为多或少的生产物；在这时候，可以是工资部分变化，由这工资所代表的生产物量不变；也可以是那种生产物量变化，工资部分不变。"（匿名者著：《经济学大纲》，伦敦 1832 年刊，第 67 页。）

正确树立上述三原则的最初一人，是里嘉图。不过里嘉图的说明，含有以下的缺点：（1）他把这些法则适用的特殊条件，视为资本主义生产之普遍的唯一的条件。他不知道劳动日大小上的变化，也不知道劳动强度上的变化，从而，他只认定劳动生产力是唯一的可变因素；（2）较之前一点更损害其分析的，就是他同其他经济学者一样，不撇开剩余价值的特殊形态（如利润地租等），去研究剩余价值；由是，他把剩余价值率的法则，和利润率的法则，直接混为一谈。我们已经讲过，利润率是剩余价值对总垫支资本的比率；剩余价值率则是剩余价值对可变资本部分的比率。假定一宗资本（C）500镑，分割为原料劳动手段等（c）共400镑，工资（v）100镑；由是更假定剩余价值（m）等于100镑。这一来，剩余价值率为$\frac{m}{v} = \frac{100 \text{镑}}{100 \text{镑}} = 100\%$，利润率为$\frac{m}{C} = \frac{100 \text{镑}}{500 \text{镑}} = 20\%$。此外，利润率得取决于一切不在剩余价值率上发生影响的情形，那是显而易见的。在本书第三卷，我将指证：同一剩余价值率，可有种种相异的利润率；在一定情形之下，种种不同的剩余价值率，可以由同一的利润率来表现。

Ⅱ　劳动日劳动生产力不变，劳动强度可变

劳动强度增进，就是说，在一定时间内，劳动的支出加多。因此，强度较高的一劳动日，比之时间相同但强度较低的一劳动日，可以体现为更多的生产物。增加了的劳动生产力，也将在同一劳动日中，提供较多的生产物，那是事实。但在这种场合，个个生产物的价值，将因其所要劳动的减少而低下；但在劳动强度增进的场合，个个生产物的价值，则因其所费劳动和以前一样，故不发生何等变化。在这场合，生产物的数量增加了，其价格没

有低落，但因生产物量增多，其价格总额却膨大了。然在生产力增进的场合，则是以同一的价值，配分到较多量的生产物上。因此，在劳动日大小不变的限度内，强度增加了的劳动日，会体现为较大的价值生产物，从而，在货币价值不变的限度内，会体现为更多的货币，其价值生产物，随着劳动强度与社会的平准强度不一致的程度，有种种变化。于是，同一的劳动日，不复如以前依一个不变的价值生产物表现，而是依一个可变的价值生产物表现。例如，通常强度的 12 小时劳动日所产出的价值，如以 6 先令来表现，强度较大的 12 小时劳动日所产出的价值，也许要以 7 先令 8 先令或更多的先令来表现。显然，如其一劳动日产出的价值生产物，由 6 先令增加到 8 先令，则这个价值生产物所分割成的两部分即劳动力价格与剩余价值，会同时以同一程度或不同的程度增加。它们双方可在价值生产物由 6 先令增至 8 先令时，同时由 3 先令增至 4 先令。在这场合，劳动力价格的增加，并不一定包含劳动力价格已经增到价值以上的意思。反之，其价格的增进，也得与其价值的跌落相伴发生。劳动力价格的增进，不够抵偿劳动力磨损的增进时，常有此种现象。

我们知道：把一时的例外除开，劳动生产力的变化，限于在该产业生产物系劳动者日常消费品的场合，才会在劳动力的价值量上，从而在剩余价值量上引起变化，在当面的这种场合，此种限制不能适用。因为当劳动发生外延的（在时间上）或内包的（在强度上）变化时，常常会在其价值生产物的量上发生相应的变化，至若代表那种价值的物品的性质如何，是没有关系的。

假若每种产业部门的劳动强度，同时均等的增进，则新的较高的强度，将成为通常的社会的标准程度，不会当作外延的量来计算。但就在这种场合，劳动强度的平均程度，仍因国而不同，由是，把价值法则应用到相异的国民的劳动日上来时，也许要变化。一个强度较大的国民的劳动日，比一个强度较小的国民的劳动日，会表现为较大量的货币①。

Ⅲ 劳动生产力与强度不变，劳动日可变

劳动日，可向两个方面变化，或者延长，或者缩短。

（1）劳动日的缩短，在这里假定的条件（即劳动生产力与强度不变）下，劳动日的缩短，不会在劳动力价值上，从而在必要劳动时间上，引起变化。但剩余劳动及剩余价值，却因此缩小了。随着剩余价值的绝对量减少，其相对量（与未生变化的劳动力的价值量相对而言）也减少。在此场合，资本家只有使劳动力价格落在其价值以下，方可避免损害。

通常反对劳动日缩减的一切议论，都假定，这个现象是在我们已经假定的条件下进行的。但在现实上，适得其反。劳动日的缩短，常是在劳动生产力或劳动强度发生变以后，或直接随着那种变化②。

（2）劳动日的延长，如果必要劳动时间为 6 小时，劳动力价值为 3 先令；又如剩余劳动时间为 6 小时，剩余价值为 3 先令。那么，总劳动日为 12 小时，体现在 6 先令的价值中。现在如果假定劳动日延长 2 小时，劳动力的价格不变，则剩余价值的绝对量与相对量，都会增加。劳动力的绝对价值量，虽然不变，但却

---

① "在其他一切情形不变的限度内，英国制造业者得以同一的时间，供给较多于他国制造业者所能供给的生产物；那足使英国一星期 60 小时的劳动，平均抵他国一星期 72 小时乃至 80 小时的劳动。"（1885 年 10 月 31 日《工厂监督专员报告》第 65 页。）大陆诸国要缩小大陆诸国劳动时间与英国劳动时间上的这种区别，其最可靠的手段，就是在法律上更广泛地缩短工厂劳动日。

② "由十小时劳动法的运用，发现了……诸种抵偿的情形。"（1848 年 12 月 1 日《工厂监督专员报告》第 7 页。）

会相对的减少。在 1 项假定的条件下，劳动力的绝对价值量没有变化，其相对的价值量，不得发生变化。在现在的场合，劳动力价值相对量的变化，乃是剩余价值绝对量变化的结果。

因为体现劳动日的价值生产物，随着劳动日自身的延长而增大，剩余价值与劳动力价格，就显然可同时以等量或不等量增大了。这种同时的增大，得行于以下两场合：其一是在劳动日实际延长的场合；其他是在劳动日不延长但劳动强度增进的场合。

当劳动日延长时，劳动力价格纵令在名义上不变，甚或增高，但有低落到价值以下的可能。我们会记得：劳动力的一日价值，是以其平准的平均持续时间（即劳动者平准的生存期间），及相应的平准的适合人体的生命物质的运转为基础，来计算的①。在一定限点内，与劳动日延长有不可分离关系的劳动力磨损的增进，虽可由工资的增大，而得到补偿，但超过此限点，则磨损将以几何级数增进，劳动力之平准的再生产条件与活动条件，将全行破坏。劳动力价格与其榨取程度之间，将不复有可为公约的数量存在了。

Ⅳ 劳动的持续时间，其生产力，其强度同时变化

在这场合，显然有产生许多结合的可能。其中，或者是两个因素变化，其余第三个不变；或者是三个因素同时都变化。它们可用同一的程度变化，也可用相异的程度变化；可向同一方向变化，也可向相反方向变化；结果，其变化可以全部的或部分的相互抵消。不过，每个可能场合的分析，容易由前面（1）（2）

---

① "一个人在 24 小时中成就的劳动量，得研究身体上的化学变化，近似地予以确定。因为物质的转化形态，可以指示运动力的已有的运用。"（格洛夫著：《论各种物理力的相互关系》伦敦 1864 年刊。）

（3）项所揭示的结果而说明。如顺序把各个因素当作可变，把其他两因素暂时当作不变，那就可以见到各种可能结合的结果了。因此，下面只就两个重要场合，予以简单考察。

（1）劳动生产力减下，同时劳动日延长

这里论及的劳动生产力减下，是就供给那些决定劳动力价值的生产物的产业部门而言。土地丰度减少，其生产物价格相应抬高，以致引起劳动生产力减下，就是一个例子。现在假定劳动日为 12 小时，由劳动日产出的价值生产物为 6 先令，其中一半属于劳动力价值，一半属于剩余价值，由是，劳动日分割为 6 小时必要劳动和 6 小时剩余劳动。如其因土地生产物价格增高的结果，劳动力价值由 3 先令增至 4 先令，因而必要劳动由 6 小时增至 8 小时，那在劳动日大小没有变化的限度内，剩余劳动将由 6 小时减至 4 小时，剩余价值将由 3 先令减至 2 先令。如劳动日延长 2 小时，即由 12 小时延长到 14 小时，剩余劳动依然为 6 小时，剩余价值为 3 先令，但剩余价值与由必要劳动计量的劳动力价值相比较，仍要减少。如其劳动日延长 4 小时，即由 12 小时延长到 16 小时，则剩余价值与劳动力价值之比例量，剩余劳动与必要劳动之比例量，即令不变，但剩余价值的绝对量，会由 3 先令增至 4 先令，剩余劳动由 6 小时增至 8 小时，即增加 $\frac{1}{3}$ 或 33 $\frac{1}{3}$ %。因此，在劳动生产力减下，同时劳动日延长的场合，如剩余价值的绝对量不变，则其比例量会减少；如其相对量继续不变，则其绝对量增大。并且，劳动日如延长到相当的程度，双方都可增大。

由 1799 年至 1815 年的期间，英国生活资料的价格昂腾。以生活资料来表现的实在工资虽然跌落，名义工资却在增高。由这种事实，韦斯特（West）与里嘉图导出了以下的结论，即农业劳动生产力的减下，引起了剩余价值率的减落。他们把这仅仅存在于幻想中的假定，作为他们一种重要分析——分析工资利润与地租的相对的量比例——的出发点。然在事实上，剩余价值的绝对量与相对量，是正因劳动强度的增进和劳动日的延长，都有增加。在这个时代，市民已确立无限制延长劳动日的权利①，以一面促进贫困一面增加资本为特殊的特征②。

（2）劳动强度与劳动生产力增进，同时劳动日缩短

增加劳动生产力与加大劳动强度，有同一结果。它们都会在一定时间内，增大生产物的数量。因此，双方都会缩短生产劳动者生活资料或其等价所需的劳动日部分。劳动日的绝对的最小限界，是由这种必要的但能减缩的劳动日部分所限定。如其全劳动

---

① "谷物与劳动完全相并而行的现象，是很少发生的。不过，双方都有其不能进一步分离的显明限界。在物价昂腾，工资由是低落到供述（即 1814—1815 年对议会调查委员的供述）中指陈的那种程度的时代，劳动阶级曾作异常的努力；那种努力，对于各个人，是极值得赞赏的，同时且有助于资本的增殖。不过，那种努力，谁都不希望其成为永续而无限制的。作为一时的应急策，固大可赞赏，若变为永续的，则结果，无异把一国的人口增殖，推进到该国食物所设定的限界"。（马尔萨斯著：《地租之性质及其进步的研究》，伦敦 1815 年刊，第 48 页注。）马尔萨斯的荣誉所在，就是当里嘉图及其他学者，忽视显而易见的事实，以劳动日的大小不变，作为研究的基础时，马尔萨斯却极力看重劳动时间的延长。这个事实，他在他著作中别的地方，曾经直接说到的。不过，他所侍奉的保守的利害关系，却使他看不出以下的事实，那就是，特别在没有战争需要，而在世界市场上，英国已不复有独占余地的时候，劳动日的无限制的延长，及机械的可惊的发达与妇女儿童劳动的榨取，势将使劳动阶级一大部分成为过剩的。这种"过剩人口"，与其由资本主义生产的历史的自然法则说明，自不如由自然之永久的法则说明，要遥为便利，且与支配阶级——马尔萨斯是以僧侣的热忱皈依于这个阶级——的利害关系遥为一致。

② "在战争的时候，使资本增加的主要原因之一，是在任何社会都占有最大多数的劳动者，将更加努力，将更加贫困。迫于必要的环境，将有更多的妇女与儿童从事劳动，而原来已经从事劳动的人，则不免要以同一的原因，而以更多的时间，去增加生产。"（《经济论，解说当前国家困难之主要原因》。伦敦，1830 年刊第 248 页。）

日竟缩减到这种限界，剩余劳动将消灭，那在资本的支配之下，显然成为不可能。只有资本主义生产形态废除，劳动日才可缩减到必要劳动的限度。但在那种场合，必要劳动将扩大其自身的范围。因为，在一方面，"生活条件"的概念，将大大扩张，劳动者将要求另一种的生活水准；同时，现在算作剩余劳动的一部分，到那时也会算作必要劳动。要造成社会的准备基金与蓄积基金，这种劳动是必要的。

劳动生产力愈增加，劳动日便愈能缩短；劳动日愈缩短，劳动强度便愈能增加。从社会的观点来说：劳动生产力得随劳动经济的增进而增进；此种劳动经济，不仅包含生产手段的经济，且包含一切无用劳动的避免。资本主义生产方法，虽然一方面在各个营业内部励行经济，同时却依其无政府的竞争制度，造出劳动力与社会生产手段的最无限制的浪费，并且引起那种机能，那在今日虽为必不可缺少的一种机能，但在其自体，却全是多余的。

在劳动强度与劳动生产力不变的时候，劳动越是均等配分于社会一切有工作能力者之间，使那一部分特殊阶级的人，不能把劳动的必要负担转嫁于他人，则社会劳动日中用以从事物质生产的必要部分，将越是缩小，个人从事自由活动，精神活动，社会活动的时间部分，必越是增大。从这方面看来，劳动日缩短的绝对的限界，就是劳动的一般化。在资本主义社会中，一个特权阶级的自由时间，是由大众以全部生活时间转化为劳动时间，生出来的。

我们已经知道，剩余价值率是依下列公式表现的：

$$\text{I} \cdot \frac{\text{剩余价值}}{\text{可变资本}} \left(\frac{m}{v}\right) = \frac{\text{剩余价值}}{\text{劳动力价值}} = \frac{\text{剩余劳动}}{\text{必要劳动}}$$

最初二公式，表示价值与价值的比例，第三公式，表示生产此等价值之时间与时间的比例。这些相互补充的公式，在概念上是严格确定了的。古典派经济学对此虽未曾有意识的确定，但也在本质上有所成就。在古典派经济学方面，我们见到以下的派生公式：

$$\text{II} \cdot \frac{\text{剩余劳动}}{\text{劳动日}} = \frac{\text{剩余价值}}{\text{生产物价值}} = \frac{\text{剩余劳动}}{\text{总劳动}}$$

此等公式，交替着，把同一的比例，表现为劳动时间的比例，为体现劳动时间的价值的比例，为价值所依以存在的生产物的比例。不消说，这里所谓"生产物价值"，只解作劳动日的价值生产物（Wertprodukt）。生产物价值（Produktenwert）的不变部分，不算在内。

由 II 所示的一切公式，现实的劳动榨取程度或剩余价值率，是用虚伪的方式表示着。兹假定劳动日为 12 小时，其他条件依照前章例解的假定，则现实的榨取程度，将依以下的比例表示着：

$$\frac{6\text{ 小时剩余劳动}}{6\text{ 小时必要劳动}} = \frac{3\text{ 先令剩余价值}}{3\text{ 先令可变资本}} = 100\%$$

然依照前示 II 项公式，则如下式：

$$\frac{6\text{ 小时剩余劳动}}{12\text{ 小时的劳动日}} = \frac{3\text{ 先令的剩余价值}}{6\text{ 先令的价值生产物}} = 50\%$$

此等派生的公式，实际只表现劳动日或其价值生产物，是以何种比例，分割于资本家和劳动者之间。假若此等公式被视为资本价值增殖的直接表现，则以下的虚伪的法则——剩余劳动或剩余价值，不能达到 100%[1]——将被应用着。因为剩余劳动常常只是劳动日的一个可除部分，剩余价值常常只是价值生产物的一个可除部分；剩余劳动常须小于劳动日，剩余价值常须小于价值生产物。但如要达到 $\frac{100}{100}$ 的比例，它们双方就必须相等。剩余劳动如包含全劳动日（这里是指着劳动周或劳动年的平均日），必要

---

[1] 例如，在洛贝尔图（Rodbertus）《给克希曼第三信——里嘉图地租论的反驳及新地租论的建立》（柏林1851年刊）中，就可见到。关于这封信，以后还有论到的机会，在那信中，著者的地租论尽管错误，但他却看破了资本主义生产的本质。（第三版补注：上面这句话，可以表示马克思只要发现前驱者中有现实的进步和正确的新思想，都能以好意来批评。但此后刊行的"洛贝尔图给卢朵尔夫·麦耶（Rudolf Meyer）的书简"，却使马克思这里给他的评价，不能不为相当的限制。书简中有云："资本不仅须由劳动救出，且得由它自身救出。设把企业资本家的活动，解作是资本委托于他的国民经济及国家经济上的机能；且把他所得的利润，解作是一种形态上的薪俸，那种救济，就最易于达成了；因为我们还不知有其他的社会组织。但薪俸是可以规制的；在过于侵越到工资范围的场合，且还可以减少。马克思的社会侵入——我想这样称呼他的著作——同样是应当防止的。……总之，马克思的著作，与其谓为关于资本的研究，毋宁谓为对于今日资本形态的一种论驳。他把今日的资本形态和资本概念本身混作一谈了。这就是他的错误的来源。"（洛贝尔图《书简集》卢朵尔夫·麦耶博士编，柏林1881年刊第1卷第111页洛贝尔图第48信。）——洛贝尔图在《社会书简》所示的大胆的突击，遂终葬送在这种观念论的陈套话中了。——F. E.）

劳动也就有等于零的必要。但必要劳动如消灭，剩余劳动也必消灭，因为剩余劳动是必要劳动的一个函数。由是，$\dfrac{剩余劳动}{劳动日}$或$\dfrac{剩余价值}{价值生产物}$的比例，决不能达到$\dfrac{100}{100}$的限界，更不能达到$\dfrac{100+x}{100}$的限界。然而，现实的劳动榨取程度即剩余价值率，却能达到这种比例。试以来昂斯·德·拉味尔尼（L. de Lavergne）的计算为例来说吧。据那种计算，英国农业劳动者，不过获有生产物或其价值的$\dfrac{1}{4}$，反之，租地农业家即资本家，则获有生产物①或其价值的$\dfrac{3}{4}$（至若这$\dfrac{3}{4}$，后来在资本家，地主等人之间，如何分割，暂且存而不论）。这就是说：英国农业劳动者的剩余劳动，对必要劳动的比例为3∶1，这表示300％的榨取率。

把劳动日视为不变量的学校方法，由前述Ⅱ项公式的应用，变成了固定的了。因为在此等公式上，常把剩余价值和大小一定的劳动日相比较。在单单着意价值生产物分割的场合，也是如此。已实现为一定价值生产物的劳动日，常常是有一定限界的劳动日。

把剩余价值与劳动力价值表现为价值生产物诸构成部分的方法——这种方法，是由资本主义生产方法自身生出的，它究有如何的重要性，后面再说——隐蔽了资本关系的特征的事实，即可变资本交换活劳动力的事实，从而隐蔽了劳动者与生产物互相排除的事实。这些事实没有显示出来。显示出来的，是一个协作关系——劳动者与资本家，即在这种协作关系上，按照各各的形成

---

① 代置垫支不变资本的生产物部分，在这种计算上，自然要控除出去的。拉味尔尼是一位盲目的英国赞赏家，他对于资本家所得的分额，不会估算过高，只会估算过低了。

因素的比例，把生产物分割——的虚伪的外观①。

加之，II 项公式，常能再转化为 I 项公式。例如，就 $\dfrac{6\ \text{小时剩余劳动}}{12\ \text{小时的劳动日}}$ 公式来说，必要劳动时间，就是等于由 12 小时劳动日，减 6 小时剩余劳动。由是得出以下结果：

$$\frac{6\ \text{小时剩余劳动}}{6\ \text{小时必要劳动}}=\frac{100}{100}$$

至于我们已经偶然述及的第三公式，则如下：

$$\text{III}\ \frac{\text{剩余价值}}{\text{劳动力价值}}=\frac{\text{剩余劳动}}{\text{必要劳动}}=\frac{\text{无给劳动}}{\text{有给劳动}}$$

$\dfrac{\text{无给劳动}}{\text{有给劳动}}$ 的公式，能够引起一种误解，说资本家所给付的，是劳动的代价，而非劳动力的代价，但经过我们在前面研讨之后，再不会有那种误解了。$\dfrac{\text{无给劳动}}{\text{有给劳动}}$ 的公式，不过是 $\dfrac{\text{剩余劳动}}{\text{必要劳动}}$ 公式的更通俗的表现。资本家支付劳动力的价值，或与此不相等的劳动力的价格，换得利用活劳动力的自由。资本家对这种劳动力所得的享用权，分作两个期间。在一个期间，劳动者仅生产劳动力的价值或其等价，资本家由此代置他所垫支的劳动力价格，代置和那种价格相等的生产物，恰如他在市场购买现成生产物一样。反之，在剩余劳动期间，劳动力的享用权，得为资本家造出

① 资本主义生产过程相当发达的一切形态，都是合作的形态。因是，要像拉波尔特（A. de Laborde）伯爵在他所著的《社会总利害上之协作精神》（巴黎1818 年刊）中那样，把资本主义生产过程的特殊的对立性质舍象，并把它幻变为自由的协作形态，就是再容易没有的事了。就那位新英格兰人卡勒（H. Carey）说罢，那怕是关于奴隶制度的情形，他也有时由这种幻征收到类似的成果。

一种不费任何代价（Wertersatz）的价值①。这个劳动力的实现，是不须任何代价的。在这种意义上，剩余劳动得称为无给劳动。

因此，资本就不但如亚当·斯密所说，是对于劳动的支配，在本质上，实是对于无给劳动的支配。不论剩余价值，后来结晶为怎样的特殊的姿态（利润、利息或地租），在实质上，总归是无给劳动时间的实体化。资本价值增殖的秘密，不外是资本对于他人一定量的无给劳动，操有一种支配权。

---

① 重农业主义者虽不曾看破剩余价值的秘密，但至少，他们对于这一点是明白的，即剩余价值是"它的所有者不购买而售卖的，独立的，可以自由处置的财富"。（杜尔阁著：《关于财富之形成与分配之考察》第11页。）

第六篇

工资

第十七章

劳动力价值（或价格）的工资化

在资产阶级社会的表面上，劳动者的工资，显示为劳动的价格，即对一定量劳动支付的一定量的货币。因此，人们说劳动的价值，并把这种价值之货币的表现，称为劳动的必要价格或自然价格。在另一方面，他们又说劳动的市场价格，即在其必要价格上下摇动的价格。

但商品的价值是什么呢？那是在商品生产上支出的社会劳动的对象形态。商品价值量又如何计量呢？由包含在商品中的劳动量去计量。那么，比方说一个 12 小时的劳动日的价值，该如何决定呢？结局，只好作荒谬的重复，说：由包含在 12 小时劳动日内的 12 小时劳动①。

---

① "里嘉图君以为，价值取决于生产上支出的劳动量。他把那一望而知的足以障碍他这种学说的一个难关，很巧妙地回避过去。若要严格坚持着这种原理，而主张劳动的价值，取决于劳动生产上所支出的劳动量，那显然要生出荒谬的结论。他用一种巧妙的论法说：劳动的价值，取决于生产工资所必要的劳动量，或用他自己的话说，劳动的价值，是以生产工资所必要的劳动来计量；而此劳动量，则是指所给予劳动者的货币或商品生产上所必要的劳动量。这好像是说：布的价值，不是由布生产上支出的劳动量来计量，却由布所交换的银生产上支出的劳动量来计量"。（《价值性质之批判的论究》第50、51 页。）

劳动为要当作商品在市场上出卖，一定有在出卖以前已经存在之必要。但是，劳动如能由劳动者给予以独立的存在，劳动者就是出卖商品，不是出卖劳动了①。

暂把这些矛盾存而不论罢，以货币，即以对象化了的劳动，与活的劳动直接交换，其结果，如不是扬弃了那在资本主义生产基础上始得自由展开的价值法则，便是扬弃了那以工资劳动为基础的资本主义生产本身。比方，12 小时的劳动日，以 6 先令的货币价值来表现。先假设是等价与等价交换，在这场合，劳动者就是以 12 小时劳动，取得 6 先令报酬；他的劳动的价格，等于他的生产物的价格。在这场合，他没有对劳动购买者生产剩余价值，那 6 先令不转化为资本，结局，资本主义生产的基础就消灭了。但劳动者就是在这基础上出卖他的劳动，他的劳动就是在这基础上变为工资劳动的。其次假设，他的 12 小时劳动，只能取得少于 6 先令的代价，即少于 12 小时劳动代价。12 小时劳动所交换的，只是 10 小时劳动，6 小时劳动。视不等量为相等，不单扬弃了价值决定的法则。这样一种自行扬弃的矛盾，也决没有当作一种法则来宣扬或树立的可能②。

在形式上，把劳动区分为对象化劳动与活劳动，然后再由这

---

① "你纵然不妨把劳动呼为商品，但这种商品，毕竟与普通商品不同。后者最初就是以交换的目的而生产，生产出来了，然后再搬往市场，它必须在市场上，以一定的比率，与其他商品相交换。若劳动，则是在持往市场的那一瞬间所造出，或宁说在造出之先，已被持往市场。"（《经济学上若干名辞的论争》第 75、76 页。）

② "把劳动看为商品，把劳动的产物即资本也看为商品，那么，假若这二商品的价值，是由等量的劳动所决定，则一定量的劳动，就可……交换那由同量劳动生产的一定量的资本了。过去劳动，与现在劳动，将以等量相交换。但与其他商品相比较的劳动的价值……不是由等量的劳动所决定。"（卫克斐尔德编亚当·斯密《国富论》伦敦 1836 年刊第 1 卷第 231 页注。）

形式上的区别，推论较多量劳动交换较少量劳动，也是无益的①。加之，因商品的价值，不取决于对象化在商品中的劳动量，而取决于商品生产上必要的活的劳动量，所以这种推论，更见得荒谬。就说一件商品代表 6 小时劳动罢。假若借着一项发明，那件商品竟能以 3 小时生产出来，那么，就是既经生产出来的商品价值，也要减落一半。由是，它以前代表 6 小时劳动，现在则是代表 3 小时的必要的社会的劳动了。这就是说，决定商品价值量的，是那种商品生产上必要的劳动量，而非劳动的对象化形态。

在商品市场上，与货币所有者直接对立的，实际非劳动，而为劳动者。劳动者所出卖的，是他的劳动力。当他的劳动在现实上开始时，那已经不是属于他的所有物。从而，也不复能再为他所出卖。劳动是价值的实体，是价值内在的尺度，但它自身没有价值②。

在"劳动的价值"（Wert der Arbeit）这个用语上，价值的概念，不但完全消灭，且倒转为反对的东西了。说劳动的价值，和说地球的价值，是一样的幻想。但这些幻想的表现，是起因于生产关系的本身。它们是表示本质关系的现象形态之范畴。事物在

---

① "以过去劳动交换未来劳动时，我们总得同意（社会契约的一个新版！）后者（资本家）必须较前者（动劳者）取得较大的价值。"（西斯蒙第著：《论商业上之富》日内瓦 1803 年刊第 1 卷第 37 页。）

② "劳动为价值的唯一标准……为一切财富的创造者，它不是商品。"（荷治斯金著：《通俗经济学》第 186 页。）

现象上往往表现为倒转的形态，那是经济学以外一切科学所熟知的[①]。

古典派经济学由日常生活借来"劳动的价格"的范畴，不加批判，而仅问这种价格如何决定？接着，就不假思索的认定：需要与供给的比例的变动；对于劳动的价格，正如对于其他一切商品的价格一样，是唯一无二的说明；即市场价格在一定中点的上下变动。在其他一切情形不变的限度内，假若需要与供给平衡，这种价格的变动就中止。那一来，需要与供给也无从说明什么了。在需要与供给归于平衡的那一瞬间，劳动的价格，不是取决于需要与供给的比例，那是它的自然价格。但我们分析的对象，正是这种自然价格如何决定。或者，我们把市场价格变动的期间假定为较长的期间（比方说一年），我们将会发现，那些上上下下的变动，将相互抵消。而得出一个不变的中位的平均量。这种平均量，自然不是由自己相互抵消的诸种变动决定。因为，对偶然的市场价格占着优势，并调节着市场价格的这种价格，即重农

[①] 反之，认这句话不过是诗人的狂想的企图，不过表示自己没有分析能力罢了。蒲鲁东说："说劳动有价值，并不是把劳动本身看为严格的商品，不过指劳动内部被认为潜含着的价值。劳动的价值，是一个比喻的表现。"对于他这个议论，我是这样反驳的："劳动这种商品，是一个可怕的现实，但他在当作商品的劳动上，不过见到文字上的缩形。所以，以劳动商品性为基础的当前整个社会，今后要被视为是以诗人的狂想为基础，以比喻的表现为基础了。假若社会要驱除苦恼它的一切不便，最好是让它驱除诸种暧昧的语辞，改变言语的形态。为了这个目的，只须申请大学，把大学辞典改成新版就行了。"（马克思《哲学的贫困》第34、35页。）自然哪，把价值看为是没有任何意义的东西。那是方便多了。那一来，我们就能毫不费力地，把一切事物都包括在这个范畴之下。例如萨伊就是这么作。他问："价值是什么？"答："一物之所值。"然则"价格是什么"？答："表现在货币上的一物的价值。"既然如此，"为什么土地的劳动……具有价值"？答："因为我们对它给予了一种价格。"这就是说：价值是一物之所值。因为我们以货币表现土地的价值，故土地有"价值"。这当然是理解事物"如何"和"因何"的最简单的方法！

学派呼为"必要价格"，亚当·斯密呼为"自然价格"的价格，在劳动上，也如在其他商品上一样，只能是由货币表现的价值。经济学相信由这个方法，通过劳动的偶然价格，可达到劳动的价值。接着，又以为这种价值，正如在其他商品上一样，是由生产费决定。但是劳动者的生产费（即劳动者生产或再生产自己的费用），是什么呢？经济学是在无意识之间，以这个问题，代替了原来的问题的。因为它对于劳动生产费的考察，不过在一个地方打圈圈，绝未向前进一步。可知经济学者所称的劳动的价值（Value of labour），实是劳动力的价值（Wert der Arbeitekraft）。劳动力存在于劳动者人格之内，与其机能（即劳动）不同，那正如机械与其自身的作用不同一样。经济学者因为一心一意想着劳动市场价格与其所谓价值的区别，注意着此种价值对于利润率的关系，和对于由劳动生产的商品价值的关系，遂永没有发现，分析不但曾由劳动的市场价格，推移到劳动的设想的价值，且曾把劳动的价值，归着于劳动力的价值。古典派经济学关于自己分析的这种结果，没有意识到；他们不加批判地，把"劳动的价值"，"劳动的自然价格"这一类范畴，看作是这种讨论的价值关系之最后的适当的表现。其结果，乃如后面所说，陷入不可究诘的混乱与矛盾。同时，这派经济学，对于那些只在表面上显示忠节的庸俗经济学者，却给予了一个坚实的活动地盘。

我们现在且看：劳动力的价值及价格，在这转化的形态上，是如何表现为工资。

我们知道：劳动力一日分的价值，是以劳动者一定的生存期间为基础来计算，而劳动日的大小，又与此一定的生存期间相照应。现在假定通例的劳动日为 12 小时，劳动力的一日价值为 3 先令；此 3 先令，即体现 6 小时劳动的价值的货币表现。如其劳动者收受 3 先令，他就是收受了在 12 小时内发挥机能的劳动力的价值。现在假如这劳动力一日分的价值，表现为劳动一日分的价值，我们就会得出 12 小时劳动有 3 先令价值的公式。这一来，劳动力的价值，就决定劳动的价值，用货币表现来说，就是决定必要价格。反之，如果劳动力的价格与劳动力的价值不一致，则劳动的价格，也同样与所谓劳动的价值不一致了。

劳动价值，既然仅是劳动力价值的不合理的表现，其结论自然是：劳动价值，常须小于劳动的价值生产物。资本家常要使劳动力，超过再生产其自身价值所必要的时间，来发挥机能。以前例来说，在 12 小时内发挥机能的劳动力的价值是 3 先令，这种价值的再生产，需要 6 小时。反之，其价值生产物，却是 6 先令。因为，劳动力实际发挥机能的时间为 12 小时，其价值生产物，不是取决于它自身的价值，而是取决于它发挥机能的时间的大小。由是，这里就生出了一见而知其为荒谬的结论了，即造出 6 先令价值的劳动，其价值为 3 先令①。

更进，我们将知道：代表劳动日有给部分（即 6 小时劳动）的 3 先令的价值，将显示为全劳动日 12 小时的价值或价格（这全劳动日中是含有 6 小时无给劳动的）。由是，工资的形态，就把分割劳动日为必要劳动与剩余劳动，或有给劳动与无给劳动的一切痕迹，全都消去了。所有的劳动，都显示为有给劳动。在徭役劳动上，劳动者为自己所作的劳动，和为领主所作的强制劳动，无论在时间上，在空间上，都极鲜明地区别出来。在奴隶劳动上，就连奴隶仅代置其自身生活资料价值的劳动日部分，换言之，就连他实际专为自己作业的劳动日部分，也显示为主人的劳

---

① 参照《政治经济学批判》第 40 页。我在那里陈述，当考察资本的时候，应解决以下的问题，即"以劳动时间决定交换价值这件事为基础的生产，将如何导出劳动的交换价值小于劳动生产物的交换价值的结论？"。

动。他的劳动，都显示为无给劳动①。反之，在工资劳动上，就是剩余劳动或无给劳动，也显示为有给劳动。在奴隶劳动的场合，有所有权关系，隐蔽了奴隶为自身的劳动；而在工资劳动的场合，则有货币关系，隐蔽着工资劳动者的无给劳动。

由是，我们会懂得：把劳动力的价值及价格，转化为工资形态，或转化为劳动自身的价值及价格，有一种决定的重要性。这种现象形态，把现实关系隐蔽起来，正好显示其反面。劳动者与资本家的一切法律观念，资本主义生产方法的一切欺骗，此种生产方法下的一切自由幻想，以及庸俗经济学者的一切辩护的空言，都是借用这个现象形态作基础的。

要穿过工资秘密的底蕴，在世界历史上，尚须有一个长时期，但要理解上述那种现象形态之必然性或其存在理由，却是再容易不过的事。

资本与劳动之间的交换，最初是和一切其他商品的买卖一样，呈现于我们知觉之上。购买者给予一定额的货币，出卖者则供给与货币相异的物品。在这里，权利意识，至多不过认识一种在权利等价公式上表现的物质区别；那公式是："你给，所以我也给。你做，所以我给。你给，所以我做。你做，所以我也做。"

尤有进者，因为交换价值与使用价值，本身是不能相互通约的量；故，"劳动的价值"，"劳动的价格"云云，似乎不比"棉花的价值"，"棉花的价格"云云，更不合理。加之，劳动者是在他已经提供劳动之后，才取得报酬。而货币在它充作支付手段的机能上，是事后才使所交付的物品（就当前这特殊场合说，是

---

① 《晨星报》是伦敦的自由贸易机关报，它简直素朴到近于愚钝了；当南北美战争的当时它竟以人间一切可能的义愤，反复主张南方联合诸州的黑人的劳动，绝对是无给的。试把这种黑人一日的生活费用，和伦敦东区自由劳动者一日的生活费用，比较一番罢！

所交付的劳动）的价值或价格实现。最后，劳动者对资本家供给的"使用价值"，实际并不是他的劳动力，而是那种劳动力的机能，是一定的有用劳动，如裁缝劳动，制鞋劳动，纺绩劳动等。而在另一方面，这个劳动，是一般的价值形成要素，具有不同于其他一切商品的性质这件事，是被放在通常意识领域之外的。

现在我们且站在这样一个劳动者的地位来考察罢。他以 12 小时劳动的代价，取得 6 小时劳动的价值生产物，即 3 先令。事实上，在他这一方面说，他的 12 小时劳动，是 3 先令的购买手段。他的劳动力的价值，随其日常生活资料的价值而变动，那可由 3 先令增至 4 先令，也可由 3 先令减到 2 先令。或者，他的劳动力的价值不变，但其价格，可因需要与供给的变动关系，而增至 4 先令，或跌到 2 先令。但不论如何，他总常常提供 12 小时劳动。他所取得的等价量的变动，在他看来，必然要显示为 12 小时劳动的价值或价格的变动。这种事实，对于把劳动日视为不变量的亚当·斯密①，遂导出以下的错误主张。他认为：生活资料的价值虽可变动，从而，同一劳动日对于劳动者虽可代表或多或少的货币，但劳动的价值不变。

在另一方面，让我们再就资本家考察罢。他期望以尽可能最少量的货币，得到尽可能最多量的劳动。因此在实际上，于他有利害关系的，只是劳动力的价格，与由劳动力机能所造出的价值比较有怎样的差额。但是，他力求以尽可能低廉的价格，购买一切商品；他常常以在价值以下购买，在价值以上出卖的单纯欺骗，来说明利润。因此，他永不会见到这种事实：如果劳动的价值这东西是现实存在的，他如果现实地支付这种价值，则任何资本也不存在，他的货币也不会转化为资本。

---

① 亚当·斯密提到计件工资时，只不过偶尔暗示劳动日的变化。

不但此也。在工资的现实运动上，还显示出以下诸现象。这诸种现象，仿佛证明被支付的，不是劳动力的价值，而是劳动力机能（即劳动本身）的价值。我们可以把这些现象归纳为两个部类：（1）劳动工资随劳动日的长度变化而变化。假如这个论据正确，我们也可以说，因为赁借机械一周较赁借同一机械一日所费为多，所以，被支付的，不是机械的价值，而是机械的作用的价值。（2）从事同一工作的相异劳动者的工资，存着个人的区别。这种个人的区别，虽在奴隶制度中（在那里，是明显地、公开地、无任何矫饰地以劳动力自体出卖）可以见到，但我们决不受其迷惑。但工资劳动制度与奴隶制度有一个唯一不同之点，即是：平均以上的劳动力的利益，或平均以下的劳动力的不利益，就奴隶制度说，都属于奴隶所有者，而就工资劳动制度说，却是属于劳动者自身。因为在工资劳动制度上，劳动力是由劳动者自己出卖，在奴隶制度上，劳动力则是由第三者贩卖。

总之，"劳动的价值与价格"或"工资"为现象形态，劳动力的价值与价格，为隐在那种现象形态后面的本体关系，两者是相区别的。一切现象形态和隐在现象形态后面的本体关系，都是这样。现象形态得直接地自发地当作流行的思维形态，反复生产出来；本体形态则必须仰赖科学始可发现。古典派经济学虽将近接触到事物的真正关系，但没有意识地建立它。这派经济学，在它附着在资产阶级皮肤的限度内，是不能如此做去的。

第十八章

计时工资

工资自身采取极多种形态。这事实，普通的经济学教本是认识不到的。因为普通的经济学教本，专是注意在问题的材料方面。形态上的区别，则概被忽略。不过，关于所有这些形态的说明，是属于工资劳动的特殊研究，而非本书所当涉及的。但在这里仍得就两个根本的形态，简单说明。

我们会记得：劳动力的出卖，常须有一定的期间。因此，直接表现劳动力每日价值每周价值等的转化形态，即为日工资，周工资一类"计时工资"（Zeitlohn）的形态。

现在首先应注意的，就是：第十五章述及的关于劳动力价格与剩余价值之量变法则，得由单纯的形态变化，转化为工资的法则。同样的，劳动力的交换价值，与这个价值转化成的生活资料量之间的区别，现在会当作名义工资（nominellem Arteitslohn）与真实工资（reelem Arbeitslohn）之间的区别，再现出来。关于已经在本质形态上说明过的现象形态，这里用不着再作多余的复述。所以下面只限于说明计时工资的若干特点。

劳动者对于其一日劳动或一周劳动所获得的货币额①，形成

---

① 在这种讨论上，货币价值常假定是不变的。

他的名义工资额，即依价值计算的工资额。但显然的，依照劳动日的大小，换言之，即依照每日供给的劳动量的大小，同一的日工资或周工资，可以代表极不相同的劳动价格，即就是，劳动量相等，其所得的货币额极不相等①。因此，在考察计时工资时，我们必须再把工资，日工资或周工资的总额，与劳动的价格区别。然则我们将如何发现这种价格（即一定量劳动的货币价值）呢？以平均劳动日的小时数，除劳动力的平均日价值，我们就可发现劳动的平均价格。例如，劳动力的日价值 3 先令，代表 6 劳动小时的价值生产物；假若劳动日为 12 小时，1 劳动小时的价格为 $\frac{3\text{先令}}{12}$，即等于 3 便士。像这样发现的 1 劳动小时的价格，可用作劳动价格的单位尺度。

由以上的说明，可得出这种结论，即劳动价格纵令不绝低落，日工资，周工资等，仍得维持原状。举例来说罢，如其通例的劳动日为 10 小时，劳动力的日价值为 3 先令，则一劳动小时的价格，就为 $3\frac{3}{5}$ 便士。劳动日由 10 小时增至 12 小时，1 劳动小时的价格，马上会跌落到 3 便士；如更增至 15 小时，还马上会跌落到 $2\frac{3}{5}$ 便士。但虽然如此，日工资，周工资，仍维持原状不变。反之，当劳动价格不变，甚或跌落时，日工资，周工资，还得增高。例如劳动日为 10 小时，劳动力价值为 3 先令，1 劳动小时的价格，为 $3\frac{3}{5}$ 便士。假若营业扩大的结果，劳动日延长至

---

① "劳动的价格，是为一定量劳动而支付的货币额。"（爱德华·韦斯特著：《谷物价格与工资》，伦敦 1826 年刊第 67 页。）韦斯特就是题名"牛津大学一校友著，《土地投资论》（伦敦 1815 年刊）"的著者，他这部匿名著作，在英国经济学史上，具有划时期的价值。

12 小时，劳动价格保持原样不变，那他现在的日工资，虽增加到 3 先令 7 $\frac{1}{5}$ 便士，仍不会在劳动价格上引起何等变化。当劳动不在外延上（时间上）增大，而在内包上（强度）增进时，也会得出同一结果①。因此，名义上的日工资周工资，得在劳动价格保持原样或跌落的场合增加。当家主供给的劳动量，由家人的劳动而增大时，劳动者家庭收入，同样适用上面的说明。总之，有种种方法：一面降低劳动价格，同时不必需要缩小名义上的日工资或周工资②。

把这当作一般的原则，会生出以下的结论，即在日劳动周劳动不变的限度内，日工资或周工资的大小，是取决于劳动价格的大小；而此劳动价格，又随劳动力的价值如何，乃至随劳动力价格与其价值不一致的程度如何，而有种种变化。反之，如劳动价格不变，则日工资周工资的大小，就取决于日劳动量，周劳动量的大小。

计时工资的单位尺度，即一小时劳动的价格，是以通常劳动日的小时数，除劳动力每日价值所得之商。且假设通常劳动日为

---

① "劳动的工资，依存于劳动的价格和已经提供的劳动量。……劳动工资增大，不一定就含有劳动价格增进的意味。在劳动时间延长，劳动者的努力加大时，劳动的价格纵然不变，劳动的工资，却不妨大大增加。"（韦斯特前揭书第 67、68 页及 112 页。）不过，关于"劳动的价格"究将如何决定的主要问题，韦斯特是用平凡的语调来敷衍的。

② 我们前面屡屡引用过的《工商业论》的著者（18 世纪产业资产阶级的热狂的代表者），关于这点，虽然表现得有点混乱，但却正确地感觉到了这点。他说："由食品及其他生活必需品的价格而决定的，是劳动量，而不是劳动的价格（名义的日工资或周工资）。如其生活必需品价格极度低落，劳动量自然会按比例减少。……制造家们都知道：除了变更名目上的额数外，还有种种方法增减劳动的价格。"（前揭书第 48 页及 61 页。）西尼耳的《工资率三讲》（伦敦 1830 年刊），乃擅自利用韦斯特的述文写成。他在该书中说："劳动者主要关心于他的工资额"（第 15 页）。这就无异说：劳动者主要关心的，是他的所得（即名义上的工资额），不是他的所与（即劳动量）！

12 小时，劳动力的日价值为 6 劳动小时的价值生产物，即 3 先令罢。在这种假定下，1 劳动小时的价格为 3 便士，其价值生产物，则为 6 便士。假若劳动者现在工作不到每日 12 小时（或每周不到 6 日），或仅 6 小时乃至 8 小时，他在同一劳动价格下所得的日工资，就只有 2 先令或 1 先令 6 便士①。依据假定：他为要生产与其劳动力价值相等的日工资，每日就得平均劳动 6 小时；并且，依据同一假定：他各小时有一半为自己劳动，残余一半为资本家劳动，他在工作不到 12 小时的场合，他自己就显然得不到 6 小时的价值生产物。我们已在前面述及过度劳动的破坏性的结果；在这里，我们又发现劳动者没有充分工作的痛苦的源泉。

设竟确定每小时的工资，使资本家没有支付日工资周工资的义务，却能在劳动者被雇用的时间内，一小时一小时计算支付工资，则在这场合，他雇佣劳动者的时间，较之原来当作劳动价格尺度单位（即每小时工资）计算基础的时间，还能够缩短一些。因为那种尺度单位，是依 $\dfrac{\text{劳动力的日价值}}{\text{一定小时数的劳动日}}$ 的比例所决定。劳动日如果不包含一定的劳动小时数，那尺度单位的一切意义，自然会归于消灭。有给劳动与无给劳动的关联也被扬弃。资本家这时对于劳动者可不给予生存上必要的劳动时间，而由他绞出一定量的剩余劳动来。他破坏雇佣上的一切规律，而依照自己的便利与专擅与眼前的利害关系，强使可惊的过度劳动，与相对的或全部的失业，交相作用。他能在支付"劳动标准价格"的口实之下，不给予劳动者相当的代价，而把劳动日异常延长。所以，在 1860 年，伦敦建筑业劳动者，就为

---

① 职业范围这样异常减少的影响，和法律一般缩短劳动日的影响，截然不同。前者于劳动日的绝量无何等关系，15 小时的劳动日也好，6 小时的劳动日也好，一样行得。劳动的正常价格，在 15 小时劳动日的场合，是以每日平均 15 小时劳动为基础来计算，在 6 小时劳动日的场合，是以每日平均 6 小时劳动为基础来计算。所以，他在前一场合只工作七小时半，在后一场合只工作三小时，结果是一样的。

反对资本家以小时计算工资的企图，发动了一次完全合理的暴动。劳动日的法定限制的施行，当然不曾防止了起因于机械参加竞争，起因于所用劳动者性质发生变化，起因于局部恐慌或普遍恐慌的职业减少事态，但上述那种恶害，却因此归于绝灭了。

日工资或周工资增加时，劳动的价格可在名义上不变，甚至可低落到它的正常水准以下。这种现象，在劳动价格（以每小时计算的）不变，劳动日延长到通例时间以上的场合，经常发现。假若在 $\dfrac{\text{劳动力的日价值}}{\text{劳动日}}$ 的分数上，分母增大，分子将更急速地增大。由于劳动力的机能期间增进，劳动力的磨灭增进，劳动力的价值也随而增进；并且与劳动力机能期间的增进较量起来，价值增进的比例，还要急速。所以，在劳动时间没有法定限制，以计时工资为通则的许多产业部门上，遂自然发生了一种习惯，认一定点（例如满 10 小时）以内的劳动日，为标准劳动日（normal working day, the day's work, the regular hours of work）。超过这种限度的劳动时间，则为额外时间（Overtime），对此额外时间，虽以每小时为计算的尺度单位，而给予"额外报酬"，但那报酬在比例上是小得可笑的①。标准劳动日在这里是当作现实劳动日的一部分而存在；以一全年来说，后者往往较前者的时间为长②。当劳动日延长过一定的标准限度时，劳动价格的增加，在英国种种产业部门上，是采取以下的形态：因所谓

---

① "额外时间（在花编制造业上）的给付率，是异常低微的，每小时由 $\dfrac{1}{2}$ 便士或 $\dfrac{3}{4}$ 便士至 2 便士不等。这和劳动者在健康上及活力上所受到的恶害之大，恰好成一个惨痛的对照。……而由这样获得的小额临时收入，往往还得开销在额外荣养上"（"童工委员第二报告"第 16 页第 117 号）。

② 例如，在最近工厂法实施以前，我们就在壁纸印刷业上见到这种情形。"我们一直劳动下去，连食事上的休息也没有。十小时半的日工，在午后四点半就终结了；此后通统算是额外时间，那很少在八点钟以前完结的。所以，在实际上，我们终年在从事额外劳动。"（见"童工委员第一报告"第 125 页所载斯密氏的供述。）

标准时间中的劳动价格过于低廉，因此，期望得到充分工资的劳动者，不得不在有较好报酬的额外时间劳动①。劳动日的法定限制，把资本家的这些快意处，宣告终结了②。

在无论那一种产业上，其劳动日愈延长，则其劳动工资愈低下。这是一般公认的事实③。此种事实，曾由工厂监督专员勒德格莱夫依 1839 年到 1859 年 20 年间的比较观察，予以例证了。据他所证示的，在 10 小时劳动法取缔下的工厂的工资虽有增加，但每日工作至 14 小时乃至 15 小时的工厂的工资则一律下落④。

上述的法则是："在劳动价格不变的限度内，日工资周工资的大

---

① 例如，在苏格兰的漂白工厂上，就可见到此种情形。"在 1862 年工厂法实施以前，苏格兰若干地方的漂白业，就是依一种额外时间制度，从事经营的。正规的劳动日，为 10 小时。对于这劳动日，每人每日给付 1 先令 2 便士的名义工资。此外，每天有 3 小时乃至 4 小时的额外时间，按照每小时 3 便士的比例给付。这种制度的结果是：……单从事正规的劳动，每人每周得不到 8 先令以上的收入。……没有额外时间，他们的日工资是不够的。"（1863 年 4 月 30 日，工厂监督专员报告第 10 页。）——"为获得成年工人的较长的工作时间，而给予较高的工资，是一个太强的不能抵抗的诱惑。"（1848 年 4 月 30 日"工厂监督专员报告"第 5 页。）在伦敦的装订书籍业方面，多使用 14 岁至 13 岁的少女，她们虽有契约将劳动时间规定，但每月的最后一周，她们要和年长的男工混在一起，一直劳动到夜间 10 点，11 点，12 点乃至 1 点钟。"工厂主以额外的给付和晚餐诱惑她们"，这种晚餐，是在附近的包饭作吃的。在此等"年轻的永生者"（Young Immortals）之间，虽发生异常淫荡的勾当（童工委员第 5 报告第 44 页第 191 号），但她们所装订的书籍，却有大量的圣经，还有其他各种德育的书。这该是一种抵偿罢！

② 参看"工厂监督专员报告，1863 年 4 月 30 日"第 5 页。在 1860 年大罢工与工厂停闭的当中，伦敦建筑工人以对于事态的正确的认识，表示只有在以下两条件下，承认计时工资：（一）确定一劳动小时的价格，同时要确定标准劳动日为 9 小时或 10 小时，并且 10 小时劳动日的 1 小时的价格，要较 9 小时劳动日的 1 小时的价格为大；（二）超过标准劳动日以上的时间，都为额外时间，对额外时间要给付更高的工资。

③ "在以长时间劳动为通则的地方，其工资也通例低级，这是世所周知的事实"（"工厂监督专员报告"1863 年 10 月 31 日第 9 页）。"仅得最贫弱营养的劳动，大抵是过度延长的劳动"（"公众卫生第 6 报告 1864 年"第 15 页）。

④ "工厂监督专员报告 1860 年 4 月 30 日"第 31 页及 32 页。

小，取决于所供给的劳动量的大小"。由此首先生出的结论，就是：劳动的价格愈低，则劳动者要确保贫弱的平均工资，其所须提供的劳动量必愈大，劳动日必愈长。在这场合，劳动价格低微的事实，将当作劳动时间延长的刺激，而作用着①。

然在另一方面，劳动时间延长，又会引起劳动价格，从而引起日工资或周工资的低落。

劳动价格由 $\dfrac{\text{劳动力的日价值}}{\text{一定小时数的劳动日}}$ 决定的事实，显示着：没有何等代价的劳动日的延长，即是劳动价格的减下。但允许资本家在长期间内延长劳动日的同一事实，首先会允许他，最后且进而强迫他，降低名义上的劳动价格，以致劳动的小时数增大了，其总价格却减少，日工资或周工资也相应减少。这里只要指出两件事情就够了。假若一个劳动者从事个半人或两个人的工作，就令市场上存在的劳动力的供给不变，劳动的供给也将随而增大。这一来，劳动者之间发生竞争，由是使资本得降低劳动价格。劳动价格低落，他就更可以把劳动时间延长。② 不过，这种变则的社会平均水准以上的无给劳动量的支配，马上会变为资本家自己中间互相竞争的根源。商品价

① 举例来说罢。英国手制钉工人的劳动价格是低廉的，由是，他们的周工资，极其有限，但他们每天却得劳动 15 小时。"每日的劳动小时极多（午前 6 时起，午后 8 时止），为了获得 11 便士乃至 1 先令，他们在这一切时间中，都得作激烈的劳动。并且，在他们的所得中，还要为工具的磨损，燃料的耗费，以及铁的消耗，一共扣除 $2\frac{1}{2}$ 便士乃至 3 便士"（童工委员第 3 报告第 136 页第 671 号）。而女工以同一劳动时间所得的周工资，不过 5 先令。（前揭"报告"第 137 页第 674 号）。

② 例如，某工厂劳动者，如拒绝从来的长时间劳动，"他的位置，不旋踵间，就要为其他不论作多长时间都行的劳动者所夺去，因而失掉职业。"（工厂监督专员报告 1848 年 10 月 31 日第 39 页供述第 58 号。）"假若一个劳动者，成就两个人所作的劳动……则因这追加劳动的供给，可使劳动价格减下，……由是使利润率一般增腾。"（西尼耳著：《工资率三讲》伦敦 1830 年刊第 14 页。）

格有一部分是由劳动价格形成。劳动价格的无给部分，不一定要算入商品的价格内。那可以赠予商品购买者。这是由竞争导来的第一步。由竞争导来的第二步，就是至少把延长劳动日所获得的变则剩余价值一部分，也从商品售卖价格中排出。这一来，商品的异常低廉的售卖价格，最初是偶尔的生出，以后则渐渐成为固定的。往后，这种低廉的售卖价格，还将成为劳动时间过长而工资则甚贫弱的不变基础；但在原先，这低廉的售卖价格，却宁说是工资贫弱的结果。因为竞争的分析，不属于当前的考究范围，所以关于这种运动，这里只提出一点暗示。暂且看资本家的自白罢："在伯明翰，雇主间的竞争异常厉害。他们许多人都不得不以雇主的资格，作他们平素耻而不为的事；而且，那么作，并不会多挣钱，只不过使大众受到利益。"① 读者会记起伦敦的两种面包业者：一是以充足价格出卖的面包业者（the "fullpriced" bakers），一是在平准价格以下出卖的面包业者（"the Underpriced"，"the under sellers"）。前者曾对国会调查委员，责难他们的竞争者说："他们现在第一是靠欺骗大众（由掺假商品的制造），其次，是以 12 小时的工资得到 18 小时的劳动，来维持的。……职工的无给劳动，成为竞争所由进行的源泉。在今日还是如此。……面包业老板间的竞争，使夜间劳动的废止发生困难。减价求售者既在成本价格（与面粉价格相应的成本价格）以下售卖其面包，自不得不由职工榨取较多的劳动，以资弥补。……假如我使职工作 12 小时劳动，而近邻同业者却使其职工作 18 小时乃至 20小时劳动，他在售卖价格上一定会战胜我。假若职工们能坚决要求额外劳动的给付，这种流弊，当可矫正。……减价求售者所雇用的许多职工，都是只要有工资可得，无论怎样低廉也觉得甘心的外国

① "童工委员第 3 报告"第 66 页供述第 22 号。

人和未成年人等。"①

上面这种哀诉，是饶有兴味的，因为那指示着：映在资本家头脑中的，不过是生产关系的外观。资本家不知道：劳动的平准价格，也包含有一定量的无给劳动；而那种无给劳动，正是他的利得的正常的源泉。由资本家看来，剩余劳动时间的范畴，全不存在，因为那是包含在标准劳动日中，他相信，他对于这个，已经在工资形态上支付过了。不过，超过通例劳动价格的限界以延长劳动日所生出的额外时间，资本家却确认其存在。在他与廉卖竞争者相对抗时，他甚至主张，对这额外时间，须给付额外报酬。至若这额外报酬，和通常每小时劳动价格一样，包含无给劳动的事实，他却不知道的。举例来说罢，设 12 小时劳动日的每 1 小时价格为 3 便士，这 3 便士代表 $\frac{1}{2}$ 劳动小时的价值生产物；同时，额外的 1 小时的价格为 4 便士，代表 $\frac{2}{3}$ 劳动小时的价值生产物。在前一场合，资本家对于每 1 劳动小时，是一半没有给付；在后一场合，则是 $\frac{1}{3}$ 没有给付。

---

① 《关于面包业职工的不平原因的报告》伦敦 1862 年刊第 411 页，并参照供述第 479，359 及 27 号。但以全价售卖面包者及其发言人本涅特（Bennett）却曾这样自白：他们的工人"由午后 11 点钟上工！……一直继续劳动到翌晨 8 点钟，或竟继续到翌日午后 7 点钟"。（前揭报告第 22 页。）

第十九章

计件工资

计时工资是劳动力价值或价格的转化形态，计件工资（Stücklohn）不外是计时工资的转化形态。

乍然一看，在计件工资上，由劳动者出卖的使用价值，不是他的劳动力的机能，即：活的劳动，而是已经实现在生产物上的劳动；并且，这种劳动价格，还不像计时工资那样，由 $\dfrac{\text{劳动力的日价值}}{\text{一定小时数的劳动日}}$ 的分数决定，而像是依生产者的能率决定[1]。

这种确信外观的确信，首先不免要为这个事实所动摇，即以上两种工资形态，会同时并存于同一产业部门。例如，"伦敦的排字工，以计件工资为通例，以计时工资为例外，各地方的排字工，则以计时工资为通例，计件工资为例外。伦敦港口的造船工，都依计

---

[1] "计件劳动制度，指示了劳动者历史上的一个时代。它既不是凡事一凭资本家意志行事的日佣劳动者的地位，也不是预期在不远将来可以一身兼为劳动者与资本家的合作劳动者，却在二者之间形成一个中间阶段。计件劳动者虽是使用雇主的资本从事劳动，他实际上是自己的雇主。"（约翰·瓦兹著：《工会与罢工，机械与合作组织》孟彻斯德1865年刊第52、53页。）我引述这几句话，因为它是腐旧的辩护的陈套语的污水坑。这位瓦兹君，从前还以欧文主义自炫，而在1842年，刊行《经济学上的事实与虚构》的小著。在那书中，他曾说："财产是赃物。"不过，这是老早以前的事。

件工资支付，其他诸港的造船工，则依计时工资支付。"① 在伦敦同一马具制造厂中，往往对于法国人支付计件工资，对于英国人则支付计时工资。就在计件工资一般通行的真正工厂中，也往往因特种工作不适于这种工资形态，而支付计时工资②。不过，工资支付上的形态差异（虽然当中的一种形态，会比他种形态，更有利于资本主义生产之发达），决不会在工资本质上引起何等变化，那是非常显明的。

让我们假定普通劳动日12小时，其中6小时有给，6小时无给；这种劳动日的价值生产物为6先令，从而1小时劳动的价值生产物为6便士。更假定：依经验所示的结果，一个劳动者以平均的强度与熟练，对于一件物品的生产，事实上只支出社会的必要的劳动时间，他在12小时内，供给生产物24件（那或是各个分离的物品，或是继续制品中可以测量的部分）。在那种场合，那24件的价值，除去当中包含的不变资本部分之后，为6先令，从而，每件的价值为3便士。劳动者，每件得 $1\frac{1}{2}$ 便士；在12小时内，共得3先令。是假定劳动者为自己劳动六小时，为资本家劳动6小时，还是假定他每小时以一半为自己劳动，一半为资本家劳动，那与计时工资没

① 邓林格（T. J. Dunning）著：《工会与罢工》伦敦1860年刊第22页。

② 这两种工资形态同时存在，是怎样有利于工厂主方面的欺诈，由下面的报告，即可征知："某工厂雇有400个劳动者，其半数为计件劳动者，他们对于从事较长时间的劳动，有直接利益。其他半数200人是获取计时工资，他们工作的劳动时间，虽与计件劳动者的劳动时间相等；但他们不能由额外时间得到何等给付。……此200人只要在每日作半小时的劳动，就等于一个人50小时的劳动，或等于一个人一个星期的劳动的 $\frac{5}{6}$。这就是对于雇主的积极的利得。"（"工厂监督专员报告1860年10月31日"第9页。）"额外劳动，现尚极为盛行，那大抵没有被发觉的危险，就是对于法律所课的刑罚，也是有保障的。至若那些非受计件工资，而受周工资的劳动者的损害……我们已经在以前许多报告中指明了。"（工厂监督专员报告1859年4月30日荷尔讷所述，第8页及第9页。）

有什么差别；同样的，是假定每件物品的半分为有给部分，半分为无给部分，还是假定12件的价格代置劳动力价值，其他12件体化为剩余价值，那也于计件工资，没有什么差别。

计件工资形态，与计时工资形态，是同样的不合理。例如，两件商品，除去生产上所消费的生产手段的价值之后，值6便士，作为一劳动小时的生产物，劳动者由此获有3便士的价格。在实际，计件工资没有直接表现任何价值关系。在这里，成为问题的，不是各件商品的，依体化在商品内的劳动时间计量的价值，反之，乃是劳动者支出的，由其所生产的件数计量的劳动。在计时工资上，劳动的计量，取决于直接的时间持续；在计件工资上，劳动的计量，取决于劳动在一定时间内体化而成的生产物量[①]。劳动时间自身的价格，结局是由日劳动的价值＝劳动力的日价值的公式所决定。由是，计件工资，不过是计时工资的一种转化形态。

我们现在且略略深入地，考察计件工资的特质。

在计件工资上，劳动的质量，是为制作物本身所制驭；要得充分的计件工资，制作物就得有平均的完美。所以，从这方面，计件工资成了克扣工资与资本主义欺诈的最丰富的源泉了。

计件工资给资本家以测量劳动强度的确定的尺度。因此，只有这种劳动时间，即体化在预先决定并由经验确定的商品量内的劳动时间，才算作社会的必要劳动时间，并当作这样的劳动时间来支付。惟其如此，在伦敦大规模的裁缝工作场中，都把一件制作物，例如一件背心，呼为一小时或半小时，每1小时6便士。由实地经验，可以知道一小时的平均生产物。在新时样发生或从事修缮的场合，雇主与劳动者间，就常为某件特别制作物，是否等于一小时或其他

---

① "工资有两种计量法：一是依照劳动的持续时间计量，一是由劳动生产物计量。"（《经济要论》巴黎1796年刊，第23页。）这部匿名著作的著者，为加尼尔（G. Garnier）。

时间，而酿起争议，结局，那还是取决于经验。在伦敦家具制造所中，也是如此。假若劳动者没有平均的能率，从而，不能在一日供给一定最低限量的制作物，雇主是要给他解雇的①。

在这场合，劳动的质量与强度，由工资自身的形态所制驭。劳动上的监督，差不多成了没有用处的。因此，这种计件工资形态，遂为上述近世家内劳动设定了基础，也同样为等级编制榨取压迫制度（hierarchisch gegliederten Systems der Exploitation und unterdrückung）设定了基础。后面这种制度，有两个基础形态。在一方面，计件工资使介在资本家与工资劳动者间的寄生者的中间活动，即"劳动的分租"（"subletting of labor"），更容易进行。这些中间人的利得，全出于资本家支付的劳动价格与中间人实际付给劳动者的部分的差额②。在英国，这种制度特被呼为"汗血制度"（"Sweating system"）。在另一方面，资本家与工头（在制造业上为组长，在矿山上为石炭采出者，在工厂中为真正的机械工人）之间，缔结每件支给若干的契约，后者依此契约所定价格，自负招集助理工人与给付工资的责任。像这种方法，也须在计件工资制度下，始得施行。资本家所加于劳动者的榨取，在这场合，是通过劳动者所加于劳动者

---

① "他（纺纱工人）领受一定重量的棉花，经过一定时间之后，便须返还有一定织细程度的一定重量的绞线或棉纱。他对于这返还的制作物，按照每磅领受工资。假若制作物不够精良，他得受罚；假若制作物量，没有达到一定时间规定的最低限度，他将被解雇，而代以更能胜任的劳动者。"（前揭乌尔著：《制造业哲学》第317页。）

② "当一种制作物，要经过许多从中获取利得的人的手，而实际只由最后的人制作时，落到女工手中的给付，一定是一个贫弱的不相称的部分。"（"童工委员第2报告"第70页第424号。）

的榨取，才实现的①。

在计件工资已经确定的限度内，尽可能使劳动力加强起来，自然是劳动者自己所乐为的，但资本家却容易由此把劳动强度的标准程度提高起来②。同样的，劳动日的延长，因其提高日工资周工资，故也为劳动者自己所乐为③。可是，我们就把以下的事实，——劳动日的延长，即在计件工资不变时，也包含劳动价格的降落——存而不论，我们以前讨论计时工资时曾经说明的反应作用，也会因此发生。

把若干例外抛开不说，在计时工资上，对于同一工作，是给付同一工资。而在计件工资上，劳动时间的价格，虽也是由一定量生产物所计量，但日工资周工资，却随劳动者个人的差异，发生变化：

---

① 辩护者瓦兹也说："设能废止劳动者为一己利益而使同侪作过度劳动的方法，代以另一方法，使参与同一劳作的一切人，各按照各自的能力，订立连带的契约，那在计件劳动制度上，一定是一个大改进。"（瓦兹前书第53页。）关于这种制度的讨厌之点，可参照童工委员第3报告第66页第22号，第11页第124号，第11页第13号，53号，59号等。

② 这种自发的结果，往往要受到人为的刺激。例如，在伦敦的机械制造业上，从来就通行着以下的欺骗手段："资本家选定具有优秀体力与熟练的一个劳动者，充当工头，对他每三个月（或其他期间），给付以追加的工资，但以这个默契为条件：即他会设法，使那些领受普通工资的劳动者，像他一样拼命的工作。……那些要使劳动者的活动，其卓越熟练，及其劳动能力归于萎缩的资本家所以都抱怨工会，由此点就够明白，毋庸解释了。"（邓林格著：《工会与罢工》伦敦1860年刊第22、23页。）因为这位著者自己就是劳动者，且是某工会的秘书，他的这种叙述，在旁人看来，也许不免失之夸张。但读者请拿莫尔顿所著的"极有价值的"《农业百科辞典》（参看其中"劳动者"一条罢。那位编者竟把我们这里所论及的方法，当作良好的方法，向租地农业者推荐）。

③ "领受计件工资的一切劳动者……都以超出劳动日法定限界为利益。关于甘愿在额外时间劳动的这种观察，就织布和缫丝的女工们说，是特别适当的。"（"工厂监督专员报告1858年4月30日"第9页。）"于雇主有利的这种计件劳动制度……其所给付的工资，虽属低廉，但对于少年陶业工人，却是一种直接的激刺，使他们从事可惊的过度劳动。……那是促使陶业工人身体恶化的一大原因。"（"童工委员第1报告"第13页。）

在一定时间内，某一劳动者供给最低限量的生产物；其他劳动者供给平均量的生产物，第三者则供给平均量以上的生产物。于是，就实收入说，就依各个劳动者的熟练，体力，精力，持久力的不同，生出了莫大区别①。但这自然没有改变资本与工资劳动间的一般关系。第一，从工作场所全体说，个人的区别，会相互抵消，由是，在一定劳动时间内，会供给平均生产物，所付工资总额，将为该营业部门的平均工资。第二，工资对剩余价值的比例，也没有变化，因为由各个劳动者个别供给的剩余价值量，恰与他们个别的工资相照应。不过，个别性会在计件工资上取得较大的作用范围，那在一方会发展劳动者的个别性，从而，发展其自由，独立，克己等精神，同时更在他方促进他们相互间的竞争。因此，计件工资有一种倾向，把个别工资抬高到平均水准以上，同时却使那平均水准本身降低。但一定的计件工资，如久而久之地由传统习惯固定了，以致特别难于降低，则在那种场合，雇主将当作例外，强制地，要把它转化为计时工资。举例来说，如像 1860 年考文特勒市的丝带织工的大罢

---

① "在职业劳动都支给计件工资的地方……其工资额会有极大的差异。……然就日工资说，则工资的水准，一般趋于均等。……雇主也好，劳动者也好，双方都承认那是职业上有平均能率的劳动者的工资准则。"（邓林格著前书第 17 页。）

工，就是由反抗雇主这个方法酿起的①。最后，计件工资还是前章所述小时计算制度（Stundensystems）的一个主要支柱②。

由上面的说明，就知道，计件工资是最适合资本主义生产方法的工资形态。这种工资形态，原不是崭新的，在十四世纪英法两国的劳动法上，它就已经与计时工资，同等的为政府所公认，但它赢得大的活动范围，却是在真正的制造业时代。在大工业的狂潮压进时代，特别是由 1797 年至 1815 年间，它曾经当作延长劳动时间和降低工资的杠杆，作用着。关于那个时代工资变动的极重要材料，可求之于蓝皮书"谷物条例请愿特别调查委员的报告与证述"（1813年至 1814 年的议会）和"谷物栽培，通商，消费状态及有关这一切的法律的救命委员报告"（1814 年至 1815 年的议会）。在那里面，我们可找到证明的文件，说明自反雅各宾战争（Antijako binerkriegs）开始以来，劳动价格是继续不断的低落。例如，在机织业上，因计

① "手工业职工的劳动，系由日工资或计件工资所规制。……各业的职工，每日究能成就多少工作，老板大体知道。所以，他们往往会比例于各职工所成就的劳作，来给付工资。就因此故，职工们即令未受何等监视，也会为他们自身的利益，尽可能的加紧劳动。"（阗梯龙著：《商业一般性质论》1765 年阿谟斯特登版第 185、202 页。）《商业一般性质论》于 1755 年刊行。其中所论，颇为魁奈，斯杜亚，亚当·斯密等所利用。据上面所引，著者显然把计件工资看作是计时工资的转化形态。这部书的法文版，虽在标题上表示是由英文版翻译，但题称"已故伦敦市商人腓力·阗梯龙著《商业之分析》"的英文版，记年为 1759 年，较法文版迟印 4 年；并且，从内容上看，也知道英语本是后来订正的。例如，在法文版中，没有提及休谟，在英文版中，配第几乎不曾再提到。英文版在学说方面是更不重要的，但包含许多有关英国商业及贵金属买卖的事项，那是法文本所没有的，英文版的标题曾说，这部书"主要是采用极有创见的某已故绅士的草稿改作而成"。这似乎不仅是虚构，虽然这种虚构正当时极为流行。

② "某工作场所雇用的劳动者，有时竟大大超过事实上作业之所需，那不是我们时常见到的么？他们之所以出此，往往是由于临时工作（那可以全然是想象的）的期待。因为劳动者领受计件工资，故雇主方面仅可对自己说，他可不冒任何危险；时间的全部损失，都是归失业劳动者负担的。"（格拉哥雅尔 H. Gregoir 著：《布鲁塞惩治法庭中的印刷业者》布鲁塞 1865 年刊第 9 页。）

件工资异常低落之故，尽管劳动日极度延长，日工资仍较从前低微。"织工的实收入，较从前遥为减少，他们对于普通劳动者的优越，先前极大，现在几乎完全归于消灭。在实际，熟练劳动与普通劳动间的工资差别，现在已较过去任何时代微小得多。"① 计件工资把劳动强度和劳动时间增加了，要知道这种增加，对于农业无产者的利益是怎样微小，我们且由拥护地主及租地农业者利益的一部书中，抄引以下的文句。其中说："农业上的工作，大抵是由日佣或计件劳动者担当。他们的周工资，约为 12 先令。我们虽然可以假定，在计件工资的场合，比在周工资的场合，劳动者因在劳动上有较大的刺激，故能多得 1 先令乃至 2 先令，但就其一年的总收入来说，恐怕他由失业引起的减收，还要超过上述的增收。……不过，据一般的事实，他们的工资，与必要生活资料的价格，保持一定的比例，所以，有子女二人的成年劳动者，不仰赖教区的救恤，已可扶养一家。"② 在当时，马尔萨斯曾就议会发表的这诸种事实，这样表示过："我得告白：我对于计件工资这样流行的事实，表示疑惧。1 日作 12 小时，14 小时，乃至更长时间的真正苦工，殊非人类所可挨受。"③

在受工厂法取缔的各工作场所中，计件工资是一般的通则。因为在那种场合，资本仅能由劳动加强以增进劳动日的实效④。

因劳动生产力变化，同量生产物中表现的劳动时间，有种种不同。由是，计件工资也有种种不同。因为计件工资，不外是一定劳动时间的价格表现（preisausdruck）。就前例来说，12 小时生产 24

---

① 《大不列颠商业政策述评》伦敦 1815 年刊第 48 页。

② 《大不列颠地主及租地农业家拥护论》伦敦 1814 年刊第 4 页及第 5 页。

③ 马尔萨斯著：《地租的性质与进步的研究》伦敦 1815 年刊。

④ "领受计件工资者……恐怕占有工厂劳动者总数 $\frac{4}{5}$。"（"工厂监督专员报告 1858 年 4 月 30 日"第 9 页。）

件；同时，12 小时的价值生产物为 6 先令，劳动力的日价值为 3 先令，一劳动小时的价格为 3 便士，每件的工资为 $1\frac{1}{2}$ 便士。每件生产物，吸去 $\frac{1}{2}$ 劳动小时。假使劳动生产力倍增的结果，同一劳动日所供给的生产物，由 24 件增至 48 件，那么，在其他一切情形不变的限度内，每件生产物的计件工资，将由 $1\frac{1}{2}$ 便士跌落到 $\frac{3}{4}$ 便士，因为现在每件不是代表 $\frac{1}{2}$ 劳动小时，而是代表 $\frac{1}{4}$ 劳动小时。$24\times1\frac{1}{2}$ 便士，等于 3 先令；$48\times\frac{3}{4}$ 便士同样等于 3 先令。换言之，计件工资将比例于同一时间所产物品件数的增多，而降低，从而，比例于同一件物品所支出劳动时间的减少而降低①。计件工资的这种变动，虽仅为名义上的，但却带来资本家与劳动者间的不断的斗争。不是资本家把那种变动当作实行减低工资的口实；便是劳动生产力上的增进，伴着有劳动强度上的增进；不然的话，就是由于劳动者看重计件工资的外观，以为他们被支付的对象，是生产物，不是劳动力，因而反对在商品售卖价格不减低时把工资减低。"劳动者小心注意原料价

① "他的纺绩机械的生产力，是被正确测定了的。用这种机械成就的工作的给付率，随此种机械生产力的增进，而减低，不过不以同一比率减低。"（乌尔著：《制造业哲学》第 317 页。）后来，乌尔自己把他这最后辩护的一句抵消了。他承认妙尔纺绩机的增长，有引起追加劳动的必要。所以，劳动不因其生产力增加，而以同一比率减少。往下，他又说："由这种劳动的增加，机械的生产力将有 $\frac{1}{5}$ 的增进。这一来，纺绩工人所成就的工作，得不到和以前比率相等的给付了。但因他的工资不是照 $\frac{1}{5}$ 的比率减低，故机械的改良，对于他若干小时劳动的货币报酬，有提高的作用"。但他又说，"以上的说明，须作某种修正。……纺绩工人现在得在追加的 6 便士中，取出一部分来，当作追加的工资，来付给未成年的助手。同时，成年工人还有一部分被驱逐。"（前书第 321 页。）这种事实，决没有表示工资增腾的倾向。

571

格与制品价格，他就能够正确计算雇主的利润①"。资本对于劳动者的这种要求，当然视为是一个大错误，认他们对于工资劳动的性质，没有了解②。他痛骂这种僭越，痛骂这种对于产业进步的课税。并断然倡言，劳动生产力与劳动者无何等关联③。

① 亨利·福塞特（H. Fawcett）著：《英国劳动者的经济地位》剑桥及伦敦 1865 年刊第 178 页。

② 伦敦标准报在 1861 年 10 月 20 日号，载有约翰·布莱特公司向罗虚德尔地方审判官，对"绒毡工会代表的协迫所提起的控诉。该公司采用一种新机械，使以前生产 160 码绒毡所要的时间及劳动（!），现在可生产 240 码。由投资在机械改良上所得的利润，劳动者没有权利要求分配。由是，公司提议把每码的工资率，由一便士半降低为一便士；使劳动者由同一劳动所得的收入，和以前相同。这里。只有名目上的降低。关于这件事，他们主张，无须事先郑重向劳动者方面预告的"。

③ "工会因要维持工资，竭力要分享由改良机械所得的利益（怎样可怕呀!）。……因劳动缩短而要求高较工资，那等于对机械的进步课税。"（《论职业之结合》新版，伦敦 1834 年刊第 42 页。）

第二十章

工资之国民的差异

在第十五章，我们已把那些可在劳动力价值的绝对量或相对量（与剩余价值比较的相对量）上引起变化的种种结合，讨论过了。另一方面，劳动力价格所依以实现的生活资料量，还可在这种价格变化之外，发生独立的相异的运动①。我们又讲过，只要单纯把劳动力的价值或价格，翻译为外表的工资形态，就会转化这一切法则，为工资变动的法则。在同一国度中，工资的这些变动，表现为种种变化的结合；就相异的诸国家说，这些变动，则表现为国民工资（nationaler Arbeitslohne）的同时的差异。因此，比较各国的国民工资时，必须考虑劳动力价值的变量，所由以决定的一切要件，例如自然的和历史发达的第一生活需要品的价格与范围，劳动者的教育费，妇女劳动和儿童劳动所演的角色，劳动的生产力，以及劳动的外延量与内包量等。那怕是极皮相的比较，也须先把各国同一产业上的平均的日工资，照同样大的劳动日还原。在诸种日工资这样平均化之后，更须把计时工资换算为计件工资；因为只有计件工资是劳动生

---

① "因为购买了更多的更低廉的物品，便说工资（著者在此是就其货币的表现而言）提高了，那不是正确的说法。"（大卫·布哈南〔David Buchanan〕编：亚当·斯密著《国富论》1814年刊第1卷第417页注。）

产力与劳动强度的测量器。

各国都有一定的中位的劳动强度。生产一种商品的劳动强度，在此水准以下者，皆须在商品的生产上，费去社会必要劳动时间以上的时间，从而，不得算为是标准品质的劳动。就一定国度而言，以劳动时间为价值尺度的法则，只受到国民平均以上的强度的影响。在以各个国家为构成分子的世界市场，却不是如此。劳动的中位强度，因国而不同，一国的中位强度较大，他国的中位强度较小。但这些国民的平均，形成了一个阶梯，那是以世界劳动的平均单位为尺度单位的。强度较大的国民的劳动，比之强度较小的国民的劳动，得在同一时间内，产出较多的价值，由较多的货币来表现。

价值法则在国际上的应用，更要受到以下事实的影响，即生产力较大的国民，如不由竞争而把它的商品售卖价格减低而与其价值相等，则生产力较大的国民的劳动，会在世界市场上，算作是强度较大的国民的劳动。

一国资本主义生产愈发达，其劳动国民强度及生产力，将以同一比例，高在国际水准以上①。因此，在不同国度，以同一劳动时间生产的各种相异量的同种商品，会有不等的国际价值。此等价值，系以相异的价格来表现，那就是，依照国际价值，以不同的货币额来表现。于是，在资本主义生产方法较发达诸国的货币的相对价值，要比资本主义生产方法不发达诸国的货币的相对价值小；由此事实引出的结论，是：在货币上表现的劳动力的等价，即名义工资，在前一种国家，要比在后一种国家更高。当然，关于劳动者所得而处理的生活资料（即真实工资），是不能这样说的。

但我们就把相异诸国货币价值上的这种相对差异，搁置不论，我们也不难发现以下的事实，即日工资周工资在前一种国家，要比

---

① "这种法则在个别生产部门上的应用，究将由何种与生产力有关的情形，而发生变更，且留待他处研究吧。"

在后一种国家更高；反之，相对的劳动价格，即与剩余价值和生产物价值比较的劳动价格，贝惟后一种国家，要比在前一种国家更高①。

1833 年工厂委员会委员柯威尔（J. W. Cowell），曾就纺绩业作一周到的调查，得到这种结论："英国的工资，自劳动者看来，虽比较欧洲大陆方面为高，但在资本家看来，事实上却要较低。"（前述乌尔著：《制造业哲学》第 314 页）英国工厂监督亚历山大·勒德格莱夫，在 1866 年 10 月 31 日的工厂报告，曾就英国与大陆诸国的比较统计，论证大陆诸国的工资尽管较英国为低，其劳动时间也尽管远较英国为大，但与生产物比较的劳动价格，却宁可说较英国为昂。据一位在奥尔登堡棉纱厂充任经理的英国人所说：那个工厂的劳动时间，是由午前五时半到午后八时，星期六也是如此，以这样的长时间，在英国人监督下劳动所供给的生产物，也赶不上英国劳动者十小时供给的生产物，若在德国人监督下，其供给量会更少。那个工厂的工资，虽远较英国为低，有时竟低到 50%，但与机械比较而计算的职工数，却远较英国为多，在若干部门，竟表示 5∶3 的比。关于俄国的棉纱厂，勒德格莱夫君曾提供极其详细的报告。其所用材料，系由一位一直在俄国工厂充当经理的英国人供给的。在富有

① 杰姆斯·安徒生（James Anderson）曾在他对亚当，斯密的论战中说："在土地生产物和一般谷物价格低廉的贫国中，表面的劳动价格，虽常较低廉，但其真实的劳动价格，事实上却大抵较其他诸国为高，这是值得注意的现象。因为每日给予劳动者的工资，是劳动之表面的价格，而非其真实的价格。劳动的真实价格，是一定量劳作对于雇主的实际的破费。这样考察起来，谷物及其他生活资料的价格，在贫国虽常常遥为低廉，劳动的价格，则大抵在富国比较低廉。……按日计算的劳动，在苏格兰，虽较之在英格兰低廉多了，……可是计件劳动，则统统是英格兰方面低廉"。（杰姆斯·安徒生著《论各种振兴国民产业精神之手段》爱丁堡 1777 年刊第 350、351 页。）反之，低廉的工资，还会唤起劳动的腾贵。"爱尔兰的劳动价格，比英格兰为贵。……因为那里的工资太过低微了。"（"铁道敕命委员议事录 1867 年"第 2079 号。）

各种丑恶事象的俄国土地上，英国工厂初期所见到的旧来令人战栗的诸种事象，现今依然流行着。土著的俄国资本家，都不会作工厂经理，站在经理位置的，当然都是英国人。他们尽管采行过度的劳动，日夜连续的劳动，尽管仅给劳动者以最可耻的低额报酬，但俄国的制造品，还只能在限制外国竞争的场合，勉强支持。——最后，我且把勒德格莱夫指示欧洲各国每个纺纱厂每个纺纱工人的纺锤平均数的比较表列在下面。据他自己说，此等数字系数年前所搜集，此后英国工厂的规模及每一劳动者的纺锤数，都增大了。不过，他在表中假定大陆诸国，与英国有均等的进步，所以那些数字还保持有比较高的价值。

每个工厂的纺锤平均数

英国	12,600
瑞士	8,000
奥地利	7,000
萨克森尼	4,500
比利时	4,000
法国	1,500
普鲁士	1,500

每个劳动者的纺锤平均数

法国	14
俄国	28
普鲁士	37
巴维利亚	46
奥国	49
比利时	50
萨克森尼	50
瑞士	55
德意志诸小邦	55
英国	74

勒德格莱夫君说："这个比较，还于英国不利，其理由是：英国大多数工厂，是兼营机械织布业与纺纱业，而在右表中，织工的人数，并没有除去。其他诸国的工厂，大抵是以纺纱为专业；如其能严密地以等物比较等物，我将会在我的管辖区内，发现许多棉纱工厂，只要用一个职工（机械照管人）两个助理工人，就可照管一架有 2, 200 个纺锤的妙尔纺绩机，1 日生产长达 400 英里重 220 磅的棉纱"（1866 年 10 月 31 日工厂监督专员报告第 31 页至 37 页以下）。

我们知道：英国各公司曾在欧洲东部乃至亚洲敷设铁道，它们除雇用土著劳动者外，还使用一定额数的英国工人。迫于实际上的必要，它们不能不考虑劳动强度上的国民差异，但那于公司无何等损失。它们的经验指示了工资的大小，或多或少与劳动的中位强度相照应，而与生产物比较的相对劳动价格，却一般在相反的意义上变动。

卡勒（H. Carey）在其最初经济论著之一《工资率论》① 中，企图论证各国国民的工资，与各该国民的劳动日的生产力程度，成正比例。他想依据这种国际的关系，引出工资比例于劳动生产力而或增或减的结论。卡勒照例是用无批判的皮相的方法，把统计的材料，杂然混列起来。但即使他不是用这个方法论证上述结论的前提，我们也可根据剩余价值生产的全部分析，显出这个结论的荒谬。最妙的一点是，他并不主张，事物依照理论应该是怎样，实际也就是怎样。因为自然的经济关系，为国家的干涉所歪曲了。惟其如此，计算各国国民的工资，必须把那依赋税方式归到国家手中的工资部分，视为也是归到劳动者自己手中的。然则，卡勒君不应进而考察，此等“国费”是否资本主义发展的“自然果实”么？这种推论，和这位作者是十分相称的。他首先把资本主义的生产关系，看作是永久的自然法则与理性法则，并说破坏这法则之自由诸和的作用的，只是国家的干涉；在这以后，再由英国所加于世界市场之恶毒的影响（这影响好像不是起因于资本主义生产的自然法则）发现国家的干涉（即由国家保护这种自然法则及理性法则，即保护关税制度）是必要的。此外，他还发现了：把现存社会的矛盾对立化为学说的里嘉图等人的定理，不是现实经济运动之观念的产物，反之，英国及其他国家的资本主义生产之现实的对立，却宁是里嘉图等人的学说的结果！最后，他还发现：破坏资本主义生产方法之固有的美与固有的谐和的，终不外是商业。再进一步，恐怕他会发现，资本主义生产上的唯一的恶害，就是资本本身罢。只有这样一个极无批判精神和充满错误解释的人（虽然他抱保护主义的异端学说），对于巴斯夏及今日一切其他自由贸易乐观主义者的调和的智慧，堪称为秘密的源泉。

---

① 卡勒著：《工资率论，全世界劳动者状态互相差异的原因的研究》菲拉德尔菲亚 1835 年刊。

第七篇

资本的

蓄积过程

一个货币额化为生产手段及劳动力的转化，是当作资本用的价值量所通过的第一段运动。这种运动，是在流通范围，在市场上进行的。第二段运动，即是生产过程。这过程，在生产手段转化为商品，其价值较大于其构成分子的价值时，换言之，转化为商品，其价值等于原垫支资本加剩余价值时，便宣告终结。这种商品，接着必须再投入流通范围，就在那里售卖，并在货币上实现其价值。这货币又重新转化为资本，如是不绝的反复更新。像这样不绝通过诸继起阶段的循环，就是资本的流通（Zirkulation des Kapitals）。

蓄积（Akkumulation）的第一条件是，资本家必须售卖其商品，更把售卖商品所得的货币的大部分，再转化为资本。在下面，我们假定资本是以正常的方法，通过其流通过程。至若这种过程的详细分析，则留待本书第二卷。

生产剩余价值的资本家，即直接由劳动者吸取无给劳动，更把这无给劳动固定在商品上的资本家，无疑是这种剩余价值的最初占有者，但决不是最终的所有者。他必须拿剩余价值，和那些在全社会生产上尽了别种机能的资本家，和土地所有者等分割。因此，剩余价值要分割为各种不同的部分，归属于各种相异范畴的人，采取利润，利息，商业利益（Handels gewinn），地租等各别的互相独立的形态。此等转化的剩余价值形态，我们只能留到本书第三卷讨论。

因此，我们以下的说明，在一方面，假定生产商品的资本家，是照价值售卖，至若资本在流通范围内采取如何的新形态，再生产在这形态下含有如何的具体条件，则不打算论及。另一方面，我们又把资本主义的生产家，视为是剩余价值全部的所有者，或视为是一切分赃者的代表。总之，我们对于蓄积，暂只打算由抽象的观点，把它当作直接生产过程上的一个通过点，来考察。

在蓄积发生的限度内，资本家必会售卖他的商品，并把售卖所得的货币再转化为资本。此外，剩余价值分割为种种部分的事实，不会在剩余价值的性质上，也不会在剩余价值当作蓄积要素的必要条件上，引起何等变化。资本主义的生产家，无论自己保留剩余价值多少，让渡他人多少，他总归是剩余价值的最初的占有者。因此，我们说明蓄积时的假定，与现实蓄积上的情形，并没有何等差别。在另一方面，蓄积过程之单纯的基本形态，不免被剩余价值的分割及流通手段的运动弄得暧昧不明；所以，在蓄积过程的纯粹的分析上，我们必须暂时把隐蔽那种机构内部作用的一切现象，置之度外。

第二十一章

单纯再生产

生产过程，无论其社会形态如何，都必须是连续的，或周期地不绝地重新通过相同的各阶段。一个社会不能中止消费，也同样的不能中止生产。所以，社会的生产过程，如当作一个连续的关联和无间断的更新的流来观察，便同时是再生产过程（Reproduktionsprozess）。

生产的条件，同时也就是再生产的条件。不论那种社会，如非其生产物的一部分，不绝再转化为生产手段，再转化为新的生产要素，它就不能腐续生产，从而，不能再生产。在其他情形不变的限度内，一个社会在一年的期间内，如不以等量的同种的物件，弥补它消费了的生产手段即劳动工具；原料，及补助材料等，它就不能再生产或保存同一规模的财富。此等物件，必须由年产物量中分离，而重新加入生产过程。由是，年产物中的一定数量，必须属于生产的领域。此一定数量的生产物，最初就决定供生产的消费（Produktire Konsumtion），它们的自然形态，大抵不适于个人的消费（Individuelle Konsumtion）。

如其生产采取资本主义的形态，再生产也同样采取资本主义的形态。在资本主义生产方法之下，劳动过程不过是价值增殖过程的一个手段；同样的，在资本主义再生产形态之下，劳动过程也不过是再生产垫支价值的一个手段，而这垫支价值，是当作资本，当作自己增殖的价值看待的。一个人所以披有资本家的经济的外装，只不过因为他的货币不绝当作资本用。例如，100 镑的垫支货币，今年转化为资本，生出 20 镑的剩余价值，这一货币额，在明年，在以后诸年度，都必得复演同一的作用。剩余价值，当作垫支资本的周期的附加量，当作过程中的资本（prozessierenden Kapital）之周期的果实，便取得了从资本生出的所得（Revenue）的形态①。

假若这所得只不过充当资本家的消费基金，周期地取得，周期地耗去，那么，在其他情形不变的限度内，我们就有了单纯再生产（einfache Reproduktion）。这种单纯再生产，虽只是生产过程以同一的规模反复，但这样的反复或继续，却要给予生产过程以若干新的性质，或者说，要消灭孤立生产过程所有的若干外表上的特征。

一定时间内的劳动力的购买，是生产过程的开端；这个开端，每届劳动出卖期满，或经过一定生产期间（一周、一月等），即不绝更新。但是劳动者，须待他已经把劳动力支出，已经在商品中，不仅实现了劳动力价值，且实现了剩余价值以后，方才能得到他的给付。因此，他所生产的，不仅是剩余价值，在这场合，我们假定那是充作资本家个人的消费基金（Konsumtionsfond）；并在可变资本（劳动者自己的给付的基金）在工资形态上流回到劳动者手中以前，生产出可变资本。他不断被使

---

① "消费他人劳动生产物的富有者，只能由交换的行为（商品的购买），获得那种生产物。……所以，他们似乎很快就会把他们的准备金用得干干净净的。……但在我们这种社会制度下，所谓财富，早具有一种力，可以靠他人的劳动而自行再生产。……财富，正如同劳动一样，且借着劳动，逐年供给富有者所能消费的果实，不致令富有者变为贫穷。这果实，就是由资本生出的所得。"（西斯蒙第著：《新经济原理》第 I 卷第 81、82 页。）

用，仅因他不断再生产这种基金。视工资为生产物一个分额的经济学公式（参照第 16 章第 II 项），就是由此导出的①。以工资形态不绝流回到劳动者手中的，是不断由劳动者自己再生产的生产物的一部分。不错，资本家是以货币支付劳动者的商品价值，但这货币不外是劳动生产物的或其一部分的转化形态。当劳动者把生产手段的一部分转化为生产物时，他以前的生产物的一部分，则在市场上再转化为货币。他本星期或这半年所得的劳动力的给付，是他前星期或前半年的劳动。由货币形态产生的幻想，在我们不考察个个劳动者与个个资本家，而考察劳动者阶级与资本家阶级的场合，是马上要消灭的。资本家阶级是不绝在货币形态上支付劳动者阶级以支票，使后者能在劳动者阶级所生产，资本家阶级所占有的生产物中，支取一部分。劳动者也不绝把这支票返还资本家阶级，资本家阶级即由这个缘故能在他自己的生产物中，取得那归属于他自己的部分。这种交易，由生产物的商品形态和商品的货币形态所掩蔽了。

因此，可变资本，不过是劳动者生活资料基金或劳动基金（Arbeitsfond）所采取的一种特殊的历史的现象形态；那种劳动基金，为劳动者维持自己及生殖所必要，并且，在一切社会生产制度之下，都得由他们自己生产和再生产出来。这个劳动基金不绝在劳动的支付手段的形态上，流到他手中，因为他自己的生产物，不绝在资本形态上由他手中离开。但劳动基金的这种现象形态，并没有丝毫改变以下的事实，即，资本家垫支于劳动者的，

① "工资也好，利润也好，都可视为是完成生产物的一部分。"（兰塞著：《财富分配论》爱丁堡 1836 年刊第 142 页。）"以薪俸形态归到劳动者手中的生产物之分额。"（詹姆斯·穆勒《经济学要论》法译本，巴黎 1823 年刊第 34 页。）

是劳动者自己的对象化的劳动①。试以徭役农民为例来说。在一周中，比如他有三天以自己的生产手段，耕作他自己的田园，其他三日，则在地主土地上从事徭役劳动。他虽不断再生产自己的劳动基金，但这劳动基金，并没有采取这样的形态，那就是它并不是第三者为他的劳动而垫支的支付手段。他对领主的无给的强制劳动，不曾采取自愿的有给劳动的形态。如果有一天，他的田园、家畜、种子，总之，他的生产手段，为领主所占有，在这时以后，他就不得不向领主出卖自己的劳动力了。在其他情形不变的限度内，他依然每周劳动六日，三日为自己，其余三日为领主，不过领主在这场合，要变为支付工资的资本主了。农民这时依旧是把生产手段，当作生产手段消费，而把它们的价值，移转到生产物上。生产物的一定部分，依旧要用在再生产上面。这都与从前没有什么不同。但是，如果徭役劳动采取工资劳动的形态，则由徭役劳动照先前那样生产并再生产的劳动基金，也采取前领主对他垫支的资本的形态。即在今日，劳动基金，仍不过例外的，以资本形态出现在地球上面。但这个事实，资产阶级经济学者是视若无睹的，他们的狭隘的头脑，不能把现象形态，由事物的本体分开②。

　　考察资本主义生产过程时，我们如果把它当作是一个不断更新的流，可变资本才不复是由资本家自有的基金中垫支的价

---

① "以资本垫支劳动者的工资，并不要追加何等维持劳动的基金。"（加泽诺夫编：马尔萨斯著《经济学诸定义》伦敦 1853 年刊第 22 页编者注。）

② "工资由资本家垫支的劳动者，就在今日，还没有达到全球劳动者的 $\frac{1}{4}$。"（琼斯著：《国民经济学教科学》赫特福 1852 年刊第 36 页。）

值①。但虽然如此，这个过程究须从某时某处开始。所以，依我们上面的立场来说，似乎有这种情形，即资本家曾在某时期，由某种与他人的无给劳动，无关的原始蓄积（ursprüngliche Akkumulation），成为货币所有者，由是，他得以劳动力购买者的资格，出进市场。但无论怎样，资本主义生产过程的单纯的连续，即单纯再生产，总会在可变资本，并且在总资本上，引起其他的可惊的变化。

例如，以 1000 镑资本，周期的（比方说每年）造出 200 镑剩余价值；如这剩余价值逐年消费掉，则在同一生产过程反复五年之后，消费的剩余价值的总额，显为 5×200 即 1000 镑，与原来垫支的 1000 镑资本价值相等。如其年年造出的剩余价值，仅是一部分，例如说，仅是一半消费掉，则在这种过程反复十年之后，也会发生同一结果，因为 10×100，等于 1000 镑。要之，以一年间消费的剩余价值，除垫支资本价值，就可知道，原垫支资本，经过几年之后，会为资本家所消费所消灭。那就是，可以得到再生产期间的年数。在资本家设想，他是消费他人的无给劳动的产物，即剩余价值，而照样保存其原资本价值；但他这种想法，不能改变事实。经过一定年数之后，他占有的资本价值，等于他在同一期间没有给予等价而占有的剩余价值额，他消费了的价值额，等于原资本价值。不错，他手中保存有一宗额数不变的资本，其中的一部分如建筑物机械等，在营业开始的当时，即已存在。但在这里成为问题的，不是资本之物质的构成要素，而是资本的价值。一个人如因他负有与所有财产相等的债务，而将财产全部用完，他的全部财产，就不过代表他的债务总额。资本家

①"制造业劳动者的工资，虽由雇主垫支，那其实并未增加雇主何等费用，因为这种工资的价值，普通会连同利润，在他劳动所转成的对象物之增大的价值中，再形成。"（亚当·斯密著：《国富论》第Ⅱ篇第3章第355页。）

消费其垫支资本的等价时，也是如此。他现有资本的价值，不过代表他未给与代价而占有的剩余价值总额。他的原资本，没有一个价值原子还存在着。

要之，且把蓄积这件事暂置不论。生产过程的单纯的连续，或单纯再生产，也必然会在或长或短的时期后，把资本转化为蓄积的资本，或资本化的剩余价值。资本在原加入生产过程之际，纵令是雇主自身劳动所获得的所有物，也迟早要成为不给等价而占有的价值，成为他人的无给劳动在货币形态或其他形态下的体化物。

我们在第四章讲过，要把货币转化为资本，单靠价值生产及商品流通的存在是不够的。那必须在一方面有价值或货币的所有者，在他方面有价值创造实体的所有者；在一方面有生产手段及生活资料的所有者，在他方面有那些除劳动力外即一无所有的人，他们互相当作购买者和售卖者而相互对立。即，劳动生产物与劳动自身的分离，客观的劳动条件与主观的劳动力的分离，乃是资本主义生产过程之事实上的基础和出发点。

然而，这在最初只不过当作出发点的事实，往后，却依生产过程的单纯继续，即依单纯再生产，当作资本主义生产之特殊结果，不绝更新，不绝永久化了。在一方面，生产过程，不绝使物质的财富，转化为资本，转化为资本家增殖价值的手段和享受的手段；同时，在另一方面，劳动者则以原来进入生产过程的姿态，不绝由那里出来，他是财富的人格的源泉，但一切为自己致富的手段，都被剥夺去了。因为在他进入生产过程以前，他自己的劳动，已经要由劳动力的出卖，而同他自己分离，成为资本家的所有物，而并合于资本；所以在生产过程进行中，他的劳动必须不断实现在他人的生产物中。又因为生产过程，实即资本家消费劳动力的过程，所以劳动者的生产物，不但要不绝转化为商品，还要不绝转化为资本，转化为吸收价值创造力的价值，转化为购买人的生活资料，转化为雇用生产者的生产手段①。因此，劳动者要不绝生产客观的财富，这财富要当作资本，当作站在他外部，支配他，榨取他的权力。同时，资本家也要不绝生产劳动力，这劳动力被当作由其自身对象化手段及实现手段分离的主观的富源，被当作存在劳动者身体中的抽象的富源，概言之，就是被当作做工资劳动的劳动者②。使劳动者这样的不断再生产，这样的永久存在，那正是资本主义生产的存亡条件。

劳动者的消费有两种方法。先从生产方面说，他依他的劳动，消费生产手段，把它们转化为价值较垫支资本为大的生产物。这是他的生产的消费。这种消费，同时就是购买他的劳动力的资本家，消费他的劳动力。在另一方面，劳动者把出卖其劳动力所得的货币，购买生活资料；这是他个人的消费。所以，劳动者的生产的消费，和他的个人的消费，是判然各别的。在生产的消费上，他是当作资本的动力而行动，属于资本的支配；在个人的消费上，他是属于自身支配，在生产过程外部，营着个人的生命机能。前者的结果，是资本家的生存，后者的结果，则是劳动者自身的生存。

在"劳动日"及其他诸章，我们已经知道：劳动者常被迫，把他个人的消费，成为生产过程的附随事项。在那种场合，他是

---

① "这就是生产的消费之显著特质。凡属在生产上消费了的，都是资本。它通过这种消费，才成为资本。"（詹姆斯·穆勒著：《经济学要论》第242页。）但詹姆斯·穆勒并未对这显著的特质，作进一步的论究。

② "当一种新制造业开始时，多数贫民会由此获得职业，那是确实的，但他们仍旧是贫民；并且，在这种制造业继续经营中，还要造出更多的贫民。"（《羊毛限制输出的理由》伦敦1677年刊第19页。）"租地农业家频作荒谬的主张，说他们在维持贫民，其实，贫民不过被维持在贫之状态中。"（《最近救贫税增加的理由，又名劳动价格及食粮价格的比较观察》伦敦1777年第31页。）

为维持劳动力的运转，而供给自己以生活资料，和供给蒸汽机关以石炭与水与油，没有何等区别。他这时的消费资料，不外是生产手段的消费资料，他个人的消费，直接成了生产的消费。不过，这种现象，好像是一种滥用，不属于资本主义生产过程的本质①。

可是，如其我们不就个个资本家及个个劳动者考察，而就资本家阶级及劳动者阶级考察，又不就个个商品生产过程考察，而把资本家生产过程看作一个流，就其社会范围来考察，问题就要显出不同的姿态了。——资本家以其资本的一部分，转化为劳动力，而增殖其总资本的价值。那在他是一举两得。他不仅由从劳动者那里获得的东西受到利益，且由他所给予劳动者的东西受到利益。他为交换劳动力而支出的资本，由劳动者转化为生活资料，这种生活资料的消费，助成现存劳动者的筋肉，神经，骨，脑髓等的再生产，和新劳动者的供给。所以，劳动者阶级之个人的消费，在绝对必需的限度内，含有以下的意味，即当作劳动力的代价，而由资本给予的生活资料，将再转化为可供资本榨取的新劳动力，即生产并再生产资本家必要的生产手段，即劳动者自身。因此，劳动者个人的消费，不问是行于工作场所或工厂等内部或外部，也不问是行于劳动过程之内部或外部，终不失为资本的生产及再生产的一要素，那正如机械的扫除，不问是进行于劳动过程进行中，抑是进行于劳动过程休止中，都不失为资本生产及再生产的一要素一样。劳动者虽认定他个人的消费，是为他自己，非为资本家，那也不会在问题上发生何等影响。载重动物之进食，在它是以食物归自己享受，但它的消费，仍不失为生产过程上一个必要要素。劳动者阶级的不断生存及再生产，为资本再

---

① 洛西（Rossi）纵令实在道破了"生产的消费"之秘密，但却不曾极力论究这一点。

生产的必要条件。但资本家可以安心地把这种条件的成就，委之于劳动者自己的保存冲动及生殖冲动。他所要操心的，只是把劳动者的个人消费，尽可能限制于必要的范围。在这点上，他和那些强制劳动者摄取较多营养资料，而非强制其摄取较少营养资料的南阿美利加野人比较，实有霄壤之别①。

因此，资本家与其观念代表者即经济学家，都认劳动者个人的消费中，只有那为劳动阶级永久存续，从而为资本消费劳动力所必要的部分，是生产的消费；至若在此以上，劳动者为他自己快乐所消费的部分，则被视为不生产的消费②。如其资本的蓄积，未伴随资本对劳动力的消费的增大，而把工资提高了，把劳动者的消费增大了，这追加的资本，将变为不生产的消费③。在实际，劳动者的个人的消费，不过再生产了穷乏的个人，所以从劳动者自身看来，是不生产的。但因那种消费，生产了生产他人财富的力，所以从资本家及国家的立场看来，却又是生产的④。

因此，从社会的见地看来，劳动者阶级就在直接的劳动过程外部，也和死的劳动工具一样，是资本的附属物。就说他们个人

---

① "在南美洲矿山工作的劳动者，其工作的坚苦，恐怕在世界上是首屈一指了；他们每日的工作，是把180磅乃至200磅重的生矿，负在背上，由地下450尺的深处，运至地面。而他们赖以生存的，则是面包和长豆。在他们自己，虽宁愿只吃面包，但知道他们只吃面包，担当不了那样激烈的劳动的雇主，却把他们同马一样地看待，强迫他们兼吃长豆，因为，与面包比较起来，长豆所含的骨土，是多多了。"（利比居著：《化学及其在农业和生理学上的应用》第1篇第194页注。）

② 詹姆斯·穆勒著：《经济学要论》第238页以下。

③ "假若劳动价格昂腾到资本纵然增加，也不复能增加所用劳动的程度，我就要说，那种资本的增加，仍旧是不生产的消费了的。"（里嘉图著：《经济学及赋税之原理》第163页。）

④ "所谓严格的生产的消费，就是资本家以再生产为目的的财富之消费或破坏（他是指生产手段的消费）……劳动者……从那使用他们的人的立场说，从国家的立场说，是生产的消费者，但从他自身的立场说，这种说法就不正确了。"（马尔萨斯著：《经济学诸定义》第30页。）

的消费罢，在一定限界内，那也不过是资本再生产过程的一要素。不过，这资本再生产过程自身，要好好安排，不让这些意识的生产工具逃去，因为，它要把他们的生产物，不绝由他们那一极，移向资本的对极。个人的消费，一方面要为他们自身的生存及生殖安排，同时又要安排好，使他们得由生活资料的破坏，不绝再出现于劳动市场。罗马的奴隶，由奴隶所有者系以枷练；工资劳动者则由不可见的绳索，附系于其所有者。他的外表上的独立，是由个别雇主的不断更换，和契约上的法律虚构维持的。

以前，资本在它视为必要的场合，得依强制的法律，对自由劳动者行使所有权。例如，在 1815 年以前的英国，对于机械制造工人之移往国外，曾以严刑重罚，予以禁止。

劳动者阶级的再生产，同时包含熟练由一代到他一代的移转和蓄积①。资本家如何把熟练劳动者阶级的存在，当作是他自己的生产条件，又如何把他们看为是他的可变资本的现实存在，这一层当恐慌威胁劳动者阶级的存在时，是非常明白。南北美战争及伴起的棉花饥荒的结果，兰克夏大多数棉纱工人，都无工可作，那是世所周知的。由是，从劳动者阶级自身，乃至从社会其他阶层间，唤出了一种口号，为要使那些"多余者"（"Ueberflüssigen"）能移往英国殖民地，或移往美国，而嚷叫国家补助或国民自动捐款。当时（1863 年 3 月 24 日），《泰晤士报》上，曾揭载有前任孟彻斯德商会会长爱德穆德·博德尔（Edmund Potter）的一封信。那封信，曾在下议院中，妥当地，

---

① "能够说是被蓄积或被预先准备的唯一物，就是劳动者的熟练。……熟练劳动的蓄积与贮藏，虽然是最关重要的活动，但就大多数劳动者说；这种活动，没有资本也可以实行的。"（汤姆斯·浩治斯金著：《劳动拥护论》第12、13 页。）

被给予"工厂家宣言"（"Das Manifest der Fabrikanten"）的名称①。这里且摘录其中若干文字，那毫不隐饰地，把资本对劳动力的所有权表示了。

"据闻，棉业工人的供给，是过多了……恐怕有减缩三分之一的必要。经过这样的减缩，残余的三分之二，庶有健全的需要。……与论……要求移住国外……棉业工厂主，是不愿坐视其劳动供给被移去的。他们说不定要以为那是错误和不当。……假若为移住而发行公债，在那场合，雇主将有权作主张，也许有权抗议。"博德尔说到这里，更继续表示：棉业是如何有用；如何"无疑的由爱尔兰及其他诸农业区域吸收了过剩人口"；其范围如何广大；那在 1860 年曾如何供给英国输出总额的 $\frac{5}{13}$；并且，如其市场（特别是印度市场）扩大，能以每磅六便士的价值供给充足的棉花，在数年之后，这种工业范围，将如何增大等。他由此更继续说："恐怕在一年二年三年中，必要的量，就可生产出来。……那时，我想提出这样的问题：这种工业值得维持否？这种机械（他指活的劳动机械）值得费力来保持否？想把这种机械放弃，不是最愚蠢么？我是这样想法。我承认：劳动者不属于他人所有，不是兰克夏州和雇主的所有物。但兰克夏州和雇主的势力，是系于他们身上。他是非一代所能代置的灵性的和训练了的力。就他们所运转的其他机械说，大抵在十二个月之内，就

---

① "这个书简，可以视为是工厂主们的宣言。"（1863 年 4 月 27 日弗兰特 Ferrand 在下院"关于棉花匮乏的动议"。）

得有利的代置和改善①。奖励或容许（!）劳动力移往国外，将如何影响资本家呢？……把劳动者的精华拔去，固定资本将大大减损价值，流动资本将不欲以劣等劳动的不足供给而奋斗了。……据闻，劳动者自己甘愿移住国外。劳动者作此希望，那是极其自然的。……如减少劳动力，把劳动者的工资支出，节省五分之一或五百万镑，由是缩小棉业的范围，请问，劳动者上一阶层的小商人，会受怎样的影响呢？地租以及小屋租金，该受怎样的影响呢？小租地农业者，优裕的独立生活者……乃至地主等，该受怎样的影响呢？输出一国最优良的工厂劳动者，使其最能生产的资本与富的一部分价值消灭，使国民趋于虚弱，想想看，还有比这个，更使国内一切阶级自杀么？……我提议：募集五百万乃至六百万的公债，其期间延至两三年；此公债受棉区管理局所属特别委员会监督，依特殊的法律规则，规定一定的强制劳动，务使被救恤者的道德水准，得由此提高。……放弃最优良的劳动者，并以大规模的国外移住，使全区的资本与价值陷于溃竭，使残余劳动者发生堕落与意气消沉的现象，想想看，对于土地所有者或雇主，还有比这更坏的事体么？"

棉业制造家选定的送话器博德尔，把"机械"（"Maschinerie"）区分为两类；那两者都属于资本家，但一个是在他工厂内部，其他则在夜间与星期日，住在工厂外部的小屋中；一是死

---

① 我们当记得，在通常情形下，当减低工资成为问题时，同一的资本，会发生完全不同的声音。在那场合，雇主们会异口同声地宣明（第 342 页注 188）："工厂劳动者牢牢记着，他们的劳动，实际是极低级的熟练劳动；没有什么，还比这更容易获得；在质的方面，更易受充分的报酬，更易由短期间极少经验者的训练，获得丰富的供给。他们（在三十年内不能代置的）的劳动与熟练，只要有六个月的训练，就可以习得。所以，比较起来，在生产事务上，主人的机械，（据说十二个月内，就能以有利而改善的机械代置），实际要占较为重要的地位"。

的机械，其他是活的机械。死的机械，不仅逐日毁损并低减它价值，且存在于机体中的一部分，有许多还要因技术上的无间断的进步，而不绝趋于废朽，不过这在几个月内，即得有利的，以新的机械来代换。然在活的机械，则正相反，那延续愈长，它累代蓄积的熟练愈多，它就愈加优良。泰晤士报曾这样答复这位棉业大官人：

"爱德穆德·博德尔氏，深为棉制造业者的异常的至上的重要性所感动，以致为要维持这个阶级，并使其职业永久保存，不惜把五十万劳动者，强制的，收押在一大的道德的贫民收容所中。博德尔氏问：这种工业值得维持否？我们答：一定的，用一切纯正的手段。博德尔氏再问：机械值得费力来保持否？在这场合，我们的回答就感到踌躇。因为博德尔氏所谓机械，是人这种机械。他曾断言，人这种机械，不得看为绝对的所有物。我们必须表白：我们不以为值得费力去保持人这种机械——即把他们幽闭起来，投以机油，至必要时为止——我们甚且不以那为可能。人这种机械，尽管你施油，尽管你摩擦，一不活动，即将锈烂。加之，如我们所目睹的，这种机械一经任意的开放蒸汽，我们大都市就要陷于破裂和狂乱的状态。劳动者的再生产，也许如博德尔氏所说，须要长期的时间。但若有机械和货币，则工厂主虽多于我们所欲的数目。我们也能为他们找到节俭勤勉而有忍耐心的劳动者，来供给他们。……博德尔氏表示'在一年二年三年内'，棉花制造业可以复活，因而要求我们不要'奖励或容许(!)劳动者的国外移住'。他说，劳动者希望移住，是极其自然的，但他却以为，对于这五十万劳动者及其七十万依赖者，国民应当不问他们意向如何，将其幽闭在棉花制造区域。照这样推论下去，他还一定以为，如果他们表示不满，则不惜以暴力抑制之；用布施物维持他们的生存，以等待棉业主人需要他们的机会。……这些主人简直把'这种劳动力'当作铁，石炭，或棉花一般处理，为了从他们手中救出'这种劳动力'，现在已经是发动举国大舆论的时候了。"①

《泰晤士报》这种社论，不过是富于机智的委婉之言。在事实上，这种"大舆论"（"Grose Offentliche Meinung"）和把工厂劳动者视为工厂动产附属物的博德尔君的见解，是一致的。劳动者的国外移住，遭受禁止了②，他们被幽闭在棉业区的"道德的贫民收容所中"，和以前一样，成为兰克夏棉花制造业者的"势力"。

要之，资本主义生产，是由它自身的进行，再生产劳动力与劳动条件之间的分离。它由是把劳动者的榨取条件再生产，把它永久化。在资本主义的生产过程中，劳动者为了生活，必须不断的出卖劳动力；资本家为了致富，也得不断的购买劳动力③。资本家与劳动者作为购买者与售卖者，在商品市场上相对立，那早已不是偶然的事。生产过程自身的进行，使劳动者作为劳动力出卖者，不绝转投到商品市场，而他的生产物，则不绝转化为资本家的购买手段。事实上，劳动者在他以自身出卖于资本家以前，

---

① 《泰晤士报》1863 年 3 月 24 日。

② "议会对于国外移住，不肯批准一个铜板的支出，它只通过一种法律，使市政党局把劳动者维持在不生不死的状态中，或榨取他们，但不给予标准的工资。然在三年以后的牛疫盛行时期，议会却竟破除惯例，为赔偿腰缠百万的地主们的损害，在一瞬间，可决数百万金的支出。这些地主们的租地农业家，则被视为已由肉价的昂腾，免除了损害。地主们在 1866 年议会开会当时的牛吼，简直表示非印度人，也可礼拜萨巴拿牛神；非约比特神，也可变为牛。"

③ "劳动者要求生活资料来生活，企业家要求劳动来谋利。"（西斯蒙第《新经济学原理》第 I 卷，第 91 页。）

已经是属于资本的了。他的经济的隶属性①，是由他卖身行为的周期的更新，由个别工资主人的更换，由劳动市场价格的变动而发生，但同时又为这些事实所隐蔽②。

因此，如把资本家的生产过程，作为再生产过程，就其相互关联的方面来考察，那种过程，就不但生产商品，生产剩余价值，且还要生产并再生产资本关系自身。这种关系的一方为资本家，他方为工资劳动者③。

---

① "这种农村的粗杂的隶属形态，可见之于达赫姆州。英国还有若干州的情形，使租地农业家对于农业上的日佣劳动者，还未曾取得无限的所有权。达赫姆州就是这若干州中之一。矿业的存在，使农业上的日佣劳动者，有选择的自由。因此，在这一州的租地农业家，反乎惯例，只租赁那种已经设有工人小屋的田地。那种小屋的租金，是工资的一部分。小屋被称为'仆舍'('hind's houses')，其租赁，含有一定的封建义务；租赁契约被呼为'拘束'('bondage')。劳动者如在他处就业，须由其女儿或其他的人，代他负担劳役义务。而劳动者自身则被呼为'隶农'('bonds-man')。这种关系，表示劳动者个人的消费，是怎样由一个全新的方面看，变成为资本的消费（即生产的消费）；这是值得注意的，这种隶农的尿粪，也成为遇事打算的主人，即租地农业家的一笔外快。……租地农业家除他自己的便所外，决不许附近设有便所；他不是舍不得一点点尿粪，但他决不肯放弃他的领主权的任何部分。"（"公共卫生第七报告"1864年第188页。）

② 我们要记得：就儿童劳动等而论，就是自己出卖的形式，也不存在的。

③ "资本以工资劳动为前提，工资劳动以资本为前提。它们互为条件；它们相互唤起。棉花工厂的劳动者，仅仅生产棉制品么？不是的，他还生产资本。他生产价值，那价值被重新应用，来支配他的劳动，并借那种新的支配，创造新的价值。"（马克思著：《工资劳动与资本》，《新莱茵新闻》第266号1849年4月7日）——《新莱茵新闻》在上述标题下发表的文章，系我在1847年就该问题对布鲁塞劳动者协会讲演稿的一部分。那个讲演稿的印刷，因二月革命而中途停顿了。

剩余价值的资本化

I 扩大的资本主义生产过程：商品生产的所有法则化为资本主义的占有法则

我们以前所讨论的，是剩余价值如何由资本发生；现在则要讨论，资本如何由剩余价值发生。把剩余价值用作资本，或把剩余价值再转化为资本，即我们所谓资本蓄积（Akkumulation des Kapitals）。[①]

让我们先从个别资本家的立场，来考察这种过程。假定一个纺纱业者垫支 10,000 镑资本，其中 $\frac{4}{5}$，投用在棉花和机械等上面，其余 $\frac{1}{5}$ 作为工资。它每年生产值 12,000 镑的棉纱 240,000 磅。如其剩余价值率为 100%，剩余价值就存于 40,000 磅棉纱的剩余生产物或纯生产物（Net toprodukt）中，那相当于总生产物

---

① "资本的蓄积，即以所得的一部分当作资本使用。"（马尔萨斯著《经济学诸定义》加泽洛夫版第 11 页。）"所得的资本化。"（马尔萨斯著：《经济学原理》第二版伦敦，1836 年第 320 页。）

（Bruttoprodukt）的 $\frac{1}{6}$。此剩余生产物值 2,000 镑，依售卖而实现。2,000 镑的价值额，就是 2,000 镑的价值额；我们在这宗货币上，看不出也嗅不到剩余价值的痕迹。当我们以一定的价值为剩余价值时，乃表示这个价值如何来到所有者手中，但对于价值或货币的性质，不引起何等变化。

因此，纺纱业者要在其他情形不变的限度内，把这新追加的 2000 镑货币额转化为资本，他就会将其中的 $\frac{4}{5}$，购买棉花及其他物件，其余 $\frac{1}{5}$，则垫支在新纺纱工人的购买上。这些劳动者，即用他垫支给他的价值，在市场上找到生活资料。这一来，这 2,000 镑的新资本，将在纺纱厂中尽其机能，且又产出 400 镑的剩余价值。

资本价值本来是以货币形态垫支的。反之，剩余价值在最初却当作总生产物一定部分的价值，而存在着。当这总生产物由售卖转化为货币时，资本价值即回复原来的形态；同时，剩余价值则变更其原来的存在方法。在这瞬间以后，资本价值与剩余价值二者，都成为货币额，它们是由完全相同的方法，再转化为资本。它们都由资本家在商品的购买上支出。有了这样购买来的商品，资本家的商品生产，乃得重新开始，并以更扩大的规模开始。不过，他要购买那些商品，必须那些商品现成在市场上。

他与其他一切资本家，同样把年生产物送到市场，否则他自己的棉纱，将无从流通。不过，这些商品在上市以前，已当作年生产基金（Jährlichen Produktionsfonda）的一部分而存在。而这年生产基金，就是个别资本总额或社会总资本在一年间转化成的各种对象物的总额；各个资本家，只不过保有其中一个可除部分。市场的交易，不过是年生产各成分的转换，不过把此等成分，由一个人手中，移转到其他人手中，那既不能增大年生产的总额，也不能变更所生产的对象物的性质。因此，年生产物总体能在如何方面使用，完全取决于它自身如何构成，而决非取决于它如何流通。

年生产首先须供给以下的一切对象物（使用价值），以补充一年中所消费的资本的物质成分。把此等部分除去之后所留下的，就是剩余价值所依以存在的纯生产物或剩余生产物。然则这剩余生产物由那些物品构成呢？无疑的，其中包含满足资本家阶级欲求与愿望的诸种物品，此等物品，属于资本家阶级的消费基金。但如其照这样，把剩余价值毫无残留地消费在享乐上，那就只能有单纯再生产了。

如要蓄积，即有把剩余生产物一部分转化为资本之必要。但如非借助于奇迹，能转化为资本的，就限于能使用在劳动过程上的物（即生产手段），和适于劳动者维持生存的物（却生活资料）。其结果，年剩余劳动的一部分，必用于追加的生产手段及生活资补的生产上，这些追加的成分，是代置垫支资本后有余的。约言之，剩余价值所以能转化为资本，只因为那种价值所依以存在的剩余生产物，已经含有新的资本的物质成分①。

但此等成分要在事实上当作资本用，资本家阶级尚需有追加的劳动。如果已使用的劳动者的榨取，不复能在外延的方面或在内包的方面加进，那就不能不采用追加的劳动力。关于这件事体，资本主义生产机械自身，已先有安排了：资本主义生产，会把劳动阶级当作依存于工资的阶级而把他们再生产的；他们通常

---

① 输出贸易，使一国的奢侈品，能转化为生产手段和生活资料，反之，也能使一国的生产手段和生活资料，转化为奢侈品；但这种输出贸易，我们暂且搁在一边。为了摆开种种附随事件的搅扰，而纯粹地理解研究的对象，我们必须把商业世界全体看为一国，并假定资本主义生产已经到处确立，并且征服了一切的产业部门。

的工资，不但够确保他们的生存，且够其繁殖种属。劳动者阶级每年供给各种年龄的追加的劳动力，资本仅把这追加的劳动力，与包含在年生产中的追加生产手段，并合起来就行；这样，剩余价值的资本化，就完成了。具体说：所谓蓄积，毕竟不外是资本以扩大的规模再生产。单纯再生产的循环，自行改变，拿西斯蒙第的话来说，是变为螺旋形运动[1]。

我们且回头论到上面的例子看。那也不外乎是亚伯拉罕（Abraham）生以撒（Isaac），以撒生雅各（Jacob）的老故事。10,000镑的原资本，产生2,000镑的剩余价值，这剩余价值转化为资本，产生400镑的新剩余价值。这又再转化为资本，成为第二追加资本，产生80镑的新剩余价值。这样连绵不断地进行着。

这里且把资本家消费的剩余价值部分，存而不论。追加资本是参组在原资本中抑是与原资本分离而独营价值增值作用，它是由原来从事蓄积的资本家利用，还是由他转移给他人利用，都不是我们现在要问的问题。我们在这里所要不忘记的，就是：在新形成资本之旁，原资本也作继续再生产它自己，且继续生产剩余价值；并且，关于一切蓄积资本，及其所生的追加资本，都可作如是观。

原资本是由10,000镑的垫支所形成。然则，这10,000镑的所有者，究从那里得到这10,000镑呢？政治经济学的代辩者异口同声说，是"借着他自己及其祖先的劳动。"[2] 而在实际，也像只有这样假定，可以和商品生产的法则一致。

---

[1] 西斯蒙第对于"所得的资本化"一语，过于满足了，他没有再探究那种作用的物质条件；由是，他对于蓄积的分析，有一个大缺点。

[2] "他的资本的成立，是由于本来的劳动。"（西斯蒙第著《新经济学原理》巴黎版第Ⅰ卷第109页。）

然就 2,000 镑的追加资本而论，则大异共趣。这种追加资本的发生过程，我们是正确知道的。它是资本化的剩余价值。它的价值没有一个原子不是依存于无给的他人的劳动。并合追加劳动力的生产手段，和维持这种劳动力的生活资料，不外是资本家阶级逐年由劳动者阶级强取的贡物，即剩余生产物的构成部分。即使资本家阶级是把这贡物的一部分，依充分的价格，由劳动者阶级购买追加劳动力，以等价交换等价，这也无异征服者用他们从被征服者那里夺取的货币，再向该被征服者购买商品。

如果追加资本所使用的，即是生产这种资本的劳动者，那他就不但要继续增殖原资本的价值，还得对他自己过去的劳动生产物，以较大于共所费的劳动去购买。当我们就资本家阶级与劳动者阶级全体的交易来观察时，那依然是凭从前所用劳动者的无给劳动，雇用追加的劳动者。资本家也许还用追加资本购买机械，由此驱逐追加资本的生产者即劳动者，而代以若干儿童。但在上面无论那种场合，劳动阶级都是以某一年的剩余劳动，造出翌年雇用追加劳动的资本①。这即是所谓由资本造出资本。

第一追加资本 2,000 镑的蓄积前提，是资本家垫支 10,000 镑的价值，这 10,000 镑，则是藉着他的"原始劳动"（"ursprünglichen Arbeit"），属于他的。然第二追加资本 400 镑的前提，则不外第一追加资本 2,000 镑的预先蓄积，那 400 镑，不外是这 2,000 镑的资本化的剩余价值。由是，过去的无给劳动的所有权，表现为益益大规模占有活无给劳动的唯一条件。资本家在过去已经蓄积的愈多，他就愈能蓄积。

在构成第一追加资本的剩余价值，只是原资本一部分购买劳动力的结果的限度内，那种购买，与商品交换法则一致；从法律

---

① "在资本使用劳动之前，劳动已创出资本了。"（卫克斐尔德著：《英国与美国》伦敦 1833 年刊第 II 卷第 110 页。）

的观点来说，那不外是以这两面的事实为前提，即在劳动者方面，是自由处分自身的能力；在货币所有者或商品所有者方面，是自由处分自己所有的价值，在第二以下的各个追加资本，只不过是第一追加资本的结果，不过是上述关系的结果的限度内；从而，在每一个交易，都与商品交换法则一致的限度内，如假定资本家常是照现实的价值购买劳动力，劳动者常是照现实的价值出卖劳动力，则基于商品生产和商品流通的占有法则（Gesetz der Aneignung）或私有法则，就显然要依它自身的内部的不可避免的辩证法，转变为它的正相反对。被视为原始操作的等价交换，现在仅在外表上是交换。因为第一，与劳动力交换的资本部分，不过是未给与等价即行占有的他人的劳动生产物的一部分；第二，这一资本部分，不但要由生产者即劳动者所代置，且须在代置时，加上新的剩余。因此，资本家与劳动者间的交换关系，就不过是一个属于流通过程的外观，不过是与内容全无关系，仅仅使内容神秘化的形式。劳动力的不断买卖，形式而已。其实在内容，是资本家不断用他不给与等价而继续占有的他人的已经对象化的劳动部分，转换为较大量他人的活的劳动。所有权最初好像是建立在个人自己的劳动上。至少，我们有如此假定之必要，因为，相互对立的，是权利相等的商品所有者，一个人如非他让渡自己的商品，即无占有他人商品的手段，而他这自己的商品，只能说是基于他自己的劳动。可是，到现在，就资本家方面说，所有权竟像是占有他人无给劳动或其生产物的权利，而就劳动者方面说，则表现为，占有本人生产物的不可能了。所有权与劳动的分离，成了一种法则的必然的归结，这种法则，好像原来是以二者的合一为前提的①。

然而，资本主义的占有方法（Kapitalistische Aneignungsweise），虽好像是在打商品生产根本法则的耳光，但它的出现，决不是由于这种法则的破坏，反之，宁说是由于这种法则的应用。为说明此点，这里不妨对于以资本蓄积为终点的依次的诸阶段，作一简单的追溯。

首先，我们已知道：原来一个价值额转化为资本，完全是依照交换法则而行。交换当事者一方面，出卖自己的劳动力，他方面则购买此劳动力。前者取得其商品的价值，而向后者让渡这种商品的使用价值，即让渡劳动。由是，后者借着属于他所有的劳动之助，把同样属于他所有的生产手段，转化为新的生产物。生产物在法律上当然是为他所有。

这个生产物的价值，第一要包含所消费的生产手段的价值。有用的劳动，在消费这个生产手段时，必定会把这个生产手段的价值，移转到新生产物中去。要能出卖，劳动力必须能在它被使用的产业部门，供给有用的劳动。

这个生产物的价值，更含有劳动力价值的等价和一个剩余价值。因为依一日一周等一定期间出卖的劳动力的价值，必较小于它在同一期间造出的价值。不过，劳动者也曾取得他的劳动力的交换价值，而让渡其使用价值。就这点说，那和其他一切买卖没有什么不同。

这种特殊商品即劳动力，具有一种供给劳动，造出价值的使用价值，但这事实，不能影响商品生产的一般法则。所以，在工资上面垫支的价值额如其不止于在生产物上再现，还附加一剩余价值而再现，这决不是欺骗卖者的结果（因为卖者取得了他的商品的价

---

① 资本家所有他人劳动生产物的所有权，虽为"占有法则的严密的归结，但这种法则的根本原则，却反而是劳动者对于他本人的劳动生产物，有排他的所有权"。（舍尔彪利埃著：《富欤贫欤》巴黎 1841 年刊第 58 页。）不过，著者在这里关于这种辩证法的倒转，没有予以正确的说明。

值），而是买者消费此商品的结果。

交换的法则，以互相交换的商品的交换价值相等为条件。它又以此等商品的使用价值相异为条件。此种法则，于购买品的消费，无何等关系，因为那是要在买卖交易完了之后，才开始的。

原来，货币的资本化，与商品生产的经济法则，乃至于与由此派生的所有权，有最严密的一致。但虽如此，却仍要发生以下的结果。

（1）生产物乃属于资本家，非属于劳动者。

（2）生产物的价值，在垫支资本价值以外，尚含有一个剩余价值，这剩余价值在劳动者要费劳动，在资本家则无所费，但结局也变为资本家的合法的所有。

（3）劳动者继续保持他的劳动力，一找得购买者，就能重新出卖。

单纯再生产，不外是那最初的操作之周期的反复。货币不断重新转化为资本。法则并不因此受到破坏，反之，却会因此得到永久发生作用的机会。"许多连续的交换行为，会使后来的交换行为，仅成为最初的交换行为的代表"（西斯蒙第著：《新经济学原理》第 I 卷第 70 页）。

可是，我们已讲过，这种单纯再生产，够使这最初操作所具有的性质，即当作个别行为的性质，从根底予以改变，"在参与国民收入分配的人中，一方（劳动者）由新的劳动，年年取得参与这种分配的权利；他方（资本家）则由原来的劳动，事先取得参与这种分配的永久的权利"。（前书第 I 卷第 110、111 页）但我们知道：长男承继权（Erstgeburt）所成就的奇迹，并不限定在劳动的领域。

单纯再生产纵令由规模扩大的再生产所代替，纵令由蓄积所代替，那也不会在问题上生任何等影响，在前者的场合，资本家消费剩余价值的全部；而在后者的场合他仅消费剩余价值的一部分，把残余的部分，转化为货币，借以证示他的公德。

剩余价值是属于他所有，决非属于其他任何人所有。他把剩余价值垫支在生产上，正如同他初到市场时所作的一样，是由他自己的基金，从事垫支。至若这个基金在这场合是来自劳动者的无给劳动的事实，并不会在问题上引起何等变化。如其劳动者 B，是依劳动者 A 所生产的剩余价值而被雇，在那场合，第一，A 供给这种剩余价值，不曾减少他们的商品的正当价值丝毫；第二，这种交易，于 B 没有何等关系。B 所要求的，并且他有权利要求的，只是资本家应当支付他的劳动力的价值。"那在双方交受其利：劳动者在成就其劳动之前（即在他的劳动结果实之前），已受得他的劳动的果实（即其他劳动者的无给劳动的果实）的垫支，故有利益；在雇主方面，则因这种劳动者的劳动，具有较大于工资的价值（即生产较大于工资价值的价值），故有利益"（前书第 I 卷第 135 页）。

真的，我们如其把资本主义生产当作一个更新无间的流，来考察；并且，我们如其不就个个资本家，个个劳动者观察，而就整个资本家阶级和对立的整个劳动者阶级观察，问题会完全改变过来。不过，在这场合，我们要应用一个与商品生产完全无关的标准。

在商品生产上，卖者与买者只是相互独立地对立着。他们的相互关系，在他们中间所缔契约满期时，宣告终结。假若这种交易反复进行，那是与从前契约无何等关系的新契约的结果。即令同一卖者与同一买者，继续作同一的交易，也只算是偶然的作用。

因此，如其把商品生产，或属于商品生产领域的交易，依其自身的经济法则来判断，我们就得使各个交换行为，由其前前后后的交换行为的一切关联分离，而就其自身来考察。买卖是行于个人之间，我们要在买卖之中，探求当作全社会阶级对全社会阶级的关系，那是势所不许的。

现在发生机能的资本，虽曾在过去，通过一序列的周期的再生产和事先的蓄积，但仍常常维持着本来的处女性。在交换法则应用在个别交换行为的限度内，占有方法得丝毫不影响商品生产所赋予的所有权，便成就一个完全的革命。那种所有权，不论在生产物属于生产者自己的初期时代，抑是在资本主义时代，同样有效；在前一时代，生产物属于生产者自身，生产者以等价交换等价，他致富只能依靠他自身的劳动；但在资本主义时代，社会财富是以不断增进的程度，为那些立在不断占有他人无给劳动地位的人所有。

劳动者一把自身的劳动力当作商品而"自由"出卖，这种结果，就成为无可避免的。自是以后，商品生产变成了普遍的标本的生产形态。自是以后，每件生产物最初就是以售卖的目的而生产，一切生产出来的财富，都要通过流通。商品生产，到以工资劳动为基础的时候，方以强力加于全社会，方始发挥它的一切潜力。如说因为工资劳动的介在，致商品生产变为不纯，那就等于说，商品生产如求其纯，就不得发展。商品生产由它自身内在的法则，发展为资本主义的生产，同时，商品生产的所有法则，以同一程度，转化为资本主义的占有法则（Gesetze der kapitalistischen Aneignung）[1]。

我们已经讲过：就在单纯再生产的场合，一切垫支资本（不管它原来是如何获得的），都要转化为蓄积的资本，转化为资本化的剩余价值。但在生产之流上，一切原来垫支的资本，与直接蓄积的资本比较起来，即与转化为资本（不管这资本是在蓄积者手中作用，还是在他人手中作用）的剩余价值或剩余生产物比较起来，常是一个近于消灭的数量（在数学上近于零的数量）。因此，在经济学上，一般都把资本解作是"重新被利用来生产剩余价值的蓄积的财富[2]"

---

[1] 蒲鲁东想由商品生产之永久的所有法则，来废除资本主义的所有权，他的这种狡猾，是不由我们不叹赏的！

[2] "所谓资本，就是以利润为目的而使用的蓄积的财富"（马尔萨斯著：《经济学原理》）。"资本……是由所得节蓄下来，并由那以获得利润为目的而使用的财富构成。"（琼斯著：《经济学导言》伦敦 1833 年刊第 16 页。）

（转化了的剩余价值或所得）；把资本家解作是"剩余生产物的所有者。"① 也有人以为一切现存资本，都是蓄积的或资本化的利息。惟此所云云，不过是对同一内容的不同表现，因为利息（Zins），不外是剩余价值的一断片②。

Ⅱ　经济学上关于扩大的再生产的错误思想

在进一步研究蓄积或研究剩余价值再转化为资本以前，我们须把古典派经济学导来的暧昧之点，予以排除。

资本家为他自身的消费，而以剩余价值一部分购买的商品，不能用作他的生产手段及价值增殖手段，同样的，资本家为满足他的自然的和社会的欲望而购买的劳动，也不能算是生产的劳动。因为他用以购买这种商品及劳动的剩余价值，没有转化为资本，而宁是当作所得而消费而支出了。旧来封建贵族的生活方式，如黑格尔所切当指明的，是"把他们手中的物品消费掉"，特别是繁其家臣扈从，以示阔绰；像这种倾向，正为资产阶级经济学所反对。这派经济学视为极端重要的，是宣扬资本的蓄积为每个市民的第一义务，并谆谆告诫，如果要行这种蓄积，他就得用一相当部分的所得，去雇用追加的生产劳动者，这种劳动者所生产的，会较大于他们所费的。若把全部所得都消费掉，则无从蓄积。在另一方面，资产阶级经济学得与以下的俗见相斗争。那俗见是把资本主义的生产，与货

---

① "剩余生产物或资本的所有者。"（《国难的原因及其救治——给约翰·罗素爵士的一封信》伦敦 1821 年刊。）

② "节蓄的每个部分都有复利的资本，有这样大的吞并力，以致在所得所由以生的世界上，一切的财富，老早以前就成了资本的利息。"（伦敦《经济学界》杂志1859 年 7 月 19 日。）

币的贮藏混为一谈的①，并幻想：蓄积的财富，就是现有自然形态得免被破坏得免被消费的财富，从而，是未投入流通内的财富。货币由流通排除，即是绝对排除它充作资本的增殖作用。在货币贮藏意味上的商品蓄积，纯然是一种愚行②。大量的商品蓄积，宁是流通停滞与过剩生产的结果③。像上述的俗见，一方面受了这种现象——富者在消费基金上蓄积财货而渐渐消费它——的影响；在另一方面，又确实受了别一种现象——库存准备品（Vorrat）的形成——的影响，后者乃一切生产方法的共通现象，我们在分析流通过程时，是要略略述及的。

因此，古典派经济学不以不生产劳动者消费剩余生产物，而以生产劳动者消费剩余生产物，为蓄积过程的特征要素，是非常正确的；但同时，古典派经济学的谬误，却正是由此点出发。使人们习惯把蓄积，仅仅看为是生产劳动者对于剩余生产物的消费把剩余价值资本化，仅仅看为是剩余价值转化为劳动力的，就是亚当·斯密。我们且听里嘉图说："我们得承认：一国的生产物，是要全部消费掉的。但此等生产物，究是由再生产其他价值的人消费，抑是由不再生产其他价值的人消费，其间要生出极大的差别。当我们说：把所得节省，使其加入资本活动，那就等于说：加入资本活动的所得部分，是由生产劳动者所消费，而非由不生产劳动者所消费。假定资

---

① "今日的任何经济学家，都不能认节蓄就是贮藏货币了。如把这种局限的不充分的方法置诸不论，那就国民之富的立场而言，节蓄一语的意义，最好是在节蓄物之利用的差异上去认知，而那种差异性的基础，就是节蓄物所维持的劳动种类，有现实的差异。"（马尔萨斯著：《经济学原理》第38、39页。）

② 例如，巴尔扎克（Balzac）就是如此，他曾对种种色色的贪欲，作根本的研究，他描述老高利贷业者哥普色克，已经到婚老时期，才由蓄积的商品从事贮藏。

③ "资本的蓄积……交换的停滞……过剩生产。"（汤玛斯·歌尔白著：《个人之富的原因及其方式之研究》伦敦 1841 年第 14 页。）

本是由不消费而增殖，那是再大没有的错误。"① 里嘉图及其一切继起经济学者，都追随亚当·斯密，主张"这所说的加入资本活动的所得部分，系为生产劳动者所消费"，那是再大没有的错误。依此见解，一切转化为资本的剩余价值，都变为可变资本了。但事实上，这种剩余价值，是与最初垫支的价值，同样分割为不变资本与可变资本，同样分割为生产手段与劳动力。劳动力是可变资本存在于生产过程内部的形态。在这生产过程内部，劳动力自身，是由资本家所消费。生产手段，则通过劳动力的机能（即劳动），而为劳动力所消费。同时，为购买劳动力而支付的货币，要转化为生活资料，这生活资料，并不是时"生产的劳动"所消费，而由"生产的劳动者"所消费。亚当·斯密由一种根本悖理的分析，达出下面这样的荒谬结论：各个资本，虽分割为不变部分与可变部分，但社会资本，却只化为可变资本，只支出在工资的支付上。例如，一个毛织物制造业者，把 2000 镑转化为资本，假定他用这宗货币的一部分，购买织工，其余部分，购买毛纱及织机等。但以毛纱及织机卖给他的人，又把卖得的货币的一部分，支给劳动的代价，这种关系，辗转下去，结局，遂致 2000 镑的全部，都支出在工资的支付上。即为 2000 镑所代表的生产物全部，都为生产的劳动者所消费。这个议论的全部神髓，就存于把我们由此处导往彼处的"辗转下去"一语中。亚当·斯密恰好在困难开始的地方，中止了他的研究②。

在我们注意年生产总额的限度内，逐年的再生济过程，是容易理解的。但年生产每一部分，都不能不送往商品市场；这就是困难

---

① 里嘉图著：《经济学及赋税之原理》第 3 版伦敦第 163 页注。

② 约翰·勒虽有他的《论理学》，但不曾看破他前辈学者的这种错误分析，这种分析，就是站在资产阶级的立场，也有从纯粹专门者的立场，予以订正之必要的。他到处都以门弟子的笃信心，复述他先师们的思想上的混乱。在这场合，他说："资本本身，结局都会变成工资；那虽由生产物的售卖而收回，但会再转为工资的。"

开始的所在。个别资本的运动和个人所得的运动，交互错综混淆着，并消失在一般的地位转换——社会财富的流通——中。这眩惑我们的视线，并提起待解决的极错宗复杂的问题。在本书第二卷第三篇，我将把现实的实在关系予以分析。——重农学派的最伟大的功绩，就是他们在"经济表"（"Tableauéconomique"）中，最先尝试把年生产当作是流通的结果，来描写年生产①。

此外，纯生产物转化为资本的部分概由劳动者阶级消费的亚当·斯密的主张，在为资本家阶级利益的经济学上，自然会被利用的。

Ⅲ 剩余价值分割为资本与所得：节欲说

在前章，我们讨论剩余价值或剩余生产物，只把它看作是资本家个人的消费基金；在本章，我们又只把它看作是蓄积基金。但剩余价值，既不单是前者，也不单是后者，两者兼而有之。资本家把剩余价值的一部分，作为所得（Revenue）而消费②，其余部分则当作资本或蓄积。

① 在再生产过程的说明上，从而，在蓄积的说明上，亚当·斯密与其前辈学者，特别是重农学派比较，就许多方面说，不但不曾成就何等进步，甚且还退步了。就本文所述的他的幻想而言，他在经济学上遗下的真是荒唐无稽的教理：商品的价格，系由工资，利润（利息）及地租购成，换言之，即是仅由工资与剩余价值构成。斯托齐（Storch）就是由这个基础出发，他曾这样素朴地自白："把必须价格，分解为其最单纯的要素，那是不可能的。"（斯托齐著：《经济学教程》圣彼得堡版 1815 年第 1 卷第 140 页注。）把商品的价格，分解为其最单纯的要素，竟不可能，那该是如何美妙的经济科学：关于此点，在本书第 2 卷第 3 篇及第 3 卷第 7 篇中，当详细论究。

② 读者会注意到，"所得"一语，有两重意义：其一是指资本周期生产的果实，即剩余价值；其二是指这果实中，由资本家周期消费的部分，或加入其消费基金中的部分。我也是在这两重意义上使用"所得"一语，因为这是和英法两国经济学家通常的用法一致的。

在一定的剩余价值量中，以上两部分之一方愈小，他一方即愈大。在其他一切情形不变的限度内，这两部分间的比例，可决定蓄积量的大小。但决定这两部分的分割比例的，则是剩余价值的所有者即资本家。换言之，这种分割，是资本家的意想行为。当资本家蓄积其所征取的贡物的一部分时，人们总说那是他所节省的，因为他没有将它消费掉；因为他在尽着资本家的机能，即致富的机能。

资本家在当作人格化的资本的限度内，才有一种历史的价值，才像机智的里赫诺夫斯基（Lichnowsky）所说那样，有"不拘年月的"历史的存在权。并且，只有在这种限度内，他自身暂时存在的必然，才包含在资本主义生产方法之暂时存在的必然中。不过，他既被看为人格化的资本，则促使他行动的动机，就不是使用价格及享乐，而是交换价值及其增殖。他作为价值增殖的狂热要求者，无所顾忌的，促使人类为生产而生产。就这样，社会的生产力得以发展，而当作较高级社会形态——以每个人完全发展自由发展为根本原则的社会——的实在基础的物质生产条件，得以造出。资本家在被看作是人格化的资本的限度内，才值得尊重。他在这种资格上，才具有货币贮藏者那样的绝对的致富冲动。不过，在货币贮藏者，那仅表现为个人的狂想，而在资本家，那却是社会机构的作用，在这个社会机构上，他不过是一种发动的轮罢了。加之，随着资本主义生产的发达，投在一种产业企业上面的资本，要不断增大。竞争，会使资本主义生产方法之内在的法则，当作外部的强制法则，支配着每一个资本家。由是，他要维持其资本，就迫着要不绝扩大其资本，但资本的扩大，非借助于累进的蓄积是不行的。

所以，在他的行动，只当作资本——在他身上赋有意识和意志的资本——的机能的限度内，他自己的个人的消费，乃是一种劫掠，那对于资本蓄积的劫掠。那正如意大利的复式簿记，把资本家的私人支出，记在资本相反的方向，即记在借方。蓄积征服社会财富的世界，增加了被榨取的人身物质（Menschen material）的分量，同时，并扩大了资本家的直接的和间接的统治①但原始罪恶在到处横行。随着资本主义生产的发展，蓄积与财富的发展，资本家已不复是单单人格化的资本了，他对于他自己的亚当（Adam），具有一种"人情之感"（＊＊mensohlichesRiihren"），使他不禁把禁欲的热望，嘲笑为旧式货币贮藏者的偏见。古典型的资本家，尽管视个人的消费，为违背职分的罪恶，为蓄积的"抑制"（"Enthaltung"），但近代化的资本家，却以蓄积为享乐冲动之"节制"（"Entsagung"）。"啊！在他胸中，寓藏有两个分道扬镳的心灵"！

---

① 高利贷业者，是旧式的资本家形态，但这个形态是不断更新的。马丁·路德曾就这种高利贷业者，作极切当的说明：支配欲是致富冲动的一个要素。他说："异教徒由其理性之光，得达出高利贷业者为四重盗贼和杀人犯的结论。但我们基督教信徒，却尊敬他们，为他们的货币而崇拜他们。……吸尽他人的营养，强夺他人的营养，盗劫他人的营养，那正是犯着使人饿死，使人完全破灭的大杀人罪。高利贷业者就是这种大罪犯。他们应当自上绞首台；如其他们身上存有充分的肉，他们劫夺了多少金钱，就应该有多少的大鸦啄食他。但他们却安闲自适地坐在椅子上。同时，小盗则被缢杀。……小盗带上枷锁，大盗却以黄金丝编来自炫。……所以，在这世上，除了恶魔，没有再比守财奴和高利贷业者更大的人类的敌人，因为他们要求变为支配一切人类的神。土耳其人，武人，或暴君纵为恶人，仍不得不让人民生活，并且还自承为恶人，为人类之敌。他们有时还会，并且必须对他人给予以若干同情。然在高利贷业者与贪财鬼，他们却会尽其力之所能，使全世界陷于饥饿贫乏的深渊，并由此使一切物，变为己有；他们立在像神一样的地位上，使人永远成为他的隶属。他们穿起华丽的外套，佩着金链指环，拭拭袖口，俨然是高贵的敬神者。……高利贷是一只大怪物，像饿狼一样，它劫掠一切，犹甚于加卡斯，格尔阳或安图斯。他们装模作样，见者以为是虔敬的人物。所以，世人无从知道，被牵回到他洞窟中去的公牛，究往何处去了。但勇敢的赫尔克勒斯，一听见公牛与被囚禁者的叫声，就在悬崖嶙石间，寻找加卡斯，由凶汉手中，解放出公牛来。这所谓加卡斯，就是指那貌似敬虔的高利贷业者，指那盗掠和鲸吞一切物的凶汉。加卡斯不肯承认自己是作恶的人，他以为旁人不能寻到他，因为被牵回洞窟去的公牛，从它的足迹看来，好像已被放出去一样。高利贷业者正是如此，他们自以为有用，自以为已经把公牛给予世人，其实，公牛全为他一个人撕裂了，吞食了。……如其我们对于拦路劫抢者、杀人者、强盗之流，施以绞刑或杀刑，对于高利贷业者就更应该以车裂、杀戮、咒诅与斩首等刑罚，来处置了。"（马丁·路德著：《反对高利贷业者——致僧侣书》）。

在资本主义生产方法之历史的初期——这是每个资本主义暴发户必须个别通过的历史阶段——贪欲与致富冲动，是绝对的支配的情欲。但资本主义生产的进步，不但造出了一个新的享乐世界，并还由投机（Spekulation）与信用制度（Kreditwesen），开启了突然致富的许多源泉。当一定的发展阶段到达时，世俗豪华，作为富之炫示与获得信用之手段，乃成为"不幸"资本家营业上的一种必要。奢侈已成为资本的场面费用（Repräsentationskosten）的一部分。而且，资本家并不像货币贮藏者那样，货币贮藏者的财富是与他自身的劳动及个人消费的节制为比例，资本家的致富，则与他人劳动力的吸收，和劳动者一切生活享乐的抑制为比例。因此，资本家的骄奢，决不会像放恣的封建君主的骄奢一样，具有天真烂漫的性质，他的骄奢背后，常伏有极不纯洁的贪欲，和忸怩不安的打算；他的骄奢，与他的蓄积一同增大，一方并不一定限制他方。随这种事实的演进，在资本家的突出的胸内，遂展开了蓄积冲动与享乐冲动之浮士德的冲突（faustischer Konflikt）。

亚金（Dr. Aikin）在他 1795 年出版的书中说："孟彻斯德的工业，可区分为四期。在第一期，工厂主们为了生活，不得不作激烈的劳动"。他们当时致富，主要是劫夺父母，送子女到他们那里作学徒的父母；学徒的父母给他们以高额的谢金，他们则使学徒饥饿。在另一方面，那时的平均利润低微，要蓄积，须得异常节俭。由是，工厂主过着货币贮藏者一样的生活，甚且连资本的利息也不肯消费。"到了第二期，他们已开始保有少量财产了，但还是和以前一样的劳苦工作"。因为，每个奴隶役使者都知道，对劳动的直接榨取，须花费劳动。"他们还是过着以前一样的素朴生活。……迨至第三期，奢侈开始了。国内各地市场，都被派遣有骑马的推销员，以扩大营业。在 1690 年以前，工业获有资本三千镑四千镑的，几乎是罕见，或者完全没有。然而，从这时起，或略在这时以后，工业家已经蓄积有货币了，他们不建造木造泥粉的房屋，而开始建造近代式的砖砌建筑物了。……就在十八世纪初叶，一个孟彻斯德的工厂主，如以一品脱的外国葡萄酒款待宾客，就将为他的一切邻人所议论和不满"。在机械出现以前，工厂主酒店一夕的费用，决没有超过一杯甜酒六便士和一包烟一便士。直到 1758 年，新时代开始，我们方才见，"实际从事营业的人们间，有一位有自己的马车的人"出现。到十八世纪最后三十年的"第四期，营业扩大，奢侈与滥费大大增进。"① 假若这位善良的亚金，在今日的孟彻斯德复活起来，他将说些什么呢！

蓄积啊！蓄积啊！那是摩西（Moses）及预言者！"资本蓄积的直接原因是节约，不是劳动；劳动只能供给材料，使节约能达到蓄积的目的。"② 所以，节约啊！节约啊！把剩余价值或剩余劳动之尽可能的大部分，再转化为资本啊！为蓄积而蓄积，为生产而生产，——古典派经济学就用这个公式来表现资产阶级时期的历史的使命。关于财富的难产，它不稍有幻觉③。但在历史的必然之前，悲伤有何用处呢？若在古典派经济学看来，无产阶级不过是生产剩余价值的机械，资本家也不过是把这剩余价值转化为追加资本的机械。它异常真挚地处断资本家的历史的机能。为要祛除资本家胸中享乐冲动与致富冲动的可怕的冲突，马尔萨斯在十九世纪二十年代初期，鼓吹这样一种分工，即在实际从事生产的资本家，担当起蓄积的任务；而参与剩余价值分配的人们，即地主贵族和由国家教会领受俸

---

① 约翰·亚金著《孟彻斯德周围三四十英里地方的描述》伦敦 1795 年第 181 页，182 页下，188 页。

② 亚当·斯密著：《国富论》第 II 篇第 3 章。

③ 萨伊也说："富者的节蓄，是以贫者为牺牲。""罗马的无产者阶级，几乎全是牺牲社会而生活。……但我们大体可以说，……近世社会是由牺牲无产者阶级，夺取无产者阶级的劳动收益而生活。"（西斯蒙第著：《经济学研究》第 I 卷，第 24 页。）

禄的一干人，则担当起消费的任务。他说，"把支出的情欲与蓄积的情欲分开"，最关重要①。早已成为享乐者与通世故者的资本家诸君，大声疾呼了。他们的代言人之一，或里嘉图之一后继者扬言说：马尔萨斯君所以主张须有高率地租和高率赋税，无非为要由不生产的消费者，不绝加产业家以刺激的压力！不错，他是以生产，以日益增大其规模的生产为标榜。但"用这样的方法，其实不会促进生产，却不免予生产以莫大的阻害。而且，让一些人维持着无所事事的生活，而一味磨折那些就性格上说即能由工作收到良好结果的人，也绝对不是十分公正的处置。"② 从菜汤夺去鲜肉，冀由此刺激产业资本家的蓄积，在他看，是不公正的处置。但把劳动者的工资缩减到最低限度，使其不得不勤勉，则在他看，却是必要的。但关于无给劳动的占有，乃剩余价值之秘密这件事，他并没有隐蔽了。"劳动者方面的需要的增加，要不外表示他们在他们自己生产物中，由自己取去者减少，而把其中一大部分，委之于雇主。若有人说：由消费（劳动者方面）的缩减，会产生充溢现象（市场充溢，生产过剩），我就这样回答：这充溢现象与利润高昂是同一语义。"③

这些学者所论争的，是由劳动者那里汲取的赃物，应在产业资本家及游惰地主等人之间，作如何的分割，始于蓄积最有利益；在七月革命之前，这种嚣然的论争，平静下去了。此后不久，都市的无产阶级，在里昂鸣起了革命的警钟；农村的无产阶级，则在英国扬起了赤旗。海峡的此岸，开始散布欧文主义，其彼岸，则广布圣西门主义与傅利叶主义。庸俗经济学的丧钟，就响起来了。西尼耳（Nassan W. Senior）曾在孟彻斯德作这样的发现，即资本的利润（包含利息），是十二小时劳动日最后一小时无给劳动的产物，恰在

---

① 马尔萨斯著：《经济学原理》第 319、320 页。
② 《关于需要性质之原理的研究》第 67 页。
③ 前书第 50 页。

这一年前，他还有一个发现问世。他傲然地说："我把解作生产工具的资本一辞，换作'节欲'（Abstinenz）一辞①。"这是庸俗经济学的"发现"的无比标本！以诡谲的文句，代换经济学上的范畴。此外一无所有。西尼耳说："当野蛮人造弓时，他诚在进行一种产业，但他没有实行节欲"。这说明了以下的事实，即在初期社会状态下，如何并为何没有资本家方面的"节欲"，也制出了劳动手段。"社会愈进步，节欲愈有必要，"② 这是就那些以占有他人劳动及其生产物为事业的人一方面说的。就这样，劳动过程的一切条件，转化为资本家方面的各式各样的节欲行为了。谷物不完全吃掉，一部分留作莳种之用，那即是资本家的节欲！葡萄酒要让其有发酵的时间，那也是资本家的节欲！③ 资本家在"贷与（！）劳动者以生产工具"时，换言之，在他不把蒸汽机关，棉花，铁道，肥料，牲口等自己耗费净尽（依庸俗经济学的幼稚说法，即不把"此等物的价值"，在奢侈品及其他消费资料上耗费净尽），却使它们和劳动力合并，使它

---

① 西尼耳著：《经济学基本原理》法译本巴黎 1836 年第 38 页。在旧古典学派的追随者看来，这也是一种过于狂妄的主张。"西尼耳君以劳动和节欲这两个名词，代替劳动和资本这两个名词……。节欲是一个单纯的否定。利润的源泉，不是节欲，只是生产的资本之使用"（加泽诺夫编马尔萨斯《经济学诸定义》注释，第 130 页编者注），但约翰·穆勒君却一面接受里嘉图的利润说：同时又采用西尼耳的"节欲报酬说"。他对于黑格尔的矛盾（那是一切辩证法的源泉），虽毫无所知，但对于各种平凡的皮相的矛盾，他却是十分内行的。——第二版加注：不论那种人类的行为，都可认为是它的反对方面的"节欲"。但这种单纯的思考，庸俗经济学家是从未想到的。吃饭是断食的节欲，步行是站立的节欲，劳动是怠惰的节欲，怠惰是劳动的节欲，诸如此类。此等绅士们，顶好是就斯宾诺莎（Spinoza）"断定即否定"一语，一加考虑！

② 西尼尔著：《经济学基本原理》第 342 页。

③ "如非期待获得追加的价值……（举例来说），那就没有人，……愿意把他的小麦莳在地下十二个月，愿意把他的葡萄酒放在地窖内若干年，他们都愿意直接消费它们或拿它们立即去换取等价物来消费了。"（斯劳洛伯著：《经济学》坡特尔编，纽约 1841 年第 331、134 页。）

们当作资本用时，他就要夺去他自己的亚当（Adam）[1]。资本家阶级是如何成就这种事业，那在今日，还成为庸俗经济学执拗不肯宣布的秘密。够了，世界所以还能踉踉跄跄推进者，无非靠护持神（Wischnu）前的这种现代苦行者（即资本家）尚有清真的操守。其实，不仅是蓄积，就是单纯的"资本保存，也须为要克服消费资本的诱惑，而不绝努力。"[2] 在这种节制与诱惑之间，救出资本家的，是单纯的人道的命令；此恰如奴隶制度的废止，曾把最近乔治州的奴隶所有者，由这样进退两难的双关论法中救出一样。这个双关论法，是把鞭挞黑奴所得的剩余生产物，全部消费在香槟酒上好呢！抑是把其中一部分，再转化为更多的黑奴和土地好呢。

在各种经济的社会形态下，都不仅出现单纯再生产，并还出现程度不一的规模扩大的再生产。渐渐的，生产愈多，消费愈多，从而，转化为生产手段的生产物也愈多。但在生产手段，生产物，乃至生活资料，还不曾采取资本的形态，而与劳动者相对立的限度内，那种过程，不表现为资本的蓄积，不表现出资本家的机能[3]。数年前物故的琼斯——他继马尔萨斯之后，担任赫力布利市东印度大学的经济学讲座——曾就两件重要事实，细密论究这个问题。因为印度的大多数人民，都是自耕农，所以他们的生产物，他们的劳动手段

---

① "资本家不把他的生产手段，转化为生活资料奢侈资料，而消费它的价值，却宁愿将它贷与劳动者。在这限度内，他要忍受一种节制的。"摩里拿利著：《经济学研究》第49页。——这里用'贷与'这个婉曲的名词，是依照庸俗经济学者的巧妙方法，其用意，无非要使那些受产业资本家榨取的工资劳动者，和那些榨取劳动，但从贷放资本家那里借取货币的产业资本家，立于同一的地位。

② 库塞塞努尔著：《论产业企业之理论与实际》第57页。

③ "各种所得对于国民资本发达的贡献，因各种所得的进步阶段而不同。设有两个国家，如果它们在那种进步处在相异的地位，各种所得对于这两个国家的资本发达的贡献，也就不同。……在社会初期阶段，……利润……和工资及地租相比，是一个不重要的蓄积源泉……迨国民产业能力大有增进时，利润就成为比较重要的蓄积源泉了。"（琼斯著：《国民经济学教科书》第16、21页。）

与生活资料，决不"采取由所得节省下来的基金的形态"，决不"采取自先行蓄积过程出来的基金的形态。"① 另一方面，在旧来制度很少受英国统治破坏的诸地，那些非农业的劳动者，都为达官们所直接使用。这些达官们把农业剩余生产物的一部分，当作贡物，当作地租，收到自己手中。这生产物的一部分，在自然形态上，为达官们所消费；一部分，则由劳动者之手，转化为达官们消费的奢侈品及其消费资料；同时，其残余部分，则当作自有劳动工具的劳动者的工资。在这场合，虽没有奇异的圣者。忧思俨然的骑士（即"节制的"资本家）介在其间，生产与扩大的再生产依旧进行着。

Ⅳ 除了剩余价值分割为资本与所得的比率，还有几种情形，决定蓄积的量：劳动力的榨取程度——劳动的生产力——所用资本与所消费资本的差额的增大——垫支资本量

如其剩余价值分割为资本和所得的比率不变，蓄积资本的大小，显然取决于剩余价位的绝对量。设以 80% 资本化，20% 供消费，则蓄积资本，究为 2400 镑，抑系 1200 镑，就要看剩余价值的总额，究为 3000 镑，抑系 1500 镑。这样，决定剩余价值量的一切情形，也在蓄积量的决定上，发生作用。以下，我想就此等情形，就他们对蓄积可以提供新见地的限度内，作一概括说明。

我们会记得：剩余价值率首先是取决于劳动力的榨取程度。经济学异常看重这种事实，有把蓄积速度因劳动生产力发达而得的增

---

① 前书第 36 页以下。（第四版加注——上面的抄引，定有错误，因为那个文句，是找不出来的——F. E.）

进，和蓄积速度因对劳动者榨取加强而得的增进，同一看待①。在讨论剩余价值生产的诸章，我们已不绝假定，工资至少与劳动力的价值相等。但在实际上，工资是被强制地落在这种价值以下；因为这在实际运动上极关重要，所以我们须在这里略予考察。这种意义上的工资低下，事实上，就是在一定限界之内，把劳动者的必要消费基金，转化为资本的蓄积基金。

约翰·穆勒曾说："工资没有何等生产力。工资是生产力的价格。工资不得与劳动自身同样贡献于商品生产，那正如工具价格不得与工具自身同样贡献于商品生产一样。假若劳动能不依购买而得，工资就会成为多余的。"② 但是，如果劳动者能依空气而生活，怕也不要用任何的价格去购买他们。所以，劳动者毫无所费的说法，是一个数学意义上的限界，这个限界虽不绝接近，但却不能达到。资本的不断的倾向，就在把劳动者压向这毫无所费的限界。前面屡屡引述到的十八世纪一位著作家，即《工商业论》的著者，曾宣称：英国之历史的使命，就在把英国的工资，降低到法国及荷兰的工资水准。这见解，不外曝露潜伏在英国资本主义灵魂中的秘密③。他率

---

① "里嘉图说：'随着社会发达的阶段不同，资本或劳动使用手段（即劳动榨取手段）的蓄积速度，也有大小的差异。这种蓄积，在一切场合，都一定是取决于劳动生产力。劳动生产力，通常在丰饶土地甚多的地方最大'。假若这段话中'劳动生产力'一语，是指生产物中那归属于亲手生产的人的那微小的一部分，里嘉图所说，就简直是重复，因为残余的生产部分，如果它的所有者高兴，便是资本所由以蓄积的基金。不过，这种事，在土地最肥沃的地方，多半是不会发生的？"（《经济学上若干名辞的论争》第74、75页。）

② 约翰·穆勒著：《经济学上的未决问题》伦敦1844年第90页。

③ 《工商业论》伦敦1770年第44页。1866年12月及1867年1月的《泰晤士报》，也揭载了英国矿山主们的感情的流露。其中并曾描写比利时的矿山劳动者的幸福状态，据说，他们只要求并只受得能继续为雇主劳动所绝对必要的生活。比利时劳动者忍受许多困苦，但仍被《泰晤士报》拟为标本劳动者（!）。在1867年2月初：马尔希奴地方的比利时矿山劳动者，以罢工来答复了，但那次罢工，被火药和枪弹镇压下去了。

直地说："假若我国的贫民（指示劳动者的术语），也奢华地生活起来？……劳动自然不得不昂腾。……那时，人们就要考虑到工业劳动者所消费的种种奢侈品，如白兰地、杜松子酒、茶、砂糖、外国水果、强性啤酒、戳印柠檬、鼻烟、香烟等。"[1] 他由诺桑普吞州一位工厂主所选的大文中，引录其侧视天空而发的悲鸣。那是说："法国劳动，比英国劳动要低廉三分之一。因为法国贫民勤苦劳动，而又甘于粗衣粗食。他们很少吃肉，主要的食物，是面包、水果、植物的茎和根，以及干鱼。在小麦昂贵的时候，还只吃极小量的面包。"[2] 那位论文家继续说："还得补充一点：他们所饮的，多是水，或是稀薄的饮料。所以他们所费的钱极其有限。……我们英国劳动者要做到这个田地，虽极困难，但并非没有实行的可能，因为在法国，在荷兰，是已经这样实行了。"[3] 二十年后，有一位列名英国贵族的美国骗子本吉明·汤姆生（Benjamin Thompson 即拉姆佛伯爵 Count Rumford），也体谅神与人，而采取同一的仁慈倾向。他的"论文集"，可说是一本食谱，其中列举的，是可以代替劳动者日常高价食物的各种代用品。这位值得惊异的"哲学家"所特制的食单，是下面这样："大麦 5 磅，$7\frac{1}{2}$ 便士；玉蜀黍 5 磅，$6\frac{1}{4}$ 便士；熏制青鱼 3 便士，盐 1 便士，醋 1 便士，胡椒及野菜 2 便士，合计所费不过

---

[1] 前书第 44、46 页。

[2] 这位诺桑普吞州的工厂主，犯了有一个在无限感慨中可以宽恕的欺骗罪。他在表面上是比较英国矿山劳动者的生活和法国矿山劳动者的生活，但其实，他在本文节引的文句内，是描述法国的农业劳动者。这一点，到后来，曾由他的混乱的叙述，露出马脚来了。

[3] 前书第 70 页第 71 页。第三版注：这种事态，由此后成立的世界市场的竞争，而更进一步了。英国下议院议员斯特卜勒东君（Mr. Stapleton）曾在选举人之前这样演说："如其中国成为一大工业国，我不知道，欧洲工业劳动者要维持这种竞争，怎样能不降低他们的水准，而与他们的竞争者，立在相同的水准上。"（《泰晤士报》1873 年 9 月 3 日号。）——今日英国资本企图达到的目标，已经不是欧洲大陆的工资，而是中国的工资了。

$20\dfrac{3}{4}$ 便士，可制出供 64 人吃的汤。如其大麦及玉蜀黍的价格中平……这汤摊归每个人的费用，还可节省到 $\dfrac{1}{4}$ 便士（不到 3 芬尼）。"[①] 惟因资本主义生产发达，商品的掺假伪造也发达，汤姆生的这种理想，遂归于无用[②]。

由十八世纪末叶至十九世纪初叶的数十年间，英国租地农业者与地主，励行着绝对的最低工资。他们支付农业劳动者的工资，还在此最低限度以下，其不足额数，则由教区当局以救恤的方式补给。英国田舍绅士们如何努力求工资率的'合法的'确定，可由下面这个滑稽的例子，指示出来——"当大地主于 1795 年在斯皮哈姆兰确定劳动者的工资时，他们已用中餐；他们显然以为，劳动者可以不用中餐……据他们确定的是：一块重 8 磅 11 盎斯的面包价格，如为 1 先令，每人的周工资应为 3 先令；面包价格如腾贵起来，但仍在 1 先令 5 便士的限度内，工资可依次增加；若更突破此水准，则工资要比例于面包价格的腾贵而减少；到面包假格达到 2 先令时，劳动

① 本吉明·汤姆生著：《政治经济哲学论文集》全三卷伦敦 1796 年—1802 年第 1 卷第 288 页。艾登爵士在其所著《英格兰贫民状态或劳动阶级史中》，曾把卢姆福德伯爵的乞丐汤，极力向贫民收容所的监督人推荐，他并责备地警告英格兰的劳动者，说："在苏格兰，有许多贫民不吃小麦裸麦和肉类，他们吃混有水和盐的燕麦与大麦，接连几个月如此，但还是非常舒适的。"（前书第 1 卷第 2 篇第 2 章第 503 页。）就在十九世纪，我们还发现同样的"指示"。例如："极合卫生的混和麦粉，虽为英格兰农业劳动者所拒食……但在教育较为优良的苏格兰，恐怕没有这种偏见。"（巴利 Charles H. Parry《现行谷物条例的必需问题》，伦敦 1816 年第 69 页。）这位巴利君还这样叹说：今日（1815 年）英格兰的劳动者，比之艾登时代（1797 年），是更加堕落了。
② 据最近国会委员会关于生活资料掺假问题的报告，在英国，药料品的掺假制造，也不是例外，宁说是当作原则实行的。例如，把由伦敦三十四家药店购来的鸦片分别加以化验，就发现其中有三十一种，混合有罂粟头、麦粉、胶质、黏土、砂等。丝毫没有包含吗啡元素的，竟不在少数。

者的营养量，就不得不比以前减少 $\frac{1}{5}$。"① 彭内特（A. Bennette）是一位大租地农业者，他一身兼充治安裁判官，救贫局管理委员，及工资调节员。1814 年，他受贵族院调查委员的审问："劳动者一日劳动的价值，该有若干是由救贫税补充罢？"他答："是的，各家族一周间的收入，必须由救贫院补足，使每人有一块 8 磅 11 盎斯的面包，和 3 便士的货币；……照我们看来：每个人一周间的生存，有 8 磅 11 盎斯的面包，就够维持。用 3 便士制衣。如其教区当局觉得以供给衣服为便，则 3 便士可以不给。这种方法，不仅通行于菲尔特州西部一带，我相信；全国也都通行。"② 当时有一位资产阶级著作者，曾这样呐喊"他们（租地农业家）竟在几年之内，把国民中一个可敬的阶级，驱向贫民收容所，使其堕落。……他们妨碍劳动者方面最必要的消费基金的蓄积，借以增殖他们自己的利得。"③ 在今日，在剩余价值的形成上，从而在资本蓄积基金的形成上，直接劫掠劳动者必要消费基金这件事，有莫大的作用。所谓家内劳动，已为我们指示出来了（第 13 章第 8 节）。在本篇后面，我们将提出关于这个问题的更重要的事实。

不拘在那种产业部门，由劳动手段构成的不变资本部分，都须够一定数劳动者（其数依企业规模而定）使用，但这并不是说，这种资本部分，必须与其所用劳动量，以同一比例增加。现在假定有一个工厂，雇用一百个劳动者，每人劳动八小时，一日共提供八百

---

① 纽拿姆（G. B. Newnham）律师著：《评国会二院谷物条例委员会前的供述》伦敦 1815 年第 28 页注。

② 前第 19、20 页。

③ 巴利著前书第 77 页，第 69 页。地主们以英国之名，进行反雅各宾战争，对于这战争，他们不但没有蒙受何等损失，且还大发其财了。"他们的地租，在十八年间，有增加两倍的，三倍的，四倍的，甚且还有加到六倍的。"（前书第 100、101 页）

劳动小时。在这场合，资本家如更要获有四百劳动小时，他可以新雇五十个劳动者。但他加雇劳动者时，他不但要为工资增添资本，且要为劳动工具增添资本。于是，另一个可能方法被采用了，那就是照原雇一百劳动者把每日的劳动时间，由八小时，延至十二小时。在这场合，原有的劳动手段，就够应用了，特其磨损比较迅速罢了。这一来，由劳动力拉长所追加的劳动，就能在不变资本部分无须比例增加的场合，增大蓄积的实体，即增大剩余生产物与剩余价值了。

在采掘工业，例如在采矿业上，原料并不构成垫支资本的一部分。劳动对象并不是过去劳动的产物，如金属、矿物、石炭、石材等，都是自然的赐物。在这种场合，不变资本殆全由劳动手段构成。此等劳动手段，得从容对付劳动者由昼夜轮班等法所增加的劳动量。然生产物量及其价值，却可在其他一切情形不变的限度内，与劳动量成比例的增加。在那种场合，正如最初一日的生产上一样，将由原始生物形成者，由资本物质要素形成者（即人类与自然），相互协力地活动。就赖以劳动力的伸缩性，蓄积的领域，虽不先行增加不变资本，也可扩大。

在农业上，不在种子及肥料上为追加的垫支，耕地诚然不得扩大。但那种垫支一旦实行之后，那怕是土地上面的纯机械的加工，也会在生产物量上，发生奇异的影响。但当同数劳动者支出较多劳动量时，虽不在劳动手段上为新的资本垫支，土地的肥沃程度也会由此增进的。在这场合，人类对于自然的直接作用，也是不借新资本即可增大蓄积的直接的源泉。

最后，在狭义的工业上，每一度在劳动上为追加的支出，虽必须相应地在原料上为追加的支出，但不一定要在劳动手段上为追加的支出。并且，因制造工业要由采掘工业及农业取得原料和劳动手段，故后者不为追加资本垫支即可造出追加生产物的情形，当然也于前者有利。

概括的结论是：劳动力与土地，为财富的两个本原的创造者；资本并合这两者，因而获得一种伸张力。这种力。允许它把蓄积的要素，扩大到这个限界以外，这个限界，表面上像是由它自身的大小，换言之，表面上像是由已经生产出来的生产手段（它自身即在其中存在）的价值与量设定的。

资本蓄积上，还有一个重要因素，即是社会劳动的生产力程度。

随着劳动生产力增进，体现一定量价值从而一定量剩余价值的生产物量，也相应增大。在剩余价值率没有变化的场合固不必说，即在剩余价值率低落，但其低落程度，较之劳动生产力增进为缓慢的场合，剩余生产物量，也会增加。所以，剩余生产物分割为所得与追加资本的比率如其没有变更，资本家即不减少蓄积基金，也可增大其消费。蓄积基金的比例量，在商品价格低廉，资本家得以减少的消费基金，支配较以前同样多的甚或更多的享乐资料时，还可牺牲消费基金，以行增大。而且，如我们前面讲过的，在劳动生产力增进时，劳动者便宜的现象，从而剩余价值率增进的现象，即在真实工资昂腾的场合，也会发生真实的工资，决不与劳动生产力以同一比例增进。同一的可变资本价值，得运转较多的劳动力，得运转较多的劳动。同一的不变资本价值，将体现在较多的生产手段中，换言之，即体现在较多的劳动手段，劳动材料及补助材料中，从而，它所供给的生产物形成要素与价值形成要素增加了，所供给的吸收劳动的材料也增加了。所以，追加资本的价值尽管保持原状，甚或减少，蓄积的速度，仍可增进。不但再生产规模在物质方面扩大；剩余价值生产，还比追加资本的价值，更迅速地增大。

劳动生产力的发展，对于原资本或即经投用在生产过程内部的资本，也有反应作用。机能的不变资本的一部分，是由机械一类劳动手段所构成，那种劳动手段，要在一个长时期内，才消费得了，并再生产出来，或由同种类的新对象所代置。不过，这种劳动手段，逐年有一部分消灭，逐年有一部分达到其生产机能的终点。那就是说，逐年有一部分，周期地再生产，或周期地为同种类的新物件所代置。假若劳动生产力在这种劳动手段的生产地方，因科学与技术的不断进步而增进了，则代置旧机械、工具、器具的，将是更有效、更低廉（参照其能率而言）的机械、工具、器具等。所以，我们就把已有劳动手段在细目上的不断改进存而不论，旧的资本，也会在比较更生产的形态上再生产的。不变资本的另一部分，为原料与补助材料，这些材料在一年之内，就要不绝地再生产；并且它们有最大一部分，是逐年为农业所再生产的。所以，如在这方面的生产上采用改进的方法，那对于追加资本和已经在机能中的资本，几乎同时都有影响。每一种化学上的改进，不仅增多有用材料的样数，且会复化已有的有用材料的用途；并在资本增大时，将其投资范围也扩大。不但此也，那同时还指教我们，如何把生产过程与消费过程上的排泄物，返还到再生产过程的循环中；这一来，不用预先投下资本，就可以造出新的资本材料。正如单单把劳动力拉得紧张，已经可以增大对于自然财富的利用一样。科学与技术的进步，使资本有一种与机能资本量相独立的伸张力，这种伸张力，同时对于原资本的已经进入更新阶段的部分，发生反应作用。由是，这个资本部分，就把那在它旧形态背后完成的社会进步，无所破费地，并合在它新形态中了。当然，劳动生产力的发展，不免要引起机能资本（funktionierenderKapital）一部分的价值减损。这种价值减损，如果在竞争上被痛切地感到了，其主要负担要落在劳动者身上。资本家会增大对于劳动者的榨取，由此弥补他这种损失。

劳动把它所消费的生产手段的价值，移转到生产物内。从另一方面说，由一定量劳动推动的生产手段的价值，则与劳动生产力的增加，以同比例增加。所以，就令同一劳动量，不绝以同量新价值加于生产物，但在劳动生产力提高时，由劳动移转到生产物去的旧资本价值仍然会增加。

　　举例来说吧。一个英国纺纱工人与一个中国纺纱工人，以同一的强度，同一的劳动时间，从事劳动，他们在一周间各自造出的价值相等。但这种价值虽相等，借强有力的发动机械而劳动的英国人的一周生产物，与仅借纺车而劳动的中国人的一周生产物间，仍要发生莫大的价值差别。英国人用中国人纺一磅棉花的同一时间，纺数百磅棉花。比之中国人，有数百倍的旧价值，被移转在英国人的生产物中，而以新的有用的形态保存着，能重新当作资本而发生机能，并将英国人的生产物的价值膨大起来。恩格斯曾指示我们说："在1782年中，英国前此三年的全部羊毛收获，都因劳动者的不足，无由加工制作；如其没有新发明的机械来帮同进行纺绩，那些原封未动的羊毛收获，还得继续搁置起来。"[1] 已在机械形态中对象化的劳动，自然不会直接促起任何个人出现，但那不但使较少数的劳动者，能由相对较少量的活的劳动的追加，对羊毛为生产的消费，由是附与以新的价值；同时还能在毛绒线及其他形态上，保存旧来的羊毛价值。不但此也，羊毛的扩大再生产，且可由此受到促进和刺激。创造新价值同时又保存旧价值，那是活劳动的天赋的性质。所以，在生产手段的功能，范围，与价值扩大时，从而，在蓄积因劳动生产力发达而增进时，劳动会把继续增大的资本价值，在

---

[1]　恩格斯著：《英国劳动阶级的状况》第20页。

不断的新的形态上，予以保存，并使其永久化①。但劳动的这种自然力（Naturkraft），会表现为并合劳动的资本的自我保存力（Selbster-haltungskraft），正如劳动的社会生产力，会表现为资本的特性；资本家对于剩余劳动的不绝占有，会表现为资本的不绝的价值自行增殖一样。商品的一切的价值形态，都表现为货币的形态；同样的，劳动的一切的力，都表现为资本的力。

---

① 古典派经济学，因为对于劳动过程及价值增殖过程没有充分的分析。故不曾适当地把握再生产上的这个最大要素。里嘉图的著作，就是如此。例如他说：生产力不论发生怎样的变化，"一百万劳动者在工厂中所生产的价值，常是一样"。在此等劳动者的劳动时间与劳动强度，没有变易的限度内，这种说法是对的。不过，里嘉图在若干推论上，忽视了一种事实，即劳动生产力一有差异，由同一百万劳动者转化的生产手段量，将大有差异，由是在他们生产物中保存的价值量，从而，由他们供给的生产物的价值，都要发生极大的差异。在这里，我想顺便谈到一点。里嘉图依据上面的例子，想使萨伊明白使用价值（在这场合，他称其为富或物质的富）与交换价值的区别，但没有成功。萨伊答复他说："里嘉图说：应用较善方法的同一百万劳动者，不生产较多的价值，只能造出两倍或三倍的富。这种事实，里嘉图认为是经济学上的难关，但若我们把生产看为（也应当看为）是一个交换，这个难关就会消灭。我们就是在这种交换上，把我们的劳动，我们的土地，我们的资本，提供生产的劳务，而获碍生产物的。我们就借着这种生产的劳务，而获得世界所提供一切的生产物。所以……在名为生产的交换上，我们由生产的劳务所获得的有用物愈多，我们就愈富，我们的生产的劳动，就愈有价值。"（萨伊著：《给马尔萨斯先生的信》巴黎 1820 年第 168、169 页。）萨伊所要说明的"难关"（这"难关"，在他看是存在的，里嘉图则认为不存在），是如下面所述：劳动生产力增进的结果，一定量劳动所造出的使用价值量增大了。但为什么这种使用价值的价值不因而增大呢？他自己答：这种难关，一把使用价值称为交换价值，就解决了。交换价值，是以某种方式与交换相关联的东西。所以，如果我们把这个以劳动和生产手段交换生产物的事，名为生产，则由生产供给的使用价值愈大，我们获得的交换价值也愈多，这是像水一样明白的事实。以为袜例来说，制为者由一日劳动供给的使用价值（为）越是多，则就袜而言，工厂主便越是富裕。但萨伊突然觉得，袜的"数量愈大"，其价格（这自然与交换价值无何等关系）就会趋于低落，"因为竞争会强使他们（生产者）（转下页）

资本增大，使用资本与消费资本之间的差额，也相伴增大。换言之，。如像建筑物，机械，排水管，代劳家畜，乃至各种器具一类的劳动手段，在价值上，在物质上，都会增大起来；它们会在不断反复的生产过程中，长期地或短期地，以其全范围发生机能或成就某种有用的效果。但它们自身是逐渐磨损的，从而，只断片地丧失其价值，从而，只断片地转移其价值于生产物中。它们在一定程度内，不附加其价值于生产物，只当作生产物形成要素（Produktbildner），换言之，它们是全部被使用，但只一部分被消费。在这程度内，像我们前面讲过的那样，它们就像水，蒸汽，空气，电气一类自然力一样，担任了不要任何代价的劳务。过去劳动为活劳动所捕捉而附与生气时，它的不要任何代价的劳务，会随蓄积规模的扩大而益益增加。

因为过去劳动（vergangneArbeit）常假装为资本，换言之，即因为 A、B、C 等劳动的被动形态，假装为非劳动者 X 的能动形态，资产阶级和经济学者们，遂都对于过去劳动的劳务，赞不绝口。照苏格兰的天才麦克洛克所说，过去劳动，是应当在利息利润等形

_____

（接上页注）照成本提供他们的生产物"。但若资本家依照成本价格出卖商品，他的利润将从何产生呢？不用担心啊！萨伊这样说明了：生产力增进的结果，各个人以同一的等价，以前得袜一双，现在可得袜两双了。因此，萨伊所达到的结论，与他企图反驳的里嘉图的命题，完全一样。他在思考上这样大大努力一番之后，就扬扬得意地，以如下的论调，指点马尔萨斯说："先生，这确是切当的学说。我相信，不依照这种学说，经济学上的最大难关，特别是，富虽代表价值，但生产物价值减少，国民仍可更加富裕的问题，将无从解决。"（前书第170页。）一位英国经济学者，关于萨伊《在给马尔萨斯先生的信中》表现的这一类灵巧手法，曾批评说："这种矫饰的腔调，拢总说来，就被萨伊先生自诩为自己的学说。他还热心地怂恿马尔萨斯，叫他在赫特福德，像在欧洲大多数地方一样传授。他说：'如其对于以上的一切命题，发现有何等自相矛盾之点，最好是考察它们所表现的事物。我自信：这些命题，是极为单纯，极合理的'。无疑的，依照这种办法，这些命题会表现为一切别的东西，只不表现为根本的，重要的。"（《需要性质之原理的研究》第116页第110页。）

态下，取得特殊报酬的①。过去劳动在生产手段形态上所给予活劳动
过程之有力的不绝增大的帮助，竟被归功于过去劳动的这种形态
（在这种形态下，那种劳动，已当作无给劳动，离开了劳动者自身），
那就是资本形态。奴隶所有者不能想到，劳动者自身与其成为奴隶
的性质有区别，资本主义生产之实际代理人及其观念代辩者，也想
不到，生产手段与其今日所披上的对抗的社会的假装有区别。

劳动力的榨取程度如有一定，剩余价值量就取决于同时被榨取
的劳动者数的多寡。而此劳动者数，又以各种不同的比例，与资本
量相照应。所以，由累次蓄积而增加的资本愈多，则化分为消费基
金与蓄积基金的价值总量也愈大。就这样，资本家一方面尽管过着
更逸乐的生活，同时仍可表示其更加"节欲"。最后，生产的一切发
条，还会因垫支资本量的愈益增加，生产规模的愈益扩大，而不绝
加强其伸展作用的。

V　所谓劳动基金

依据前面所说明的，就知所谓资本，并不是一个固定的量，它
是社会财富中一个可以伸缩的部分，得随剩余价值在所得与追加资
本间的分割，不断地一同发生变动。而且，我们还知道，那怕在机
能资本量一定不变的场合，并合在那种资本量中的劳动力、科学、
土地（经济学上所说的土地，是指不经人类协力，而由自然提供的
一切劳动对象）等，也会成为它的伸缩能力，而在某种限度内，成
为一个与它自身数量无关的作用范围。但在此种研究上，我们把流
通过程上的一切情形，把种种使同量资本发生极不同作用程度的情
形，存而不论了。而且，因为我们以资本主义生产的限制为前提，

---

① 西耳尼获得了"节欲的工资"这种学说的专利权，但在这以前很久，麦克洛克已
获得了"过去劳动的工资"这种学说的专利权了。

换言之，以社会生产过程一个纯然没有组织的姿态为前提，故关于一切用现有生产手段与劳动力而行的直接的有计划的合理的结合，也都不予注意。古典派经济学，惯把社会的资本，视为有固定效用程度的一个固定量。这种偏见，又为俗物的老祖宗边沁①，确立成了一个信条。边沁乃是十九世纪资产阶级常识上一位乏味的，炫博的，逞辩的预言家。他在哲学者中间，如同马丁·塔帕（MartinTupper）在诗人中间一样。他们两者都只能在英国制造出来②。依他的信条，不但生产过程上最普通的现象（即突然伸缩的现象）不能理解，就是蓄积本身，也完全不能理解③。边沁自身，乃至马尔萨斯、詹姆斯·穆勒、麦克洛克等，都是在辩护的目的上，利用这个信条；他

① 主要是参照边沁著：《犯罪及刑罚论》爱梯安奈·德蒙（Eetienne Dnmont）法译本第三版巴黎 1826 年第 2 卷第 4 篇第 2 章。
② 杰勒米·边沁，是一种纯粹英国的现象。就把我们德国的哲学者克利斯钦·沃尔夫（Christian Wolf）也包括在一道来说罢，在任何时代，任何国家，也没有像这样不足齿数的平凡，竟然这样自我满足地横行阔步。他并不是功利主义的发现者。他不过把爱尔维修（Helveetius）及其他十八世纪法兰西著者的才气横溢的言论，在晦钝的方法上，再生产罢了。例如，要知道什么对于犬有效用，先得研究犬的性质。而这种性质自身，是不能由功利主义推知的。如把这种原理应用到人身上来，想由功利主义来批判人的一切行为，运动，关系等，那首先就须研究人性一般，还须研究在各历史时代变化了的人性。但边沁不这样做，竟用他的极干躁的素朴性，把近代的买卖人，特别是英国的买卖人，假定为标准的人。一切对这种标准人极其世界有效用的，则就其自身说，也是有效用的。他还进而用这种标准尺，来评价过去现在与将来。例如，宗教是有效用的，因为刑法在法律名义上制裁的罪过，宗教也曾在宗教的名义上，加以归缔艺术批评是"有害的"，因为它妨害贵人们对于马丁·塔帕的欣赏，诸如此类。这位勇士的座右铭，是"没有一天不写作"。他就用上述这类废话，写出了等身的著作。如其我有友人海涅（Heinricn Heine）的勇气，我会把杰勒米君叫做资产阶级愚钝中的天才。
③ "经济学者惯于把一定量的资本和一定数的劳动，视为是有划一的力量或以划一的强度发生作用的生产工具。……主张商品为唯一生产动因的人，证明生产决不能扩大，因为扩大生产，以食物、原料、工具等的预先扩大为必要条件。这其实就是说，任何生产扩大，非有预先的扩大不可，换言之，即生产扩大为不可能。"（培利著：《货币及其变动》第 58 页 70 页。）培利主要是从流通过程的观点，来批评这个信条。

们特别利用这个信条，冀图把资本的一部分，即可变资本或可转化为劳动力的资本部分，表示为一个固定量。可变资本的物质存在，即劳动者的生活资料量，也即所谓劳动基金（A rb eitsfond），被杜撰为社会财富中一个判然区别出来的已由自然法则固定了，变动不得的部分。固然，要把社会财富中那当作不变资本的部分，或从其物质方面说，当作生产手段的部分进行运转，一定要有一定量的劳动。这劳动量，也是从工艺学方面决定了的。但发动这劳动量所需的劳动者数，是没有一定的；那随个别劳动力的榨取程度不同，而有种种变化。那种劳动力的价格，也没有一定的，我们至多不过是能为它定下一个极有伸缩的最低限界。这个信条所根据的事实，在一方面是，社会财富在非劳动者的享乐资料与生产手段之间如何分割，劳动者置的余地；在另一方面是，劳动者如非在幸运的例外的场合，决无权以富者的"所得"为牺牲，而把所谓"劳动基金"扩大①。

惟其想把劳动基金之资本主义的限制，描写作劳动基金之社会的自然限制，故不惮作愚笨的反复，这特别可由福塞特教授（Prof. Fawcett）所说而知。他说： "一国的流动资本（Zirkulierende kapital）②，即是该国的劳动基金。故要计算各劳动者所得的平均货

---

① 约翰·穆勒在其所著《经济学原理》中说："真正使人感到疲劳而讨厌的劳动，并不比别的劳动，获得较好的报酬，却几乎一律是获得最不好的报酬……劳动愈讨厌，则他仅获得最低报酬的事实愈加确实。劳苦与收益，不像在公正的社会组织那样，相互成正比例，却是常常成反比例"。为避免误解，且附带一言：像约翰·穆勒一流人物，诚不免有一个缺点，就是一面守着经济学上的传统信条，一面却具有近世倾向，但若把他们看作是庸俗经济学辩护者一流，却像是太不公平了。

② 剑桥大学经济学教授亨利·福塞特著：《英国劳动者的经济地位》伦敦 1856 年第 120 页。

币工资，只须以劳动者人数，除这个资本就行了①。"这无异说：先把现实支付的个别工资加算起来，然后主张；加算所得的总额，是神与自然所恩准的"劳动基金的价值总额"。最后，再以劳动者人数，除这个价值总额，使发现各个劳动者平均所得几何。这是一个不寻常的躲闪方法。福塞特君还曾以同一语调，作以下的陈述："英国积年蓄积的财富总额，分为两个部分：一部分是当作资本，用以维持本国产业，其他部分则输往外国。……投用在本国产业上的，只不过占有这个国家逐年蓄积的财富的一部分，一个不大显著的部分。"② 这就是说，不给予等价而由英国劳动者那里盗取得的剩余生产物，就有一大部分，不是用在英国本国，而是在外国资本化了。可是，伴随这种输出的追加资本而输出的，还有神与边沁所发明的"劳动基金"的一部分③。

---

① 这里必须引起读者注意的，就是可变资本与不变资本的范畴，首先是由我使用。亚当·斯密以来的经济学，都把这两个范畴内包含的本质的区别，和那由流通过程生出的形式上的区别，即固定资本和流动资本的区别，混为一谈。关于这个问题，在本书第2卷第2篇还要进一步说明的。

② 福塞特著：前书第122、123页。

③ 我们可以这样说：逐年以移住国外的形式，由英国输出的，不仅是资本，更还有劳动。不过，由国外移住者带出去的家财工具，在本文中是没有说及的。在此等移住者中，大部分都不是劳动者。他们大部分是租地农业家的儿子。逐年以获取利息为目的而输往国外的英国的追加资本，对逐年蓄积的比例，是更大得多。逐年的国外移住，对逐年人口增殖的比例，是更小得多的。

I 在资本构成不变的场合，劳动力的
需要随蓄积而增加

这一章所要研究的，是资本的增大，在劳动者阶级的命运上，有怎样的影响。这种研究上最重要的因素，就是资本构成（Die zu ammensetzung des kapitals）和这种构成在蓄积过程中所生的变化。

资本的构成有两重意义。从价值方面说，那是由资本分割为不变资本（即生产手段的价值）与可变资本（即劳动力的价值，也即工资总额）的比例而定。从资本在生产过程内部发生机能的物质方面说，一切资本，皆分割为生产手段与活的劳动力。这两者的构成，是取决于所使用的生产手段量，与其使用所需的劳动量之间的比例。我称前者为资本的价值构成（Wertzusammensetzung），后者为资本的技术构成（die echnische zusammensetzung）。这两种构成之间，存有密切的相互关系。为要表现这种关系，我把这种资本价值构成，即取决于资本技术构成而又反映那种技术构成的变化的资本价值构成，称为资本的有机构成（die organische zusammensetzung）。当我们简单说资本构成时，常是指这种有机构成。

在一特定生产部门投下的许多个别资本，其构成多少互有不同。我们由此等资本的个别构成的平均，征知这整个生产部门的总资本的构成。最后，我们又由一切生产部门的平均构成的总平均，征知一国社会资本的构成。我们在下面，只好就这种社会资本来说明。

资本的增大，含有转化为劳动力的可变资本部分的增大。转化为追加资本的剩余价值部分，往往不得不再转化为可变资本，即追加劳动基金。假定其他一切情形不变，资本构成也不变，从而运转一定量生产手段即不变资本，常须有同一劳动量，在那场合，劳动的需要，和劳动者的生存基金，显然会与资本增加，以同一比例增加；资本的增加愈迅速，这种生存基金的增加，也愈加迅速。因为资本年年生产剩余价值，而这剩余价值的一部分，年年追加到原资本中去；因为这种追加量，随着已在机能中的资本的增大，而年年增加；最后又因蓄积的规模，得在致富冲动的特殊刺激（如新发展的社会需要所展拓的新市场或新投资范围等）下，单由分割剩余价值（或剩余生产物）为资本与所得的比例的变化，而突然扩增，故资本的蓄积欲望，会超过劳动力或劳动者人数的增加，即劳动者的需要，会超过其供给。这一来，劳动工资就不免要昂腾起来。不错，如上面假定的情形继续不变，工资的昂腾，终于会见诸事实的。因为，被雇劳动者数，一年多过一年，迟早总会达到一个限点，以致蓄积欲望，超过通常的劳动供给，从而引起工资的昂腾。关于这种倾向的怨嗟之声，我们在整个十五世纪及十八世纪前半期的英国，是听得惯熟的。固然，工资劳动者的维持与增殖，会由此得到多少有利的场面，但这种场面，于资本主义生产的根本性质，没有何等影响。单纯再生产会不绝再生产资本关系自身，即一方再生产资本家，他方再生产工资劳动者；同样，规模继续扩大的再生产或蓄积，也会再生产规模继续扩大的资本关系，即在一极，再生产更多或更大的资本家，在其对极，再生产更多的工资劳动者。但劳动力要不绝当作价值增殖的手段，并合于资本，而且不得与资本分离；它对于资本的隶属关系，不过由购买它的个别资本家的更迭变换而被掩蔽。所以，像这样的劳动力的再生产，实际无非是资本自身再生产的一要素。所以，资本的蓄积，即含有无产者增殖的意味①。

对于这种事实，古典派经济学是把握得很牢的；以致亚当·斯密、里嘉图辈，都如前面所说：错误地，把蓄积，与剩余生产物（转化为资本的）全部由生产劳动者消费的事实，即转化为追加劳动者的事实，视为同一。远在 1696 年，约翰·白拉斯（John Bellers）曾说："假若一个人有十万英亩土地，十万镑货币，十万头家畜，但却没有一个劳动者，这位富者，还不就是一个劳动者么？因为劳动者能使人富裕，故劳动者愈多，富人也愈多。穷人的劳动，就是富人的富源。"② 孟德维尔（Bernard de

---

① 马克思著：《工资劳动与资本》。——"民众所受的压迫程度不变，则一国无产者阶级人数愈大，其国乃愈富。"（柯林 Colins 著：《经济学，革命与社会主义乌托邦的源泉》巴黎 1857 年第Ⅲ卷第 331 页。）从经济学上来考察，所谓"无产者阶级"，不外就是生产"资本""增大""资本"的工资劳动者，只要他们对于贝魁尔（Pecqueur）所谓"资本君"的价值增殖欲望，一旦成为多余的，他们马上就要被驱逐的。"原始森林的病弱的无产者"，乃是罗雪尔心中的美妙的幻想。原始森林的栖息者，就是原始森林的所有者。他像猩猩一样，无所忌惮地，把原始森林看为自己的所有。所以，他不算是无产者。必须是原始森林利用他，不是他利用原始森林，他方才成为无产者。就健康状态说，这种人不单足与近世无产阶级相比较，且还足与梅毒的瘰疬的上流阶级相比较。不过，罗雪尔先生所谓原始森林，恐怕就是他的故乡里奈堡的丛林罢。

② 约翰·白拉斯著：《设立工业大学的建议书》第 2 页。

Mande ville）也在十八世纪之初说："在所有权确有保障的地方，没有货币还可，没有贫民简直不行。贫民没有了，叫谁劳动呢？……对于贫民，是应当使他免于饥饿的，可是不应当让他获有任何值得贮蓄的东西。不管那里，那怕是一个属于最低阶层的人，如果凭他非常的勤勉，节省到不吃的程度，想由此把自己的地位提高，那是谁也不应妨阻他的。不仅此也，无论就社会上各个人说，或就各家族说，节俭都不可否认是最贤明的方法。然而，对一切富裕国家有利的事体，却是最大部分的贫民，从来不懒惰，但常须支用其全部收入。……每天借劳动而营生计的人，除缺乏外，没有何等可以刺激他勤劳的原因。缓和此种缺乏，虽属贤明，若加以治疗，则失之愚笨。能促使劳动者勤勉的唯一手段，就是适度的工资。工资太少，劳动者将依其不同气质，或者变为垂头丧气，或者陷于自暴自弃。但如工资过多，又将使其傲慢而怠惰。……由以上的说明，足征在不许奴隶存在的自由国中，确实的富，乃系于劳动贫民的众多。因为此等贫民，不但是供给海陆军的无限的源泉，并且，没有他们，任何的享乐，却不能存在，一国任何的生产物，都无从利用。要求社会（当然是劳动以外的人的社会）幸福，要使人民安于最贫贱的环境，就得以多数人的贫困与无知为必要条件。知识使欲望加大，使欲望加繁。所欲望者愈少，欲望的满足，也愈容易。"① 就是这位正直而头脑清晰的孟德维尔，也尚有不会理解的事，那就是，蓄积过程的机构，会在增大资本时，增加劳动贫民的数目。这种劳动贫民，就是所谓工资劳动者，他们把自己的劳动力，转化为益益增

---

① 孟德维尔著：《蜜蜂寓言》第 5 版伦敦 1728 年评述第 212、213 及 228 页。"有节制约生活和不断的劳动"（著者的思想，是说尽可能延长劳动日，尽可能减少生活资料），"是使贫者有合理的幸福"，"使国家（即地主，资本家，及他们在政治上的高官和代理人）富而有力的直接的路"。（《工商业论》伦敦 1770 年第 54 页。）

大的资本之益益增大的增殖力，并由是把自己对于自己的生产物——即人格化为资本家的生产物——的隶属关系，永久化。关于这种隶属关系，艾登勋爵（Sir F. M. Eden）曾在其所著《贫民的状态》或《英国劳动阶级史》中说："我国的土地自然产物，确实不够维持我们的生活。如其不是仰赖过去的劳动，我们的衣食住都成问题。至少，社会一部分人必须不辞辛苦地劳动。……其他的人，虽然，不纺绩也不劳作，而支配着产业的生产物，但他们之得免于劳动，只是沾文明和秩序的光。……他们纯然是市民制度（der Bürgerlichen Institutionen）的产物①。这样一种制度，承认一个人虽不由自身劳动，也可占有劳动的结果。拥有独立财产的人……他们之获有财富，绝非凭他们自己的卓越的能力，几乎全是……靠他人的劳务。使社会中的富有者与劳动分子区别的，并不是因为前者拥有土地或拥有货币，而是因为他们支配着他人的劳动。这个计划（艾登所赞成的计划），将给有产者以支配劳动者的充分的（绝非过分的）影响与权力，把那些劳动者安置在非下贱非奴隶的状态中，但安置在安易而宽大的隶属状态中；凡属通晓人间性，通晓人类史的人，都承认这种隶属状态，是劳动者为自身幸福所必要的。"② 在这里，我得顺便指出，在亚当·斯密的门人中，只有艾登勋爵，曾在十八世纪成

---

① 艾登所应问的，宁是"市民制度"究从何产生。他由法律幻想的立场，不认法律为物质的生产关系的产物，却反而以生产关系为法律的产物。对于孟德斯鸠的幻想的"法的精神"林格（Linguet）单用"法的精神即是所有权"一语，就把它全盘推翻了。

② 艾登著：《英国贫民的状态》或《劳动阶级史》第 I 卷第 I 篇，第 I 章第 1、第 2 页。序文第 20 页。

就某种重要的功绩①。

在上面所假定的对于劳动者最有利益的蓄积条件下，劳动者对于资本的隶从关系，是采取可以容忍的形态，用艾登的话，就是采取"安易而宽大的"形态。资本增大了，这种关系与其说是跟着发生内涵益益充实的倾向，宁说是发生外延益益扩大的倾向；换言之，不过资本榨取与支配的范围，随资本自身的增殖及其隶属者数的增加，而益形扩大。在他们自己的但继续不断转化为追加资本的剩余生产物中，会有较大一部分，是以支付手段的方式，流回到他们自己手中，使他们得扩大享乐范围，除充用衣

① 如其读者记起 1798 年刊行《人口论》的马尔萨斯，我就要以下面的事实，提醒读者。就那部书最初刊行的内容来说，它也不过是对于德福（Defoe）、斯杜亚、汤生德（Townsend）、富兰克林、瓦拉斯（Wallace）一辈人的言论，加以小学生样浅薄的，僧侣样改头换面的剽窃。那里面没有包含一个独创的命题。至那部小书所以会名噪一时，全是由于党派利害的关系。在当时，法兰西的革命，已经在不列颠联合王国，找到了热心的拥护者。"人口的原理"，是在十八世纪慢慢演成的；嗣后便在一个大社会危机当中，大擂大鼓的，被吹得像似康多塞（Condocet）等学说的有效的消毒剂；英国的寡头政治，也把它看作是一切渴望人类进步的热望的大铲除器，报之以欢呼。马尔萨斯对于他自己的这种成功，也大为惊愕的，他于是进而着手改编他的《人口论》，把各种皮毛搜集的材料，塞进旧的构造中，并追加一些非由他发现，不过由他拼凑的新材料进去。此外，值得注意的是：马尔萨斯虽为英国国教会的僧侣，却立过严守独身的修道院的誓言。因为必须如此，他方才能够取得新教的剑桥大学的校友资格。"我们不容许既婚者为校友会会员，一经结婚，就会取消他的校友资格。"（剑桥大学委员会会报第 172 页。）这种事实，使马尔萨斯对于其他新教僧侣，显示了一种有利的区别，即其他的新教僧侣，一方面脱弃僧侣应该独身的加特力教的命令，主张以"多生多殖"为特殊的圣经的使命，到处以不体面的程度，贡献于人口的增殖，但同时却又向劳动者宣论"人口的原理"。这里有一个特征的现象，就是经济上的原始罪恶，亚当的苹果，急迫的情欲，以及僧侣汤生德滑稽称说的"挫钝古比德神的剑的各种障碍"——这诸种事实，都为新教神学或新教会的人所独占，所继续独占着。除了有创见的，才气横溢的威尼斯牧师奥特土（Ortes）一人而外，所有的人口问题的论者，差不多都是新教僧侣。（转下页）

类家具等的消费基金外，还可贮积少额的货币准备。可是，衣食及待遇的改善及家财的增加，不足以废绝奴隶的隶从关系与榨取；同样，工资劳动者的隶从关系与榨取，也自无从由此得到消除。劳动价格随资本蓄积而增腾的现象，实际不过表示劳动者为自己冶造的锁链，已经有这样长这样重，就略微松放一点也无妨而已。所有关于这个问题的论争，大抵都把主要问题——即资本主义生产的特征性质——忽略了。在资本主义生产之下，劳动力的购买者，并不是要由他所购买的劳动力者劳务，或其生产物，来满足他个人自身的欲望。他的目的，是在增加自己的资本价

（接上页注）把讨论这个问题的小僧侣们暂置勿论，如近世人口论集大成的《动物体系论》（勒登1767年刊。这书的观念，系得自魁奈及其老弟子米拉波间关于人口问题的论争）的著者布洛克纳（Bruckner），其次如僧侣瓦拉斯，如僧侣汤生德，如僧侣马尔萨斯及其弟子大主教汤玛斯·查尔麦斯（Thomas Chalmers），都是新教的僧侣。在最初，从事经济学研究的，为霍布士、洛克、休谟等哲学者，为汤玛斯·摩尔（Thomas More）、腾普尔（Temple）、沙里（Sully）、德·韦特（De Witt）、诺兹（North）、劳（Law）、凡德林（Vanderlint）、阐梯龙、富兰克林等实业家政治家；而特别在理论方面收到最大结果的，是配第、巴贲（Barbon）、孟德维尔，魁奈之流的医生。就在十八世纪中叶，当时显著的经济学者僧侣杜克尔（Tucker），还声辩他为什么要研究财神。然此后，新教僧侣的丧钟，正是用这个"人口原理"敲起来的。配第把人口视为是富之基础，他和亚当·斯密同样为僧侣的公然的敌人，他好像预觉到了他们这种拙劣的干涉，所以说："僧侣最肯制欲的时候，就是宗教最繁盛的时候；那正如同我们前此说到的法律一样，法律家最少作为的时候，就是法律最有效果的时候。"因此，他忠告新僧侣们说：假若诸君遵从使身罗罗的教言，由独身而"制欲"，"诸君所造出的教职者，就不致超过现在寺产所能吸收的人数。换言之，英国兰和威尔斯仅有一万二千教职的时候，诸君造出二万四千教职者，实为不智。那时候，得不到教职的一万二千人，就得寻求谋生的路。他们要达成这种目的，最简而易行的方法，就是向着世人，记已有教职的一万二千人，在毒害并饥饿世人的灵魂，在迷混他们走向天国之路"。（配第著：《赋税论》伦敦1667年刊第57页。）亚当·斯密对于当时新教僧徒们的态度，也可由以下的事实征知。（转下页）

值；换言之，在求所生产的商品中，含有他支付代价以上的劳动量，即含有他不用支付代价而得由售卖实现的价值部分。剩余价值的生产或货殖，是资本主义生产方法的绝对法则。劳动力之所以能够出卖，只由于它能把生产手段当作资本来保存，当作资本

（接上页注）参看"一封给亚当·斯密博士的书信：论其友人休谟之生涯与哲学。"（所谓基督教徒的一份子著：第四版，牛津 1784 年。）诺尔维克市的僧正霍尔尼博士（Dr. Horne），曾根据下述的理由，非难亚当·斯密，那就是亚当·斯密在给斯特拉罕（Strahan）的公开信中，要"使他的朋友大卫（即休谟）成为不朽"，并昭告于世，说"休谟在临终的床上，尚读《卢细安》与《荷伊斯特》自娱"，此外，他还这样鲁莽地描述休谟，说"在他看来，休谟无论在其生前在其死后，都常常在人间脆弱性许可的范围之内，和全智有德的人物的理想相接近"。对于他这些议论，那位僧正愤然谴责地说："先生，你把一个对于整个宗教抱着不可救治的反感的人的品性和行为；把一个用全幅精力，在人类间，破坏，抑压，铲除宗教精神，如其可能，当使其名字不复留于记忆中的人的品性和行为，表示为'全智有德'，这是得当的么？"（前书第 8 页）"真理的爱好者，不用丧气啊！无神论是不会永久存续的。"（前书第 17 页）亚当·斯密"抱有在国内传播无神论的可怕的恶意"（这是就他的《道德情操论》说的）。"大体说来，博士先生，足下的手段是高明的。但这次我相信足下不会成功。足下想依大卫·休谟的实例说服我们，使我们相信无神论是元气缺少者的唯一的亢奋剂，是死的恐怖之切当的解毒剂。……足下只好向着成为废墟的巴比伦微笑啊！只好向覆灭在红海中的无情的巴诺王祝福啊！"（前书第 21、22 页。）有一位正统基督教徒，亚当·斯密的同学，曾在斯密死后，这样描述他："他对于休谟的友谊……使他不克成为一个基督教徒。……他对于他所爱好的公正人的话，几乎没有不相信的。假若他是有创见的天文学者霍洛克斯（Horrox）的友人，他也许会相信：即令没有云的作用，月亮有时也会在澄澈的天空中消灭。……他在政治上的主义，接近共和论。"（杰姆斯·安徒生著：《蜜蜂计》十八卷，爱丁堡 1791 年至 1793 年第三卷第 166 第 165 页。）僧侣汤玛斯·查尔麦斯就猜想，亚当·斯密发明"不生产的劳动者"这个范畴完全是出于恶意，专门拿来影射新教僧侣的，虽然这些新教僧侣在主的葡萄园中，也有他们的被祝福的工作。

来再生产它自己的价值，更以无给劳动，供给追加资本的源泉①。所以，不论劳动力的售卖条件是怎样于劳动者有利，其中总包含劳动力不绝再售卖，和一切财富当作资本不绝再生产的必要。前面讲过：工资在其本身性质上，就是以劳动者提供一定量无给劳动为前提。如把工资提高而劳动价格低落那等事实，搁置不论，则工资的增大，至多不过表示，劳动者所必须提供的无给劳动量减少。这种无给劳动量的减少，决不能达到威胁资本制度本身存在的限度。设不问关于工资率的激烈冲突——在那种冲突中，主人大体上总不失为主人，那是亚当·斯密已经告诉过我们的——则由资本蓄积引起的劳动价格的昂腾，不外假定下述二事之一：

（1）如不妨碍蓄积的进行，劳动价格得继续昂腾。在这种事实上，没有何等值得惊异的地方。因为亚当·斯密讲过："利润纵然低减，资本不仅会继续增加，且会较以前遥为急速地增加。……利润小的大资本，一般都较利润大的小资本，增加得更快"。在这种场合，无给劳动的减少，显然不致侵害资本支配的扩大。（2）劳动价格昂腾，利得的刺激顿减，以致蓄积弛缓。在此种场合，蓄积虽然减退，但同时这蓄积减退的原因，即资本与可供榨取的劳动力之间的不平衡，也归于消灭，这就是说，资本主义生产过程的机构，把它暂时造出的障碍除去了。由是，劳动的价格，将复低落到与资本价增殖欲相照应的水准，至若此水平，是在工资昂腾以前的标准水平以上，或在其以下，或与其一致，那都没有关系。我们由是知道：在第一场合，并不是劳动力

---

① 第二版注："不论为工业劳动者，抑为农业劳动者，他们受雇的限界总是一样的。这个限界就是，由他的劳动生产物，雇主有敲出一个利润的可能。如其工资率太高，致雇主的利得，降到资本的平均利润以下，雇主就不会雇佣劳动者；要他们续雇，就只有劳动者承认把工资减低。"（约翰·韦德著：《中等阶级及劳动阶级之历史》第 241 页。）

或劳动者人口之绝对的乃至比例的增加之减退，引起资本的过剩，反之，却是资本的增大，引起可供榨取的劳动力的不足，在第二场合也不是劳动力或劳动者人数之绝对的乃至比例的增加之增进，引起资本的不足，反之，却是资本的减少，引起可供榨取的劳动力（或其价格）的过剩。资本蓄积上的这种绝对运动，反映为可供榨取的劳动力的量的相对运动，好像是由劳动力的量的自体运动所产生。以数学上的语辞来说：蓄积量为自变数，工资量为他变数，不能反过来说的。这好比，在产业循环途上的恐慌期中，商品价格的一般低落，表示为相对的货币价值的昂腾；在其繁荣期中，商品价格的一般昂腾，表示为相对的货币价值的低落。于是，属于所谓通货学派（Currency Schule）的人们，乃根据此种事实，得出以下的结论，即：在物价昂腾时，是流通中的货币过少；在物价跌落时，是流通中的货币过多。他们这样对于事实的无知和误解①，恰好同那些经济学者是难兄难弟，那些经济学者对于以上所说的蓄积现象，在一个场合，认为是工资劳动者过少的结果；在另一场合，则认为是工资劳动者过多的结果。

横在所谓"自然人口法则"（naturlichen Populationsgesetz）根底上的资本主义生产法则，得简单地概述如下：资本蓄积与工资率的关系，不外就是化为资本的无给劳动，与运转追加资本所必要的追加劳动的关系。所以，这并非两种相互独立的量（即一方为资本量，他方为劳动者人口数）的关系，而是同一劳动人口的无给劳动与有给劳动的关系。如其由劳动者阶级所供给，由资本家阶级所蓄积的无给劳动量，增加过于迅速，以致它转化为资本，要求异常大的有给劳动的增加，在那场合，工资就要昂腾，在其他一切情形不变的限度内，无给劳动就要依比例减少。但这

① 参看马克思著：《政治经济学批判》第 166 页以下。

种减少，一触到滋养资本的剩余劳动，而不复能以常量供给资本的限点，马上就会引起反动。所得中转化为资本的部分减少，蓄积弛缓，由是，工资昂腾的运动受到阻止。所以，劳动价格的昂腾，将被限制在这限变内，在这限度内，它不单不会抵触资本主义制度的根底，且会确保资本主义再生产规模的扩大。由经济学者神秘化为一种自然法则的资本蓄积法则，在实际，不过表述以下的事实，即劳动榨取程度的减退或劳动价格的昂腾，一经达到这样的程度，以致资本关系的不绝的再生产与规模累进扩大的再生产感到威胁，那就会由资本主义蓄积自身的性质，予以排除。在这种生产方法之下，非对象的富，为劳动者的发展欲望而存在，反而是劳动者为既存价值的增殖欲望而存在。所以，在这种生产方法之下，上述那种事实，是无可如何的。人类在宗教上，是受他自己的头脑的产物所支配，在资本主义生产之下，则是受他自己的手的产物所支配[①]。

Ⅱ 在蓄积及伴蓄积而生的累积（Konzentration）进行中，可变资本部分将相对减少

据经济学者们自己的主张，引起工资腾贵的，既非即有的社会财富量，也非已在运用中的资本量，而只是蓄积的不断增进，和那种增进的速度（亚当·斯密《国富论》第一篇第八章）。我们以上

---

① "如果我们现在回到最初的研究，认资本本身不过是人类劳动的产物……为什么人类会陷在他自己的生产物（即资本）支配之下，甚至成为资本的隶属这一件事，就似乎完全不能理解了。但因为在现实上，这种隶属是毫无疑问地存在，所以我们就不禁要提起以下的问题：劳动者怎样会由资本支配者（因为他们是资本的创造者），变为资本的奴隶呢？"（屠能著：《孤立国》第二卷，第二篇，洛斯托克 1863 年第 5、6 页。）提起这个问题，是屠能的功绩，但他对于这个问题的解答，是幼稚不过的。

所考察的，只是这种过程的一个特殊阶段，在这阶段，资本虽增加，它的技术构成是不变的。但过程会越过这一个阶段向前进。

资本主义制度的一般基础一经固定，在蓄积进行的途上，就必然要达到一个限点，在这个限点上，社会劳动生产力的发展，成为蓄积的最有力的杠杆。亚当·斯密曾说："引起工资腾贵的原因，就是资本的增加，而资本的增加，又有增进劳动生产力，使较少量劳动生产较多量生产物的倾向"。

把土地的肥沃及其他诸种自然条件暂置不论；把独立的个别的生产者的熟练（这与其说是在量上由制作物的多寡来表现，宁说是在质上由制作物的良否来表现），也暂置不论，则社会的劳动生产力程度，就由一个劳动者，在一定时间，以同一劳动力强度，所转化为生产物的生产手段的相对量，来表示。他进行劳动所需的生产手段量，随其劳动生产力的增进而益益加大。但生产手段要扮演两重任务。即某一些生产手段的增大，是劳动生产力增进的结果；别一些生产手段的增大，为劳动生产力增进的条件。例如，赖有制造业分工与机械采用之故，同一时间可加工好较多量的原料，从而，得以较多量的原料及补助材料，加入劳动过程，这就是劳动生产力增进的结果。在另一方面，如像机械，代劳家畜，矿物性肥料及排水管等之量，却成为劳动生产力增进的条件。又累积在建筑物，熔铁炉，运输机关等方面的生产手段量，也可如此说。但不论是条件抑是结果，当生产手段量与所并合的劳动力比较而言增大时，这种增大，总归是劳动生产力增进的表现。所以，劳动生产力的增进，是表示在这个事实上，即与所运转的生产手段量比较而言，劳动量在减少，换言之，与客观因素量比较而言，主观因素量在减少。

资本技术构成上所生的这种变化（即生产手段量，和给它以生命的劳动力的量比较而言，在不绝增大），会反射到资本的价值构成上，使资本价值的不变部分，牺牲其可变部分而增大。例如，有一种资本，原来是以 50% 投在生产手段上，以 50% 投在劳动力上，但后来劳动生产力增进的结果，生产手段占 80%，劳动力却只占有 20%。不变资本部分与可变资本部分相比而累进增大的法则，已由前述商品价格的比较的分析——不管其所比较的，是同一国民的相异诸经济时代，抑是同一时代的相异诸国民——证明是正确的。总之，价格中有一个要素，只代表所消费的生产手段的价值或不变资本部分，这个要素的相对量，是与蓄积的进行成正比例；价格中还有一个要素，只有关于劳动的给付，或仅代表可变资本部分，这个要素的相对量，则与蓄积的进行成反比例。

不过，可变资本部分与不变资本部分相比的减少，或变化的资本价值构成，只近似地表示资本物质成分的构成的变化。比如，十八世纪初期纺纱业上投下的资本价值，是不变资本部分二分之一，可变资本部分二分之一，而在今日则不变资本部分八分之七，可变资本部分八分之一，但由一定量纺绩劳动在生产上消费的原料量与劳动手段量，今日恐有十八世纪初期几百倍之多。这当中的原由不外是，劳动生产力增进的结果，劳动所消费的生产手段的范围固然扩大了，然与其范围比较，其价值则已减退。这就是说，生产手段的价值，虽然绝对地在增进，但其增进，并不与其范围的扩大成比例。所以，与生产手段量（由不变资本转化）与劳动力量（由可变资本转化）的差额的增进比较，不变资本与可变资本的差额的增进，是小得多的。后者之差，虽与前者之差，在一同增进，但是以较小的程度增进。

可是，蓄积的增进，虽使可变资本部分的相对量缩小，但决不因此，就说它的绝对量没有增大的可能。假令一个资本价值，原分为不变资本 50%，可变资本 50%，后来划分为不变资本

80%，可变资本20%。在这当中，如其原资本为6,000镑，现在增加到18,000镑，则可变资本也有寻的增加，即由原来的3,000镑，增加到3,600镑。但要使劳动需要增加20%，从前只须有20%的追加资本，现在却不能不把原资本增大三倍。

在第四篇，我们已经讲过，劳动的社会生产力的发达，是以大规模的合作为前提；我们又讲过，只有在那种前提下，劳动的分割与结合，才能组织起来，生产手段才得由大规模的累积而经济；只有在那种前提下，那些在物质方面只适用于共通目的劳动手段（如机械体系），始能出现；巨大的自然力，始能配置于生产之下；生产过程始得转化为科学之技术的应用。在商品生产基础之上，生产手段属于私人所有，手劳动者或个别地独立地生产商品，或因缺乏独立经营的资力，而将其劳动力当作商品出卖；在这种基础上，当作前提的大规模的合作，只有依个别资本的增大而实现，或比例于社会生产手段生活资料转化为资本家私有财产的程度而实现。商品生产的基础，在资本主义形态上，才担当得起大规模的生产。所以，特殊的资本主义生产方法，是以个别商品生产者手中，蓄积有一定量的资本，为必要的前提条件。由是，我们必须假定：这种蓄积，是发生于手工业向着资本主义经营的推移中。这种蓄积，不是特殊的资本主义生产方法之历史的结果，宁是它的历史的基础，故可称为原始蓄积（die ursprüngliche Ak-kumulation）。至这种蓄积本身如何产生，我们用不着在此探究，我们只要说它是起点就行了。但是，一切促进劳动社会生产力发展的方法，虽是在这种基础上成长起来，但它们同时又是增进剩余价值或剩余生产物（蓄积的形成要素）的生产的方法。所以，它们又是以资本生产资本的方法，或是增进资本蓄积速度的方法。剩余价值不绝再转化为资本的过程，现在，表现为参加生产过程的资本之量的增大。而这种增大，复又成为生产规模扩大的基础，并与此相伴，成为增进劳动生产力的方法的基础，成为剩余价值生产加速的方法的基础。所以一定程度的资本蓄积，虽表现为特殊资本主义生产的条件，但资本主义生产，却又反过来，增进资本蓄积的速度。即，特殊的资本主义生产方法，随资本的蓄积增进而发达；同时，资本的蓄积，又随特殊的资本主义生产方法的发达而增进。这两个经济因素，相互给予刺激，形成复比例的演进，由是使可变资本部分与不变资本部分相比益益缩小，并引起资本技术构成上的变化。

每一个别资本，都是生产手段的一个或大或小的累积，指挥着一个相应的或大或小的劳动军（Arbeiterarmee）。每一种蓄积，都成为新蓄积的手段。每一种蓄积，都在当作资本用的财富量增大时，使个别资本家手中的财富的累积加大，并由是扩大大规模生产和特殊资本主义生产方法的基础。社会的资本的增大，是由于许许多多个别资本的增大。在其他一切情形不变的限度内，诸个别资本及与此相应的生产手段的累积，比例于此等资本在社会总资本中所占的可除部分而增大。同时，原资本的嫩枝，也会与这原资本分立，当作新的独立的资本来发生机能。把其他原因搁置不论，资本家家庭的分家析产，在这点，演有重大的作用。所以，随资本蓄积的增进，资本家数，也有或多或少的增加。这种直接产生于蓄积或与蓄积相一致的累积，有两点特征：第一，在其他情形不变的限度内，社会生产手段在个别资本家手中的累积的增进，为社会财富的增殖程度所限制；第二，固着在各个特殊生产部门的社会的资本部分，是划分于多数资本家之间，他们是当作相互独立相互竞争的商品生产者，对立着。因此，蓄积与伴随蓄积的累积，不仅是分散在许多方面；并且，机能资本的增加，都不免要受新资本形成与旧资本分割的妨阻。就因此故，蓄积在一方面表现为生产手段与劳动支配权的累积之增进，在另一方面又表现为许多个别资本相互间的反拨。

社会总资本碎分为许多个别资本的分割，或此等碎分部分相互间的反拨，为此等个别资本相互牵引的事实所抵消。但这种互相牵引，并不就指单纯的与蓄积有同一意义的生产手段与劳动支配权的累积，却是指已经形成的诸资本的累积，是个别资本独立性的扬弃，是资本家被资本家剥夺，是多数小资本转化为少数大资本。这种过程，与前此的过程不同，因为它只以已经存在已经发生机能的资本在分配上的变化为前提，由是，它的作用范围，不受限制于社会财富的绝对的增加，不受限制于蓄积的绝对的限界。正因为资本在许多人手中丧失，所以能大量把握在一个人手中。这就是狭义的集中（Zentralisation），是和蓄积（Akkumulation）及累积（Konzentration）相区别的。

关于资本集中或资本吸引资本的法则，我们不能在这里详细讨论，只简单提示若干事实就行。营业上的竞争，是以商品的廉价来进行。在其他情形不变的限度内，商品的廉价要看劳动生产力如何，而劳动生产力又要看生产规模如何。所以，大资本会打倒小资本。我们还记得：资本主义生产方法发达的结果，在标准条件下营业所需的个别资本的最低限量，是扩大了。由是，小的资本，就只好挤向那些生产领域，即大工业甫经开始活动，或尚不曾为大工业完全征服的领域。在这类生产领域中，竞争，是与对抗的资本数成正例，与其大小成反比例，而激烈展开的；结局，许多小资本家往往是以惨败而告终。他们的资本，一部分转移到胜利者手中，一部分则归于消灭。我们即把此点暂置不论罢。资本主义生产的发达会有一个全新的力量生出来，即信用制度（Kreditwesen）。这种制度，在最初只是偷偷摸摸地为蓄积作一个卑躬屈节的助手；借着不可见的线，把那些以大量或小量分散在社会表面的货币资源，牵引到个别资本家或结合的资本家手中。但不旋踵间，它在竞争战上，就变成了一个新的可怕的武器，最后且转化为一个助长资本集中的巨大的社会机构。

　　竞争与信用，是集中的两个最有力的杠杆；这两者与资本主义的生产和蓄积，成正比例的发达。加之，蓄积的进步，会把集中的物质即个别资本增加起来；同时，资本主义生产的扩大，一方面会造出社会需要；另一方面又会为巨大的产业企业——这是以预先的资本集中为实现基础的——造出技术的手段。今日个别资本的相互吸引力及其集中倾向，是过去任何时代所不能望其项背的。在某种限度内，集中运动的相对的扩展度与强度诚然是由资本家财富的既有量与经济机构的优越所决定，但集中的进展，并不依存于社会财富之积极的量的增大。这正是累积与集中的真正区别，因为累积仅是扩大再生产的另一表现。集中却只要变更既存资本的分配，变更社会资本成分的量的配置，就可发生。在此等场合，资本得由许多人的手中取出，蓄积到一个人手上来，而成为庞大的数量。如就一定的营业部门而论，集中的极限就是以这一部门投下的一切资本，结合而为一个资本①。在特定社会中，这种极限，要社会的总资本，集结在一个资本家手中，或集结到一个资本家公司手中，方始达到的。

　　集中使产业资本家能扩大经营的规模；它在这种活动上，可以补充蓄积的作用。经营规模的扩大，或是蓄积的结果，或是集中的结果；集中的进行，或是借强力的手段而实行合并（在这个场合，若干资本对于其他资本成为压倒的重心，并由是击破其他资本的个别的凝结，而吸收其各各分散的断片），或是通过平坦的道路，将既经存在或在形成中的多数资本，合同设立股份公

---

① 第四版注："最近在英美两国发达的托拉斯，至少是要由这个方法达到上述的目标；那就是，把一切属于同一营业部门的大经营统合起来，使成为实际上拥有独占权的一个大股份公司。"——F. E.

司。但无论如何，经济上的作用总是一样的。不论在什么地方，产业经营规模的扩大，都会形成一个出发点，从那里，多数人的合作劳动，将有一个更包括的组织；他们的物质的动力，将有更广大的发展，换言之，即照常经营的个别生产过程，将益益转化为社会结合的和科学规制的生产过程。

不过，显而易见是；资本的蓄积，是由环状形态转为螺形再生产而进行着的渐次的增殖，与集中比较，是一个极缓慢的过程；集中所要求的，不过是变更社会资本成分的量的配置。假若我们必等待若干个别资本家，借蓄积来担当铁道的建筑，恐怕世界到今日还会没有铁道出现。但集中却以股份公司的组织，一反掌间，就把这种事业成就了。由此可知，集中会加速并加大蓄积的作用，同时还加大并加速资本技术构成上的革命，那就是牺牲可变资本而增大不变资本，并由是缩减劳动的相对需要。

由集中而一夜结合拢来的资本量，如同其他资本一样增殖自己，再生产自己，并由是成为社会蓄积之新的有力的杠杆，其不同之点，不过是增殖更加迅速罢了。所以，我们今日一说到社会蓄积的进展，言外就有集中作用包含在里面。

在正常蓄积进行中形成的追加资本（参照第二十二章第一节），大体是当作一种媒介物来利用新发明与发现，或利用产业上的一般改良。不过，旧资本一达到相当时期，也要一新其头面与四肢，要脱去其旧的表皮，在一个完全的技术姿态上再生起来；在那种形态上，它也和新追加资本一样，得以较少量的劳动，运转多量的原料与机械。而由此必然发生的劳动需要绝对减少的倾向，当资本在这种更新过程上由集中运动而大量堆集时，自然会变本加厉的。

所以在一方面，与蓄积过程中形成的追加资本量相对而言，这种追加资本所吸收的劳动，是愈来愈小；在另一方面，周期以新构成方法再生产的旧资本，也益加要把它以前使用的劳动者驱逐。

Ⅲ 相对过剩人口（即产业预备军）之累进的生产

资本的蓄积本来虽只是表现为资本之量的扩大，但如我们已经讲过的，它会通过资本构成上的无间断的质的变化，牺牲可变资本部分来扩大不变资本部分的①。

特殊的资本主义生产方法，适应于这个生产方法的劳动生产力的发展，及由是引起的资本有机构成上的变化等，不仅与蓄积的进步，或与社会财富的增大，采取一致的步骤。那是以迅速得多的速力，向前进展。因为单纯的蓄积，或社会总资本的绝对扩大，同时还伴有总资本各个别要素的集中；因为追加资本的技术上的变革，同时还伴有原资本的技术的变革。即在蓄积进行中，不变资本部分对可变资本部分的比率，将相伴发生变化。那种比率，如假定原先是 1：1，现在次第成为 2：1，3：1，4：1，5：1，7：1 等。随着资本扩大，资本总价值中转化为劳动力的部分，将逐渐递减成 $\frac{1}{3}$、$\frac{1}{4}$、$\frac{1}{5}$、$\frac{1}{6}$、$\frac{1}{7}$；等，同时转化为生产手段的部分，在总价值中，逐渐递加成 $\frac{2}{3}$、$\frac{3}{4}$、$\frac{4}{5}$、$\frac{5}{6}$、$\frac{7}{8}$ 等。因为劳动的需要，不是取决于总资本量的大小，而是取决于可变资本量的大小，所以，它不像我们以前假定那样，与总资本为比例的增进，却是随总资本增大而累进地减少。就因为它对于总资本

---

① 第三版注：关于这点，马克思的藏本，附有以下的标注："这里附加一言，以供后来参证。即，资本的扩大，如果不过是量的扩大，则就同一营业部门的或大或小的资本而言，利润的大小，是与垫支资本的大小成比例。如量的扩大，伴有质的变化，则大资本的利润率，同时也会提高的。"——F. E.。

量是相对减少，故总资本量增大，它的减少将愈加速。不错，随着总资本增大，其可变部分，或并合在总资本中的劳动力，也增大，但其增大的比例，是不断递减的。蓄积在一定技术基础上扩大生产的中间时期，是缩短了。为要吸收一定量的追加劳动者，甚且，为要在旧资本不断转变其形态时雇用既经雇用的劳动者，总资本有以累进增加的比例加速其蓄积之必要。但还不只此。这种增大的蓄积与集中，又会成为一个源泉，致引起资本构成上的新变化，并促使可变资本（比之不变资本）加速地趋于减少。可变资本部分的这种加速的相对的减少——它随总资本的加速的增加而生，且较其增加为迅速——在另一方面，是采取这样一种相反的形态，在这形态中，劳动人口之表面的绝对的增殖，常常较劳动者雇用手段（即可变资本）的增加，更为迅速。资本主义的蓄积，会比例于其自身的力量与范围，不断产生相对过剩的超过资本价值增殖平均所需的劳动人口。

就社会总资本来考察，它的蓄积运动，有时会引起周期的变化，有时会把它的诸种阶段，同时配分在不同的生产领域。在若干生产领域，资本构成的变化，无须有资本绝对量增加，而单纯由累积引起；在其他生产领域，资本之绝对的增加，与其可变资本部分或其所吸收的劳动力之绝对的减少，正相关联；更在其他领域，资本在某一个时候，在它一定的技术基础上，继续增大，并比例于这种增大，吸收追加的劳动力，在另一个时候，它又变化其有机构成，并减缩其可变资本。然在一切的生产领域，可变资本部分的增加，从而，被雇用的劳动者人数的增加，往往总伴有一种强烈的变动，和暂时的过剩人口的生产；这种过剩人口生产，无论是采取较显著的形态（即已雇劳动者被拨斥），抑是采取较不显著但非较不确实的形态（即追加劳动人口越发难于吸收入通常水道中）那是没有关系①。已在机能中的社会资本量及其增加程度增进了，生产规模与其所运转的劳动者人数增进了，此等劳动者的劳动生产力发达了，财富一切源泉之流益益广泛而充实了，于是，资本对劳动者的较大的吸引力，也将以较大的规模，与资本对劳动者的较大的反拨力相结合。资本有机构成及其技术形态的变动的迅速程度将会增加，而在同时或交代发生此种变动的生产领域，也必增加。因此，劳动人口一方面成就资本的蓄积，同时却以不绝

---

① 据英格兰与威尔斯的户口调查：从事农业的全体人数（包括土地所有者，租地农业家，园丁，牧羊者等），在1851年为2,011,447人；在1861年，为1,924,110人，计减少87,337人。毛绒线制造业在1851年为102,714人，在1861年为79,242人。丝制造业，在1851年为111,940人，在1861年为101,678人。印花布染业，在1851年为12,098人，在1861年为12,556人。就最后这种产业说，它的规模虽异常扩大了，但人数增加，是极有限的，被雇劳动者数，与其规模相比较，其实是大大减少了。制帽业在1851年为15,957人，在1861年为13,814人。草帽及软帽制造业，在1851年为20,393人，在1861年为18,176人。麦芽制造业，在1851年为10,566人，在1861年为10,677人。蜡烛制造业，在1851年为4,949人，在1861年为4,686人——这种减少，主要是由于汽油灯的推广。制梳业在1851年为2,038人，在1861年为1,478人。锯木业在1851年为30,552人，在1861年为31,674人——这种仅少的增加，是由于锯木业的流行。制钉业在1851年为26,940人，在1861年为26,130人一这种减少，是机械竞争的结果。在采铜锡业上的劳动者，1851年为31,360人，1861年为32,041人。而棉花纺织业上的劳动者，1851年为371,777人，1861年为456,646人。炭矿在1851年为183,389人，在1861年为246,613人。"总之，自1851年以后，劳动者增加最显著的方面，都是到现今使用机械尚没有良好成绩的诸产业。"（《1861年英格兰及威尔斯的户口调查》第III卷伦敦1863年刊第35、36、37页以下。）

654

增大的范围，造出种种手段来，使自己变为相对多余的①。这就是资本主义生产特有的人口法则。事实上，每种特殊的历史生产方法，都有它自己在历史上适用的特殊的人口法则。抽象的人口法则，只存在于不受人类干涉限度内的动植物界。

但是，剩余的劳动人口，是资本主义蓄积的必然产物，是资本主义基础上财富发达的必然产物，反之，此种人口过剩，还要为变资本主义蓄积的杠杆，甚且变为资本主义生产方法的存在条件之一。过剩的人口，形成一个可以自由处理的产业预备军（indstrielleu Reservearmee），它像是由资本出钱养成的一样，绝对隶属于资本。不管人口的现实增加有何等限制，资本总归可以为

---

① 可变资本相对量累进减少的法则，以及那种法则在工资劳动者阶级状况上所生的影响，在古典派经济学者中已有若干卓绝的学者感到了，但没有充分把它把握着。其中在这方面留下最大功绩的，要算约翰·巴登（John Barton），虽然他和一切其他古典派经济学者一样，把不变资本和固定资本混同了，把可变资本和流动资本混同了。他说："劳动的需要，不是系于固定资本的增加，而是系于流动资本的增加。这两种资本的比例，如果不论在什么时候什么地方都是一样，则会在实际上得出的结论是，被雇劳动者数，与国家之富成比例。不过，这个假定，殊与实际情形不合。随着技术进步及文明普及，固定资本对流动资本的比率，会不绝增大。英国生产洋纱一匹所使用的固定资本额，比印度生产纱布一匹所使用的固定资本额，至少有一百倍，也许竟有一千倍。反之，其流动资本额，则不过后者的百分之一或千分之一，……纵令把逐年节蓄的全部，都化为固定资本，那也不会在劳动需要的增加上，发生何等影响。"（巴登著：《论各种影响社会劳动阶级状态之情形》伦敦1817年刊第16、17页。）"使国家纯收入增大的原因，同时就是使人口过剩，使劳动者阶级状态恶化的原因。"（里嘉图著《经济学及赋税之原理》第469页）。与资本的增加相比，"劳动的需要，是在递减。"（前书第480页注。）"决定用来维持劳动的资本额，得自行变化，而与总资本的变化相独立。雇佣上的大变动与劳动者的困乏，得随资本自身的丰富，而益加频繁。"（琼斯著：《经济学导言》伦敦1833年刊第13页。）"劳动需要……的增加，不与一般资本的蓄积成比例。……从而，预定用在再生产上的国民资财的增加，将因社会益益进步之故，以致对于劳动者的地位，仅能发生益益小的影响。"（兰塞著：《财富分配论》第90、91页。）

它价值增殖上的变动需要，产出随时可供它榨取的人类物质（Menschen material）。资本的突然的伸展力，得随蓄积的进展，和与蓄积相伴的劳动生产力的发达，而增长；它的伸展力增长，不仅因为运用中的资本的伸缩性已经加大，不仅因为资本仅在其中形成一可伸缩部分的社会绝对财富已经扩增，也不仅因为信用每次受到特殊刺激，马上会把那种财富的异常大的部分，当作追加资本委于生产支配；除此等以外，那还因为生产过程自身的技术条件（如机械，运输手段等），允许把剩余生产物，极迅速地转化为追加的生产手段。随蓄积进展而充溢起来，并得转化为追加资本的大量社会财富，像疯狂般地，流进那些市场突然开展的旧生产部门，或流进铁道（其需要，系应旧市场的发达而产生）一类的新形成的生产部门。在所有这些场合，都必须突然有巨数的人口，在不损害其他生产领域的规模的限度内，在决定的点上，供给出来。这种供给，必须取给予过剩人口的。近代产业所取的特征的途径，就是通过相当活跃，生产繁忙，恐慌，停滞诸阶段，而每十年（其间有时也为诸种小变动所中断）一度地循环。这种循环所以能够成立，就因有过剩人口即产业预备军不断形成，嗣后或大或小地被吸收，然后再形成。但产业循环的诸种转变，也会提供新的过剩人口，并成为这种过剩人口的最有力的再生产因素。

近代产业的这种特殊途径，在近代以前的任何历史时期，都不存在的。即在近代资本主义生产的初期，那也尚没有出现的可能。在那时，资本构成的变化，是极其缓慢的。所以，劳动需要的增大，大体与资本的蓄积相照应。与近代的进步比较，那时资本蓄积的进步，已算迟缓了，但它还要在可供榨取的劳动人口的自然限制前，受限制。这种限制，只有借我们后面要述及的强力手段，始能排除的。生产规模之突发的伸展，是生产规模的突然的收缩之前提；后者又唤起前者，但生产规模如没有可供利用的人类物质如没有劳动者数的增加（在这里，不是指人口的绝对增殖），则决无突发伸展的可能。这种劳动者的增加，是由不绝把劳动者一部分"游离"（"freisetzt"）的单纯过程达成的，是由使被雇劳动者人数减少（比之于增大的生产而减少）的方法达成的。因此，近代产业的全部运动形态，是建立在不绝把一部分劳动人口转化为失业者或半就业者的事实上。信用伸缩的现象，不过是产业循环周期转变的征候，经济学却把它看为是那种周期转变的原因，那足显示它如何浅薄。一度投入一定运动中的天体，常会反复同一的运动；同样的，一度投入上述伸缩运动中的社会的生产，也会不绝反复那种运动。结果反过来变为原因；全过程——它不断再生产它自身的条件——的转变，是采取一个周期性的形态。这种周期性一旦固定了，在经济学眼中，相对过剩人口（即超过资本价值增殖平均所需的人口）的生产，就成了近代产业的生存条件了。

原为牛津大学经济学教授，后来曾充英国殖民部官吏的亨利·麦利维尔（H. Marivale）说过："假如在恐慌的当中，国民像在死里逃生一样，努力把几十万过剩人口，移住国外，那将会引起怎样的结果呢？那结果就是：当劳动需要恢复时，劳动感到不足。人类的生殖虽再迅速，要补充失去了的成年劳动，无论如何，非有一代的期间不可。我们制造业者的利润，大体依赖一种经营力，必须有这种经营力，才能利用需要活泼的机会，以图补偿停滞期所蒙的损失。这种力的取得，只因他支配有机械与筋肉劳动。他必须在手边准备着可供利用的劳动者；他必须能够准照市况的变动，伸缩其操业的活动。不然的话，要想在竞争战场上，维持我国的财富基础，维持我国的优胜地位，恐怕难得做到吧。"① 就在马尔萨斯，他也认定人口过剩，是近代产业的一个必然；但他之所谓人口过剩，是依据他的窄狭见地，解作是劳动者的绝对人口过剩，而非其相对的人口过剩。他说："对于结婚持慎重态度的习惯，如相当地通行于劳动者阶级之间，则在一个主要依存于商工业的国家，将受到损害。……从人口的性质上说，如要在有特殊需要的场合对市场供给追加劳动者，势非经过十六年乃至十八年不行。然由蓄积而以所得化为资本的过程，却可以进行得遥为急速。一国劳动基金的增加，常较其人口的增加为迅速。"② 经济学在这样把相对过剩劳动人口之继续不断的生产，宣示为资本主义蓄积的一个必然以后，更极轻易地以老处女的姿态，在资本家之'美的理想'（Bean idéal）的腔调下，对那些由追加资本（过剩者自己所创造的追加资本）所驱逐的"过剩者"（Ueberzahligen），发出以下的论调："我等制造业者，为诸君曲尽所能，来增大诸君生活上必要的资本；诸君必须使诸君的人数，适合于生活资料，以成就其余的任务。"③

资本主义的生产，决不以人口自然增殖所供给的可供利用的劳动力之量为满足。它为要自由活动，常要脱离这种自然限制，造成一个产业预备军。

关于此点，我们以上皆假定被雇劳动者人数的增减，与可变资本的增减，完全一致。

---

① 麦利维尔（H. Merivale）著：《殖民及殖民地讲话》伦敦 1841 年及 1842 年第一卷第 146 页。

② 马尔萨斯著：《经济学原理》第 254 页第 319 页第 320 页。在这书中，马尔萨斯借着西斯蒙第之助，发现了资本主义生产的美好的三位一体：生产过剩，人口过剩，消费过剩——那是极微妙的三个怪物！参看恩格斯著：《国民经济批判纲要》第 101 页以下。

③ 马铁努（Harriet Martineau）著：《孟彻斯德的罢工》1842 年刊第 101 页。

但当资本所支配的劳动者数保持原状，甚或减少时，可变资本仍可在如下场合增加起来；即个别劳动者供给较多劳动的场合。由是，那怕劳动价格不变甚或低落，但因比之劳动量的增大，那种低落较为缓慢，故工资仍将提高。在这种场合，可变资本的增大，乃是劳动增大的指数，而非被雇劳动者数增大的指数。每个资本家都情愿，一定量的劳动，不由较多数的劳动者榨取，而由较少数的劳动者榨取，纵或劳动所费相同乃至较小。因为在使用较多数劳动者的场合，不变资本的投下，须比例于所推动的劳动量而增大，而在使用较少数劳动者的场合，则不变资本的增大，较为缓慢。生产规模愈大，由较少数劳动者榨取同量劳动的动机，也愈加有力，其力量，则随资本的蓄积而益增强。

我们讲过：资本主义生产方法的发达与劳动生产力的发达——同时为蓄积的原因与结果——使资本家得在外延方面或内包方面，扩大对于个别劳动力的榨取，从而，投下同一可变资本，实现较多量的劳动。我们还讲过：资本家是渐次用未熟练工人代替熟练工人，用未成熟的劳动力代替成熟的劳动力，用女工代替男工，用少年或儿童代替成年的。这一来，他得以同一的资本价值，购买较多的劳动力。

因此，在蓄积的进展中，一方面，较大的可变资本，不用雇用较多数的劳动者，然可实现较多的劳动；另一方面，同一量可变资本，又得以同一量的劳动力，实现较多的劳动；最后，更得由较高级劳动力的驱逐，推动更多的较低级的劳动力。

所以，相对过剩人口的生产，或劳动者的游离，比较生产过程之技术革命（伴蓄积的发达而生，且为蓄积的发达所促进），要来得迅速得多；且比较可变资本与不变资本相比的减少，也要来得迅速得多。假若生产手段，随其范围的加大与作用的加强，而变为更少数劳动者的雇佣手段，这种情形，又不免要因以下的事实，而生变化；那就是，比例于劳动生产力的增进，资本家会使劳动供给的增加，比他们对劳动者的需要的增加更迅速。劳动者阶级中，就业者部分的过度劳动，势将促使产业预备军队伍增大；而在反对方面，产业预备军由竞争所加于就业者部分的加大的压力，又强制后者不得不过度劳动，不得不服从资本的支配。由劳动者阶级中一部分人的过度劳动，强使其他劳动者陷于游惰，又由其中一部分人的游惰，强使其他劳动者陷于过度劳动，那已成为个别资本家的致富手段①。同时且会适应社会蓄积的进展，而以一定规模，加速产业预备军的生产。在相对过剩人口形成上，这种要素是如何重要，可以英国为例来证明。英国"节约"劳动的技术手段，是顶高明的。但如其在明天就把劳动一般限制到合理的程度，并把各种部类的劳动者，就其年别性别，加以适当的配置，则要以现存的劳动者人口，来继续国家现有的规

---

① 就在 1863 年棉花匮乏的当时，布莱克朋市棉纺工人，曾发表一个猛烈非难过度劳动——工厂法实施的结果，这种过度劳动，当然只影响于成年男工——的小册子，其中说："这个工厂的成年工人，每天要做 12 小时乃至 13 小时的劳动，尽管同时有几百个被迫没有事做的劳动者，为了要维持家族的生活，且为了要防止同侪过度劳动而早死的现象，情愿担任一部分时间的劳动。"又说："我们要问：像这样使若干劳动者超过时间来劳动的办法，究会在雇主和被雇者间，造出好感吗？过度劳动者与强迫不劳动者，同样会感到不公平啊。如其作适当的配分，这个地方的一切劳动者，将都会有职业。我们的要求，是合法的，因为我们不过请求雇主，至少，在现状转好以前，与其使一部分劳动者，因无工可作，而不得不依慈善生活，同时却使别的劳动者作过度的劳动，就不如一般地把工作时间缩短。"（工厂监督专员报告 1863 年 10 月 31 日第 8 页。）《工商业论》的著者，也用他的通常没有错误的资产阶级的本能，理解了相对过剩人口所及于就业劳动者的影响。他说"在这个王国内，怠惰的另一原因，就是劳动者人数，还嫌不充分。……当制造业有非常的需要而感到劳动不足时，劳动者就会感到自己的重要，同时使雇主也这样感觉。这是值得惊异的。他们的性情，实堕落不堪；在那种场合，一群一群的劳动者会团结起来，以虚度终日的手段，来苦恼雇主。"（《工商业论》第 27、28 页。）这些家伙是要求工资提高。

模的生产，是会绝对不足的。那一来，现在"不生产的"劳动者大多数，就不得不转化为"生产的"劳动者了。

就全般而论，工资的一般变动，是专由产业预备军的伸缩而调节，而此产业预备军的伸缩，又与产业循环上的周期转变相符合。所以，工资变动，不是取决于劳动者绝对人口数的变动，而是取决于劳动者阶级分割为现役军与预备军的比例的变动，取决于过剩人口相对数的伸缩，即取决于那种过剩人口时而被吸收时而被游离的程度。佯言劳动的需要与供给，不是为资本的伸缩所规制，不是为资本增殖要求的变动所规制（因而，不是资本伸展，故劳动市场显示相对不足，资本收缩，故劳动市场显示过剩），却是资本的变动，依存于人口数的绝对的变动，那就近代产业及其十年一度的循环及其周期诸阶段（随着蓄积的进展，此等阶段，会由不规则的益益迅速地相互继起的诸种变动，变得错综复杂）而言，倒是一个美好的法则。但劳动市场受资本伸缩的规则，正是经济学者的信条。据他们所说，工资因资本的蓄积而增腾。而这增腾的工资，将刺激劳动人口之更迅速的增殖；这种增殖，又会引起劳动过剩，以致使资本对于劳动的供给，显示相对的不足。在此场合，工资又跌落，并由此得到这个徽章的反面。劳动者人口，会因工资的跌落，而次第减少；这一来，资本再比之劳动者人口，发生过剩现象；或竟如其他诸人所说，工资低落及由此发生的劳动者榨取的增进，将进而促进蓄积的速度，同时，低廉的工资，又会阻止劳动者阶级的增大。到这时，劳动的供给，复不够供应需要，工资于是趋贵，并如是绵绵不断地反复下去。这在发达了的资本主义生产看来，实是一种美好的运动方法！在工资腾贵，因而实际有劳动能力的人口积极增加之前，必须再三经过一个很长的时期，产业战必须在这个时期进行，并决定胜负。

在 1849 年与 1859 年之间，英国农业区域的谷物价格虽然下落，劳动工资却有增加（从实际方面考察，那只是名义上的增加）。例如，在菲尔特州，周工资由 7 先令增到 8 先令；在多塞特州，则由 7 先令或 8 先令增加到 9 先令等。这种增加的原因，是农业上的过剩人口，由战争需要，由铁道，工厂，矿山等方面的庞大扩张，引起了异常流出的结果。工资低时，工资虽略有增加，增加的百分比也会显得很高。例如，周工资如果是 20 先令，由 20 先令增加到 22 先令，即是增加 10%；但若周工资是 7 先令，由 7 先令增至 9 先令，却就是增加 $28\frac{4}{7}$%。这就非常好听了。到处的租地农业家，都咆哮起来；《伦敦经济学界》（London Economist）关于这吃不饱饿不死的工资，喋喋不休地十分认真地，说是"一般的实质的增加。"[①] 然则农业家该怎么办呢？他们将遵照教理的经济学的头脑，等待优良报酬激起农业劳动者的增加，由是再招致工资的跌落么？不是的。他们是采用了更多的机械；在那瞬间，劳动者又以农业家也感到满意的比例，再显得过多了。这一来，农业上比以前投下了"更多的资本"，而采取更生产的形态了。劳动需要不但相对地减落，并且绝对地减落。

上面这种经济学的虚构，把规制工资一般运动的法则，即规制劳动者阶级（总劳动力）与社会总资本的比例的法则，和劳动人口在各生产领域间的分配的法则，混为一谈了。比如，市场景况良好的结果，其生产领域的蓄积特别活泼，其利润在平均水准以上，追加资本因而流到这种生产领域，在这种情形下，劳动需要自然增大，工资自然增高。由是在此市况良好的生产领域，就要因工资的提高，吸收去劳动人口的较大部分，致使这生产领

---

① 《经济学界》杂志 1680 年 6 月 21 日。

域的劳动力达到饱和之点，结局，工资或再低落到从前的平均水准，或竟因劳动者流入过多，而低落到此水准以下。这一来，劳动者向着这种产业部门的流入，就不但要停止，甚且要发生逆流现象。在这里，经济学者就自信已经见到：劳动者的绝对增殖，因何与工资的增大相伴，工资的减少，因何与劳动者的绝对增加相伴。但他所见到的，不过是特殊生产领域的劳动市场的局部变动，不过是劳动人口在不同投资领域间的分配随资本要求而变的现象。

在营业沉滞与相当繁荣的时期，产业预备军对现役劳动军，施以压力；当生产过剩与亢进的时期，产业预备军阻制现役劳动军的要求。所以，相对的过剩人口，是劳动供求律发生作用的背景。它把这法则作用的范围，限制在绝对适合资本的榨取热与支配欲的限界之内。

论到这里，我们必须回头来述及经济辩护论上一大伟绩。我们该记得，由于新机械的采用或旧机械的扩张，一部分可变资本，转化成了不变资本，这种活动，原是"拘束"（bindet）资本，"游离"（freisetzt）劳动，而经济的辩护学者（der Okono-mische Apologet），却从反对方面，把它解释为为劳动者而游离资本。我们现在已能充分理解这些辩护学者的厚颜无耻了。其实被游离了的，不仅是机械直接驱逐了的劳动者；那些可以补充他们的劳动者，那些在营业依旧基础实行普遍的扩充时可以被吸收的劳动者，都要逢到同一命运。他们现在是被游离了，供寻求用途的新资本自由利用。不管此等资本所吸收的，是这些劳动者抑是其他劳动者，如其此等资本由市场吸去的劳动者人数，恰好与机械驱逐到市场上的劳动者人数相等，它对于一般劳动需要的影响，就等于零了。假若此等资本吸收的劳动者人数较少，过剩者数势将增大；若所吸收的人数较多，则一般劳动需要，也不过依照被雇者数超过"被游离者"数的比例而增加。因此，追加资本所给予一般劳动需要的刺激，无论在以上那种场合，都要为机械驱逐劳动者的事实所中和。这就是说，资本主义生产机构是这样安排的：它使资本之绝对的增加，不伴有相应的一般劳动需要的增进。辩护论者称这种事实为贫民所得的报偿，换言之，是被驱逐劳动者编入产业预备军在过渡期中蒙到的穷乏痛苦与死灭的报偿！劳动的需要，并不与资本的增加一致；劳动的供给，也并不与劳动者阶级的增大一致。我们这里不要把它们看为是相互作用的两个独立的力量。骰子是有假的啊！资本同时在双方作用着。它一方面由蓄积增大劳动的需要，另一方面又由劳动者的"游离"，而增大他们的供给；同时，更在失业者加压力于就业者的限度内，使就业者不得不实现较多的劳动。这一来，劳动的供给，就在某限度内，与劳动者的供给相独立了。在这种基础上，劳动供求律的运动，实成全了资本的专制。劳动者工作愈加多，为他人生产的富愈是多，他们的劳动生产力愈是增进，则他们当作资本价值增殖手段所尽的机能，愈是增加他们的不安程度；当他们自己把自己何由至此的秘密看破时，当他们发觉自己相互竞争的强度，全系于相对过剩人口的压迫程度时，当他们由工会及其他方法，企图在就业者与失业者间，组织计划的协同动作，以打破或削弱资本主义生产这种自然法则所加于他们这一阶级的破坏影响时，资本及其阿谀者即经济学者，立即嚷叫起来，说那侵害了所谓"永远的""神圣的"供求法则。就业者与失业者间的结合，将会搅乱这种法则的"纯粹的"作用。但在另一方面，例如在殖民地的场合，一旦有相反的情形，妨碍产业预备军的形成，妨碍劳动者阶级绝对隶从资本家阶级时，资本及其平凡的桑差·班萨（Sancho Pansa），却马上就会背叛那"神圣的"供求法则，并要用强制手段来阻止它的作用。

IV 相对过剩人口的各种存在形态，
资本主义蓄积的一般法则

相对的过剩人口，有各种可能的存在形态。凡属在半失业或全失业状态中的劳动者，都属于过剩人口。这种过剩人口，会依产业循环的阶段的转变，形成周期反复的诸大形态；在恐慌的时候，采取急性形态，在疲滞的时候，采取慢性形态。如果我们现在不要说到这诸种形态，相对过剩人口就常常具有这三种形态，即流动形态，潜伏形态，停滞形态。

近代产业中心，为工厂，制造所，镕矿所，矿山等，在这些场所，有时劳动者被驱逐，有时劳动者被大量吸收，大体说来，被雇者人数是在增加的。但与生产规模比较，那种增加率却在不断低落。这就是过剩人口所采取的流动形态。

在严格意义的工厂和一切应用机械并相当实行，现代分工的大工作场所中，使用有多数未成年的少年工人。当这些少年工人一达到成年之期，他们在同一产业部门继续工作下去的，只有极少数，其余大部分则定规地解雇出来。此等被解雇者，对于随产业扩大而增加的流动过剩人口，成为一个要素。他们有一部分，跟在流往外国的资本之后，流往外国。其结果，如像在英国，就有女性人口较男性人口的增殖得格外迅速的现象发生。劳动者人数的自然增殖，不够满足资本蓄积的要求，但却经常超过那种要求，那是包含在资本运动本身的一个矛盾。资本要求少年劳动者多，成年劳动者少。于是，一方面有许许多多劳动者因被分工拘束在特定产业部门而在失业状态中挣扎，同时却又有人诉说劳动者缺乏①，这真是一种露骨到无以复加的矛盾。而且，资本对于劳动力的消费，是异常激烈的，大抵劳动者一到了中年，就多少成为腐朽。他们不转落到失业者队伍中，其地位也会由高级劳动者，降落为下级劳动者。生命最短促的，就是现代大工业上的劳动者。孟彻斯德的保健医官李博士（Dr. Lee）说过，"在孟彻斯德，中等阶级上层的平均死亡年龄，为三十八岁，劳动阶级的平均死亡年龄为十七岁。前者在利物浦为三十五岁，后者为十五岁。即富裕阶级比之于下层市民，有两倍以上的生命价值。"②在这种情形下，这一部分无产阶级的绝对增大，是必须采取这样的形态，即个别份子急速磨灭，而其全体人数则增加。即劳动者一代一代地在急速更迭。（这法则，不适用于全人口中的其他阶级。）这种社会的必要，是由早婚（那是劳动者在现代工业状况下的必然结果）和儿童劳动的榨取（这种榨取，在儿童的生产上附上一个奖金）满足的。

资本主义生产方法一侵入农业方面，或者，一在农业方面发生某种限度的影响，农村劳动人口的需要，就要比例于农业所用资本的蓄积的增大，而绝对地减少下来；但这种人口的反拨，不像在非农业的产业上一样，能由较大的吸引力，得到弥补。其结果，农村劳动者的一部分，要不绝化为都市无产阶级或制造业无产阶级，并窥伺着有利于这种转化的情况。（这里所谓制造业，

---

① 在 1866 年的下半期，伦敦有八万乃至九万劳动者失业了。然该半年的工厂报告却说："说需要恰好会在必须有供给的瞬间，造出供给，那似乎不是绝对正确的。以劳动而论，就不是如此。去年有许多机械，就因为缺乏劳动力，不得不停顿。"（工厂监督专员报告 1866 年 10 月 30 日第 81 页。）

② 1875 年 1 月 15 日，当时伯明翰市市长，即今日（1883 年）商务大臣约瑟夫·张伯伦（Joseph Chamberlain），在该市卫生会议席上的开会致辞。

是指非农业的产业）①。由是，相对过剩人口的这种源泉，乃不断地流动着。但这种向着都市不断流出的事实，是以农村自身不断有潜伏着过剩人口为前提；这种过剩人口的范围，当其大开排出之门时，才显而易见。就因此故，农村劳动者的工资，竟低落到无以复加的限度，他们经常是以一只脚站立在被救恤的贫困的泥坑中。

第三个范畴的相对过剩人口，就是停滞的过剩人口，它所代表的，是现役劳动军中的一部分，但其职业极不规则。它对资本提供了一个贮水池，其中蓄有可供利用的取之不竭的劳动力。他们这些过剩人口的生活状态，沉到劳动者阶级的平均水准以下。这事实，恰好使他们成为资本榨取的一种广大基础。他们的特征，就是最高限度的劳动时间与最低限度的工资。其主要形态，我们在"家内工业"的项下，已经知道了。他们不绝由大工业方面和农业方面的过剩劳动者，得到补充；特别是由那些没落的产业——如被制造业经营所征服的手工业经营，以及被机械经营所征服的制造业经营——上的过剩劳动者，得到补充。蓄积的范围和强度增大了，过剩人口相应增进；于是他们这种过剩人口的队伍，也有所扩充。但这种过剩人口，同时是劳动者阶级中一个自己再生产与自己永久化的要素，它在劳动者阶级的总增殖上，较之其他诸要素，还占有比例上较大的部分。在实际，与工资量

---

① 1861 年英格兰及威尔斯的户口调查中说："781 个都市的居民，已达到 10,960,998 人之多，而村落及农村郊区的居民，则不过 9,105,226 人。……1851 年的都市计为 580 处，其人口，差不多与农村诸地方的人口相等。然在此后十年间，农村地方的人口，仅有五十万人的增加，而同时 580 处都市的人口，则有 1,554,067 人的增加。前者的增加为 6.5%，后者的增加，则为 17.3%。两者在人口增加率上所以发生这种差别，乃因农村人口向都市移住。人口的总增加，有四分之三是在都市方面。"英格兰及威尔斯的户口调查。（第四卷第 11、12 页）

（即与种种劳动者所得而支配的生活资料量）成反比例的，不仅是出生与死亡之数，同时还有家庭的绝对的人数。资本主义社会的这种法则，在野蛮人固不必说，就在文明化的殖民地人民，也将闻而觉其荒谬。我们由此想起了若干种动物的大量生殖了，它们的个体是脆弱的，不绝蒙受牺牲的①。

　　最后，沉淀在相对过剩人口底层部分的，就是那些靠救恤维持生存的人们。把浮浪人、犯罪者、卖淫妇，简言之，即把严格的流荡无产阶级（Lumpenproletariat）撇开来说，这个社会阶层，包含有三个种类。一是有劳动能力者。我们只要把英国被救恤的穷乏统计，作一皮相观察，就可发现以下的事实：被救恤的贫民数，每随恐慌而增大，每随营业的复兴而减少。二是孤儿与被救恤的儿童。他们是产业预备军的候补者。如在 1860 年那样的大繁荣时期，他们就被急激地大量地编入现役劳动军中。三是堕落者、零落者、无劳动能力者；他们的主要构成份子，是由分工所淘汰的人们，是超过劳动者标准年龄以上的人们；最后，是产业上的牺牲者，他们的人数随危险机械、矿山、化学工厂等增加而增大，即残废者，疾病者以及寡妇等。贫困的救恤，乃是现役劳动军的残废院，也即是产业预备军的重负。其生产，是相对过剩人口生产上一个不可避免的结果；其存在的必然性，是依存于相对过剩人口的必然性；两者合起来，成为资本主义生产与其财富发达上一个存在条件。贫困的救恤，为资本主义生产上一项虚费

---

① "贫困似乎有利于生殖。"（亚当·斯密著：《国富论》第一篇第 8 章第 185 页。）依照精明而富于才气的僧院长加里安尼（Galiani）说，那种事实，还是出于造物主的特别智慧的安排呢。他说："经过造物主的安排，担任最有用职分的人，都出生于富裕的境遇中。"（加里安尼著：第 78 页。）"贫乏就令达到了饥饿与恶疫的极度，也不但不足以妨阻人口的增殖，且反有促进人口增殖的倾向。"（兰格著：《国难》1844 年第 69 页。）兰格以统计解释这种事实以后，更继续说："如其一切人民都位置在舒适境遇中，地球上的人口必会迅趋于减少。"

（falschenKosten），但资本家很知道把这项虚费的大部分，从自己肩上，转嫁到劳动者阶级与中等阶级下层肩上去。

社会财富愈大，运用的资本愈大，这种资本增大的范围与能力愈大，无产阶级的绝对数及其劳动生产力愈大，则产业预备军也愈加大。促进资本伸展力发展的原因，会使可供利用的劳动力发展。所以，产业预备军的相对量，将伴随财富的潜力一同增加。但与现役劳动军比较起来，产业预备军愈大，常备的过剩人口——他们的贫困，与他们的劳动痛苦成反比例——也愈大。最后，劳动者阶级中的求乞阶层和产业预备军愈大，官厅正式认为待救恤的贫民，也愈多。这就是资本主义蓄积的绝对的普遍的法则。如同其他一切法则一样，这种法则，也会因种种情形，而在现实运用上有所修正，但我们在这里不打算分析此等情形。

经济学大师们，都教劳动者把他们自己的人数，适合于资本价值增殖的要求。这种愚笨，现在是显而易见了。使劳动者人数不绝适合资本价值增殖要求的，是资本主义生产与蓄积的机构。这种适合的开头一语，是相对过剩人口或产业预备军的造出；其结尾一语，是现役劳动军中一个不断扩大的底层陷于贫困，和被救恤的贫困成为一个重负。

社会劳动生产力增进的结果，以累进减少的人力支出，可运转数量不绝增大的生产手段；这个法则，在资本主义（其特征不是在劳动者利用劳动手段，而宁说是劳动手段利用劳动者）的基础上，是如下面这样表现的：劳动生产力愈高，劳动者所加于雇用手段上的压迫愈大，从而，他们的生存条件（即他们必须为增加他人之富，为促进资本价值增殖，必须出卖自己的劳动力），也愈加不安定。所以，生产手段与劳动生产力较之生产者人口增加得更急速的事实，在资本主义制度下。竟相反地，表现为这样：劳动者人口较资本价值增殖要求不绝增加得更为迅速。

在本书第四篇分析相对剩余价值生产的时候，我们已知道：在资本主义制度的内部，增进劳动社会生产力的一切方法，是以个别劳动者为牺牲而进行的；生产发展上的一切手段，都转化为对生产者行使支配和榨取的手段，劳动者由此残废为畸形的人，并转而他们全体则转落为隶属于机械的附件；他们的劳动，被夺去了一切内容，变为单调的痛苦；科学愈在生产上当作独立的力量，归并在劳动过程中，劳动者就要以同一比例，失去他在劳动过程上的灵性力；他们进行工作的条件被歪曲了，在劳动过程中，他们不得不越艮从卑陋而极其可憎的专制；他们的全生涯，转化为劳动时间，其妻儿也被曳引到资本轹杀车轮之下。然而，剩余价值生产的一切方法，同时就是蓄积的方法，而每种蓄积的扩大，都要成为生产剩余价值的方法发达的手段。所以这里就生出以下的结论，即资本蓄积增进，劳动者所得的工资，不管是高是低，其地位总归要以同一比例趋于恶化。最后，使产业预备军或相对过剩人口常常与蓄积范围和能力相均衡的法则，又把劳动者锁在资本上面，比火神赫芬塔斯所锻炼而枷在巨神普洛麦雪斯身上的枷锁，还要坚牢得多。由于这种法则的作用，贫困的蓄积遂与资本的蓄积相比例。在社会之一极有财富的蓄积，同时在其对极——即在资本形态上生产其生产物的阶级——上，则有穷困，劳动痛苦，奴隶状态，无知，凶暴，及道德堕落等的蓄积。

资本主义蓄积上的这种内在矛盾①，经济学者曾在种种形态

---

① "下面的一切事实，是一天一天更明白了，那就是：资产阶级所依以运动的生产关系，没有统一的单纯的性质，但有一种两重的性质；在这种关系下，富足生产出来了，贫困也依同一比例生产出来了；在这种关系下，生产力在发展着，而对于生产力的抑制力，也在依同一比例发展；而且，此等关系所以能为市民即资产阶级造出财富，就因为它同时会不绝破坏这个阶级内一部分成员的富，并造出一个连续增大的无产阶级。"（马克思著：《哲学的贫困》第 116 页。）

上予以提示。但他们的提示，都把这种矛盾和以下诸现象混同了。这诸种现象，虽在某限度内和它类似，然本质相异，而且是属于资本主义以前的生产方法的现象。

在十八世纪，经济学上有一位名叫奥特士（Ortes）的大著述家，一位威尼斯的僧徒，他就以资本主义生产上的对立性，解为社会财富之普遍的自然法则。他说："一国经济上的利害得失，常彼此维持平衡。若干人的财富上的充盈，正好与他人财富上的不足相抵。少数人的巨富，常与遥为多数人的必要品的绝对缺乏相伴。一国的财富，与其人口相照应，其贫困，则与其富相照应。若干人的勤勉，强使其他的人流于懒惰。贫者惰者，乃是富者勤者的一个必然结果。"[1] 约在奥特士表述这种见解的十年后，英国高教会派的新教僧侣汤生德（Townsend），却以粗率的态度，赞美贫困为财富之必然的条件。他说："由法律来强制劳动，不免要引起过多的烦累，暴戾与叫嚣。……然肚子饿，不单是平和的，恬静的，毫不放松的压迫，并且可以当作刺激勤勉与劳动的最自然的动机，唤起最大的努力。"由是，一切问题，端在使劳动者阶级的饥饿永久化。对于这点，汤生德以为，那特别作用在贫民间的人口原则，已经把事情安排了。"好像依照自然法则贫民在某种限度内就是轻率而缺乏思虑的（好像口中不含着金匙就投生到世上来一样轻率而缺乏思虑）。惟其如此，社会上乃不绝有若干人担当最卑贱，最污浊，最劣等的任务。人类幸福的基金，由是颇有增加，同时，比较优雅的人，不但由是得解苦脱役，……并还有自由，可以不断从事适于自己性向的各种职业。

---

[1] 奥特士著：《国民经济论》第 6 篇 1777 年库斯托第编《意大利经济名著》近世篇第 21 卷第 6 页 9 页 22 页 25 页等处。奥特士更在同书（第 32 页）说："我不要设计一些于人民幸福无所益助的制度，不过研究他们不幸的原因。"

救贫法，有一种倾向，要把这种神与自然所设定的制度的调和，美好，均整，和秩序破坏。"① 那位威尼斯僧徒，要在使贫困永久化的命运之内，发现基督教慈悲，独身，修道院，布施等的存在理由，这个新教牧师，就要在同一事实之内，发现一种非难英国救贫法——这给予贫民以享受公家救恤的权利——的口实。斯托齐（Storch）说过："社会财富的发达，产出了这样一个有用的社会阶级，……它曲尽最厌倦，最下贱，最可嫌恶的职分，简言之，就是把人生一切不愉快而且卑微的事体，都加担在自己肩上，以便其他诸阶级有闲暇，有晴朗的心境，有品性上的因袭的（至言！）尊严。"② 他问自己：伴有民众贫困与堕落的这种资本主义文明，与野蛮制度比较起来，究竟有何优点呢？他的唯一答案是："安全"。西斯蒙第（Sismondi）曾说："借着产业与科学的进步，每个劳动者每天所能生产的，远较多于他每天所能消费的。但在同时，他的劳动虽生产财富，他如自己把这财富消费掉，那就会使他更不适于劳动了。"据他所说："假若一切人都须以劳动者的劳苦工作，来购买产业所赍来的一切享乐，人们（即不劳动者）恐怕不会情愿有艺术上的成就，和产业上赍与的一切享乐了。……在今日，努力已与报酬分开了，不是同一个人

---

① 一个希望人类幸福者（即僧侣约瑟夫·汤生德）著：《论救贫法》1786 年伦敦 1817 年重刊第 15、39、41 页。汤生德这部著作及其所著《西班牙旅行记》，马尔萨斯屡屡是一连几页的抄录，但这位优闲僧侣自己的学说，则有一大部分采自斯杜亚，虽然他在抄录时很有改窜的地方。例如，斯杜亚说："在这种奴隶制度之下，有一种使人勤勉（为了非劳动者的利益）的强制方法。……那些人因为是别人的奴隶，都是被迫去劳动（那就是白替人劳动）。现今，却因为他们是他们自己的欲望的奴隶，故被迫去劳动（白白地，为非劳动者劳动）。"不过斯杜亚虽如此说，但不像肥头胖肉的僧院主持汤生德那样，说工资劳动者应当常常挨饿。反之，他是主张增加工资劳动者的欲望，使他们的增大的欲望，成为一个为优闲阶级劳动的刺激。

② 斯托齐著：《经济学教程》圣彼得堡 1815 年第Ⅲ卷第 223 页。

在劳动之后再休息，而是某些人一直劳动，某些人一直休息。……所以，劳动生产力的无限增大，除增进游惰富者的奢侈与享乐外，不复有何等结果。"① 在最后，冷血的资产阶级空论家特·托拉西（Destutt de Tracy）还残忍地告诉我们："在贫国，人民都是快适的；而在富国，则他们一般都是贫穷的。"②

V　资本蓄积的一般法则的例解

A　由 1846 年至 1866 年的英格兰

最近 20 年，是近世社会中最适于研究资本主义蓄积的时期。在这个期间，宛然像是福尔却那塔斯（fortunatus）的钱袋被发现了。而在一切国家中，英国在这方面会提供我们以典型的实例，因为在世界贸易上，英国是占第一位；资本主义的生产，惟有在英国成就了充分的发达；最后，庸俗经济学的最后退路，又由 1846 年以降的自由贸易千年国的实现，被截断了。在这 20 年中，生产上是成就了可惊的进步的，而其中后半期的成就，更大大地驾凌于前半期。这种事实，我们已在第四篇充分提示了。

在最近半世纪，英国人口的绝对增加，虽非常之大，但其相对的增加，或增加的比率，则递有减落。政府户口调查所提供的材料，是如下表。

英格兰与威尔斯每十年人口年增殖的百分率：

1811—1821 年	1.533%
1821—1831 年	1.446%
1831—1841 年	1.326%

① 西斯蒙第著：《新经济学原理》第 I 卷第 78、79、80、81、85 页。
② 特托拉西著：《论意志及效果》第 231 页。

1811—1821 年	1.533%
1841—1851 年	1.216%
1851—1861 年	1.414%

现在让我们来考察财富的增大。关于财富增大之最确实的基础，就是所得税项下的利润，地租等的变动。由 1853 年到 1864 年间，英国有缴纳所得税义务的利润（租地农业家及其他若干项目的利润，不包含在内）的增加，为 50.47%；即一年的平均为 4.58%[1]，但同时期的人口增殖，却不过 12% 左右。有纳税义务的土地租金（房屋、铁道、矿山、渔场等包括在内），由 1853 年至 1864 年间增加 38%，即一年平均增加 $3\frac{5}{12}$%。而其中增加最显著的，是如下诸项目[2]。

	1853 年至 1864 年的年所得的增加	一年平均增加
房屋	38.60%	3.51%
石坑	84.76%	7.50%
矿山	68.85%	6.26%
制铁所	39.92%	3.63%
渔场	57.37%	5.21%
瓦斯制造所	126.02%	12.25%
铁道	83.29%	7.57%

就 1853 年至 1864 年间的每四个年来比较，我们将知道：所得增加的程度，是不断地增进。例如，由利润出来的所得，由 1853 年至 1857 年每年增加 1.73%，由 1857 年至 1861 年每年增加 2.74%，由 1861 年至 1864 年每年增加 9.30%。联合王国在一

---

① 《国内收入委员会第十报告》伦敦 1866 年第 38 页。
② 前书。

切所得税项下的所得总额，1856 年为 307,068,898 镑，1859 年为 328,127,416 镑，1862 年为 351,745,241 镑，1863 年为 359,142,897 镑，1864 年为 362,463,279 镑，1865 年为 385,530,020 镑①。

资本的蓄积，同时伴有资本的累积与集中。英国政府没有关于英格兰的农业统计（但有关于爱尔兰的），据它由十州任意供给的资料所得的结果，由 1851 年至 1861 年间，百英亩以下的租地，计由 31,583 起，减至 26,567 起，即其中有 5,016 起为较大的租地所合并②。由 1815 年至 1825 年间，应该负担继承税一百万镑以上的动产，完全没有。然在 1825 年至 1855 年，此种动产计有八起，而由 1856 年至 1859 年六月的四年半中，竟出现了四起③。然而，我们一把 1864 年至 1865 年的 D 种所得税利润（除去租地农业家的利润及其他），加以简单分析，就大可发现资本集中的倾向。但在此要预先提示一点，就是这种所得达到 60 镑以上，即有课担所得税的义务。英格兰、威尔斯及苏格兰之应课所得税的所得总额，在 1864 年为 95,844,222 镑，1865 年为 105,435,579 镑④。纳税者数，在 1864 年，为人口总数 23,891,009 人中的 308,416 人；在 1865 年，为人口总数

---

① 这些数字，用在比较的目的上是很适当的。但绝对地说，却是虚伪的，因为每年恐怕有一万万镑的所得，没有公布出来。关于这点，国内收入委员会在每一次报告中，都指责那有组织的欺瞒，特别是商工业方面试行的欺瞒。例如，说："某股份公司，其申报应课税的利润为 6,000 镑，税务员却计算有 88,000 镑，结局乃照税务员的计算征收。另有一个公司的申报额为 190,000 镑，但后来迫而承认实有 250,000 镑。"（前书第 42 页。）

② 前揭《英格兰及威尔斯的户口调查》第三卷第 29 页。约翰·布莱特（John-Brights）认为：英格兰的土地，由 150 个地主领有一半；苏格兰的土地，则由 12 个地主领有一半。他这种主张，是从不会被人否认过的。

③ 《国内收入委员会第四报告》伦敦 I860 年第 17 页。

④ 这是纯所得，法律所认可的一定额已经扣除了。

24,127,003 人中的 332,431 人。这两年该种所得的分配，有如下表：

至 1864 年 4 月 5 日为止的一年		至 1865 年 4 月 5 日为止的一年	
利润所得	人员	利润所得	人员
总所得 95,844,222 镑	308,416	105,435,738 镑	332,431
其中 57,028,289 镑	23,334	64,554,297 镑	24,265
其中 26,415,225 镑	3,619	42,535,576 镑	4,021
其中 22,809,781 镑	832	27,555,313 镑	973
其中 8,744,762 镑	91	11,077,238 镑	107

联合王国的石炭产额，1855 年为 61,463,079 吨，值 16,113,617 镑；1834 年为 92,787,873 吨，值 23,197,968 镑。生铁产额在 1855 年为 3,318,154 吨，值 8,045,385 镑；在 1864 年为 4,767,951 吨，值 11,919,877 镑。而同国经营的铁道距离，1854 年为 8,054 英里，已缴纳资本达 286,068,794 镑；1864 年为 12,789 英里，已缴纳资本达 425,719,613 镑。此外，同国的输出输入总额，1854 年为 268,210,159 镑，1865 年为 489,923,285 镑。下表表示输出的变动：

1846 年	58,842,377 镑
1849 年	63,596,052 镑
1856 年	115,826,948 镑
1860 年	135,842,817 镑
1865 年	165,862,402 镑
1866 年	188,917,563 镑[1]

---

[1] 当时（1867 年 3 月）的印度及中国市场，已由英国棉制品的输运，而感到供给过多了。1866 年，棉业劳动者的工资，开始减低 5%；翌年遂引起布勒斯吞二万人的罢工。（这是跟着袭来的恐慌的前奏曲——F. E.）

有了这若干实例，我们就不难理解英国户籍司长的胜利的欢叫了，他说："人口的增殖，固然迅速，但毕竟还不能与产业和财富的发展，取一致的步调。"①

我们可再回头论到此种产业的直接运用者，此种财富的直接生产者，即劳动者阶级了。格莱斯登（Gladstone）说过："在人民消费力减少的时候，在劳动者阶级之痛苦及贫困增进的时候，上流阶级之富，却在不断地蓄积，他们习惯上的奢侈与享乐资料，却在不断地增大，这已是毫无疑义的事实了，这是我国社会状态上的一个最可悲的特色。"② 这位假装热忱的大臣，曾在1843年7月13日的下院中，这样说过的。在二十年后的1863年4月16日，他在提出预算案的演说中，又这样地表示："由1842年至1852年间，我国有课税义务的所得，计增加6%……而由1853年至1861年的八年间，如以1853年为标准来计算，又增加了20%！这事实，简直达到了几乎令人难于相信的可惊程度。……财富与权力之陶醉的增加悉以资产阶级为限。……一定于劳动人民有间接的利益，因为一般消费的商品，由此低廉下来了。富者诚然要更富，贫民也要逐渐减少其贫困程度。但贫困的极限，是否会有所变易，那就未敢断言了。"③ 这该如何使人缩头！如其劳动者阶级依然是贫困，不过比例于他们为有产阶级造出的"财富与权力之陶醉的增加"，而"减少其贫困程度"，那在相对意义上，就仍不曾对于他们的贫困程度有改变了。如其贫困的极限不减退，那就定然会因财富极限的增进而增进了。至其所主张的生活资料低廉，也非事实，据伦敦孤儿院报告一类的政

① 《英格兰及威尔斯的户口调查》第三卷第11页。
② 1843年2月13日，格莱斯登在下院的演说。（《泰晤士报》1843年2月14日号《议会速记录》同年2月13日。）
③ 1863年4月16日格莱斯登在下院的演说《晨星报》同年4月17日。

府统计所示，与 1851 年至 1853 年间比较，1860 年至 1862 年那三年中的生活必需品价格，却宁有腾贵趋势。就此后三年即 1863 年至 1865 年而论，肉类，奶油，牛乳，砂糖，盐，石炭以及其他许多生活必需品，都在不绝涨价①。而格莱斯登在 1864 年 4 月 7 日的预算演说，更对于财富的增大，对于由"贫困"而缓和的人民幸福，作抒情式的（Pindarischer）热情赞颂。他谈到被救恤的贫困的"极限"，谈到"工资不曾增加"的诸产业部门，最后并还概论劳动者阶级的幸福说："人生有十分之九，是在作生存的竞争。"② 不像格莱斯登那样受政府地位拘束的福塞特（Fawcett）教授，却率直地说："货币工资曾由这种资本增殖（最近十年间）而增进的事实，我自然不否认，但因许多生活必需品在不断高增价格（他相信那是由于贵金属的价值低落），故这种表面的利益，大体还是失去了。……富者益益加速地富裕起来，而劳动阶级所享受的安适，则不见有何等可以觉察到的进步。……劳动者简直成为他们的债权者即零卖商人的奴隶。"③

英国劳动者阶级，究竟在如何的情形下，为有产者造出"财

---

① 参照蓝皮书的官报《联合王国杂录统计》（第四部伦敦 1866 年第 260 页至 273 以下）中所载。且不说孤儿院及其他机关的统计，就是主张支给孤儿津贴的教务杂志，也可为左证。此等杂志从未忘记生活品的昂贵情形。

② 1864 年 4 月 7 日，格莱斯登在下院的演说。据议会速记录是说"一般说来，人生在多数场合，不外是生存竞争"——英国有一位著作家，曾引述莫里埃（Molière）下面的文句，来显示格莱斯登 1863 和 1864 年预算演说中所含的连续而显著的矛盾：

"你看这个人是怎样。他由白到黑。
他在早上，会对他夜中的意见谴责；
他惹人烦恼，也苦恼他自己，
他时时更换他的精神，像时时更换衣服。"
（《交换论》伦敦 1864 年第 135 页）。

③ 亨利·福塞特著：《英国劳动者的经济地位》第 67 页 82 页。劳动者所以会更须依赖零卖商人，是因为他们的职业不确定，并且有失业的可能性。

富与权力之陶醉的增加",我们已在讨论"劳动日"及"机械"的诸章,提示过了。不过,在那诸章,我们主要是就劳动者尽其社会机能时的情形来考察。为使资本主义的蓄积法则充分明了起见,我们必得注意劳动者在工作场所外部的状态,即其营养状态与住宅状态。但因篇幅上的限制,这里大体只考虑到工业无产阶级与农业劳动者中的报酬最薄者,他们占有劳动者阶级的大多数。

首先,我想略略述及那些被政府认为应被救恤的人,他们在劳动者中间,是已经失去独立生存条件(劳动力的出卖),靠公家救恤而维系其生命的一部分。依据政府的调查,英格兰①的被救恤贫民,在 1855 年,有 851,360 人,在 1856 年,有 877,767 人,在 1865 年,有 971,433 人。而在 1863 年及 1864 年,因棉花缺乏,故前者增到 1,079,382 人,后者为 1,014,978 人。1866 年的恐慌,伦敦受到打击最大,这个世界市场中心,拥有超过苏格兰的人口密度,它在同年度的被救恤的人民,就比 1865 年增加 19.5%,比 1864 年增加 24.4%,而在其进到 1867 年的前数个月间,其增加趋势,较之前一年度还要显著。但当分析被救恤贫民的统计的时候,有两种事实值得注意。其一是,被救恤贫民的涨落变动,反射着产业循环的周期转变,其二是,阶级斗争,从而,劳动者的阶级意识,愈随资本的蓄积发展起来;关于被救恤贫民的现实人数的政府统计,就愈不免要流于欺骗。例如,最近两年的英国报纸(如《泰晤士报》《帕尔麦尔报》),曾就虐待被救恤贫民的事实,大声急呼,其实那是自昔已然的旧故事。恩格斯在 1844 年,曾就完全同一的惨状,曾就完全同一的假道学

---

① 说"英格兰"时,除英格兰外,常把威尔斯包括在内;说"大不列颠"时,更含有苏格兰在内;说"联合王国"时,除以上三者外,尚把爱尔兰包括在内。

的"应时文章"所发出的悲鸣，论述过。不过，最近十年的伦敦饿死人数的可惊增加，毫无疑义的要增加劳动者对于贫民收容所（即贫乏惩治所）内的奴隶状态的嫌恶①。

B　英国工业劳动阶级中的报酬最微薄的阶层

我们现在要进而论到英国工业劳动阶级中报酬最微薄的阶层。在 1862 年棉花缺乏的当时，斯密博士（Dr. Smith）曾受枢密院的嘱托，调查兰克夏与彻夏两州之不幸的棉花工人们的营养状态。他依他过去多年的观察，得出以下的结论，即"为避免饥饿病"，平均妇人一日的荣养，至少须包含 3,900 克冷的炭素，和 180 克冷的淡素，平均成年男子一日的荣养，至少须包含 4,300 克冷的炭素和 200 克冷的淡素。在妇人的荣养素，与两磅优良小麦面包略略相等时，成年男子的，就更要增加九分之一。成年男女一周间的平均营养，至少须有 28,600 克冷炭素与 1,330 克冷的淡素。他的这种估计，很奇怪的在事实上予以证明了。即这估计，竟与迫于穷困的棉花工人们的可怜的消费量，恰好一致。在 1862 年 12 月，他们一周间的营养量，计为 29,211 克冷炭素与 1,295 克冷淡素。

在 1863 年，英国枢密院命令调查同国劳动者阶级中营养最不良者的贫乏状态，枢密院医官西门博士（Dr. Simon），遂选定这位斯密博士，担当这项任务。他的调查，涉及农业劳动者与工业劳动者中的绸织工人，女缝工，皮手套工人，织袜工人，织手套工人以及制鞋工人等；属于工业劳动者方面的，除织袜工人而外，其余都在都市中工作。但不管是对于那方面的劳动者，他通

---

① 亚当·斯密有时把 workhouse（贫民收容所）一字，和 Manufactory（制造厂），用在同一意义上，这件事，对于他以后的进步，投下了特殊的光明。例如，他在"分工论"一章劈头就说："被雇在各种不同作业部门的人，常常可以集合在同一 workhouse 中。"

是选取健康状况最好与境况较优的家族，为他调查上的原则。

他的调查的概括结论，是下面这样："在被调查的都市劳动者各部类中，淡素平均供给量略略超过绝对最低限度的（即仅免于饥饿病发生的限界的），只有一个；勉强达到那种限度的一个；炭素淡素都感不足的，有两个部类，而其中之一，则不足程度异常厉害。更就调查过的农业劳动者家族而论，有五分之一以上，没有受到最低限度的炭素营养量，有三分之一以上，没有受到最低限度的淡素营养量。而在柏尔克州，牛津州和桑牟塞州三州，淡素营养量的不足，简直成为平均的状态。"[1] 在联合王国中，以英格兰王国为最富裕，但在农业劳动者中，则以属于英格兰者为最营养不足[2]。而在此等农业劳动者中间，又主要以妇女及儿童最缺乏营养。一因为"成年男子有劳动的必要，也有吃的必要"。至调查过了的都市劳动者的穷困程度，则更为难堪。"他们的营养极坏，以致在他们之间，一定要生出许多有害健康的可惊的穷困。"[3]（这一切是资本家方面的节制！那就是节制着不付劳动者以维持生存所绝对不可缺少的生活资料）。

下面这个表，把最穷乏时代的棉业劳动者的营养程度，与斯密博士所假定的营养最低量加以比较，可以显示上述都市劳动者诸部类的营养状态[4]。

男+++女	一周间的炭素平均量	一周间的淡素平均量
五门都市职业	28,879 克冷	1,192 克冷
兰克夏的失业劳动者	28,211 克冷	1,295 克冷

---

[1] "公共卫生第六报告 1863 年"伦敦 1864 年第 13 页。
[2] 前书第 17 页。
[3] 前书第 13 页。
[4] 前书附录第 232 页。

男+++女	一周间的炭素平均量	一周间的淡素平均量
在男女同数的假定下，必须供给兰克夏州劳动者的最低量	28,600 克冷	1,330 克冷

在调查过的工业劳动者的诸部类中，绝对没有饮啤酒的，占 50%（或 $\frac{60}{125}$），绝对没有饮牛乳的，占 $\frac{60}{125}$。一个家族一周间的流汁营养物平均量，在女缝工为 7 盎斯，在织袜工为 $24\frac{3}{4}$ 盎斯。完全没有饮到牛乳的人，有一大部分是伦敦的女织工。一周间的面包原料消费额，女缝工为 $7\frac{3}{4}$ 磅，鞋匠为 $11\frac{1}{4}$ 磅，其余则是在这两者之间。一个成年工人一周间的平均总额，为 9.9 磅。砂糖（糖汁等）消费额，皮手套工人 4 盎斯，织袜工人 11 盎斯，其余则在此两者之间，对于一切部类的成年工人，每人每周的平均总额为 8 盎斯。一个成年工人一周间消费的乳油（脂肪及其他）平均量，为 5 盎斯。其肉类（腌肉及其他）平均量，在绸织工为 $7\frac{1}{4}$ 盎斯，皮手套工人为 $18\frac{1}{4}$ 盎斯，其余则在此两者之间，而各部类的平均总额，则为 13.6 盎斯。一个成年工人一周间的营养费，有以下的平均数字：绸织工人 2 先令 $2\frac{1}{4}$ 便士，皮手套工人 2 先令 $9\frac{1}{2}$ 便士，鞋匠 2 先令 $7\frac{3}{4}$ 小便士，织袜工 2 先令 $6\frac{1}{4}$ 便士。马克尔斯斐尔德市的绸织工的平均营养费，且不过 1 先

令 $8\frac{1}{2}$ 便士。营养最坏的，是女缝工、绸织工及皮手套工人①。

关于这种营养状态，西门博士在他的一般卫生报告中说："由营养不足而激成而助长的疾病，实多到不能指数，每一个熟悉救贫法下的医疗手续及病院住诊室及来诊室等的人，都是能够断言的。……但据我看来，关于此点，还要附加一项极关重要的卫生事项。我们要记得：忍受食物的缺乏，有难堪的痛苦；而极厉害的营养缺乏，照例是跟在其他各种各类的缺乏后面产生的。在营养不足成为卫生问题以前许久，在生理学者企图计算生死攸关的炭素与淡素的最低限量以前许久，劳动者的家庭中，已被夺去一切物质上的安慰了。衣服与燃料，较之食物尤为贫弱；对于酷烈的天气，是没有何等适当的防卫的；而住宅的范围，则局限到了激成疾病或助长疾病的那种程度。家具器皿都没有，哪怕就是保守清洁，也感到破费了，或者办不到。如其有勉强维持清洁的自尊心，那种勉强，就等于说是加大饿肚子的痛苦。劳动者的家庭，都是位置在能够以极低廉价格住下的地带；那里普通都谈不到卫生上的取缔，排水哪，污物扫除哪，公共恶害禁制哪，都很少注意；水的供给，是最不充裕，最不清洁的；如在都市中，则光线与空气，都坏极了。像这各方面的卫生上的危险，凡在贫困达到了食物也感到缺乏的地方，殆为不可避免的现象。如把这般恶弊总计起来，那种危及生命的分量，就够可惊了，所以，单是食物缺乏这件事，在其本身，已为一非同小可的事体。……特别是，当我们不以为这种贫困，是起于怠惰应得的惩罚的时候，那就要唤起委实痛苦的反感。要之，问题是劳动者的贫困。而且，就都市劳动者而论，他们仅仅换得了少许食物的劳动，常要延长到可惊的程度。说这种劳动能使劳动者自营生活，

① 前书第 232、233 页。

那就显然要打一个折扣。……这有名无实的自营生活，究不过是达到被救恤的贫困这一条或长或短的迂回之路罢了①。

最勤劳的劳动者部类的饥饿痛苦，与基于资本主义蓄积的富者的奢侈消费（无论那消费是粗率的，抑是考究的）之间，存在有内部的关联，这关联，要认识经济上的法则，才能明了。但关于住宅的状态，则不是如此。生产手段愈集中，劳动者就愈要相应地密集到狭小的场所。凡是不存偏见的观察者，都当承认资本主义的蓄积愈急速，劳动者的住宅状态即愈悲惨。财富发达的结果，会破坏建筑不良区域，以图"改善"街市，建造银行仓库一类大建筑物，并为营业上的交通与奢华的大马车，扩展街道，敷设铁路。这一来，贫民就显然要被驱往更坏更拥挤的角落。在另一方面，住宅租价，又将与其品质成反比例的加高；房屋投机者所利用的贫乏矿山，较婆托西矿山，支费较少而获利更丰这事实，是尽人皆知的。在这场合，资本主义蓄积，从而，资本主义所有关系一般所含的对抗性质，乃异常明显②。那怕就是关于劳动者住宅状态的英国政府的报告，也对于"所有及所有权"充满异端派口吻的攻击。产业发达，蓄积增进，都市发展"改良"，同时恶弊也以同一步调而增多。所以，单单为了恐惧上流阶级也难免传染的传染病，在1847年与1864年间，就制定了不下十条的卫生警察上的议会法令；而在利物浦，格拉斯哥及其他诸市，资产阶级且于惊骇之余，通过都市当局，来行使干涉。西门博士在他1865年的报告中说："我们大体上不妨这样说，英国的恶弊，是未受何等取缔的。"1864年，朱理安·亨德尔博士

---

① 前书第 14、15 页。

② "公然无耻地把人权供所有牺牲这件事，是在劳动阶级住宅方面最为厉害。任何大都会，都可以视为是人间的牺牲所，都可以视为是祭坛，那里逐年会把几千人，当作贡品，贡献给贪欲的摩洛克火神。"（兰格著：《国难》1844年第15页。）

（Dr. Julian Hunter）曾依枢密院的命令，调查农业劳动者的住宅状态，翌年，又调查都市方面之贫民阶级的住宅状态。他的名噪一时的调查结果，系揭载于《公共卫生第七及第八报告》中。关于农业劳动者的部分，留待后面再说。至关于都市的住宅状态，且先引录西门博士的概述，作为引言。他说："就职务上说，我虽然要专门保持医术的见地，但站在一般人道立场上，则不容忽视这种恶弊的其他方面。……伴随住宅密集而必然发生的现象，就是一切优点的否定，身体与身体机能的异常不洁的混杂，性的任意裸露，以致使他们不成为人类，而宁为动物。在这种影响之下，无疑是堕落的意味。这种影响作用愈久，就是堕落程度的加深。而在这种可诅咒的环境下生出的儿童，往往不免要受无耻的洗礼（Baptism into infamy）凡属在这种境况下度过生活的人，要期待他将来在其他方面，在以肉体上道德上的清洁为本质之文明的空气中，努力向上，是没有希望的。"①

就绝对不适于人类居住的密集住宅状态而论，伦敦算是首屈一指。亨德尔博士说："我觉得有两点显而易见的事：第一是，在伦敦各别拥有一万人的贫民窟，约有二十个。这每个贫民窟的悲惨状态，几比在英国任何地方所见的任何情景，都更凄恻；并且，那差不多完全是起因于房屋设备的不良。第二是，此等贫民窟的房屋密集而颓朽的状态，已远不如二十年前。"②"伦敦及纽凯赛某些地区所见的生活，就说是地狱，也非过言。"③

---

① "公共卫生第八报告"伦敦 1856 年第 14 页注。
② 前书第 89 页。亨德尔博士曾就这种贫民窟的儿童，描述如下："在贫民这样拥挤群居以前，他们的儿童，是在怎样的情形下教养，我们不知道。但到现在，他们的儿童的生活情形，却是半裸体的，闹酒的，卑亵的，喧哗的，与各种年龄的人，胡闹到半夜。他们在我国堪称为空前恶劣的境况下，受一种使他们将来成为'危险阶级'人物的教育。只有大胆的预言家才敢断言受过这种教育的人，长成后会怎样作为。"（前书第 5 页。）
③ 前书第 63 页。

伦敦的街市在"改进"中，旧来的道路和房屋在破坏中，工厂在增殖中，人口在显著的流入中，最后，随土地租金增进的房金在昂腾中，所有这些倾向的进展，都会使劳动者阶级中比较优裕的人，小商人以及其他属于中流阶级下层的人，相率转落到同样卑陋而值得咒诅的住宅状态中。"房租腾贵起来，劳动者要租住一间房以上，殆不可能。"① 在伦敦，殆没有一所房屋，没有许多中间人从中加大它的负担。因为伦敦的土地价格，比之于土地年收入是在逐渐增高，所以，购买土地的人，都是打算以审定价格（即在收用时，由审查官审定的价格），把它再贩卖出去，否则，就是看准附近会兴建某种大企业，由是使土地价格大增特增。其结果，将近满期的租赁契约的买卖，乃一般通行。"对于从事这种营业的人们，所可期待的，就是为所欲为。换言之，即当他们为房主的时候，尽可能向租房子的人榨取，并尽可能地不使继有房子的人，有所获得。"② 因为房租是按周支付，这些绅士们是不会冒何等危险的。市内敷设铁道的结果，"我们最近就看到这种光景：伦敦东区的劳动者，都由他们旧来的住宅驱逐出来，他们除了贫民收容所外，没有归宿地方，有些人背负着他们仅有的一点东西，在街上彷徨。"③ 贫民收容所已有人满之患，而由议会通过的"改善"，还刚动手。劳动者因其住宅拆毁而被驱逐出来时，并不离开他们旧来的教区，即令离开，也必尽可能地定居在接近的地带。"他们自然要设法住近他们工作场的地方，为了在原地方挤住下去，原来住两间房的人，只好局限在一间房内……被驱逐出来的人，都住在较以前为贵但却较以前为坏的房屋中。……定住在海岸的劳动者，有一半人……到工作场去，要

① "圣马丁区卫生官吏报告1865年"。
② "公共卫生第八报告伦敦1866年" 第91页。
③ 前书第88页。

徒步两英里之远"。这同一海岸，——那会给予外来者以伦敦财富之威压观感——，可视为伦敦方面的人类密集的榜样。在属于这一方面的某教区的人口，据保健官吏的计算，每一亩有 581 人，虽然那种计算，包括了泰晤士河面积的一半。伦敦一向采行的警察卫生方策，是拆毁无用的房屋，驱逐劳动者，但那种方策，显然只是把劳动者由一个区域，驱向更密集的挤塞的其他区域内。亨德尔博士说："这全部办法，必得看为不合理的处置，而予以中止。否则就得有效地唤起公众同情（!），使其曲尽那不用夸张也得称为'国民'义务的义务，那就是对于那些虽无资本自建房屋，却能按期缴纳房租的人，供给住宅。"[①] 赞美这种资本主义的公正吧！当土地所有者，房屋所有者，实业家们，因敷设铁道，开拓街道的"改善"，致其所有物被收用时，他们不单要取得充分的代价，并还须对于勉强的"节欲"，依照神与人的法则，慰以莫大的利润。但劳动者却连同他的妻子与什物，被驱逐出来；如其他们成群结队地挤塞到当局指定为绅士生活的区域，他们就要遭受卫生警察上的取缔！

在十九世纪之初，英国除伦敦外，没有一个拥有十万人口的都市。超过五万人的，也还只有五个。然至今日，五万人口以上的教市，已有二十八个。"这种转变的结果，不但都市居民有可惊的增加，而旧来闭结一隅的小都市，现也已在其四周环绕起建筑物，而成为在任何方面都没有与敞阔天空接触余地的中心地带，像这种地带，已不复为富者所眷恋，他们都舍此而迁移到爽心悦目的郊外了。他们留下的房屋，就变为一家分住一室的大住宅；而在一家之中，往往还发现有两三个投宿的人。在这样非为他们建造的，完全不适宜的住宅中，密集着许多人，那定然会造

---

① 前书第 89 页。

出使成年堕落，使儿童前途破坏的环境。"① 商工业都市中的资本蓄积愈迅速，可供榨取的人类物质的流入也愈迅速，而为这些流入劳动者即时安排的住宅，也愈加不成样子了。纽凯赛·乌彭台奈是一个产额不绝增加的煤铁中心区，在住宅地狱一点上，仅次于伦敦。这个市上住在个别房间内的人数，不下三万四千人。在最近，纽凯赛及格兹亥德两处的许多房屋，都依据绝对有害公众的理由，由警察拆毁了。新房屋的建筑，虽是缓缓而行，但营业的进展，却是非常迅速的。所以在 1865 年，同市大有人满之患。简直没有一间召租的房间。纽凯赛热病院的爱布勒东（Dr. Embleton）医师说："窒扶斯病的继续与猖獗，最大的原因在于人口的密集和其住宅的不清洁，这是毫无疑问的。劳动者所住的房屋，都是位置在闭塞而极不卫生的偏街陋巷，就空地，光线，空气，以及清洁诸点说，简直是最不充足和最不卫生的典型，简直是文明社会的污辱。在他们的房间里，成年男女和小孩，夜间都是混睡在一块。成年男子们，做夜班的和做昼班的，轮流不断地更换，所以被褥没有冷的时候。全房屋的水的供给是不好的，厕所的设备更坏；全都是污秽的，滞闷的，制造恶疫的。"② 而这种寄寓地方，每周租赁价格，却是由 8 便士到 3 先令。亨德尔博士说："纽凯赛·乌彭·台奈市，包容有我们国民最优美种类的标本，他们常由街道和房屋的外部环境，沉沦到近于野蛮的状态。"③

有某些产业都市的住宅状态，今日纵然还过得去，但因资本和劳动起伏不定的结果，明天也许就要变得难堪了。市当局说不定也曾鼓起勇气，努力于这种可怕的恶弊的救治，但那种地方，

---

① 前书第 55、56 页。
② 前书第 149 页。
③ 前书第 50 页。

不旋踵间就有大批的褴褛爱尔兰人或颓废的英格兰的农业劳动者，如蝗虫般的成群蜂涌而来。他们被堆进地窖里，谷仓里，或插入以前过着端正生活的劳动者的房屋里，把那些房屋，转化为三十年战争中的营房一样的寄宿舍，不绝变换其投宿者。例如，布拉德福市就是如此。这个市中的当局，是孜孜于街市的改善的。加之，在 1861 年，那里还空着 1751 栋未住人的房屋。然到现在，稳健自由主义者，黑人同情者福尔斯特君（Mr. Forster）近顷爽快欢呼的营业恢复，已经实现了。营业的恢复，自然同时要导来不断波动的"产业军"即"相对过剩人口"之流的盈溢。

亨德尔博士由某保险公司代理店所获得的表中①，就记载着那些令人战栗的地窖和分租房间，大抵是由一些报酬较优的劳动者所居住。他们表示：如其有较好的住宅，他们是愿意租赁的。在这

---

① 布拉德福市某一劳动者保险公司代理处制成的表：（公共卫生第八报告第111页）

吴尔侃街 122 号	1 室	16 人
伦姆勒街 13 号	1 室	11 人
波威尔街 41 号	1 室	11 人
卜特兰街 112 号	1 室	10 人
哈狄街 17 号	1 室	10 人
诺尔兹街 18 号	1 室	16 人
诺尔兹街 17 号	1 室	13 人
怀麦尔街 191 号	1 室	成年 8 人
约威特街 56 号	1 室	12 人
乔治街 150 号	1 室	3 家
来佛尔·可特·马利格街 11 号	1 室	11 人
马雪尔街 28 号	1 室	10 人
马雪尔街 49 号	3 室	3 家
乔治街 128 号	1 室	18 人
乔治街 130 号	1 室	16 人
爱德华街 4 号	1 室	17 人
乔治街 49 号	1 室	2 家
约克街 34 号	1 室	2 家
苏尔特·皮街底	2 室	26 人
列简特·斯魁尔	1（地窖）	8 人
亚克尔街	1（地窖）	7 人
洛贝特·可特	1（地窖）	7 人
柏克·普拉特街（炼铜场）	1（地窖）	7 人
爱本涅色街 27 号	1（地窖）	6 人

当中，他们全都变为堕落的褴褛者，变为罹病的人；同时，那位稳健自由主义者，下院议员福尔斯特，却正在为自由贸易的祝福，为布拉德福市的有力的毛绒业者的利润，而奔流着欢喜之泪！布拉德福市有一位救贫医师，名叫贝尔（Dr Bell）的，曾在他 1865 年 9 月 5 日的报告中，述及他管区内患热病者的可惊死亡率，是起因于住宅状态。他说："在一个一千五百立方尺的小地窖中……有十个人居住着。在温生特街，在克林·亚尔·普赖斯，以及在赖斯，有 1,450 人居住 223 栋房子，其中有 435 张床铺，和 36 个厕所。……这床铺，是指着一卷脏而旧的破布，或一束残屑。平均 3.3 劳动者，睡一床，其中有五六人睡一床的。据他们告诉我，还有完全不睡床，在光板上，和衣而睡的；男的，女的，结了婚的，未结婚的，通通混在一起。至若此等住宅，有许多是黑暗、潮湿、污秽而发恶臭的穴窟，不适于人类居住，那又无待烦言了。这是病与死所由传播的中心，那些生活在佳适境况下，一任这种毒菌在都市中心区繁殖的人，将身受其害啊。"[1]

就住宅的凄惨景况一点来说，次于伦敦及布拉德福的，就是布利斯托。"在欧洲堪称为最富裕都市之一的布利斯托，充满着赤贫与家庭的悲惨。"[2]

C 流浪劳动者

我们将由此论到那些大抵由农村到都市来就业的劳动者。他们是资本的轻装步兵随资本的需要，不绝转换就业地点，今天在这方面，明天或在那方面。一旦不行军，即张起"野营"。他们这种流浪劳动，大体是利用在排水和建筑方面的各种作业，及烧砖，烧石灰，建筑铁道等方面。在他们的野营附近一带，就有天

---

[1] 前书第 114 页。
[2] 前书第 50 页。

花、窒扶斯、虎列拉、猩红热一类恶疫的飞往输来①。如像在铁道一类需要大量投资的企业方面，企业者通常是自动为他的劳动军，供给木造小屋或其他类似住宅。那种住宅，毫没有卫生设备，多半是在官宪监视不到的村落，临时架设的。像那样的村落，于企业者最有利益，他们对于劳动者，是把他当作产业兵与租屋人，而从事二重的榨取。那种小屋所包容的穴样的房间，为一间，两间，或三间，其居住者无论为土工或其他劳动者，每周须分别缴纳一先令三先令或四先令的租金②。这只要举一个例子就行了。据西门博士的报告，在 1864 年 9 月，内政大臣格勒勋爵（Sir George Grey）曾由色劳洛克斯教区健康除害委员会主席，接到以下的控告状："约在十二个月前，这个教区，殆不闻有天花病的存在。在这时期以前不久，由留依雪姆到汤布利基的铁道工程开始了。这个工程的主要部分，是进行于本市邻接地区；因为工程总部是设在本市，多数劳动者就必然要在这里工作。但把此等劳动者全部收容在原有的小屋中，实不可能，于是企业者杰伊君（Mr. Jay）就沿路线若干地点，建筑可以使他们住宿的临时小屋。在此等小屋中，换气设备，排水设备都没有，混杂拥挤更是不可避免的，因为每个小屋的房间，虽只两间，不管一家有多少人口，都得挤住下来，并还要收容寄宿者。据我们收到的医师的报告，在夜间，这些可怜的人们，还要为了充满不洁的滞水，和由近窗厕所发出的恶臭，而忍着窒息的痛苦。不时住此等小屋参观的一位医师，曾就此种状态，诉之于健康除害委员；他痛述此等住宅状态的不良，并力言不讲求何等卫生方策，将不免发生严重的后果，约在一年前，杰伊君曾允许安置一个小屋，以

---

① "公共卫生第七报告伦敦 1865 年"第 18 页。

② 前书第 165 页。

便收容其所雇劳动者中的传染病患者。在去年 7 月 23 日，他提到这种约言。但此后，在他所雇劳动者中，尽管发现了若干天花病患者，并有两名因此死亡了，他还未打算履行他的约言。9 月 9 日，克尔生（Kelson）医师他又以同一临时小屋新发生天花病者的事，向我报告，并指述那些小屋的状态，极其难堪。我还应向足下提述可供参考的一点，就是，这个教区设置有一栋隔离房屋，称为传染病房，专供收容区内染传染病者之用；过去数月来，这个传染病房，接连不断地充满了传染病者。甚且有的家族，竟因天花与热病，而死去五个儿童。本年 4 月 1 日至 9 月 1 日的五个月间，这个教区因天花病死去的，不下十名之多，其中有四名，是住在这临时小屋中。凡属患天花病的家族，都竭力保守秘密，所以患者的确数，还是无从知道的。"①

　　工作于炭坑及其他矿山的劳动者，是属于英国无产阶级中报酬最优厚的部类。他们为购获这种优厚工资，所付的代价，我在前面已经述过了②。现在只想迅速一瞥其住宅状态。采矿业者不论是矿山所有者，抑是矿山租借者，通常要为他所雇劳动者建设若干小屋。这种小屋和用作燃料的炭，都是"无代价"地给予劳动者，其实，这是物纳工资部分。不住这种小屋的人，每年取得四镑的代价。在矿山地方，矿夫自己，与群集其周围的手工业者，零卖商人所构成的人口，迅速集中起来。土地租金在矿山，也如同在其他方面一样，人口一稠密了，就会提高，由是，企业

----

① 前书第 18 页注。查庇尔·安莱·夫利斯联合教区的救贫吏员，向户籍监督报告说："在达佛霍尔，由石灰屑积成的山上，凿有若干小洞。那些小洞，就是在附近铁道上工作的土工及其他劳动者的住宅。没有排水沟，也没有便所。除了在顶上凿有用作烟囱的小孔外，更没有其他的换气地方。在这种状态下，天花有时极形猖獗，他们（这种洞居人）有些还因此丧了生命。"（同上注 2。）

② 第四篇末所揭载的各点，主要就是关系炭矿劳动者的。而关于金属矿山方面的更不良的状态，则请参照 1864 年敕命委员会所提供的确实报告。

者就在仅可能接近坑口的狭小区域内，建筑够收容劳动者及其家属的许多小屋。假若在这附近采掘新坑，或重开旧坑，其杂沓之状，即相应加甚。在小屋的建造上，凡非绝对不可避免的支出，资本家就要从他唯一的重要见地，概予"节欲"。朱理安·亨德尔博士说："对诺桑蒲吞及杜赫姆两州炭矿工及其他劳动者所供给的住宅，如撇开蒙亩兹州的矿山不说，那恐怕要算在英国所能见到的最坏与最昂贵的标本。……其极端不好的地方，就是在一间房内收容许多人，就是在窄狭的地段，密集许多小屋，就是水的缺乏，厕所的缺如，以及屋上架屋，或一屋区分为若干层等。……租屋人简直不是定居者，而像是屯营的殖民团。"[1] 斯蒂芬斯博士（Dr. Stevens）说："我遵照命令，大抵视察过了杜赫姆联合教区各大炭矿村落。……一般的批评，是说那里对于居民的健康，没有讲求何等保护方策。我看，除极少场合外，这全是事实。一切矿工，都是以十二个月为期，'拘佣'（Bound 这个字，与'隶农'Bondage 一语，同是导源于农奴制时代）于炭坑租赁者或所有者之下。……假若矿工表示不满，或以何等形式，烦扰了'监督人'，他们的姓名，将被记下，或附以便笺，到了一年'拘佣'更新之际，即被解雇。……在我看来，没有那种物纳工资制度（Truck-system），再比这种人口密集地方所行的更坏。矿工有一部分工资，要被强制的接受那位置在恶疫横行的环境之下的住宅的供给。他们自己不能有所作为；无论从那点说，也都无异一个农奴。除雇主外，他是否可由其他的人得到生活的帮助，似有疑问。雇主首先是考虑他的损益表，其结果是颇为确实的。他们所用的水，也常是取给予雇主，无论好坏，都得支付代价，或者多分是由其工资项下扣除。"[2]

---

[1]　前书第 180、182 页。
[2]　前书第 515、517 页。

当资本和"舆论"甚至和卫生警察发生冲突的时候，它对于它课加到劳动者劳动生活与家庭生活上的既危险又屈辱的诸种条件，定会毫不踌躇的"辩护"说那实在是增殖利润的必要手段。由是它对于工厂危险机械的保护设备，对于矿山等方面维持换气及安全的诸种必要手段，概行"节欲"，而对于这里论及的矿山劳动者住宅，也是根据同一理由来处理的。枢密院医官西门博士在他呈给政府的报告中说："矿山企业者辩解这种悲惨房屋设备的理由……谓采掘的矿山，通常是租赁的。因为租赁契约期间短促（炭坑通例为21年），故不值得为劳动者及其周围密集的零卖商人，供给设备完整的住宅。并且，如其他自己关于此点，作宽厚处置，那通常也不免要为地主所破坏，因为为那些地下劳动者，在地面上建立起适当而舒服的房屋，地主就要为此特权，而要求额外的追加地租，以为代偿。这种禁阻（纵非直接的禁阻）的价格，使那些有意建造房屋的人，也不得不同样缩下手来。……这种辩解的价值如何，不是这个报告所要研究的；设适当的房屋设备安置起来，其费用究由地主，租地人，劳动者抑或公众担当的问题，我们也没有在这场合考察之必要。但不论如何，汇集这诸种报告（亨德尔博士的，斯蒂芬斯的，以及其他的），见到其中所证明的可耻的事实，我们就得提出速谋救济的主张来。……土地所有权的使用，竟是这样的不利于公众。地主首先以矿山所有者的资格，召募产业殖民团到他所有地上从事劳动，然后再以地面所有者的资格，使他召募来的劳动者，不能获有其生活必要不可缺少的适当的住宅。至若租地人，即资本主义采矿业者，他对于这种业务上的分割，并没有金钱上的反对动机。因为他颇知道：后面这个条件，即令达到过分程度，其结果也不是归他自己负担；并且，承受这个负担的劳动者，没有受到能理解卫生权的价值的教育，居宅即令不洁，饮水即令腐浊，也到底不会成为促起罢工的诱因。"①

D　恐慌及于劳动者阶级中报酬最优部分的影响

在把论点移到真正农业劳动者以前，我还得就恐慌及于劳动者阶级中报酬最优的部分（即劳动贵族）的影响，作一例示。我们当记得，在产业循环终了期发生的大恐慌之一，是在1857年袭来。而次度循环期间，则是在1866年满期。那次的恐慌，主要是采取金融的性质，因为在真正的工厂区域，已由棉花饥荒，预示了那个使大量资本，由惯常的投资领域，被驱逐到货币市场的大中心地带。这次恐慌系爆发于1866年五月，而其信号则是伦敦某一大规模银行的破产；接着是无数金融泡沫公司的倒闭。构成伦敦一大产业部门的铁道建造业，也卷入这大瓦解的命运中。属于这个部门的有力经营，不仅曾在诈欺时期中，妄作过剩的生产，并还预想信用也可同样的活泼流动，而接受巨额的定购契约。然至最近，一个可惊的反动发生了，伦敦在这种产业乃至在其他产业方面②，迄今（1867年3月末）仍继续在那种反动中。在1867年初，《晨星报》一位通信记者曾视察过贫困之主要的中心地。为要显示劳动处在怎样的状况之下，且从他那详细的报告中，引录以下这一节："在伦敦东部波蒲拿，米尔华尔，格林维，得卜特福尔来姆豪斯与侃林格·唐等处，至少有一万五千劳动者及其家族，陷在极端贫乏的状态中。他们中间有三千熟练

① 前书第16页。

② "伦敦贫民整批的饥饿！"……近数日来，伦敦到处的壁上，都张贴有文字惹人注目的传单："肥牛啊！饥饿的人啊！肥牛从玻璃宫中出来，很养着住在豪华第宅中的富裕者；对于饥饿的人，则听其疲病，听其死亡在悲惨的洞穴中"。载有这种不祥文字的传单，是不绝更新的，以前的传单被销毁了或被掩蔽了，马上就会在同一场所或其他类似场所，贴出新的来。这……使人想起那准备1789年法国事变的秘密革命团的行动。……当英国劳动者连同妻子冻馁而死的时候，该国劳动者的产物——几百万的黄金，却被投用到俄罗斯、西班牙、意大利以及其他外国的企业去。（《勒诺新闻》1867年1月20日。）

696

的机械工人；在他们经过了半年穷乏后的今日，始在贫民收容所的围场，锤击铺道用的石子。……我好容易达到了饥饿者群围挤着的贫民收容所（在波蒲拿地方）的入口。……他们是为领受面包券而来，但那时还没有达到发券的时间。那个围场，为一大的方形，一栋敞的茅屋环绕着，几大堆雪，掩覆着中央的铺石。那中间，还有用柳枝篱垣围着的小场所，敞如羊栏，那就是他们在天气较好时劳动的所在。我去视察的那天，因为那些羊栏样的小场所，为雪所覆，不能进去工作，他们就在敞开的茅屋里，忙着锤击铺道石子。每个人都是用一大块铺石做座位，在覆盖着霜的花岗石上，挥动大槌。他所锤碎的石子，不达到五布奥的容量，不得停止。因为这是他一天限定的工作，这工作做完了，始再获得3便士和伙食津贴的报酬。围场的另一部分，有一栋木造的小屋。当我们推开这小屋之门的时候，看见里面装塞着许多人，他们为了取暖，大家比肩挤凑起来，一面从事造船索的工作，一面则相与议论着：以一定量的食料，看谁能劳动最长的时间。因为他们视劳动的持久，为一种荣誉。在这个贫民收容所中，收容有七千待救恤的劳动者。在六个月乃至八个月前，他们中间有几百人，尚是领受最优厚工资的熟练劳动者。除了这七千人外，还有些用完了贮金，而尚余下少许可典质的物品的人，不愿遭受公众的救恤。若把这些人也收容进来，其总数恐怕要增加一倍。我离开这收容所，就到街上一巡。街上的建筑物，大抵是在波蒲拿所常见的一楼一底的小房屋。我的向导者，是失业委员会的一员。……我首先是视察一个失业了二十七星期的铁工的家庭。我看见他同他的家人坐在一间小的后房里。那间房中，还残下有一点家具，并还有火；因为当天异常寒冷，非升点火，决无法防护他那些赤着脚的小孩们的冻伤。在火前面的木盘上面，放着一些粗麻，他的妻，他的小孩，都用此造成船索，以便向教区领取伙食津贴。他自己每天为取得 3 便士和一点伙食津贴，则在收容所的碎石场劳动。这天，他从碎石场回来用午餐，他带着阴沉的微笑向我说，我饿极了。他的午餐，只有两片面包，一点猪油，和一杯没有加牛乳的茶。……当我敲他邻家的门的时候，一个中年妇人出来开门，默不作声地把我们引到一间小的后房里。在那里他们一家都在沉默中，注视着很快要消去的火。他们那种人，与他们的那种小屋，都满覆着可惊的落寞与绝望的光景，那使我们决不想再看第二次。那位妇人指着他的小孩们，向我说：'先生，二十六个星期，毫无所事事，我们所有的钱，我同父亲在景况较好时贮积下来，为了应付不景气时光的所有的 20 镑，现在全都用光了。请看吧'。他一边几乎是凶悍地说，一边拿出一本存入取出写得清清白白的银行存折，我们由是知道他的小财产，由最初存 5 先令起，次第增加到 20 镑；此后则又次第溶消去，仍净存若干镑，若干先令，直至最后一次提款，才把这存折化为一张无价值的白纸。这一家人，每天由收容所供给一次淡薄得可怜的食物。……以下视察的，是原来在造船所工作的一个铁工的家庭。他的妻，饿病了，和衣睡在席上，只在身上盖着一条毛毡，被褥等都当了。有两个可怜的小孩看护着他，而他们自己却像是和母亲同样需要人看护。十九个星期的被强制的懒惰，使他们陷入了这样的穷境。那个妇人谈及她充满了痛苦的过去的时候，深深叹息着，好像对于将来没有存着任何希望。……甫出这家的门口，一个青年人追上来，一定要我们到他家一看，仿佛我们能够为他作何等帮助似的。一个年轻的妻，两个可爱的小孩，一卷当票，一间空房——这是我在他家里所见的一切。"

就 1866 年恐慌的余波说，我们从托利党（Tory）新闻，得到以下这样的拔萃。但我们必得记着：那拔萃所涉及的伦敦东部，不单如前所述是铁船建造业中心，并且还是经常领受最低限度以下的报酬的所谓"家内劳动"的中心。"昨天在这个大都会中的一角，目击到令人惊骇的光景。东部方面的几千失业者，虽不曾张起黑旗，在市内成群列队地整步，但其人波已够给吾人以威压之感。让我们回忆起他们那种贫乏状态吧。他们都快要饿死了。那是简单而可怕的事实……他们总共有四万人，在我们眼前，在这个可惊异的首都的一角，竟在财富之空前的大蓄积的旁边，横着四万之多的哀号无告的饿莩。他们现在侵到市内其他区域了。这些饿到濒死的人们，向我们诉苦，向天哀号；他们从他们悲惨的住宅中，告诉我们说找职业是不可能了，求乞也没有用处。因为有缴纳救贫税义务的人，他们自身也因教区所课加的负担，而驱向要被救恤的贫困的深渊"（标准报 1866 年 4 月 5 日）。

在英国资本家之间，有一种流行的说法，就是称比利时为劳动者的乐园，因为"劳动的自由"或者——结局不外是同一事——"资本的自由"，在比利时没有受工会之专制的妨害，也没有受工厂法的妨害。我们且就比利时的劳动者的"幸福"一说吧。关于这种"幸福"的秘密，确没有比已故杜克柏西亚君（Herr Ducpetiaux）更有研究的人，他是比利时监狱署及慈善机关的总监督官，是中央统计委员会的委员。我们试翻阅他所著《比利时劳动阶级之家计》预算（布鲁塞，1855 年刊）吧。在这书中，他特别就比利时劳动者的标准家族来叙述。他以极正确的材料，计算这个家族每年的收支，然后再就其荣养状态，与兵士、水夫、囚徒等，作一比较。这个家族，包括父母及四个子女，共六人，其中"四个人可以终年就业"。假定"这一家之中，没有病人，也没有不能劳动者"，"除了应纳教堂少许席费外，在宗教，道德，知识诸方面，更没有何等支出"，"对于贮蓄银行及养老保险，也不拿出何等费用"，"在奢侈及其他方面，也没有什么支出"。不过，父亲和长男，得抽抽烟，星期日得往酒场走走，其费用每周计为 86 生丁姆。"把各种不同职业劳动者所取得的工资，加以对照比较，可得出以下的结论：……一日工资的最高平均额，成年男子 1 佛郎 56 生丁姆，妇人 89 生丁姆，青年男子 56 生丁姆，少女 55 生丁姆。准此计算，一家年收入的最高限度，为 1068 佛郎……这个家属，假定是一个典型的家属，一切可能的收入都合算起来了，然在事实上，如母亲获得工资，势将引起家政上的管理问题。在那场合，谁主持家内经济呢？谁照料小孩呢？谁准备食事，和担当洗濯缝补等工作呢？这是劳动者每天都感到棘手的问题。"

依据这假定，这一家的预算如下：

	一日的工资/佛郎	三百劳动日的工资/佛郎
父	1.56	468.00
母	0.89	267.00
男儿	0.56	168.00
女儿	0.55	165.00
合计		1068.00

现在，如假定劳动者摄取以下各项的荣养，则这一家的年收入，就表示这样的不足：

水夫的荣养	1828 佛郎	比较不足	760 佛郎
兵士的荣养	1473 佛郎	比较不足	405 佛郎
囚徒的荣养	1112 佛郎	比较不足	44 佛郎

"我们由此知道：劳动者家族摄取的荣养，比之水夫兵士固相形见绌，即此之囚徒，也赶不上。由 1847 年至 1849 年间，比利时的每个囚徒，一天平均要费 63 生丁姆。把这个数目与劳动者一日的生计费比较起来，要显出 13 生丁姆的差额。就囚徒方

面说，其费用固须包含管理费监督费等在内，但他们不用拿出房租的事实，足可与此相抵……然则劳动者中的多数人或大多数人，究如何过着俭约生活呢？那是采行一种只有劳动者们自己知道其中秘密的应急策：逐日节减粮食；用黑麦面包代替小麦面包；对于肉、奶油或香料等，或则减少分量，或则完全废止；全家大小挤塞在一两间房内，少年少女不但混睡一块，往往甚且是同枕混睡；关于穿衣，洗濯，清洁资料等，都尽可能地节省；星期日的消遣也停止了；总之，无论就那方面讲，都是忍受着极其痛苦的贫乏。一旦达到这贫困极限时，生活资料稍稍腾贵，或无工可作，或偶患疾病，就要加深其困厄，而招致完全的破灭，债台高筑，赊借无门，只好把衣类或万不可缺少的家具，送往当店。结局，乃请求把全家都登录在被救恤者名簿中。"① 其实，在这"资本家的乐园"中，生活必需品价格上的些微变化，就要伴起死亡及犯罪件数上的变化！（见《船员工会宣言：'向前迈进呵，福拉门人！"》布鲁塞，1860 年刊第 156 页）据政府统计，全比利时共有九十三万家族，其中有九万（包含人口四十五万）富裕者，有选举权者。属于都市及村落的中等阶级下层的家族，为十九万（包含人口一百九十五万），其中一大部分在不绝转落为无产阶级。最后，劳动者的家族，为四十五万（包含人口二百二十五万），其中典型的家族，就是享受着杜克柏西亚君所描写的那种幸福。其中有二十万以上，记在被救恤者名簿中！

E 英格兰的农业无产者

资本主义生产及蓄积的对抗性质，没有其他什么地方比较英国农业（包含饲养家畜业）上表现得更粗暴露骨了，其农业在进步，而其农业劳动者则在退步状态中。我在论及此等农业劳动

---

① 杜克柏希亚著：《比利时劳动阶级的家计预算》布鲁塞尔 1855 年刊 151、154、155、156 页。

者之现状以前，且迅速一瞥其过去境况。英国的现代农业，系开始于十八世纪中叶。但远在这时以前，就发动了土地所有关系的革命。生产方法的变化就是以这个革命为起点。

亚泽·杨格（AuthurYoung）虽是一位皮相的思想家，但还不失为正确的观察者，据他在1771年的叙述，当时英国的农业劳动者，较之"他们过着丰裕生活，且能蓄积财富"的十四世纪末的先人，已经演着极可怜的角色[1]，更不用比照"英国都市和农村劳动者的黄金时代"十五世纪了。但我们在这里没有追述到如此久远的过去的必要。在1777年刊行的一部颇有内容的书中，有这样的描述："大规模的租地农业者，几与绅士立于同一的地位，同时可怜的农业劳动者，却肝脑涂地了。只要一比较他们过去四十年的生活，就充分明了他们现在该是如何的不幸。……土地所有者与租地农业者，联合压迫他们。"[2] 以下，同书复详细论证1737年至1777年间真实农业工资，几跌落$\frac{1}{4}$或25%的情形。理查尔·蒲莱士（Dr. Richard Price）也说："现代的政策，实于上流阶级更有利益。所以，整个联合王国，迟早将是由上流者与乞丐，或领主们与奴隶所构成。"[3]

然而，由1770年至1780年间的英国农业劳动者的地位，不

---

[1] 牛津大学经济学教授罗杰士（James E. Th. Rogers）著：《英国农业及物价史》牛津1866年第I卷第690页。这个著作，到现在还只刊行了最初二卷；仅包含由1259年到1400年的期间。第二卷所载，纯为统计材料。这部书是我们当时第一部可靠的特价史料。

[2] 《最近救贫税增加的理由》又名《劳动价格与食物价格的比较观》，伦敦1777年第5页11页。

[3] 蒲莱士著：《定期支付论》第6版莫尔根编，伦敦1803年第二卷第158、159页。著者在159页说："与1514年比较，现在劳动日的名义价格，不过高了大约四倍或五倍。但谷物的价格，却增高七倍；肉类及衣类的价格，约增高十五倍。这就是说，劳动的价格，没有按照生活费增加的比例增加，和当时的生活费比例来说，劳动的价格在现在，好像只有当时的一半。"

论是就荣养住宅上讲，抑是就其自尊心和娱乐上讲，都为此后不复能达到的理想了。把他们的平均工资，以品脱量的小麦来表现，则在 1770 年至 1771 年间为 90 品脱，在艾登时代（1797年），仅 65 品脱，至 1808 年，则不过 60 品脱[1]。

在反雅各宾党战争之际，土地贵族、租地农业者、制造业者、商人、银行业者、股票经纪人、军需品供给者等，都大发其财了，可这战争结束时的农业劳动者的状态，则如我们前面所述过的那样，一部分由于银行钞票的贬价，一部分由于无关钞票贬价的生活必需品的昂腾，名目工资是增加了。现实工资怎样呢？这里虽没有详细论述现实工资之必要，但其变动，却能由简单的方法证示出来。救贫法及其施行办法，在 1795 年与 1814 年无任何差别。至若这种法律如何在农村地方推行，我们是该记得的；那就是，劳动者的工资，仅仅达到维持其生存所必要的名目额，其余则由教区的救恤补充。由租地农业者支给工资，由教区补助工资不足额；我们由这种工资与工资不足额的比率，指示了两件事：一是工资低落到了最低限度以下；一是农业劳动者，该在如何的程度，为工资劳动者与被救恤贫民所合成，即是以如何的程度，转化为教区的农奴。我们且就代表各州平均状态的一州来说吧。在 1795 年，在诺桑蒲吞州，一周间的平均工资，为 7 先令 8 便士，六口一家的年支出总额，为 36 镑 12 先令 5 便士，一年的总收入为 29 镑 18 先令，由教区补助的不足额为 6 镑 14 先令 5 便士。然同州在 1814 年的工资，为 12 先令 2 便士，五口一家的年支出总额，为 54 镑 18 先令 4 便士，一年的总收入为 36 镑 2 先令，由教区补助的不足额，为 18 镑 6 先令 4 便士[2]。这就是说：1795 年的不足额，为工资的四分之一弱，而 1814 年的不足额，

① 巴登著：前书第 26 页。若就十八世纪末叶而论，则请参照前揭艾登的著作。
② 巴利著前书第 86 页。

则为工资的二分之一强。在此种情形下，艾登在农业劳动者小屋中发现的一丝慰乐，至 1814 年消灭得无影无踪了，这是明明白白的事实①。自是以后，在租地农业者豢养的一切动物中，就要以劳动者，即有声工具（instrumentum vocale），为最受酷使，最受恶劣给养，和最受残忍待遇的了。

同一的事态，一直稳静的继续到了以下这个时候。在"1830年，斯文格的暴动发生了，那次暴动以辉煌的稻禾的火焰，向我们（即支配阶级）表示：在农业英国的表面之下，也正如在工业英国的表面之下一样，穷困与黯淡的反抗的不满，非常猛烈地燃烧起来了。"② 当时萨得勒（Sadler）曾在下院给予农业劳动者以"白奴"（White Slave）的名称，某大僧正也曾在上院反复应用这个名词。当时最著名的经济学者卫克斐尔德（E. G. Wakefields）说："英格兰南部的农业劳动者……不是自由人，也不是奴隶，而是被救恤的贫民。"③

刚在谷物条例撤废之前不久的时期，农业劳动者的地位，被投给了新的光明。在一方面，论证谷物条例对现实谷物生产者没有何等保护效用，那是资产阶级煽动者的利益；在另一方面，土地贵族对工厂状态所加的非难（他们根本是腐败的、无情的、斯文的懒惰者，却偏对工厂劳动者，假装同情），以及他们对于工厂立法所表示的"外交的热忱"，都为工业方面的资产阶级所深恶痛嫉。英谚有云：两贼相争，良善者从中获利。在实际，统治阶级的这两派，都在极无耻地榨取劳动者，他们彼此关于榨取问题的喧哗论争，双方都成为真理的产婆。沙夫兹柏勒伯爵（Earl Shaftesbury）即亚胥勒勋爵（Lord Ashley）；他就是贵族方面反

---

① 前书第 213 页。
② 兰格著前书 62 页。
③ 卫克斐尔德著：《英国与美国》伦敦 1833 年第一卷第 47 页。

工厂主的博爱战上的主将。所以，他在 1844 年至 1845 年间，屡屡成为《晨报》（Morning Chronicle）上面暴露农业劳动者状态的文章的话题。那个报纸是当时最有力的自由党机关报，它在各农业地方派有特派员。那些特派员不以一般的叙述和统计为满足，更进而发表他们亲自调查的劳动者家族和地主两方的姓名。下面这个表①，乃表示布兰福尔、威波尔奈及婆尔市附近三个村庄所支付的工资。此等村庄，系属于本克斯（Mr. G. Bankes）及沙夫兹柏勒伯爵所有。这位伯爵，这位低教会派的法王，虽然英国虔敬教派的头目，他和本克斯曾如何在劳动者可怜的工资中，以房租的名义，混占有去一大部分，由次表可见：

(a) 儿童	(b) 家族人员数	(c) 成年男子周工资	(d) 儿童的周工资	(e) 全家族周工资	(f) 周房租	(g) 由周工资扣下周房租的残额	(h) 每人之周工资
第一村							
		先令	先令便士	先令便士	先令便士	先令便士	先令便士
2	4	8	—	8 0	2 0	6 0	1 6
3	5	8	—	8 0	1 6	6 6	1 3$\frac{1}{2}$
2	4	8	—	8 0	1 0	7 0	1 9
2	4	8	—	8 0	1 0	7 0	1 9
6	8	7	1 0 至 1 6	10 6	2 0	8 6	1 $\frac{1}{3}$

---

① 《伦敦经济学界》杂志 1845 年 3 月 29 日出版第 290 页。

续表

(a) 儿童	(b) 家族人员数	(c) 成年男子周工资	(d) 儿童的周工资	(e) 全家族周工资	(f) 周房租	(g) 由周工资扣下周房租的残额	(h) 每人之周工资
3	5	7	1 至 2 至 2 0	7　0	1　4	6　10	1　1 $\frac{1}{2}$
第二村							
6	8	7	1 0 至 1 6	10　0	1　6	8　6	1　$\frac{3}{4}$
6	8	7	1 0 至 1 6	7　0	1　3 $\frac{1}{2}$	5　8 $\frac{1}{2}$	0　8 $\frac{1}{2}$
8	10	7	—	7　0	1　3 $\frac{1}{2}$	5　8 $\frac{1}{2}$	0　7
4	6	7	—	7　0	1　6 $\frac{1}{2}$	5　8 $\frac{1}{2}$	0　11
3	5	7	—	7　0	1　6 $\frac{1}{2}$	5　5 $\frac{1}{2}$	1　1
第三村							
4	6	7	—	7　0	1　0	6　0	1　0
3	5	7	1 0 至 2 0	11　6	0　1	10　8	2　1 $\frac{1}{2}$
0	2	5	1 0 至 2 6	5　0	1　0	4　0	2　0

谷物条例的废止，给予了英国农业以绝大的刺激。极大规模的排水①，厩饲的新方法和人造饲草栽培的新方法，机械的施肥装置的采用，黏土性土壤的新调度，矿物性肥料的增加使用，蒸汽机关及各种新工作机具的应用，一般耕作上更集约方法的推行等，都是这个时代的特征。据皇家农业协会主席皮塞伊氏（Mr. Pusey）所说：当时农业上的相对费用，几由新机械的采用，而减少一半。在另一方面，土地的实收获，则迅速增加起来。每英亩投资额的增大，及由是引起的租地迅速累积的倾向，乃新农业方法之基本的条件②。同时，由 1846 年至 1856 年间，耕地的面积，扩大了 464,179 英亩，而东部诸州，原来用作养兔场，用作贫瘠牧场，而现在则变为谷物栽培地的广大地面，尚不计算在内。可是，在另一方面，从事农业的人员总数，我们已经知道是减少了。不同性别不同年龄的严格的农业劳动者，在 1851 年，其总数为 1,241,269 人，至 1861 年，则减至 1,163,217 人③。所以，英国户籍司长说："在 1801 年以后，租地农业者及农业劳动者的增加……与农产物的增加，没有保持均衡，"④ 这是不失

① 为此目的，土地贵族曾以极低的利息，由国库把资金垫支给他们自己——这自然是由议会通过的——他对于这种资金，租地农业家须以两倍的利息率返还。

② 关于中等租地农业家减少的事实，特别可由户口调查的这个项目而知；即："租地农业家的儿子、孙子、兄弟、侄子、女儿、孙女、姊妹、侄女"——简言之，即租地农业者使用的家人。属于这个项目的人口，在 1851 年为 216,851 人，至 1861 年不过 176,151 人。由 1851 年至 1871 年间，英国 20 英亩以下的租地，计减少 900 件以上，由 50 英亩到 70 英亩的租地，则由 8,252 件减到 6,370 件。100 英亩以下的其他一切租地，都有类似的减少。然而，在这二十年中，大租地的件数，却增加了。300 英亩乃至 500 英亩的租地，由 7,771 增到 8,410。500 英亩以上的，由 2,755 增到 3,714；1000 英亩以上的，则由 492 增至 582。

③ 牧羊者人数，由 12,517 人增到 25,559 人。

④ 英格兰及威尔斯的户口调查第 36 页。

为妥当的，但至最近时期：伴随耕地面积的扩大，伴随集约耕作的发达，伴随并合于土地并使用在土地上的资本的空前蓄积，伴随英国农业史上无前例的土地产物的增大，以及伴随归属于土地所有者手中之地租的丰盈和资本家租地农业者的财富的增加等，而发生的农村人口积极减少现象，却更使那种不均衡变为显著。假令我们再把都市贩路和自由贸易支配不断迅速扩大的事实，连同考虑，我们会以为农村劳动者，结局将被位置在那种使他们沉醉于幸福的状态中。

然而罗杰士教授（Prof. Rogers）却得出以下的结论，即，以今日英国农业劳动者的命运，比较他们十四世纪下半期及十五世纪的先人，固然望尘莫及，就是与1770年至1780年那个时期的先人比较，亦异常恶化了，"农民已经又变为农奴"，而且是衣食更加恶劣的农奴①。朱理安·亨德尔博士在他关于农村劳动者住宅的划时期的报告中说："农仆（hind——由农奴时代传袭下来的农村劳动者的名称）的生活费，是依照仅够维持其生活的最低可能额，来规定的。……他的工资与住宅，没有计算在利润——即由他的劳动所榨出的利润上面。他在租地农业者的计算上，是等于零②。……他的生活资料，常被假设是一个固定的数量。"③"如其把他的收入进一步节减，那他就可以说：'我什么也没有，什么也不相干'。因为他现在除了绝对不可缺的少许物品以外，一无所有，所以对于将来，也毫无所顾念。他已经成为租地农业者计算上的零了。繁荣也好，歉收也好，横竖于他无

① 罗杰士著：《英国农业及物价史》第693页。罗杰士君系自由主义派人物，与科布登（Cobden）及布莱特（Bright）为友人。他不是过去时代的赞美者。
② "公共卫生第七报告"伦敦1865年第242页。房主听到劳动者的所得增加了一点，通常会立即把房租抬高；租地农业者一发现"劳动者的妻找到了工作"，也通常会立即把劳动者的工资减低。
③ 前书第135页。

关，所以，他皆无所容心。"①

在 1863 年，政府曾对被处流刑和惩役的囚徒们的荣养状态与劳动状态，作过调查。其结果都载在两大部蓝皮书中。其中有云："把英国监狱中囚徒的经常食物，与同国贫民收容所的被救恤贫民和自由农村劳动者的经常食物，加以精密的比较……囚徒的荣养，比后两者的任一方面，都遥为优良。"② 但"惩役囚徒被课的劳动量，确实只相当于普通劳动者所成就的劳动的一半。"③ 且看若干有特别意义的供辞罢。爱丁堡监狱典狱官约翰·斯密的供辞（第 5056 号）是："英格兰监狱的经常食物，比较同国普通农村劳动者的经常食物为优"。（第 50 号）"苏格兰普通劳动者，连吃一点肉的时候也非常稀罕"。（第 3047 号）"问：对囚徒给予远较普通农村劳动者为优良的荣养的必要理由，你没有留意么？答：没有"。（第 3048 号）"问：要确认惩役囚徒的经常食物，略等于自由农村劳动者的经常食物，是否可能，你以为还有实验之必要么④？""农村劳动者会说：我从事强烈的劳动，而不能得到充分的食物。入狱之后，劳动没有以前那样强烈，但却吃得十分充足。所以，我与其在此劳动，是不如再入狱了。"⑤ 下面所揭的概括比较数字，系由上述报告第一部所载诸表编合而成。

---

① 前书第 134 页。
② "关于流刑及惩役……调查委员会的报告"伦敦 1863 年第 42 页 50 页。
③ 前书第 77 页。最高法院院长备忘录。
④ 前书第 II 卷供述。
⑤ 前书第 I 卷附录第 280 页。

一周间的荣养量①

	含淡素成分/盎斯	无淡素成分/盎斯	矿物性成分/盎斯	合计/盎斯
波兰监狱囚徒	28.95	150.06	4.68	183.69
英吉利水兵	28.63	152.91	4.51	162.06
兵士	25.55	114.49	3.94	143.98
马车制造工	24.53	118.00	4.23	190.82
排字工	21.14	100.83	3.12	125.19
农村劳动者	17.73	187.06	3.29	139.08

　　1863 年，医务委员关于食物供给最不良的人民的营养状态，曾作过调查，那次调查的一般结果，读者是已经知道的。至若大部分农业劳动者家族的经常食物，都在"防止饥饿病"的必要最低限度以下这事实，读者当也能记忆。这在科沃尔，德文，桑牟塞州，菲尔特州，斯台福州，牛津，柏克士，赫特福等纯粹农业区域，都是如此。斯密博士说："劳动者自身所受的荣养，较之平均量所显示的更会大，因为他比较他的家人，要摄取劳动上必要不可缺少的较多的食物，而在较为贫困的地方，他几乎要吃去一家人所享用的肉及腌肉全部⋯⋯劳动者的妻，乃至他们在发育期的儿童的荣养里，多不充分，特别是淡素多感不足，在各洲都是如此。"② 至伴同租地农业家居住的婢仆。则荣养充足。他们的人数，在 1851 年为 288,277 人，在 1861 年则减至 204,962 人。斯密博士说："妇人从事户外的耕作劳动，不论在其他方面如何不利，但在现在的情形下，却于他一家极为有利。因为由他从事耕作劳动所追加的收入，得用以购置鞋子衣服，支付房

---

① 前书第 274、275 页。
② "公共卫生第六报告 1863 年"第 238 页，249 页，261 页，262 页。

租，并使一家有较好的荣养。"① 这个调查最可注意的结果，就是英格兰的农村劳动者，比之联合王国其他地方的农村劳动者，其"荣养遥为不良"。这由下表可以征知：

平均农村劳动者一周间消费的炭素量和淡素量②

	炭素克冷	淡素克冷
英格兰	40673	1594
威尔士	48354	2031
苏格兰	48980	2348
爱尔兰	43366	2434

西门博士在他对政府提出的卫生报告中说："关于我国农村劳动者住宅之量的不足与质的悲惨，亨德尔博士报告的每一页，皆可列举证明的事实。过去许多年以来，在这方面的农业劳动者

① 前书第 262 页。
② 前书第 17 页。英格兰农业劳动者所享有的牛乳，只有爱尔兰农业劳动者的四分之一，他们所享有的面包，只有爱尔兰农业劳动者的二分之一，爱尔兰农业劳动者的较好的荣养状态，在十九世纪初叶，已由亚泽·杨格（Arthur Young）所著《爱尔兰旅行记》中，描述过了。其较好的简单理由是，贫困的爱尔兰租地农业家，比富裕的英格兰租地农业家，有更好得多的人道心。以威尔斯而论，本文中所述，不适用于其西南部地方。那里的一切医生，一致认为，那里由肺结核和癞病而起的死亡率，随着人民身体状态恶化，而增进了；并都认为，他们身体状态的恶化，是由于贫困。"他的（农业劳动者的）一日的生活费，虽约为 5 便士，但许多地区的租地农业家（因他自己也是贫困）所给付他的工资，却遥较 5 便士为少。用盐渍了，干得像桃花心木一样硬……一片腌肉或猪油（荣养少而消化难），掺在混有粗麦粉和葱的大量稀薄的汤或粥中，调和味道。这就是他们经常的正餐；"……工业进步的结果，对于处在这样酷寒与潮湿地方的劳动者，不过以低廉的棉织品，代替坚实的手织棉布；以"有名无实的茶"，代替强烈的饮料而已。"农民栉风沐雨若干小时以后，回到他的小屋；他的小屋中，虽用泥炭，或混有黏土或煤屑所制成的煤块，升起火来，但此等燃料会熊熊地吐出炭酸气及硫酸气来。（转下页）

的状态，逐渐恶化了；他们找寻住宅的困难程度，所找得的住宅对于他们需要的不适合程度，均还较过去数世纪为尤甚。特别是最近二三十年来，这种弊害，益发滋长得迅速；农村劳动者的悲惨状态，可以说是达到极点。如把那些靠他的劳动致富的人，有时或许以宽大的同情待遇他的场合除外，他在这个问题上面，早已达到了束手待毙的地步了。他是否应在他所劳动的土地上寻找住宅；他所找得的住宅，究是适于人住，抑是适于猪住；那住宅是否有足缓和其贫困压迫的小庭园——所有这些问题，已不是取决于他对于他所需要的适当住宅，是否有支付合理房租的意向和能力，却取决于他人对于，他们自己高兴怎样处分，就可怎样

（接上页注）小屋的墙壁，是用泥和石所造成，其底层就是光地。屋顶是一束随便放着的，湿透了的草秆。为了保暖，一点点小孔都紧塞起来，屋内充满着可怕的恶臭，他经常是在这种空气中，脚踏光地，身裹湿衣，和妻子共食共寝。曾在这种小屋中，在夜中逗留若干小时的助产医生们，都告诉我们，说他们的脚，是如何地浸没在光地的泥泞中；他们如何为了呼吸，不得不在壁上钻一个孔。荣养不足的农民，每夜都生活在这种或其他种种有害健康的影响下，这是可由一切方面的证人，得到证明的；此等影响曾产生虚弱的瘟痢的人民这一件事，也不乏证据。卡尔马拯及卡底干两州的救贫官吏们，就曾在他们的报告中，切当地，论证这种事实。而在此以外，并还流行着更可怕的传染病，即白痢。再说说气候罢。那里每年有八九个月吹着强烈的西南风，带来暴雨，主要是浸袭在山岳的西坡上。除有围垣的场所外，树木是极稀罕的，那是由暴风吹拔了，农民的小屋，一般都是建在山麓，往往也建在峡谷或石坑中；能在牧场生活的，只有少数的羊与土牛。……年轻的人，都向格拉莫干州及蒙茆兹州的东部矿区移住了。卡尔马拯州是矿工的养成所和病院……故其人口数仅勉强维持原状。"例如，在卡底干州——

	1851 年	1861 年
男子	45，155	44,446
女子	52,459	52,955
合计	97,614	97,401

（1864 年公共卫生第七报告敦 1865 年，第 498—502 页——亨德尔博士的报告）

（处分的所有物的权利），如何行使。不论租地如何大，都没有规定那里必须设下一定数劳动者的住宅，更没有规定应该有多少适于人住的住宅。尽管对于土地，劳动是和日光和雨一样有它的必要，但任何法律，都不曾为劳动者保留下对于土地的些许权利。……并且，还有一件大不利于农业劳动者的外部事实。……那就是，救贫法规定居住及救贫税负担所生的影响①。在此种影响下，任何教区，都要为其金钱上的利益尽量缩减其区内居住的农业劳动者数。因为，这种农业劳动，对于辛苦劳动的劳动者及其家族，并无安全的永久独立的保障可言，他们大抵经过或长或短的迁径，而在结局走上被救恤的贫困的道程；这贫困是一天迫近一天的，一旦患着疾病，或暂时失业，就不得不直接仰赖教区的救助。所以，居住在一个教区内的农业劳动者人口加多，那就等于为他们负担的救贫税加多。……大地主们②……其所以不肯在他们自己的领地内设定住宅，就是为要免脱此后对于贫民的一半负担。英国的宪法及其他法律，对于'高兴怎样处分其所有物，就可以怎样处分'的地主，赋予了一种无条件的所有权，使他可以像待遇异邦人一样的待遇土地的耕作者，把他们由自己领地驱逐。关于这种立法的适用范围，不是我们在这里要讨论的问题。……但这种驱逐权，并不仅是在理论上存在，并且还……是支配农业劳动者住宅状态的一个主要事实……而在实际上异常大规模的施行。……关于这种恶弊的范围，只要把亨德尔博士根据最近户口调查所编纂的例证，举列出来就行了。那是说，在最近

---

① 这个法律，至1856年有若干改善之处，但其无济于事，不久就由经验证明了。

② 为了理解以下的叙述，读者应记着：所谓"不开放村落"（Close villages, ges-chlossne Dorfer），是指那属于一个大地主或两个大地主的村落；所谓'开放村落'（Open Villages, offne Dorfer），是指那属于许多小地主所有的村落。建筑投机家只能在后一种村落建筑小屋或寄宿舍。

十年间，房屋的需要，尽管在着着增加，而英格兰八百二十一个地方所拆毁的房屋，却递有进展，把那些不得居住在自己劳动所在的教区的人撇开不论，此等地方在 1861 年，就比在 1851 年，是少了 $4\frac{1}{2}$ %的小住宅，收容多了 $5\frac{1}{2}$ %的人口。据亨德尔博士所说：当那种驱逐人口的过程自行成就时，其结果就产生了只残留下极少数小屋的游览村落（Show-village），那种村落，不是当作特殊阶层，受有优厚报酬的正规奴仆，如牧人、园丁或猎夫等，都莫想居住①。但土地是需要耕作的。而从事这种耕作的劳动者，都不是居住地主房屋的人，他们在邻近不开放村落的小屋拆毁后，迁往那为多数小房主所有的开放村落，由那里到他们劳动所在，也许有三英里之远。凡属陷于这种事态的农村小屋，都是完全不加修葺，任其颓朽地，以惨淡的光景，显示其毁灭的命运。人们看着它通过自然颓朽的种种阶段。然不论在任何颓朽阶段，只要它还保持房屋的形象，劳动者都得支付房租，甚且要支付相当于优良房屋的房租。除了一文莫名的租住者以外，谁也不肯对此等房屋加以修补或改良。到最后完全不能居住了，于是又多一个拆坏的村落，而将来的救贫税，则相应轻减下来。当大地主依照这种方法，在自己所有地上驱逐人口，减免救贫税的当中，其附近的市集或开放村落，则收容那些被驱逐的劳动者。但这所谓'附近'，距其劳动所在的租地，有三四英里之遥；劳动

---

① 这种游览村落，外表虽堂皇，其内容则空无所有，一如加泽伦二世（Katharina II）在克里米旅行中所见的村落。到最近，就连牧夫，也往往由这种游览村落驱逐了。例如在哈普洛市场附近，虽有一个占地约 500 英亩的牧羊场，但仅使用一个牧羊人的劳动。在从前，为要使牧夫可以无须在莱色斯特及诺桑蒲吞的广大美丽的牧场中长途步行，通常会在租地的内部，备有一小屋；但现在，他却是每周取得 $\frac{1}{18}$ 先令的住宅费，必须到永远的开放村落去寻求住宅。

者每日除做换取面包的劳动以外，还得追加一无所获的六英里乃至八英里的徒步劳动。他们妻子从事农业劳动，同样要在这种不利条件下进行。而且，距离所给予他们的劳苦，还不只此。在开放村落中，房屋投机家们，购置少许的土地，以尽可能的价廉价格，尽可能的密集程度，建造小屋，所以，此等小屋虽邻接于敞阔的田野但竟具有最坏的都市住宅的最坏特征；英格兰的农村劳动者，都是挤塞在这种惨黯的小屋中①。……而且，农村劳动者就是居住在自己耕作的土地之上，也并不就是说，他获得了与其生产努力相称的生活的住宅。那怕是住在王侯领地之上……他的住宅……也往往是极其悲惨的。有些地主，一面虽认定劳动者及其家属，住怎样的小屋都行，但同时却毫不知耻地，向他们榨取

---

① "开放村落里的劳动者住宅，自然常是挤得满满的。此等住宅，通常系建筑投机者在那称为自有地段的边缘，成排建筑起来，所以除了从前面，日光和空气都无从进来。"（亨德尔博士——公共卫生第七报告第135页。）这种村落的啤酒店与杂货店，往往是由房主人附带经营。在这场合，农业劳动者在租地农业家外，还有第二个主人。并且，他必须同时还是这第二主人的顾客。"他一周收入10先令，每年4镑房金，其浅余额数，……是必须用来购买贩卖者任意开价的少许茶，砂糖，面包粉，肥皂，蜡烛，啤酒"。（前书第134页。）像这种开放村落，其实就是英国农业无产阶级的"流刑执行处"。许多的小屋，纯是一种寄宿舍，附近的流浪者，都在那里出进。农业劳动者及其家人，原可在极讨厌的境遇下，由一种真正可异的方法，维持他们的品性之坚实与纯洁的，但一到这里，就终不免趋于堕落。对于建筑投机者，小地主，和开放村落，上流的重利盘剥者，例皆为善地，耸耸他们的肩头，但他们充分知道：他们的"不开放村落"和"游览村落"，就是"开放村落"的产源地；没有后者，前者是不能存在的。"如没有小地主……大部分的农业劳动者，说不定要睡眠在他们从事耕作的农地的树下。"（前书第135页。）"开放村落"与"不开放村落"的制度，在英格兰中部诸州及东部一带，都很通行。

尽可能的多额房租①。他所供给的小屋，也许仅是一间破烂的寝室，没有火炉，没有便所，除壕沟外，没有给水设备，且没有庭园，但劳动是对于这非法榨取，莫可如何。……健康除害条例……不过是具文罢了……其实施，主要是让那些小屋出租人自行处理。……由罕见的灿烂光景转过眼来，注意这有辱英国文明的压倒的事实，从正义的立场说，是必要的。尽管劳动者的住宅不良，为彰明较著的事实，但观察者却异口同声的，说较这遥为迫切，而急待匡救的恶弊，宁为住宅的不足，这实在是可悲的事态。农村劳动者住宅杂沓密集的状态，多年以来，已不仅成为注意健康者的重大问题，且成为注意端正道德生活者的重大问题。报告农村地方传染病蔓延事实的人们，都像以铅版印制的一律语辞，反复这样主张，说在如此住宅杂沓密集的情态之下，一切阻止传染病蔓延的企图，都没有效果。并且，尽管田园生活有不少适于健康的良好影响，但因有助长传染病蔓延的这种原因存在，故也会助长其他非传染性的疾病的发生，这事实，也是曾经一再被指明过的。加之，指摘这种状态的人们，对于其他恶弊，也不曾保守沉默。那怕原来单是注意健康保护吧，往往总不免要把注意移到其他问题上面。在他们指明既婚未婚成年男女，多挤塞在窄狭寝室中的事实时，必然要唤起一种道德之感，表述在那种状

---

① "雇主（租地农业家或地主），……每周以10先令雇用一个劳动者，而由是直接或间接确保他的利润，然后再在真正自由的市场上，以仅值20镑的房屋，由同一劳动者每年吸取4镑至5镑的房租。房主维持房租的人为市价，是用这样的命令的权力：'住我的房子罢，否则不给予劳动证明书，看你到何处去找工作'……假若一个劳动者为要改善自己的生活，而去充当铁道上的路工或石坑工人，这种权力马上会告诉他：'照这低廉工资替我作下去罢，不然的话，就请在一周前作离开的预告，把猪也带走，看你在庭园中种植的马铃薯，怎样能拔去罢'。假若他还是觉得离开为有利益，在这场合，房主（或租地农业家）就往往会抬高房租，作为他离职的罚款。"（前书亨德尔博士的报告第132页）

态下的男女，决难维持其端正①。例如，在我最近常年报告的附录中，有奥特博士（Dr. Ord）的这种报告。他报告说巴金汉州的文格地方，流行一种热病，那热病是由一个从文格拉夫来的青年带来的；'他发生热病后几天，与其他九个人同睡一房。在两星期之内，几个人受传染了，不久，那九个人中有五个患病，一个死去'……当时有一位圣·乔治医院的哈佛博士（Dr. Harvey），曾以私人医师的资格，诊视文格的病者，他给予我的报告，与上述报告恰好相同，他说：'一个青年妇人，患着热病，与她同睡在一间房中的，有她的父母，她的一个私生子，两个兄弟，外加各有一个私生子的两个姊妹，合计十人。而在数周以前，这同一房间，还是十三个人的寝室'。"②

亨德尔博士曾调查过 5375 个农业劳动者住宅，那些农业劳动者，不全是属于纯粹的农业区域，而是散在英格兰各州。在他所调查的这些住宅中，有 2195 个住宅，只有一间往往同时兼用作寄宿舍的寝室。只有两间寝室的，占 2930 宅，有两间寝室以上的，占 150 宅。以下且就十二州采选若干标本。

（1）柏得福州

勒斯特林格华兹教区——寝室纵约十二英尺，横约十英尺。较这更小的还不少。小小的平房，往往以木板隔成两个寝室，在

① "新婚的夫妇，对于同一寝室内的成年兄弟姊妹，不会给予好的教训。这里虽不必一定要举出实例，但关于骨肉通奸的妇女所受到的痛苦或死亡，却有充分的材料予以证明。"（前书亨德尔博士的报告，第137页。）有一位农村地方的警察官，他曾多年从事伦敦最不良区域的侦探工作。他关于他那个村落的少女说："我虽在伦敦最不良区域奉职过多少年，但像她们在性的方面这样大胆和无耻的事，是从来没有见过的。……她们过着像猪样的生活。成年的男子，成年的女子，大抵和父母睡在同一个寝室内。"（"童工委员会第六报告伦敦1867年"附录第77页第155号。）

② "公共卫生第七报告1864年"第9页至第14页以下。

高五英尺六英寸的厨房中，放一张床。房租一年三镑。便所由租房人自备，房东仅仅供给一个安便所用的穴窟。有谁设好便所，其邻居都来共用。属于理查尔孙那位劳动者一家的房屋，是美好的无以复加的了。"其涂刷的墙壁，膨胀得像妇人屈膝为礼时的衣服。三角顶之一端突出，一端凹进；而在此凹进的方面，立着一个用泥土和木造成的形似象鼻的弯烟突，其旁撑有一根防备它倒下的长棒。户口和窗，都是长菱形的"。在视察过的十七栋房屋中，仅有四栋有一个以上的寝室，但它们却都是挤得满满的。仅有一个寝室的小屋中，住有三个大人，三个小孩，而在其他一个同样的小屋中，则住有夫妇两个加六个小孩，诸如此类。

担敦教区——房租昂贵，由四镑到五镑。成年男子一周间的工资十先令。为凑足房租，其家人都从事麦秆编结。房租愈高，合起来负担房租的人数就愈多。有六个成年人连同四个小孩住在一个寝室内，其房租要三镑十先令。这个教区房租最低廉的小屋，其外廓是纵十五英尺，横十英尺。房租三镑。在视察过的十四栋房屋中，有两间寝室的，只有一栋。村外不远的某房屋周围，大家都任意大便，该屋的门的下端，朽烂去了五英寸。到夜间关门的时候，则塞以若干砖头，并覆以草席。窗的一半，玻璃同框子，全毁坏了。室内没有一点家具，只是三个大人五个小孩挤做一团。可是这教区与比格斯斐德联合教区的其余教区相比较，并还不算是坏的。

（2）贝克州

宾赫姆教区——在1864年6月，有一个小平屋内，住着夫妇两个和四个小孩。一个女孩由工作场所带回猩红热病，死了。其他一个小孩也病了，死了。当亨德尔博士被请到的时候，母亲同一个孩子在患室扶斯；父亲同其余一个孩子睡在屋外边。但隔离是难于做到的。因为在这个悲惨村落的拥挤市场中，就堆有待洗濯的患热病人家的敷用布。这家一周的房租一先令。仅一间寝室，住有他夫妇和六个小孩。另一家的一周房金为八便士，纵十四英尺六英寸，横七尺；厨房高六尺。寝室没有窗，没有炉，没有门，除了通到廊下，更没有其他出入口，庭园是没有的。在最近，这个房屋中住有一个男子，同他的两个成年女儿和一个成年儿子。父亲同儿子睡在床上，两个女儿则睡在过道上。他们都生了一个小孩，其中有一个，曾为分娩到贫民收容所去，然后回来的。

（3）巴金汉州

在这一州中，建在一千英亩地面上的三十栋小屋，约住 130 人乃至 140 人。在布拉登赫姆教区的一千英亩地面上，1851 年建屋 36 栋，居住者男子 84 人，女子 54 人，男女数的不平衡，至 1861 年缓和下来了，其所住为男子 98 人，女子 87 人。即在十年之中，男子增加 14 人，女子增加 33 人。然同期间的小屋数，却减少了一栋。

文斯洛教区——这个教区的大部分新屋，都是以上等样式造成。小屋需要倍极显著，由是，极不成样的平屋，一周要租一先令乃至一先令三便士。

华特尔·伊东教区——这里的地主，眼见人口增殖，而把既有房屋拆毁去 20%。一个须徒步到四英里之远去劳作的可怜劳动者，曾被人这样采问：你不可以在近点的地方找到小屋么？他答："否，他们肯容受我们这样多人数的家族吗？"

在邻近文斯洛教区的丁克斯恩德，某一栋小屋的一间寝室内，住有四个大人四个小孩，纵十一英尺，横九英尺，最高处所六英尺五英寸。还有一间寝室，纵十一英尺三英寸，横九英尺，高五英尺十英寸，住六个人。此等家族所占的地面，都较每个囚徒所占的地面为小。这每栋十小屋都只有一个寝室，并且都没有后门，水是缺乏极了。一周的租金，却是从一先令四便士到两先令。在视察过的十六栋房屋中，只有一个男子一周的收入有十先令。在此种情形下，每个人的空气量，相当于全夜关闭在四立方尺的箱中。然在旧时的小屋，还供给一定量的偶尔的换气设备。

（4）剑桥州

甘布林格教区，属于几个地主所有。这里也多的是到处能见到的小平房。麦秆编织极其通行。"死一般的倦怠，对于不洁之绝望的屈服"，支配着这个教区。该教区中心的房屋，全是任其颓朽，不加注意。而在其两极方面，则更见惨淡，许多房屋都朽烂不堪了。住在傍的地方的地主，自由自在地向这里吸取人血。房租异常之高；在同一寝室内，住八九个人。各有一两个小孩的六个大人，一同塞在一间寝室中的例子，有两个。

（5）爱色克斯州

在该州的许多教区中，人口在与小屋相并减少。不过，房屋的拆毁，仍不足以阻止人口增殖，也尚未曾在"移住都市"名义下驱逐农民的教区，仍有 22 区之多。在地积占 3443 英亩的芬格林果教区，其小屋在 1851 年有 145 栋，而至 1861 年，则不过 110 栋。但虽如此，住在那里的人，还是不愿离开，并且还在那种遭遇之下，增殖起来。在拉姆斯登·克拉格斯 1851 年，252 个人住 61 栋房子，但至 1861 年，则是 261 人，挤塞在 49 栋房屋之内。在巴希尔登 1851 年，由 157 人住在占有地积 1，821 英亩的 25 栋小屋中，但十年之后，则是由 180 人住 27 栋小屋。在苏格林果，南芬桥，维得福尔，巴希尔登，拉姆斯登·克拉格斯等区，在 1851，有占总地积 8，449 英亩的小屋 316 栋，共住 1，392 人，但至 1861 年，同地积上的小屋数，减到 249 栋了，其居住者数，却增加到 1，473 人。

（6）赫列福得州

这个小州农户所受"驱逐精神"（"Eviktionsgeist"）的痛苦，较之英格兰其他任何州尤为厉害。拿比区的小屋，大抵只有两间房，多半是属于租地农业者的。这种小屋，每年容易获取三四镑的租金。而这些租地农业者支给农业劳动者的工资，则每周不过九先令。

（7）汉亭登州

1851 年，哈得福德教区有小屋 87 栋，此后不久，这个小教区（地积 1725 英亩），竟把小屋拆毁去 19 栋。而住民之数，则在 1831 年为 452 人，1851 年为 832 人，1861 年为 341 人。被视察过的小屋，有 14 栋，每栋都只有一个寝室。就中有一栋，计住有一对夫妇，三个成年儿子，一个成年女儿，再加四个小孩，共十人。另有一栋，挤住着三个大人，六个小孩。有某一间住八个人的寝室，纵十二英尺十英寸，横十二英尺二英寸，高六英尺九英寸，把室内突出部分都加算起来，每人平均约有一百三十立方英尺。在十四栋房子的十四间寝室内，共住有四十三个大人，三十三个小孩。此等小屋，很少附有庭园，不过有一片地面，得以一洛德（一英亩的四分之一）十先令乃至十二先令租赁下来。这种租地例与小屋隔离着；小屋如没有便所，那就是大小便的地方，否则就是在小屋内安置一个像橱柜的抽屉样的木钵，权作便所：待其满载，然后再拿到那里去卸空。就在日本，生命条件的循环，也比较这来得清洁。

（8）林肯州

兰格托佛特教区——在这教区的某一小屋中，住有一对夫妇，他的岳母，和他的五个小孩。小屋内有厨房同洗濯地方，厨房对面为寝室厨房与寝室纵十二英尺二英寸，横九英尺五英寸。总地积纵二十一英尺二英寸，横九英尺五英寸。寝室有屋顶，墙壁像棒砂糖样的向着屋顶集中，屋顶窗向前面开着。他为什么住在这里呢？因为有庭园么？不是的，庭园小极了。因为房租便宜么？不是的，每周一先令三便士，贵极了。因为靠近劳动的地方么？不是的，离劳动场所有六英里之远，每天得往复步行十二英里。然则他住在这里，就不外因他能租到这个小屋。他要一栋专供他一家用的小屋，至若这小屋在什么地方。是怎样的货色，他都顾不得了。下面的表是兰格托佛特教区住38个大人和36个儿童有12个寝室的12栋小屋的统计。

小屋号数	寝室	成年者	儿童	人员合计	小屋号数	寝室	成年者	儿童	人员合计
1	1	3	5	8	7	1	3	3	6
2	1	4	3	7	8	1	3	2	5
3	1	4	4	8	9	1	2	0	2
4	1	5	4	9	10	1	2	3	5
5	1	2	2	4	11	1	3	3	6
6	1	5	3	8	12	1	2	4	6

（9）肯特州

肯宁格东教区——在1850年，住民的拥挤，达于极点。当年白喉症流行，教区医师以职务上的关系，调查贫民的状态。他发现当地尽管需要劳动，而小屋则不断拆毁，并不曾建筑新的小屋。在某一地区，有被称为鸟笼的四栋小屋。每栋小屋有四个房间，其大小如下：

厨房　　　纵9英尺5英寸,横8英尺11英寸，高6英尺6英寸。

洗濯场　　纵8英尺6英寸,横4英尺6英寸，高6英尺6英寸。

寝室　　　纵8英尺5英寸,横5英尺10英寸，高6英尺3英寸。

寝室　　　纵8英尺3英寸,横8英尺4英寸，高6英尺3英寸。

（10）诺桑蒲吞州

在布林华兹，皮克福德及福洛尔诸村，一到冬天，就有二三十人因找不到工作，而漫步路头。租地农民每每不尽力耕作谷物和萝卜栽培地。地主知道他顶好是把他所有的零散小租地，并集为二三处大租地。这一来，有些人就无工可作了。在一边是土地需要劳动，而另一边则是被欺骗了的劳动者，殷切地要求获有土地。夏天过度兴奋的劳作，冬季则陷于半饥饿的状态，无怪他们常用其独特的方言说："僧侣贵族结托着，苛杀俺们！"

在福洛尔村，一个极小的寝室内，住有一对夫妇，加四个五个或六个小孩；有一个小寝室，住三个大人五个小孩；更还有一对夫妇，一个祖父，同患猩红热的六个小孩一同住着；有两栋各有两间寝室的小屋，一栋住有八个大人的一个家族，一栋住有九个大人的一个家族。

（11）菲尔特州

斯特拉东教区——有三十一栋房屋被视察过。其中，有八栋房屋，都只一个寝室。在同教区的彭基尔地方，有一栋小屋，每周房金一先令三便士，住有四个大人四个小孩的一家。把墙壁将就过得去这一点除外，由粗烂石片压成的地板，到腐朽了的茅葺屋顶，都毫无足述。

（12）渥塞斯特州

这一州的小屋的拆毁，虽不怎么厉害，但由1851年至1861年间，一屋的平均人数，却由4.2人增加到了4.6人。

巴德色教区——这个教区有许多附有小庭园的小平房。若干租地农业家说：小屋是"妨害物，因为它们招致贫困者"。某绅士说："纵建小屋，他们的状况并不因之改善。你即使建造起五百栋，马上就会塞满。在实际，你建造愈多，他们需要也愈多"。（即在他看来，房屋会招致住民，而住民则依自然律压迫着房屋）。关于此点，亨德尔博士说："此等贫民，总归是来自某某地方。那种地方，既然没有像巴德色救贫设备那样的特殊事项，足以吸引他们，他们就必然要由不适合事体的反拨，而移住到这里来了。假若每个人都能在他劳动所在的附近，租到一个小屋和一块空地，他就不用搬到巴德色来了。巴德色一块空地的租价，有租地农业家支付地主的租率两倍。"

人口向都市的不断移住；由租地累积，耕地牧场化，以及机械采用所造成的农村人口的不断过剩化；与小屋农民因小屋拆毁而不断驱逐的现象，相互携手并行。一定地方的人口愈空虚，在同地方的"相对过剩人口"就愈增大；而他们对雇佣手段上的压迫，及农村人口比于房屋的绝对过剩，也益加大，由是，在农村方面，地方的过剩人口，与恶疫所由形成的极端拥挤现象，遂益臻显著。人口在散在的小农村和乡村市镇方面的密集，和人口在农村地方一般的强制的驱逐，是相伴而行的。农村劳动者，人数尽管在减少，由他们所生产的生产物量尽管在增大，他们的人口，却在不断地趋于过剩化，这种事实，就是使他们陷入被救恤的贫困的摇篮。而此被救恤的贫困，结局又成为驱逐他们的一个动机，成为使他们住宅变得非常可怜的主要源泉。这种难堪状态，把他们最后的反抗力挫折了，使他们变成地主和租地农业者的单纯奴隶①。这一来工资的最低限度，对于他们就成为自然律来推行了。在另一方面，农村地方尽管不断引起"相对过剩人口"，但同时却又感到人口不足。此种人口不足现象，不仅局部地见于那些人口激急流向地方都市，矿山，铁道建设方面的地点，并且，在春夏之交，在收获季节，在英国周到而集约的农业，需要临时劳动力的许多时期，随时都可见到人口不足的事实。这就是说，农业劳动者对于耕作上的经常需要，常显得过多，而对于耕作上之例外的或暂时的需要，则又常显得过少②。由是，我们在政府公文中，就发现同一个地方，同时诉说劳动不

---

① "农村劳动者的天生的（heaven-born）职业，使他们的地位觉得尊严。他们不是奴隶，而是和平的兵士。他们应由地主给予相当于既婚者的住宅，因为地主有权向他们要求强制的劳动，和国家向兵士要求强制的劳动一样。且地主对于他们的劳动未给予市场价格，也和国家对于兵士的劳动，没有两样。他们和兵士，同样是从幼小无知，只知道自己的本分和故乡那候起，就被找去了。他们受早婚事实和各种限制居住的法律的影响，又同兵士受新兵征募和军队处罚令的影响一样"。（亨德尔："公共卫生第七报告"和132页。）有时也有例外的善心肠的地主，对于自己造出的惨象动怜悯之情。莱色斯特勋爵祝贺霍克哈姆城落成的时候说："独居在自己的领土，是一件最忧郁不过的事。我环顾四周，除了我自己的房屋以外，再没有其他的房屋；我是一个巨城的巨人，把一切邻人都吃光了。"

② 在最近十余年来，法国也有类似的运动发生；资本主义生产越是侵入农业，那里就越是把过剩农村人口驱向都市。在法国，也是在"过剩人口"的产源地，显出住宅状态及其他情形的恶化。至若那因土地分割制度而起的特殊"农村无产阶级"（"Land proletaliat"）。那可以参照以前引述过的柯林士著《经济学》及马克思著《路易·拿破仑的雾月十八日》（第二版，汉堡1869年第56页以下）。1846年，法国都市人口占24.42%，农村人口占75.58%；然至1861年，都市人口占28.86%，农村人口则占71.14%。在最近五年中，农村人口率的减少，益加显著。早在1846年毕尔·杜滂（PierreDupont）已在其所著《劳动者》中，这样歌说：

　"缠着散衣，宿在悲惨的穴里，

　屋顶里，尘芥里；

　我们过着枭和盗贼般的生活，

　变成了黑暗的爱好者。"

足与劳动过多的矛盾。暂时的或局部的劳动不足，并不会引起工资的提高，那不过在耕作上促使妇女儿童劳动被采用，使劳动者的年龄降下。妇女儿童的榨取规模一经扩大，那马上就要反过来成为一个新手段，促使耕作上的成年男子劳动者过剩，从而，使他们的工资低下。在英格兰的东部，盛行着这个有缺陷的循环的美好果实——劳动队制度（Gangsystem Oder Bandensystem）。下面且就这种制度，作一简括的叙述①。

　　劳动队制度，一般通行于林肯，汉亭登，剑桥，诺福尔克，沙福尔克以及诺亭汉诸州，而在洛桑蒲吞，柏得福及鲁特兰等相邻的诸州，也在有些地区可以见到。这里且以林肯州为例来说。这个州有一大部分是新的土地，或由原来的沼泽地形成，或者如上述其他诸州一样，是最近由海中获取的陆地。在排水上，蒸汽机关表示了奇迹的作用。昔日的沼泽与砂地，今日竟成为郁勃苍苍的谷物之海原，并担负着最大的地租。如在亚克斯荷蒙岛及特伦特河畔诸教区所见的人工冲积地，也是如此。在这些地区，其租地因为是新起的，故不仅没有新建造小屋，且还把旧小屋拆毁了，由是，劳动的供给，就必得从若干英里以外的开放村落，沿着崎岖的山路而来。农民从前在冬季长期过剩中得到住所的，就只是那些开放村落。定居在四百亩到一千亩的租地上的劳动者（他们被呼为"拘束着的劳动者"，Confined labourers），是专门使用在有恒久性的，困难的，和借马帮助的农业劳动上。平均每一百亩租地，还没有一栋小屋。例如，某沼泽地的租地农业者，曾向调查委员这样供述："我租赁 320 亩耕地。那里没有一栋小屋。在我的租地上，现仅住着一个劳动者。我还有四个马丁住在

---

① 1867 年 3 月底刊行的"童工委员第六报告"。那是专门纪述农业上这种劳动队制度的。

这附近。需要多数劳动者的轻易工作，则找劳动队去做。"① 土地耕作上需要多量轻易劳动，如除草，锄地，施肥及拾取石子等。像这样劳动，通是由那些住在开放村落的劳动队（或有了组织的一队劳动者）去担当。

劳动队的队员，包括有妇人，男女少年（由十三岁到十八岁，不过少年男子一到十三岁，就多半要被排除出来）及男女儿童（由六岁到十三岁）。每队由十人以至四五十人不等。领队的队长，常为普通农村劳动者，这种人虽多为称作恶徒的无定业的，好饮酒的无赖，但还有一定的企业心和经营的才干。由他召集的劳动队，是在他的指挥下活动，而非在租地农业者指挥下活动。他常与租地农业者，成立计件劳动的契约。他的收入，虽较普通农村劳动者的收入，多不了多少②，但视所指挥的劳动队，能够怎样熟练地在最短时间内支出最大劳动，生出大小差别。租地农业者都知道：妇女诚然要在男子指挥之下，按步就班地做去，但如佛利埃所说，不论是妇女还是儿童，只要一着手劳动，他们就肯猛烈地支出自己的生命力；但成年的男子劳动者则不是如此，他们都会狡猾地尽可能地节省自己的生命力。劳动队长率领他的队伍，由这个租地，到那个租地；一年中，使他的队员劳作六个月乃至八个月。在劳动者的家族看来，在他指挥下劳动，比在间或使用儿童的个别租地农业者指挥下劳动，收益遥较为多，而且遥为安定。就因为这种缘故，他在开放村落内的势力，颇为巩固；要雇用农民的儿童，都得通过他的媒介。由是，撇开劳动队而个别地贷出儿童，就成了他的副业。

这个制度的黑暗面，就是使儿童及少年少女作过度的劳动，

---

① "童工委员报告"证言第 37 页第 137 号。
② 但其中有若干队长已变为能租 500 英亩地的农业家，变为若干栋成排小屋的所有者。

就是使他们每天不得不在五英里乃至六七英里的距离之间，徒步往来，最后，就是劳动队里面的风纪紊乱。队长在若干地方，虽被称为"驾驭者"（"The driver"），并携带一根长棒，但他使用长棒的时候极少，虐待的怨言，也不大听见。他是一位民主的皇帝，或是一种哈麦林的捕鼠者（eine Art Rattenfanger von Hemeln）。因为他有对部下维持人望的必要，故他借着在他指挥下展开的流浪人的生活，以怀柔其部下。粗野的放纵，毫无拘束的醋乐，和猥亵的行为，给予劳动队以魔力。他通常在酒馆中耗去他的钱财，酩醉归来左右扶以顽强的妇人，走在行列的前面，而儿童及少年少女，则跟在后面，叫嚣恣肆地唱着猥亵的歌曲。他们每天是这样归来，这正如佛利埃所谓"男女公开"（Phanero gamie）。十三四岁的少女，与同年龄的男队员，发生关系，生产小孩，已成为数见不鲜的事实。供给劳动队队员的开放村落，早变成了罪恶深重的地方①。这种地方，比之英吉利王国的其他地方，要供给两倍的私生子。在这种学校育成的少女，该会在结婚后招致如何的道德结果，那是我们已经指示过了的。他们的子女，在没有受到鸦片之毒的限度内，将为生成的劳动队的新兵。

像以上所说的这种典型的劳动队，被称为公劳动队，普通劳动队或流浪劳动队。因为此外还有私劳动队存在。私劳动队的组织，与普通劳动队同，不过人员较少；并且，这种队伍，不是在队长指挥下劳动，而是在老农仆——在租地农业者看来不知道怎样使用他们才好的老农仆——手下劳动，在这种劳动队中，流浪人的狂态是消灭了，但儿童报酬更坏待遇更坏的事实，则是为一切目击者所确认的。

---

① "卢德福州的少女，有一半在劳动队里死掉了。"（同上"报告"附录第 6 页第 32 号。）

最近数年来，劳动队制度在不断扩大①；这种制度，显然不是为队长的利益而存在，而是为增进大租地农业者②的财富，从而，为增进土地所有者的财富而存在③。租地农业者因既要把他的雇佣劳动者数，保持在正常水平以下；却又要为临时的一切劳作，常准备好临时的劳动者；并且要以最小可能的货币额，榨出最大可能的劳动④，此外，又要使成年男劳动者流于"过剩"，所以再没有比劳动队制度更好的方法。一方面尽管承认农业劳动者有多少人在失业，但他方面又承认因为成年男劳动者不足，因为农民向都市移住，所以有劳动队制度的"必要"这种矛盾现象，可由以前的说明而得到理解⑤。林肯州的锄去了杂草的土

---

① "近年以来，劳动队逐渐增加了。有些地方的劳动队，至最近方始推行。而在这种制度。……已推行多年的地方，参加劳动队的儿童人数加多了，他们的年龄也更小了。"（同上"报告"第 79 页第 174 号。）

② "小租地农业家，从不使用劳动队，使用妇女和儿童最多的，非贫瘠的土地，而是每英亩能提供 40 先令至 50 先令地租的土地。"（前书第 17 页 14 页。）

③ 有一位地主，他是这样觉得他的地租的味道好，所以向调查委员愤然说：非难的发生，不过是由于制度的名称；若不名之为"劳动队"而名之为"少年农工合作自给会"，一切都不成问题了。

④ 有一位曾经充当劳动队长的人说："劳动队的劳动，比较其他劳动低廉，就因此故，所以这种劳动有人雇用。"（前书第 17 页 14 页。）某一个租地农业家说："劳动队的劳动，对于租地农业家确是最低廉的，但对于儿童则是最有害的。"（前书第 16 页第 3 号。）

⑤ "今日由劳动队儿童担任的工作，有一大部分在从前，是由成年男子和妇人担任，这是毫无疑问的。在使用儿童和妇人的地方，成年男子失业的都更多了。"（前书第 43 页第 202 号。）在另一方面，还有这样的反对主张："在许多农业地方，特别是在产业谷物的地方；因为农民移在他处，且因为铁道便利他们流往大都市，故劳动问题，成为极重大的问题。我（这所谓'我'，是指某大地主的管事）由是认定儿童的使用，有绝对的必要。"（前书第 80 页第 180 号。）英国的农业地方，与其他文明世界不同。那里的劳动问题，是指地主及租地农业家的问题，那问题是：在农民流出不绝增加场合，要如何才能在农村地方，维持充分的'相对过剩人口'，并由是使'劳动工资的最低限度'，可以永久保持。

地，和没有清除的人类的杂草，恰好是资本主义生产上互相对立的两极①。

F　爱尔兰

在结束这一节的时候，我们还有暂时旅行爱尔兰的必要。首先且述问题所关的重要事实。

爱尔兰的人口，在 1841 年为 8,822,664 人，1851 年减为 6,623,985 人，1861 年减为 5,850,309 人，至 1866 年，更减为 5,500,000 人，约与 1801 年的人口相当。这种人口减少趋势，乃开始于凶荒的 1846 年。此后下列 20 年间，爱尔兰竟失去它的

---

① 我在前面引述过的"公共卫生报告"，虽在论及儿童死亡率的时候，顺便提到了劳动队制度，但报纸和大众都还不知道它。但在另一方面，"童工委员"的最后报告，却常被欢迎为惹人注意的新闻材料。林肯州多的是优美的绅士淑女和领受优俸的僧侣们，他们这干人，一面虽以"改善南洋土人道德"的特殊目的，向南半球派遣传教士，一面却睁眼看着，谋那种制度在自己领土内发展起来；对于他们这种行径，自由主义的报纸，是以怀疑的态度诘问过，而同时比较更投合优雅社会气味的报纸，也都集中注意力，去考察那些肯在这种奴隶状态下拍卖儿女的农民的堕落情形！其实农民处在"优雅"人们视为可咒诅的境遇之下，慢说拍卖儿女，就是把自己的儿女吃掉。也没有什么稀奇；真值得稀奇的，倒是他们大抵还维持着品性的坚定。就在盛行劳动队的地方罢，为人父母的农民，也都对这种制度表示嫌忌，这是政府方面的诸种报告所论证了的。"儿童的父母，大都感谢这种法律义务的限制，因有这种限制，他们就可把他们屡屡受到的压迫与诱惑抗拒了。这事实，在供述中，可以找到许多实例的。他们其所以不使子女就学，而令其从事劳动，那是因为他们不这样做，自己就有解雇的危险；雇主们，教区的官吏们，有时就是用这种威吓方式，强使他们令子女去劳动的。……时间上精力上的浪费；过度的无益疲劳，所给予农村劳动者及其子女的痛苦；小屋内过度拥挤与公劳动队制度对于农民子女品性的破坏影响：这诸种事实，该会在劳动贫民身上引起如何的的反感，那是我们所能完全理解的，没有详细说明的必要。他们一定意识到了，那些使他们肉体上精神上感到不少痛苦的事情，都是自己无法支配的，如其有权力支配，他们决不会同意。对于这种种事情，他们是只好听人摆布。"（前揭报告第 20 页第 82 号第 23 页第 96 号。）

总人口 $\frac{5}{16}$ 以上①。自 1851 年 5 月至 1865 年 7 月间，由爱尔兰移住其他地方的人总数，为 1,591,487 人。其中，在 1861 年至 1865 年最后五年间移出的，就有五十万人以上。由 1851 年到 1861 年间，同国的住宅数，计减少 52,990 栋。在同一时期内，15 英亩乃至 30 英亩的租地数，虽有 61,000 的增加；30 英亩以上的租地数，虽有 10,900 的增加，但各种租地的总数，却减少 120,000 之多。这就是说，这种减少，完全是由于 15 英亩以下的租地的消灭，或者说由于它们的集中。

人口的减少，必然要伴随生产物量的减少。在我们的探究目的上，只须考察由 1861 年至 1865 年那五年间就行了；在这五年间，在五十万以上的人口移住国外，绝对的人口数，竟减少三十三万以上（参照 A 表）

A 表

家畜类

年	马		牛		
	总数	减少	总数	减少	增加
1860	619,811	—	3,606,374	—	—
1861	614,232	5,993	4,471,688	138,316	—
1862	602,894	11,338	3,254,890	216,798	—
1863	579,978	11,916	3,144,231	110,695	—
1864	562,158	17,820	3,262,294	—	118,063
1865	547,867	14,219	4,493,414	—	231,120

年	羊			豕		
	总数	减少	增加	总数	减少	增加
1860	3,542,080	—	—	1,271,072	—	—

---

① 爱尔兰的人口，在 1801 年为 5,319,867A；在 1811 年为 6,084,996 人；在 1821 年为 6,869,544A；在 1831 年为 7,828,347A；在 1841 年为 8,222,664 人。

年	羊			豕		
	总数	减少	增加	总数	减少	增加
1861	3,556,050	—	13,970	1,102,042	169,030	—
1862	3,456,132	99,918	—	1,154,324	—	52,282
1863	3,308,204	147,982	—	1,067,458	86,866	—
1864	3,366,941	—	58,737	1,058,480	8,978	—
1865	3,688,742	—	321,801	1,299,893	—	241,413

上表会生出以下的结果

马	牛	羊	豕
绝对的减少	绝对的减少	绝对的减少	绝对的减少
72,358	116,626	146,608	28,819①

现在，我们且转而论到供给家畜和人类以生活资料的农业。下表所揭各年度的增减，系参照上表而计算的。在谷物中，包含有小麦，燕麦，大麦，黑麦，长豆及豌豆；在野菜类中，包含有马铃薯，萝卜，甜菜，芒果，卷心菜，红萝卜，防风草，荚豆等。

B 表

耕地与草场的地积的增减（单位英亩）

年	谷物耕地	野菜类耕地		草原饲料地		亚麻耕地		农耕及畜牧地总面积	
	减	减	增	减	增	减	增	减	增
1861	15,701	36,974	—	47,967	—	—	19,271	81,873	—
1862	72,734	74,785	—	—	6,623	—	2,055	138,841	—
1863	144,719	19,358	—	—	7,724	—	63,922	92,431	—
1864	122,437	2,317	—	—	47,486	—	87,761	—	10,493
1865	72,450	—	25,241	—	68,970	50,159	—	28,128	—
1861—1865	428,041	107,984	—	—	82,834	—	122,850	330,860	—

---

① 如其我们回溯较远的过去，结果会更显得不利的。羊在 1865 年为 3,688,742 头，在 1856 年为 3,694,294 头；猪在 1865 年为 1,299,893 头；在 1858 年为 1,409,883 头。

C 表

1865 年与 1864 年比较耕地面积和每英亩生产物及总生产物的增减①

生产物	耕地英亩数 1864 年	耕地英亩数 1865 年	耕地 增	耕地 减	每英亩生产物 1864 年	每英亩生产物 1865 年	每英亩 增	每英亩 减	总生产物 1864 年	总生产物 1865 年	总 增	总 减
小麦	276,483	266,989	—	9,494	cwt. 13,3	cwt. 13,0	—	cwt. 0,3	Qrs 875,782	Qrs 826,783	Qrs —	Qrs 48,999
燕麦	1,814,886	1,745,228	—	69,658	12,1	12,3	0,2	—	7,826,332	7,659,727	—	166,605
大麦 毕尔麦 }	172,700	177,102	4,402	—	15,9	14,9	—	1,0	761,909	732,017	—	29,892
裸麦 {	8,894	16,091	1,197	—	16,4	14,8	—	1,6	15,160	13,989	5,684	1,171
									tons 12,680	tons 18,364		
马铃薯	1,039,724	1,066,260	26,536	—	tons 8,5	tons 10,4	tons 1,9	tons 0,5	tons 4,312,388	tons 3,865,990	tons —	tons 446,398
萝卜	337,355	334,212	—	3,143	4,1	3,6	—	0,4	3,467,659	3,301,683	—	165,976
甜菜	14,073	14,839	316	—	10,5	13,3	2,8	—	147,284	191,937	44,653	—
养心菜	31,821	33,622	1,801	—	9,3	10,4	1,1	—	297,375	350,252	57,877	—
亚麻	301,693	251,433	—	50,260	stone = 11b 34,2	25,2	—	9,0	64,506	39,561	—	24,945
干草	1,609,569	1,678,493	68,924	—	16	tons 1,8	tons 0,2	—	2,607,153	3,068,707	461,554	—

① 表中的数字，系得自《爱尔兰农业统计》摘要（杜伯林 1860 年及以后的续刊）及《爱尔兰农业统计平均产物预算表》（杜伯林 1866 年）。此等统计，均系由政府编制，逐年向议会提出。——第二版加注：据政府的统计，1872 年的耕地面积，较之 1871 年，减少 134,915 英亩；野菜萝卜之属的栽培扩大了。在耕地面积中，小麦栽培地减少 16,000 英亩，燕麦栽培地减少 14,000 英亩，大麦及稞麦栽培地减少 4,000 英亩，马铃薯栽培地减少 66,632 英亩，亚麻栽培地减少 34,667 英亩，牧草栽培地则减少 3,000 英亩。在最近五年中，小麦栽培地的减退数字如下：1868 年 285,000 英亩，1869 年 280,000 英亩，1870 年 229,000 英亩，1871 年 244,000 英亩，1872 年 228,000 英亩。在这最后一年中，以成数而论，马增加 2,600 头，牛增加 80,000 头，羊增加 68,609 头，猪则减少 236,000 头。

D 表　有负担所得税义务的所得（单位镑）①

	1860 年	1861 年	1862 年	1863 年	1864 年	1865 年
A 种地租	13,893,829	13,003,534	13,398,938	13,494,091	13,470,700	13,801,616
B 种租地农业家的莉润	2,765,387	2,773,644	2,937,899	2,938,823	2,930,874	2,946,072
D 种工业利润及其他	4,891,652	4,836,203	4,858,800	4,846,497	4,564,147	4,830,199
由 A 种至 E 种之合计	22,962,855	22,998,394	23,597,574	23,658,631	23,263,298	23,930,340

E 表　爱尔兰的 D 种所得，即利润所得（60 镑以上）②

	1864 年		1865 年	
	镑	配分人员	镑	配分人员
年总所得额	4,368,610	17,467	4,669,979	18,081
60 镑以上100 镑以下的年所得	238,626	5,015	222,575	4,703
在军总所得中有余额	1,979,066	11,321	2,028,471	12,184
	2,150,818	1,131	2,418,933	1,194
	1,083,906	910	1,097,937	1,044
	1,066,912	121	1,320,996	186
其中}	430,535	105	584,458	122
	646,377	26	736,448	28
	262,610	3	274,528	3

---

① 国内收入委员会第十报告伦敦 1866 年。

② 本表 D 种总所得，与前表不一致，那是因为法律允许的免税额已经减除。

在 1865 年，"草场"有 127,470 英亩的增加。那主要是由于未被利用的荒地及泥泽地，有 101,543 英亩减少的结果。假若把 1865 年与 1864 年加以比较，则谷类有 246,667 卡德（就中，小麦 48,999 卡德，燕麦 160,605 卡德，大麦 29,892 卡德）的减少，马铃薯有 446,398 吨的减少；而马铃薯栽培地的面积，却在 1865 年有所增加（参照 C 表）。

爱尔兰的人口及农产物的变动，已如上述。我们且进而论及它的土地所有者，大租地农业者及工业资本家们的财富的变动。这种变动，反映在所得税的增减上。但理解 D 表所应注意的事项，就是在 D 种所得（租地农业者所得以外的利润）中，包含有称为"自由职业"所得的利润（如律师、医生等的所得）；而在未揭出细目的 C 种及 E 种所得中，包含有文武官吏，挂名受禄者及国债券所有者的所得。

由 1853 年到 1864 年，D 种所得的年平均增加，在爱尔兰不过为 0.93，而在大不列颠全体，则达到 4.58。E 表，乃表示 1864 年及 1865 年的利润（租地农业者的利润除外）的配分。

如其爱尔兰那样的人口减退现象，发生在资本主义生产发达的英格兰，发生在以业为主体的英格兰，那英格兰恐不免要因出血而致死罢。然而爱尔兰就在今日，还不过是由宽大海峡所隔开的英格兰的一个农业区域，它对英格兰供给谷物、羊毛、家畜，并供给产业上军事上的新兵。

因为人口减少，爱尔兰有大量的土地不得耕种，以致引起土地产物的激减①。同时，用作牧场的土地面积尽管扩大，但在某种牧畜部门上，生产也绝对减少；而在其他牧畜部门，则不过费

---

① 当我们注意每英亩生产物的减少时，切不要忘记以下的事实，即在一个半世纪中，英格兰虽在间接地输出爱尔兰的土地，但对于爱尔兰耕作者，并未给予以恢复土地丰度的手段。

来了不足齿数的一点进步，并且，那一点进步，还在不断受着阻挠。人口减少了，地租和租地农业者的利润，却不断增大起来。不过，利润的增大，不像地租那样行之以渐，那理由是容易理解的。在一方面，随着小租地的集中化与耕地的牧场化，总生产物中转化为剩余生产物的部分增大了，惟其如此，总生产物纵然减少，其中的一部分即剩余生产物，却仍有所增加；在另一方面，最近二十年来，特别是最近十年来，肉类、羊毛等市场价格腾贵的结果，剩余生产物在货币价值上的增进，比之其量的增大，更为急速。

由生产者自身消费的生产物，不是商品。在同一意味上，只当作生产者自身的职业手段和生活资料，而不并合他人的劳动，以增殖其自身价值之分散的生产手段，也不是资本。使用在农业上的生产手段量，虽随人口减少而减少，但使用在农业上的资本量，却增大了。因为这是从前分散的生产手段一部分转化为资本的结果。

除农业外，爱尔兰投用在工商业上的总资本，在最近二十年来的不断的大变动下，徐徐有所蓄积。但这种资本之个别构成部分的累积，却反而来得迅速多了。并且，这种总资本的绝对的增大虽小，但与减缩的人口数比较起来，又显示它相对地在着着增加。

在这里，在我们眼前大规模地展开了一个过程，这过程，对于支持古典派经济学的以下教义，是再好没有了。那教义是说：穷困系由绝对的过剩人口产生；一旦人口减退，均衡重又恢复。爱尔兰的实验，较之过去为马尔萨斯信徒所赞美的十四世纪中叶的黑死病，是遥为重要了。但这里应顺便一言的是：想把十四世纪的尺度，应用到十九世纪的生产关系，及与此生产关系相照应的人口情形之上，那只能说是学校教师的素朴；而且，那还不仅是素朴，并把以下的事实忽略了。即紧随上述黑死病及人口减少而起的现象，在海峡此岸的英格兰，是农民得到解放，和他们的财富的增加，反之，在海峡彼岸的法兰西，则是相反地增进他们的隶属状态，增进他们的贫困①。

爱尔兰由 1846 年的饥馑，牺牲了一百万以上的人命。但被牺牲的，都是贫乏的人。对于同国的财富，没有给予一点损害。此后二十年的国外移住，不断有所增加的国外移住，并不曾破坏生产手段和使用生产手段的人类。这是与三十年战争不同的地方。爱尔兰的天才，发明了一种崭新的方法，把贫民由穷乏的舞台，驱遣到数千里以外。往美洲合众国移住的人们，会逐年向故国的残留者，汇回一定额旅费。这样，今年移出的一队，到明年就能带出其他一队，结局，向国外移住，就不但不加爱尔兰何等负担，且宁为其输出贸易之最有利的一个部门。最后，国外移住还成为一个组织的过程，它不单是偶尔排去人口的一部分，且由年年汲出的人口，超过年年依出产补充的人口的方法，使绝对的人口水准，逐年低落②。

然则国外移住，对于那些残留在国内的，由过剩人口得到解放的爱尔兰劳动者，该有怎样的影响呢？那影响是：相对的过剩人口，就在今日，也还和 1846 年以前没有什么不同，工资是同样低廉；劳动上的痛苦增大了；农村地方的贫困，更唤起了一种新的危机。其原因是简单的。在国外移住的当中，农业是在以同一的步调推行革命；相对的过剩人口的生产，较之绝对的人口减

---

① 爱尔兰简直变成了“人口原理”的天国。汤玛斯·萨得勒（Thomas Sadler）在发表其讨论人口的论著以前，曾刊行他的名著《爱尔兰——其恶弊及其政治》（第 2 版，伦敦 1829 年）。他在这部书中，把爱尔兰各区域的统计及各区域内各郡的统计加以比较，由是论证爱尔兰的穷乏，并不像马尔萨斯所说的那样，与人口数成正比例，却是与人口数成反比例。

② 由 1851 年到 1874 年，移住国外者的总数，为 2,325,922 人。

退，还要来得迅速。我们一看 C 表，就知道爱尔兰的耕地牧场化，比较英格兰的耕地牧场化，是定然要作用得更加尖锐的。在英格兰，牧畜与野菜类的栽培，虽然都称发达，而在爱尔兰，则实有所减退。从前耕作的土地，有许多休耕了，或者永久转化为草场；从前未经利用的荒地或泥泽地，则有一大部分在用以扩展牧畜。较小的及中层的租地农业者——我把未耕作到一百亩以上的租地农业者，都算在这个部类——现今仍约占总数十分之八[①]。他们在以空前无比的程度，为那些从事资本经营的农业所压迫，并且乃不绝对于工资劳动者阶级，供给新的补充队伍。爱尔兰的唯一大工业，就是亚麻制造业；这种制造业上需要的成年男工比较不多，所以，由 1861 年至 1866 年棉花腾贵以来，这种工业虽颇有扩张，但它所使用的人数，仍只是全人口中的一个无关重要的部分。并且，在这种工业方面，也正如在其他一切大工业上一样，那怕就在它所吸收的人口数在绝对增大的场合，也往往要因其自身范围内所生的不断变动，而不绝造出相对的过剩人口来。农民的贫困，是大衬衣制造厂及其他工厂的基础，而此等方面的劳动者队伍，则大抵是散在国内各地。在这里，我们重又碰到了以前描述过的家内劳动制度，那制度，是由过少的给付，与过度的劳动，作为人口过剩化的有组织的手段。最后，爱尔兰的人口减退，虽然没有像资本主义生产发达国家那样带来破坏结果，但在国内市场上，也并不是没有引起不断的反应作用。由人民移住国外所造成的空隙，不单是使地方的劳动需要缩小，且还使零卖业者，手工业者等小本经营者的一般收入缩小。E 表所表示的 60 镑至 100 镑的所得的减退，即由于此。

---

① 第二版注：据穆肥（Murphy）在其所著《产业的政治的及社会的爱尔兰》（1870 年刊）中所揭载的表：百英亩以下的保有地，占租地 94.6%，百英亩以上者，仅占 5.4%。

关于爱尔兰农村日佣劳动者的状态，在爱尔兰救贫法监督官的报告（1870 年)[①] 中，有一个简单扼要的叙述。此等监督官，因为是这样一个政府的官吏，这个政府，只是由刺刀和或明或暗的戒严状态所维持，故不得不在措辞上十分审慎，那是英格兰同僚们所蔑视的。但虽如此，他们仍不让其政府安眠在幻想中。据他们说，农村地方的工资率，仍极低下，而这低下的工资率，还算经过了最近二十年间百分之 50 乃至 60 的昂腾。现今一周间的平均工资，为六先令乃至九先令。然而隐在这外表上昂腾之背后的，是现实工资的低落。因为工资的昂腾，决没有与同一期间生活必需品价格的昂腾，保持均衡。试从爱尔兰某一贫民收容所的政府计算，摘出其精华，作为例证吧。

一周每个人的平均生活费

年	食	衣	合计
自 1848 年 9 月 29 日 至 1849 年 9 月 29 日	1 先令 6 $\frac{1}{4}$ 便士		1 先令 6 $\frac{1}{4}$ 便士
自 1868 年 9 月 29 日 至 1869 年 9 月 29 日	2 先令 7 $\frac{1}{4}$ 便士	6 便士	3 先令 1 $\frac{1}{4}$ 便士

与二十年前比较起来，生活必需品的价格，已足为两倍，而衣类的价格，也恰为两倍。

就把这种不均衡撇开不说罢，单是比较由货币所表现的工资率，也不会给予我们以正确的结论。在饥馑以前，农村工资的大

---

① 参照救贫法监督员"关于杜伯林农业劳动者工资之报告，1870 年"并参照"爱尔兰农业劳动报告 1862 年 3 月 8 日"。

部分，是用实物支付，以货币支付的，只不过一极小部分；而在今日，则是以货币支付为通则。单凭此种事实，就会生出以下的结论，即：不管现实工资的变动如何，工资的货币率是非增腾不可的。"在饥馑以前，劳动者还有一块可以栽培马铃薯，饲养豚或家禽的土地，然至今日，他须购买一切生活资料；由出卖豚，家禽，乃至鸡卵而得的一切收入，都丧失了[1]。"其实，在从前，农业劳动者与小规模租地农业者，没有何等显然的区别；他们多半是靠中型租地与大型租地来确保自己职业的人口阶层。他们成为纯粹的工资劳动者阶级的一部分，成为一个特殊阶级，通过货币关系，而与工资给付者相结合，那只是 1846 年灾变以来的事。

他们在 1846 年的住宅状态如何，我们是知道的。自是以后，那种状态更形恶化。农业上的日佣劳动者，是在一天一天减少，但他们有一部分，迄今尚住在租地农业者保有地的小屋中，那种令人战栗的拥挤状况，为我们提供了英国农村地方在这方面的最坏的标本。这事实，除了亚尔斯塔若干地区外，所有在南部考克，里梅利克，基尔尼诸州，在东部威克洛，卫克斯福尔德诸州，在中部金斯，昆斯，杜伯林诸州，在北部斯里果，罗斯卡蒙，梅约，加尔威易诸州，都一般地通行。一位救贫监督官厉声说："农村劳动者所住的小屋，简直有伤基督教及本邦文明的面目。"[2] 为使日佣劳动者更加爱好这种小屋，不知在什么时代附着于其住宅的一片土地，也被有组织的没收了。"他们生存是全依靠地主及其代理人的感觉，竟使他们对于那些把他们看作无权利的人种看待的人们，在内心生起一种反抗憎恶的念头。"[3]

农业革命的第一步工作，就是扫除那些位置在劳动场所的小

---

① "救贫法监督员报告"第 29 页。

② 前书第 12 页。

③ 前书第 25 页。

屋。这个扫除工作，在以极大的规模进行，俨然是奉旨扫除一样。其结果，许多劳动者，就不得不在村落与都市，寻求隐身的场所。他们宛如废物，被投进那些最不良区域的屋顶室中，窖穴中，地下室中以及角落中。爱尔兰人对于家庭的稀有的怀乡心，对于精神上的欢乐，对于家庭生活的纯洁，是一向著称的。他们有几千这样的家族，突然被移植到了恶德的暖房中，这是因于国民的偏见的英国人，也肯证言的。成年的男子，现在都得在邻近租地农业者那里找寻工作，那些租地农业者只肯以最不确实的日雇工资形态雇用他们。加之，"他们到劳动的场所，须在长距离之间往来。途中往往被淋湿了，或遭遇其他种种困难，以致时常惹起衰弱，疾病，而陷于穷乏。"①

　　"在农村地方被视为过剩劳动的人，逐年都得由都市方面收容。"② 由是世人对于"都市及村落劳动者过剩的时候，若干农村地方竟缺乏劳动者，或怕要缺乏劳动者，"③ 感到奇怪。其实这种劳动缺乏之感，只限于"春秋二季，农业劳动繁忙的季节"，而"在其他季节，许多劳动者，都无所事事。"④ 那就是说："由收获主要农作物即马铃薯的十月，至翌年早春的时间……他们都无工可作。"⑤ 而且，哪怕就在繁忙季节罢，"也有一连几天不劳动的时候，也不免要碰着一切种类的劳动中断。"⑥ 伴随农业革命——如耕地牧场化，机械的利用，以及严格意义的劳动节约等——发生的这种结果，因标本地主，因那些不消费其地租于国外，而屈居在其爱尔兰领地内的土地所有者，进一步严

① 前书第 25 页。
② 前书第 27 页。
③ 前书第 25 页。
④ 前书第 32 页。
⑤ 前书第 32 页。
⑥ 前书第 25 页。

重化了。为了不使需要供给法则受到妨碍，这些绅士们，"主要由小租地农业者，取得劳动供给。那些租地农业者，不论在什么时候，都得应地主的要求去劳动。他们的工资，比较普通日佣劳动者的工资率为低；并且，如像在播种期或收获期那样的重要时期，他们虽然眼见自己农作物受到不利益或损害，也不得稍有顾虑。"①

这种雇佣不确定与不规则的事实，劳动停滞现象会不断再现且经久持续的事实，是相对过剩人口的征候，此等征候，都在救贫法监督官报告中，当作爱尔兰农业无产阶级的痛苦原因而指出了。我们当记得：英格兰的农业无产阶级，也有过同样的现象。但其间有一不同之点，就是，在工业国的英格兰，其工业上的预备军，是由农村地方得到补给，而在农业国爱尔兰的农业预备军，则是由那成为农村劳动者避难所的都会取得补充。在英格兰，农业上的过剩劳动者，转为工厂劳动者，而在爱尔兰，被驱逐到都会的农业劳动者，虽然压迫着都会的工资，但他们仍旧是农业劳动者，会不绝为求得劳动，而被送还到农村地方去。

救贫法监督官曾概述农业日佣劳动者的物质状况如下："他们虽过着极端俭约的生活，但其工资，对于供给一家的食物和支付房租，仍嫌不够。要为自身及妻子添制一点衣服，势须设法求得其他财源。……他们小屋中的那种氛围气，与其他方面的困乏情形配合起来，使他们这个阶级格外容易受到室扶斯和肺结核的侵袭。"② 据监督官们的报告所异口同声地证明的，在这种状态下，无怪他们这个阶级渗透了阴郁的不满，使他们对过去憧憬，对现在嫌恶，对将来绝望，终至委身于"煽动家之邪恶的影响"，除了想移住美洲以外，再没有其他何等有恒的观念。这就

---

① 前书第 30 页。
② 前书第 21、13 页。

是乐土，是绿的爱尔兰，由伟大的马尔萨斯万应丹即人口减少所转化成的乐土！

然则爱尔兰的工业劳动者，是过着怎样的幸福生活呢！那由下面一个例子可以征知。英国工厂监督官洛巴特·贝克尔（Robert Baker）说："当我最近视察爱尔兰北部的时候，我发现同地某一熟练劳动者，是这样努力，成就他的子女的教育。我照他亲口的供述，写在下面。他为一熟练劳动者，因我见他是被使用在供给孟彻斯德市场的商品的制造上。约翰生——我是一个槌工，每周由星期一到星期五，每天都是由上午六时上工，午后十一时下工，星期六则在午后六时下工。并有三小时的食事及休息时间。我有五个子女。我一周劳动所得工资为 10 先令 6 便士。我的妻，和我在一处劳动，她每周的工资为 5 先令。长女十二岁，照管家务。她是我们一家的厨役，一家唯一的仆人，她照料弟妹上学。每早通过我们住宅旁边的小姑娘，在五点半钟唤醒我。我和妻一同起床去上工。在上工以前，我们什么都不吃。长女则终日照料弟妹。我们工作到八点钟，才回家来吃早饭。每星期，只用一回茶。有时吃燕麦粥，有时吃玉蜀黍粥。到了冬天，则在玉蜀黍粥里渗点砂糖和水。在夏天，我们吃点马铃薯，那是在我们自己小庭园栽种的。没有马铃薯，还是吃粥。我们间或也用点牛奶。不管星期日也好，平日也好，我们一直是这样过下去。夜间，工作终了，我们极其疲劳。有时，我们也会见到一片肉，但那是太稀罕了。我们有三个小孩上学，其费用，每人每周约要 1 便士。房租每周 9 便士，泥炭就再便宜，每两周间也要 1 先令 6 便士。"[①] 这就是爱尔兰的工资，这就是爱尔兰的生活。

在实际，爱尔兰的穷乏，现今仍成为英格兰日常的话题。由

---

① "工厂监督专员报告 1866 年 10 月 31 日" 第 98 页。

1866 年终末到 1867 年初叶，有一位名为达斐林勋爵（Lord Dufferin）的大地主，曾在《泰姆士报》上从事这个问题的解决。"这该是如何有人味的大地主！"

据前揭 E 表，我们知道：在 1864 年，总利润为 4,368,610 镑，就中为三位货殖家所攫有者，不过 262,610 镑。然至 1865 年，这三位大"节欲家"在总利润 4,669,979 镑中所攫有者，已达到 274,448 镑。在 1864 年，有 26 位货殖家，攫有 646,377 镑；在 1865 年，28 位货殖家，攫有 736,448 镑。1864 年，121 位货殖家，攫有 1,069,912 镑；1865 年，186 位货殖家，攫有 1,329,916 镑。1864 年，1131 位货殖家，攫有 2,150,818 镑，约当年利润总额之一半；1865 年，1194 位货殖家，共攫有 2,418,933 镑，占年利润总额一半以上。但因英格兰，苏格兰及爱尔兰以极少数大地主，在逐年国民地租总额中，竟攫有这么巨大的分额，所以英国国家的智慧，觉得对于地租的分配，还以不提出像利润分配那样的统计资料为得策。达斐林勋爵就是这种大地主之一。说地租与利润常为"过多"的观念；或说此种过多，常与人民贫乏的过多有某种关联的观念，皆是"不名誉的"，"不健全的"。他是完全根据事实。那事实就是：爱尔兰人口减少，地租却随之增大。由是，人口的减少，于土地所有者"有利"，从而，于土地，于那些只被看作是土地附属物的人民"有利"。惟其他根据这种事实，故倡言：爱尔兰的人口，现今还是过剩；国外移住之流，还太缓慢。要使爱尔兰享有完全的幸福，今后至少还须排出三十几万劳动者人口。山格拉得派（der Schule Sangrados）医生，见病人没有起色的时候，往往是命其放血，还无起色，还再放血，直到病者的病没有了，血也没有了的时候为止；我们不要把这位地主（且为诗人）与山格拉德派医生同样看待。他只要求放出三十几万的血，但要爱尔兰得到一千年太平，则非放两百万的血不可。这证据是容易提供的。

爱尔兰在 1864 年的租地数及其面积①

	数	英亩
（1）1 英亩以下	48,653	25,394
（2）1 亩以上 5 英亩以下	82,037	288,916
（3）5 亩以上 15 英亩以下	176,368	1,836,310
（4）15 英亩以上 30 英亩以下	136,578	3,057,343
（5）30 英亩以上 50 英亩以下	71,961	2,906,274
（6）50 英亩以上以 100 英亩以下	54,247	3,983,880
（7）100 英亩以上	31,927	8,227,807
（8）总面积	—	20,319,924

由 1851 年至 1861 年之间的集中结果，主要是使 1 英亩以下到 15 英亩的前三部类的租地，被剿灭了。这些租地，是有首先剿灭之必要的。结局，产生出了 307,058 个"多余的"租地农业者，如低低估计他们一家平均为四人，则其总人数将达到 1,228,232 人。如其作一过分的假定，说在农业革命完成后，其中有四分之一的人口，得再被吸收，其结果，就有 291,174 人，待移住外国。至若属于第四部类至第六部类的 15 英亩以上，100 英亩以下的租地，用以从事资本主义的谷物耕作已嫌小，用在牧羊的目的上，则成为近于零的面积，这是在英格兰早就知道的。由是，在上述的同下，更有 768,761 人要移住国外。与前者合计，即为 1,709,532 人。因为食欲是由吃当中生出来的，在爱尔兰地主的眼中，立即发现了：有 3,500,000 人口的爱尔兰，仍时常闹着穷困，乃因为它的人口过多了。因此，要使爱尔兰变为英

① 在这总面积中，包含有泥炭地及荒地。

格兰的牧羊场与放牧场，它的人口还必须进一步减退①。

但好像这个世界的其他一切好事一样，这个有利的方法，也有它的短处。地租在爱尔兰蓄积，而爱尔兰人则以同一步调，在亚美利加蓄积。被羊子和公牛驱往国外的爱尔兰人，再以斐理亚团员（Fenior）的名义，崛起于大西洋的彼岸。巨大的新兴的共和国，面向着海对岸的老女皇，日益增加其威胁地，昂起头来：

辛酸的命运，使罗马人漂浪着，

残杀同胞的罪孽呵！

---

① 各个土地所有者，乃至英国的立法院，都在有计划地利用饥馑及其结果，以达成强制推行农业革命的目的，以减薄爱尔兰的人口，使其达到地主所希望的限制。关于这种事实，在本书第三卷讨论土地所有权的章节中，还要详细地论证。至关于小租地农业家与农业劳动者的状态，也将在那里重行论到。这里只要引述一段文字就行了。西尼耳在其遗稿"关于爱尔兰的杂志，对话及论文"（全二卷伦敦1868年第Ⅱ卷第282页）中说，"G博士说：'我们有了救贫法；救贫法是地主确保胜利的一大工具；我们还有一种更有力的工具，就是国外移住。'……凡属爱尔兰的友人，都不能希望地主与色尔特族小租地农业家间的抗争，继续延长下去。若那种抗争，不能由租地农业家方面的胜利结束，则尤其如此。越是早把这种抗争结束越是早使爱尔兰成为一个牧场国，使其人口像牧场国一样稀薄，那就于一切阶级愈有利益"。1815年的谷物条例，使爱尔兰谷物对于大不列颠自由输入，保有一种独占权。由是，这种条例，就成为助长谷物栽培的人工的刺激了。迨1846年谷物条例撤废，上面这种独占权突被废除了。把其他情形搁置不论，单是这种情形，就够成为爱尔兰耕地牧场化，租地累积化，和农民被驱逐这几种现象的一大刺激。由1815年至1846年间，世人都交口称扬爱尔兰的土地丰饶，并力说爱尔兰的土地，本来就适于小麦的栽种，但至1846年以后，英国的农学者，经济学者，政治家们，又突然发现爱尔兰的土地，仅适于种植饲草了。拉味尔尼君（Leonce de Lavergne）很快就在海峡的彼岸，传播起这种见解。像这种近似儿戏的勾当，由拉味尔尼君这种'认真的'人物去做，是再适当没有的。"

第二十四章 所谓原始蓄积

I 原始蓄积的秘密

货币如何转化为资本，如何由资本产生剩余价值，并如何依剩余价值造出更多的资本，那都是我们已经知道的。但资本的蓄积，是以剩余价值的存在为前提；剩余价值是以资本主义生产的存在为前提；资本主义生产，又是以资本及劳动力已经大量存在于商品生产者手中为前提。由是，这全列运动，就好像是在一个有缺陷的（fehler-haften）循环中回转了。要从这有缺陷的循环中脱出，我们只能假定在资本主义蓄积之前，有一种原始蓄积（ursprüngliche Akkumulation）——亚当·斯密称此为先行的蓄积 previousaccumulation），换言之，要假定一种蓄积，它不是资本主义生产方法的结果，而宁为其出发点。

这种原始蓄积在经济学上所扮演的角色，同原罪（Sündenfall）在神学上所演的角色一样。亚当吃了苹果，于是罪过落到人类身上了。对于这种原始蓄积，人们是把它当作一种过去的逸话来说明它的起源。在许久许久以前，世上有两种人，一是勤勉，智慧，特别是节俭的中坚人物；一是浪费自己所有一切，并浪费到超过这一切以上的怠惰者。神学上的原罪的传说，使我们知道，人类如何被注定要在额上流着汗吃面包，但经济学上的原罪的历史，却指示我们，何以有那些无须出此的人存在。如是，属于前一种类的人，蓄积财富；而属于后一种类的人，则除了自己的皮以外，没有其他可以出卖的东西。结局，不论如何劳动仍只有拿自己本身来出卖的大多数人的贫，与老早就不劳动但财富尚不断增大的少数人的富，就成为自有原罪以来的现象了。像这种干燥无味的幼稚故事，迄今仍为人们所反复背诵。如像丘爱尔君（M. Thiers），他就曾以政治家的全幅严肃神情，在一时才气横溢的法国人之前，为辩护所有权而反复演述这故事。当所有权成为问题时，主张儿童读物，为一切年龄一切发展阶段的人的适当读物，乃成为神圣的义务。在现实历史上，是由征服，隶属，劫掠，杀戮，简言之，是由暴力演重大的角色，那是世所周知的。但在脆弱的经济学上，却最初是由牧歌所支配。自古以来，正义与"劳动"，就是唯一的致富手段，仅有"我们的时代"是例外。其实，原始蓄积的方法，决不是牧歌式的！

货币与商品，并非最初就是资本，那正如生产手段及生活资料，并非最初即是资本一样。货币与商品，要转化为资本；但这种转化，只能发生于以这个事实为中心的一定情形下；这个事实是，两种极不相同的商品所有者——在一方面，是货币，生产手段，生活资料所有者，他渴望由购买他人的劳动力，以增殖自己所占有的价值量；在另一方面，是自由劳动者，他是自身的劳动力的出卖者，从而是劳动的出卖者——必须相互对立，相互接触。自由劳动者（freieArbeiter）有两重意义：他不像奴隶，农奴那样，直接形成生产手段的一部分，也不像自耕农那样，保有生产手段，他宁说是由生产手段自由了，不受生产手段的牵累了。商品市场上这二对极的分化，给予了资本主义生产的基本条件。

资本关系的前提，即是劳动者与其劳动实现条件的所有权完全分离。资本主义的生产一旦立定脚跟，它就不单维持那种分离，且以不断扩大的规模，再生产那种分离。所以，造出资本关系的过程，不外就是劳动者与劳动条件所有权分离的过程。这个过程，一方把社会生活资料及生产手段转化为资本，他方把直接生产者转化为工资劳动者。故所谓原始蓄积，不外是生产者与生产手段分离的历史的过程。而它所以表现为"原始的"，那是因为它是资本及资本生产方法的史前期。

资本主义社会的经济结构，系由封建社会的经济结构产生出来。前者的要素，由后者的分解而被游离出来。

直接生产者即劳动者，到他已经不是土地的附属物，已经不是他人的农奴或隶农时，才能处分他自己一身。他要成为能随在找到市场，随在出卖其商品（即劳动力）的自由出卖者，他得进一步脱却基尔特的支配，脱却基尔特关于徒弟制度，职工制度，及阻碍劳动进步的种种规定。由是，生产者转化为工资劳动者的历史运动，一方面表现为生产者解脱隶农束缚和基尔特桎梏的运动，我们资产阶级的历史家的眼，是只看到运动的这一面；但在另一方面，这些新被解放的人，要在他们所有的一切生产手段，和旧封建制度给予他们生存上的一切保证，都被剥夺之后，才成为他们本身的出卖者。这种剥夺的历史，是以血与火的文字，写在人类记录中的。

产业资本家，这些新权势者，不仅要驱逐基尔特手工业老板，更要驱逐富源的所有者，即封建领主。从这方面看来，他们取得社会权力，乃是战胜封建势力及其反抗特权的结果，是战胜基尔特，战胜基尔特在生产自由发展和人对人自由榨取上所加的桎梏的结果。不过，产业上的骑士，所以能代替佩剑的骑士，只因为他们有一些和他们全无关系的事变可以利用。他们登上优胜者的地位，他们所利用的手段，和罗马被解放者用来支配旧主人的手段，一样卑劣。

工资劳动者及资本家所由发生的发展的起点，是劳动者的隶从状态。此后的进展，则存于这种隶从状态的形态变化中，换言之，存于封建榨取，到资本主义榨取的转化中。要理解这种演进程序，殊无追溯过远之必要。资本主义生产的最初萌芽，在十四世纪十五世纪，已散见于地中海沿岸的若干都市，然资本主义时代的序幕，却到十六世纪方始揭开。在资本主义呈现的地方，农奴制度的废止早已经实行了；在中世纪发达至最高点的独立都市，也早已经失其存在了。

在原始蓄积的历史上，一切对新兴资本家阶级有杠杆作用的革命，都是划时代的，但多数民众，突然地，强制地，由生活资料分离，当作自由的无产阶级，而投到劳动市场上来的瞬间，尤属如此。剥夺农业生产者即农民的土地，就是这全过程的基础。这种剥夺的历史，在各不同的国度，有其不同的色彩；它是以不同的顺序，不同的历史时代，通过其不同的阶段。其典型形态，只见于英格兰①。故我们以英格兰为例。

Ⅱ 农民土地的剥夺

英格兰的农奴制，事实上，在十四世纪末期已经消灭了。在

---

① 资本主义的生产，最初是在意大利发展，而农奴关系的分解，也在那里最早发生。意大利农奴，在获得土地时效权以前，就已经解放了。他们一经解放，就成为自由的无产阶级；而在当时，那些大抵由罗马时代传下的都市，又已经有了欢迎他们的新主人。但十五世纪末叶以来，世界市场发生革命，意大利北部的商业至上权被破坏时，却发生了与上述方向相反的运动；那就是：都市的劳动者，大批地去往农村，因而对园艺经营式的小规模耕作，给予了空前的刺激。

当时，尤其是十五世纪，英国人口的最大多数①，皆为自由的自耕农（Bauer），尽管这些自耕农的所有权，尚为封建的招牌所隐蔽着。在大领主的土地上，过去由农奴充当的管事（Bailiff），已为自由的租地农业者（Pächter）所代替。农业上的工资劳动者，包括有两种人，一是利用闲暇时间而在大领主下劳动的自耕农，一是立在独立地位，相对说绝对说都只占少数的严格的工资劳动者阶级。后者在事实上也兼为自耕农。他们除工资外，还分得有小屋和四英亩或以上的耕地。此外，他们且得与严格的自耕农，同样享用公共土地。在公共土地上放牧其家畜，并取得用作燃料的木材和泥炭等②。在欧洲一切国家中，封建的生产，都以尽可能把土地分家于多数家臣为特征。如同其他一切主权者一样，封建领主的权力，不是依存于他可征收的地租额的大小，乃依存于他臣下数的多寡，后者又依存于自耕农数的多寡③。所以，诺曼

---

① "以自己的手，耕自己的田的小土地所有者所过的生活，是相当顺适的。……他们在当时，比在现在，在国民中占有遥为重要的部分。如其当时的统计可以征信的话，靠耕种小自由所有地而生活的人，计有十六万之多（把他们的家族合算起来，定然占有全人口的七分之一以上）。这种小地主的年平均所得，……为60镑至70镑。自耕土地的人数，是比较租耕土地的人数为多的。"（麦皋莱著：《英国史》第10版伦敦1854年第Ⅰ卷第333、334页。）甚至在十七世纪最后三十余年间，英国人口尚有五分之四为农民。（前书第413页。）我所以在这里引述麦皋莱，因为他是历史的有组织的伪造者，他对于这类事实，是尽可能加以抹煞的。

② 我们决不要忘记，就连农奴也不仅是住宅所附属的一块小土地的所有者（虽然是有贡纳义务的所有者），且为共同土地的共同所有者。米拉波在他所著《普鲁士王国》中，说"那里（西里西亚）的农民，就是农奴"。但他们是共同地的所有者。"当时的西里西亚人，尚不曾获得分割共同地的刺激。但在新界之内，殆没有一个村落，在实行这种分割时，没有获得最大的成功"。（《普鲁士王国》1788年刊第2卷第125、126页。）

③ 在日本，土地所有的组织，是纯粹封建的；小农的经营，是颇为发达的。该国的情形，较之一切大都在资产阶级偏见下写成历史书，是遥为忠实可靠的欧洲中世纪的描写。牺牲中世纪而取得"自由"，那是再便当不过的事！

人征服以后的英国土地，虽然分裂为巨大的男爵领地，往往一个男爵领地，包括有九百个盎格鲁·撒克逊贵族领地，但小自耕农仍散见于全国各地，大领主土地不过寥若晨星地介在其间罢了。这种情形，再伴以当时的都市繁荣（这种繁荣，特别是十五世纪的特征），遂促成了英国国民之富的成立；对于这种国民之富，是最高法院院长福特斯鸠（Fortescue）在其《英吉利法赞扬》（Laud ibus Legum Angliae）中，曾流畅描述过的。但资本主义的富，还谈不到。

对资本主义生产方法附以基础的革命的前奏曲，系开演于十五世纪最后三十余年及十六世纪最初十数年。当时封建的家臣，正好如杰姆斯·斯杜亚（Sir James Steuart）所适当描写的，"到处无用地充满了房屋和城堡"，这种封建家臣团的分解，遂把许许多多解放出来的无产者，投到劳动市场上来。当时的王权，其自身原系资产阶级发展的一个产物；它为要努力掌握绝对的主权，强制地，促进了这种封建家臣团的分解，但那决不是这种分解的唯一原因。大封建领主对于王权，对于议会，曾作坚决的反抗，他们以强暴的手段，使自耕农由土地（他们和封建领主同样有封建权利的土地）上，遭受驱逐，并掠夺去他们的公共土地，结果遂造出了无从比较的更多数的劳动者。这种剥夺在英国所受的直接刺激，就是佛兰德羊毛制造业的勃兴，及与此相伴的羊毛价格的昂贵。旧来的封建贵族，都为大封建战争所消灭了。新的贵族，已经是他们的时代的儿子，在他们看来，惟有货币是权力中的权力。所以，他们的格言，就是把耕地转化为牧场。哈利生（Harrison）在其所著《英国纪》（霍林希德编年史序言），曾叙述剥夺小自耕农土地所引起的土地荒废情形。"我们大侵夺者，何所惮而不为？"他们以暴力拆毁自耕农的住宅和劳动者的小屋，或一任其腐朽。哈利生说："假若把各分封领地的旧财产记录拿来比较……我们马上会发现：无数的房屋与小自耕农经营都消灭了，国内的人口，大为减小了；尽管若干新都市趋于繁荣，但多数的都市，则归于废灭。……至关于那些被破坏而转化为牧场，因而除领主房屋外，更无其他任何住宅的都市与村落，我也能叙述出来。"这位老历史家的低诉，虽常不免有些夸张，但却确然反映出了，生产关系的革命，曾在当时人心中给予怎样的印象。把最高法院院长福特斯鸠的文献与汤玛斯·摩尔（Thomas More）的文献一加比较，我们就可明示十五世纪与十六世纪之间的距离。诚如松吞所说，英国劳动者阶级，未经过任何过渡阶段，就由黄金时代，投进了铁的时代。

在这种革命的当前，立法机关感到惊愕了。当时英国的立法机关，还没有达到以"国民之富"（即资本的形成，对民众无所顾忌的榨取和民众的贫困化）为治国策最高原则的文明水准。培根在亨利七世传中说："在当时（1489 年），圈地更加习见了，前此非有多数人及其家族即不能施肥的耕地，都转化为使用三数牧人即容易监视的牧场了；前此为许多小农民（yeomen）生活基础的有期租地，终身租地及任意租地，都转化为领主的所有地了。其结果，人民颓废，由是，都市，教会，什一税等，都不免于颓废。……在这种弊状的匡治上，国王及议会的智慧，可为叹赏。……他们对于那种使人口减少的圈地活动和牧场化活动，采行一种防止的方策"。根据 1489 年享利七世当时定下的一种条例（第十九章），至少有二十英亩土地的农民房屋，概不得拆毁。这种法律，曾在亨利八世第二十五年制定的条例中，予以更新。其中有云："许多租地与大畜群，特别是大羊群，都集中到少数人手中了，由是，地租昂腾，耕地减缩，教堂与房屋拆毁，可惊的多数人，都被夺去了维持自身及一家生计的手段"。于是，这种法律乃命令荒废了的农场，再开始经营，并在谷物耕地与牧场等之间，设下一定的比例。1533 年的一个条例，曾宣称若干的地主拥有二万四千头羊，因而规定羊的所有，不得超过二千头以上①。然人民的怨谤，乃至亨利七世后继续有一百五十年之久的禁止剥夺小租地农自耕农的立法，都同样没有效果。这种失败的秘密，培根不自觉地，在其所著《文明与道德论文集》（第二十九文）中，曾这样指示我们："国王享利七世企图造出合一定标准的农业经营与农民房屋的计划，是深思远虑而且值得赞赏的。他那计划，要求给予各农民以一定量的土地，使他们可以不在奴隶状态下生活，而在富裕状态下生活；使所有者自己也在手中把握着耕犁，不仅佣工。"② 然而，资本主义制度所要求的，却正是把民众安置在奴隶状态下，把他们转化为佣工，把他们的劳动手段转化为资本。在这种转变的时代，英国的立法，却企图使农村工资劳动者的小屋，保留四英亩土地，并禁止在他们小屋中有借居的人。在杰姆斯一世治下的 1627 年，就有佛伦脱·米尔之罗杰·克洛克尔（Roger Crocher）其人，因在地主领地建筑小

① 汤玛斯·摩尔（Thomas More）在其所著《乌托邦》中，曾说英国是一个奇怪国度，那里的"羊子，把人吃尽了"。（见鲁滨孙译《乌托邦》亚伯尔版伦敦 1869 年第 41 页。）

② 培根曾就自由而小康的自耕农与优秀的步兵间之关联，作这样的说明："为了使有工作能力的人不致陷于贫困，而替他们准备充分的租地，那对于我们王国的权力和威仪，是极关重要的。要达成这种目的，我国土地的大部分，就得转移于介在绅士与小屋农及隶农之间的小农阶级或中等人民，成为他们的所有。……照一切军事专门家的主张……军队的主力，在于步兵。那些在奴隶穷乏境遇下育成的人，决不能成为优良的步兵的，只有在自由而小康境遇下育成的人，可以。所以，一国如过于重视贵族及上流人士，使农民与耕作者，变为他们的劳动者，隶农，或小屋农（那不过是有地方栖身的乞丐），那一来，纵令能有良好的骑兵，也决不能得到坚忍卓绝的步兵。……在法兰西，意大利及其他诸国就是如此。在此等国家中，人民只有两极，一极是贵族，另一极是穷乏的农民；由是，它们的步兵队的组织，就只好雇用瑞士人为庸兵了；人民尽管多，但却几乎没有兵士。"（培根著：《亨利七世传》——肯奈特著：《英吉利》1719 年版全本翻印伦敦 1870 年第 308 页。）

屋，没有把四英亩土地当作永久附属物，而被宣告有罪。延至查理一世的 1638 年，还任命一个敕命委员，监督旧来诸法律的实施，特别是每小屋应附有四英亩土地的条例的实施。就在克伦威尔（Cromwell）时代，在伦敦周围四英里内，建筑未附有四英亩土地的房屋，也在所必禁。直迟至十八世纪上半期，农业劳动者的小屋，如没有附属一英亩或二英亩土地，仍不免诉说苦情。然至今日，一个小屋如备有一个小的庭园，或能在远隔小屋的地方，租到若干小块土地，在农业劳动者看来，就算是幸运了。亨德尔博士说："在这方面，地主与租地农业家是相互提携的。使小屋附有若干英亩土地，恐不免要招来劳动者过于独立的结果。"①

　　十六世纪的宗教改革，与继起的大规模盗劫寺产的运动，对于民众土地强制剥夺的过程，给予了可惊的新的刺激。在宗教改革的当时，加特力教会是英国大部分土地的封建所有者。对修道院的压迫，使住在修道院等处的人们，都被投进到无产者的队伍中。教会的地产，则大抵是给予那些贪得无厌的国王宠臣，或以近似开玩笑的微乎其微的价格，卖给那些投机的租地农业家和市民。这班人，把世袭寺院领地的租户，概行驱逐，而合并他们的经营。至若贫困农业劳动者，以前在教会什一税中，本有取得一部分的法律保障权，这时，这种权利也在暗中被没收去了②。伊利萨伯女王在巡幸英国国内之后，曾叹说"到处皆是待救恤的穷人"。在这位女王治世的第四十三年，竟不得不由救贫税的采行，

① "公共卫生第七报告 1864 年"第 184 页。——"依照旧法律分派的土地量，就今日来判断，对于劳动者是嫌过大了；不如把他们变为小规模租地农业者。"（乔治·洛伯兹著：《过去数世纪英格兰南部诸州人民之社会史》伦敦 1856 年刊第 184、185 页。）

② "贫民参与什一税分配的权利，是由昔时法律条文的语意所确定了的。"（杜克提 Tuckett 著《劳动人口之今昔状态史》第 II 卷第 804 页第 805 页。）

公认被救恤贫困（Pauperismus）的存在。"这种法律的起草者，似乎以说明其理由为可耻。这由他们反乎惯例，不肯对这法律附以何等理由而知。"① 这种法律，由查理一世第十六年的条例（第四章）永久化了，至 1834 年，更采取新的更严厉的形态②。宗教改革的这种直接影响，还不算是它的最有持续性的影响。寺院领地原是旧传土地所有权关系的宗教的堡垒。寺院领地消灭时，那种所有权关系也就不复能够维持了。

就在十七世纪最后数十年间，小农（Yeomanry）即独立农民阶级，还拥有较多于租地农业者阶级（Pächter, farmers）的人数。他们曾是克伦威尔势力的支柱；比之醉醺醺的乡绅，比之那些被当作乡绅仆人而不得不迎娶主人弃妾的田舍僧侣，他们是更好得多。这事实，就连麦皋莱也是承认的。那怕是农村工资劳动

---

① 威廉·科培特（William Cobbett）著：《宗教改革史》第 471 节。

② 新教的"精神"，可由以下事实而证知。在英格兰南部地方，若干地主与富裕的租地农业家，曾聚首集议，就伊利萨伯女王的救贫法的正确解释，起草十项质问；他们把这十项质问，就正于当时著名的一位法学者，即高等律师斯尼格（Sergeant Snigge——后来曾为杰姆斯一世治下的审判官），而请其开陈所见，其中第九项质问是："本区比较富裕的租地农业家们，设计了一种巧妙的方法。用这方法，实施这个条例（伊利萨伯第四十三年）所遭遇的一切困难，都可除去。那方法就是：他们建议在本教区设立一个监狱。然后通告邻人：如有谁决定租地于这教区的贫民，他就可在一定的时日，以密封函件，提出他接引他们的最低价格；那些贫民，必须关在上述的监狱中，才不能拒绝这种引渡的。这种计划的创议者，以为在邻近诸州，尚有人不愿劳动，同时又没有财产信用，足获得土地或船舶，那是坐食生活所必要的。他们以为，尽可诱导这种人，使他们对教区，为最有利的贡献，贫民如其在雇主保护下死亡了，罪在雇主，教区总算对于他们尽了义务。固然依据现行条例，我们恐怕，（转下页）

者，他们①也分享有共有土地。②在 1750 年顷，小农制度消灭了。至十八世纪最后十数年间，这种共同所有权的最后痕迹，也被抹去了。我们在这里，且撇开农业革命（Agrikulturrevolution）之纯经济的原因，而只论到这种革命所由推行的强制手段。

在斯图亚特王朝复兴后，英国土地所有者，是以合法手段实行掠夺的。（这种掠夺在欧洲大陆各处，却都没有经过法律手

（接上页注）这种有思虑的方策，不能见诸实行。不过，诸君要知道，本州及邻接诸州的独立农民，都乐于加入我们这个组织，并怂恿他们的议员，提出这样一种法律:" 允许监禁贫民，并强迫他们劳动，如其贫民拒绝这种监禁，拒绝这种强迫工作，则不予以任何救济。我们希望，这种法律。可以使贫乏者不要求救恤。"（布拉基 R. Blakey 著：《从极初时代以来的政治文献史》伦敦 1855 年第 II 卷第 84 页 85 页）一苏格兰废除农奴制度，较英格兰后几百年。迟至 1698 年，沙尔敦的佛勒雪（Fletcher）始在苏格兰的议会中这样宣言：" 苏格兰的丐，不下二十万人。我在主义上为共和论者，但我所能提倡的唯一救治方策，就是恢复农奴制的旧状态，把一切无能力营独立生计的人，变为奴隶"。艾登在其所著《贫民状态史》第 I 卷第一章第 60 页第 61 页中，也同样说:" 农奴制的退步，好像必然会带来贫乏；制造业与商业，是我国贫乏的父和母"。艾登和那位在主义上为共和论者的佛勒雪，不过在这一点上有错误：那就是使农民变为无产阶级的，从而，变为被救恤民的，不是农奴制的废止，而是农民土地所有权的废止。——法兰西的剥夺形态是不同的；在那里，与英国救贫法相当的法律，是 1571 年的摩林（Moulins）法令与 1656 年的救令。

① 罗杰士君在他著述《农业史》的当时，虽还是新教正统派的温床牛津大学的经济学教授，但在该书序言中，他却力说宗教改革，是使民众化为被救恤民的手段。

② 一个萨福尔克绅士著：《给本布利勋爵书，论食品价格的高昂》（依蒲斯维 1795 年第 4 页）。《当前食品价格与租地大小之关系》一书的匿名著者，虽是一位大租地制的狂热拥护者，但在该书第 133 页却说" 我看到，支持我国国民独立的一群自耕农的消灭，是不胜其悲痛的。他们的土地，现在都落到独占的地主手中了；地主把他的土地，分租于小租地农，小租地农则在比隶农一他们随时准备在不幸的时候，听人召唤的——无任何优点的条件下，保有他们的租地。当我看到这现象时，我也是不胜其感戚的。

续）。他们废除土地封建制度，即废止土地对国家的一切给付义务，而以农民及一般民众所纳的赋税，"赔偿"国家；他们对于以前仅有封建所有权的财产，则使其化为近代的私有权；最后，更励行居住法（Laws of Settlement）。这种法律对于英国"农村劳动者的影响，和鞑靼王波利斯·果都洛夫（Boris Godunof）敕令对于俄国农民的影响一样。

这种"光荣的革命"，不仅使奥兰吉公威廉三世（William of Orange）立于支配者的地位，并使地主的和资本家的货殖家，也立于支配者的地位①。对于国有地的盗掠，本来还是比较和缓地进行，到这时，他们方才以大规模的盗掠，来开始新的时代。他们对于国有地，或者是由赠予的方式取得，或者是以类似开玩笑的微乎其微的价格取得，甚或是由直接的掠夺取得，以并合于其私有地内②。这一切的进行，都丝毫没有顾及法律上的形式。像这样在欺诈方法下被人占有的国有地，连同以前被人盗掠的寺院领地的一部分（未曾在共和革命中再丧失去的那部分），就成了英国今日寡头政府的御用地了③。布尔乔亚的资本家，曾助长以上的过程。他们的目的，在把土地转化为纯粹的商品，在扩大大规模的农业经营范围：在增加被解放的农村无产者的供给。此

① 关于这位资产阶级英雄的私人道德，请看下面的事实罢——"他在1695年，以爱尔兰的重要土地，给与鄂克奈夫人，因为这位夫人为国王所宠幸，且在上流社会中占有非常的势力。……她的高贵的任务，被人猜想是不名誉的任务。"（大英博物馆《斯罗恩稿本集》第4224号。）那个稿本的标题是："由桑麦斯，哈利福克斯，牛津及斐尔伦等给希尔斯堡公爵书简中看到的威廉王的品性与行为。"这是一个珍奇的作品。

② "半卖半赠，非法让渡御用地，是英国史上的污秽的一章，……是对于国家的一大欺诈。"（牛曼 F. W. Newman 著：《经济学讲义》伦敦1851年第129、130页）——（关于今日英国大地主们如何取得土地所有权的详细情形，可参照洛布勒斯·奥布勒著：《我们的旧贵族》伦敦1879年——F. E.）

③ 例如，柏克（Edmund Burke）记述贝福尔德公爵家——其后裔，便是"自由主义的山雀"约翰·罗素爵士——的小著，即可供参考。

外，新土地贵族，和新的财阀，新孵化的高等财政家，以及由当时保护税支持着的大制造家，是自然的盟友，英国资产阶级对于为自己利益的行动，丝毫没有弄错。他们在这点上，和瑞典资产阶级从反对方面，借托自耕农民为经济支柱，努力帮助国王，由寡头政府手里，强制夺还旧有王地的行动（此事见于1604年以降查理十世和查理十一世时代），是一样聪明。

共有地（Das Gemeindeeigentum）与前述国有地（Staatseigentum）完全不同，那原是古代条顿族的制度，在封建制的外衣下存续下来。我们已经知道：对于这种共有地的暴力的掠夺，是开始于十五世纪末叶，而继续至十六世纪，那大抵与耕地的牧场化相伴。但在当时，那种过程是由个人的暴力行动来推进，立法机关对于那种暴力行动，虽继续抗斗有一百五十年之久，都没有收到效果。十八世纪的进步，表示在这个事实上，即法律自身也变为共有地盗掠的工具——虽然大租地农业者，同时还不断利用独立的私人的小方法，来从事盗掠[1]。这种盗掠的议会的形态，就是"共有地圈围法"（Bills for Inclosures of Commons）。这种法律，使共有地化为地主私有，使人民被剥夺。艾登勋爵（Sir F. M. Eden）虽力图以共有地视为大地主（代封建领主而起的大地主）的所有，但他要求议会制定共有地圈围法，说共有地的私有化，必须来一次议会非常手段（ein parlamentarischer Staatsstreich），又要求对被剥夺的贫民，制定"赔偿"法时，他自己也把他原来为大地主辩护的主张否定了[2]。

---

[1] "租地农业家不准小屋农在他们自身及子女外，保有任何的生物。他们的理由是：如其他们饲养家畜或家禽，就不免会向他们的仓库盗取饲料。他们并说：一直让小屋农民贫穷下去啊！要这样，他们才肯勤勉呢。但我相信，真的事实是：租地农业家，要把共同地的一切权利，完全掌握在自己手里。"（《圈围荒地的结果之政治学的研究》伦敦1785年第75页。）

[2] 艾登著：《贫民的状态》序言第17页19页。

任意的租户（Tenant-at-will），代替独立的小农（yeoman）而出现了。这种任意租户，就是逐年依契约租地的小农业者，是完全受地主意向支配的隶民。在这种租户代替小农时，同时又行着国有地的盗掠，特别是共有地的有组织的盗掠。由是大租地（pachten，farm）更形扩大，而农民则被"游离"成为工业上的无产者。十八世纪当时的人，曾称那种大租地为资本租地（Kapital-pachten）① 或称为商人租地（Kaufmanns-pachten）②。

国民之富（Nationalreichtum）与民众之贫（Volksarmut），为相互一致的事实，在这种事实的理解上，十八世纪究还不及十九世纪。惟其如此，在当时的经济文献中，关于"圈围共有地"（inclosure of commons）这件事，遂有极激烈的论争出现。在下面，且从我手边所有的大量材料中，选拔出可以表示当时情状的章句。

某位著者愤慨地说："在赫特福州的若干教区，平均有五十至一百五十英亩的租地二十四块，并合而为三个大租地了。"③ "在诺桑普吞州和莱塞斯特州，共有地在极大规模地圈围，而由是生出的新所有地，则被转化为牧场。其结果，从前一年耕作一千五百英亩面积的许多领地，现在一年只不过耕作五十英亩。住宅，谷仓，畜厩等的废址，成了旧居住者的唯一痕迹了。在开放村落（open-field village）原有房屋一百栋的，现在大都减到十栋八栋。且就那些在十五年前或二十年前才开始圈围的大多数教区说，在这种教区内保有土地的人数，就比在开放村落

---

① "资本租地"（Capital-farms）。一个实业家著：《论面粉业与食物高价的两封信》伦敦 1767 年第 19、20 页。

② "商人租地"（Merchant-farms）《食品高价的研究》伦敦 1767 年刊第 11 页注。这个匿名刊行的佳作，是牧师福斯德（Nathaniel Foster）著的。

③ 汤玛斯·莱特（Thomas Wright）著：《论大租地的独占，一封给予大众的短信》1779 年第 2、3 页。

内保有土地的人数，更少得多。从前由二三十个租地农业者，小地主，小自耕农保有的土地，现在则由四五位富裕饲畜业者收夺为大圈地，这已成为习见的现象了。那些被夺者的家庭，乃至由他们雇用及依他们生活的其他许多家庭，概由所有地被驱逐了，"① 在圈地口实下为邻近大地主所并合的土地，不单是荒地；须对共同体纳一定地租的耕地，也往往同样被圈围去。"这里且就既耕开放地的圈围来说。这种土地的圈围，势必增进租地的独占，提高食品的价格，并唤起人口的减少，这事实，就在拥护圈地的著作家，也是承认的。……那怕是现正进行的荒地圈围，贫民也将因有一部分生活资料被剥夺，而受压迫；由此，已经过大的租地，更加扩大。"② 蒲莱斯博士（Dr. Price）说："当土地归属到少数大租地农业者手中时，小农业家（蒲莱斯所称的小农业家，就是指那些靠自耕土地上的生产物，和共有地上所养的羊，家禽，猪等来维持自身及一家生活，几无需购买任何生活资料的小自耕农和小租地农）结局要变为替他人提供劳动，必须赴市场购买一切需要品的人，……强制加大，劳动也许会加多……因为被驱逐的人们，都为求职而流入都市和制造业上来，故都市和制造业的范围扩大了。这就是租地累积这件事的自然作用方法，也即多年在我国实际进行着的方法，"③ 他由是总论圈地的结果说："概言之，下层人民的地位，无论在那方面，都趋恶化了。他们由小自耕农，小租地农的地位，转落为日佣劳动者（Taglöhern）或佣工的地位。在这种状态下，他们的生活，是比

---

① 牧师亚丁敦（Addington）著：《开放地圈围之赞成的论据和反对的论据》第Ⅱ卷伦敦 1772 年第 37 页至 43 页及其他各处。

② 蒲莱斯博士前揭著作，第Ⅱ卷第 155 页。试一读福斯特，亚丁敦，肯特，蒲莱斯，杰姆斯·安徒生的论著。把这些论著，和麦克洛克在他的目录著作《经济学文献》（伦敦 1845 年）中所提示的惨淡而阿谀的饶舌，一加比较罢。

③ 蒲莱斯前书第 147 页 148 页。

以前更困难了"。① 共有地的掠夺，及伴同这种掠夺而生的农业上的革命，实在对于农业劳动者有异常尖锐的影响；就依艾登自己所说的，由1765年至1780年间，他们的工资，也已开始低落到最低限度以下，而必得由公众的救恤来补充。他说：他们的工资，"仅够购买绝对的生活必需品"。

我们暂且听听圈地拥护论者（蒲莱斯博士的反对论者）的高论罢："在开放地上浪费劳动的事，没有见到了，但不能因此，便引出人口减退的结论。……如果因小农业家变为替他人劳动的人，结果产出了更多的劳动，那其实是国民（那些变为替他人劳动的人，当然除外）所期待的一种利益。……当他们的结合劳动，被利用到一个租地时，其生产物将增大，制造业将有一种剩余。国民富源之一的制造业，将比例于谷物生产量的增加而扩大。"②

对于神圣所有权的最无耻的凌辱，对于人身生命的极狂暴的

---

① 蒲莱斯前书第159页。这使我们想起古代罗马了"未分割的土地的大部，是由富者占有。他们就当时的事态，断定他们所占有的土地，不会被夺还的，于是，他们就把那些附近的属于贫民的小块土地，半买半劫夺地并合起来。他们现在已不是耕作零碎小块土地，而是耕作广大的领域了。他们在农耕和饲畜上，都使用奴隶。因为自由民是不事劳动，只服兵役的。奴隶既免除兵役义务，能够自由增殖，能够有多数子女。所以，在这点上，占有奴隶，是非常有利的。由是，强而有力者，独占了一切的富，一切的土地都充满奴隶了。在另一方面，意大利人则由贫困，贡赋，兵役等的磨折，而益益减少了。就在和平的时候，他们仍不能不过着完全无所事事的生活。因为富有者已占有土地，他们不用自由民耕种土地，都用奴隶耕种土地了。"（亚庇安著：《罗马内战》第 I 篇第7章。）以上的叙述，系以里希尼法典以前的时代为对象。加速罗马平民之没落的，是兵役；而查理曼大帝助长德意志自由农民之隶农化及农奴化的主要手段，也同样是兵役。

② 《食品高价与租地大小之关系》第124页第129页。以下的引述，其倾向虽相反，其主张则一致——"劳动者由小屋被驱逐，为求职而流往都市；但由是有大量的剩余造出了，资本也增大了。"（《国难》第二版伦敦1843年刊第14页。）

侵夺，在此等凌辱与侵夺，为资本主义生产方法基础的建设所必要时，经济学者是以斯多亚主义的漠不关怀的冷静态度来观察。带有保守党色彩的政治家及"博爱家"艾登勋爵的言论，可为我们提示一个例子。由十五世纪七十年代到十八世纪，伴随暴力剥夺而生的盗掠，残暴，以及人民穷困的全部现象，仅够导出他以下的快慰的结论："在耕地与牧场之间，须设定一个适当的比例。就十四世纪全部及十五世纪大部分来说，有二三英亩乃至四英亩耕地，才有牧场一英亩；至十六世纪中叶，有耕地二英亩，也就有牧场二英亩；更后，有一英亩耕地，就有牧场二英亩了；结局，竟达到一英亩耕地，三英亩牧场的比例。"

农业劳动者与共有地的关联，到十九世纪，自然不再为人记忆了。姑且不说比较近时的事。由 1801 年至 1831 年间，地主由农民手中盗掠的共有地，即由议会赠予他们的那 3，511，770 英亩共有地，曾对农民给予一个铜板的代价么？

最后对农民施行的大规模的土地剥夺，是被称为所有地扫除（Clearing of Estates），那其实是把人从所有地扫除。以上考察过的英国一切方法，到这种"扫除"，才达于绝顶。照前章关于近代情形的描述看，现今已没有一个要扫除的独立农民存在了，小屋的"扫除"，遂由此开始。因此，农业劳动者在他们自己耕作的土地上，已不复能找到他们居住所必要的地方了。但"所有地扫除"的真正的严格的意义，我们仅可由近世传奇中的天国（即苏格兰高地），得到理解。那里的所有地的扫除，系以如下诸种事实为其特征，那就是其进行极有组织，其一扫的规模极大（爱尔兰的地主，往往一举扫荡几个村落，在苏格兰高地，则有和德意志一个公国那样大的土地面积，一举而被扫除），最后，扫除的土地财产，都采用特殊的形态。

苏格兰高地的克尔特人，系由诸种氏族所组成，那些氏族是它们各自所居的土地的所有者。各氏族的代表者即族长或"大人"（"Grosser Mann"，"Great man"），不过是那种土地的名义上的所有者。此与英格兰女王不过是国民全土的名义上的所有者，正相同。英国政府对于此等族长相互间的战争，对于他们不绝向苏格兰低地的侵掠，后来是镇压成功了，但那些族长并不因此就放弃他们的盗掠职业，不过形态有所改变罢了。他们以自己的权力，把旧来名义上的所有权转化为私有财产权。当族民起而反抗，他们就决定以公然的暴力，把这些族民驱逐。牛曼教授说："照此做法，英国国王就算把人民驱向海中，也没有什么不行了。"① 这种革命，在苏格兰，是在僭位者（Prätendenten）党徒的最后武装叛乱以后开始的。关于它初期的情形，得由杰姆斯·斯杜亚②与杰姆斯·安徒生（James Anderson）③ 的文章，追溯其经过。在十八世纪，由农村被驱逐的格尔人，被禁止移住国外。其目的，是要强制地使他们集中到格拉斯哥及其他制造业都市④。至于十九世纪采行的方法，我们只要把苏德兰女公爵所成

---

① 牛曼著：《经济学讲义》第 132 页。

② 斯杜亚说："如果你把此等土地的地租"（他错误地把地租这个经济学上的范畴，应用于小农对族长所纳的贡物）"与土地本身的大小加以比较，那曾觉得是极小的。但若把它和租地所养的人口数比较，你将发现：苏格兰高地的所有地，和肥沃地方的同价值的所有地比较，也许能够维持十倍的人口。"（《斯杜亚全集》第 I 卷第 16 章第 104 页。）

③ 杰姆斯·安徒生著：《论振兴国民产业精神之手段》爱丁堡 1777 年。

④ 在 1860 年，那些被剥夺了的人们，都在一种虚伪的口实之下，被强迫输往加拿大。其中，有些人逃往山中，逃往附近的小岛去。警官追赶他们，他们一面与警官格斗，一面逃走。

就的"扫除",作为一个例子①,就行了。这位女公爵通晓经济,她一即位为女公爵,立即在经济上进行彻底的治疗;她所治理的全州,其人口已由过去所行的类似方法,缩减到一万五千人了,她决心把这全州转化为牧羊场。由1814年至1820年间,这大约包含有三千家族的一万五千人口,都被有组织地驱逐了,剿灭了。他们的村落,破坏了,焚毁了,其田地则全部转化为牧场。英国的兵士,执行驱逐剿毁的命令,与住民发生冲突。有一个老妇人拒绝离去她的小屋,竟被烧死在烈焰中。这一来,这位高贵女公爵,把那不知从什么时代起即为氏族所有的七十九万四千英亩土地,占为己有了。她为那些被驱逐的住民,指定了海滨约六千英亩土地——一个家族约得二英亩。这种土地,在当时是听其荒芜,对于所有者毫无收入可言的。但这位女公爵,却以她的名贵的心情,把这荒芜土地,以每英亩平均二先令六便士的地租,贷与那些被驱逐的,几世纪来曾为她家流过不少血的族民,她把她掠夺来的族有地(Clanland)全部,分划为二十九个牧羊租地,

①　亚当·斯密的注释者布哈南说:"在苏格兰高地一带,旧来的所有权状态,现已日复一日地,破坏了。……地主不顾虑世代租地人(这个语辞,也用错了)把土地提供于最高价格的投标者。如其这个投标者是一位改良家,他立即就要采行新耕作制度。所以,在先前,那些土地原是广布着小租地人与农业劳动者,但其人口尚与生产物保持均衡。然在耕作改良地租增大的新制度下,人们开始要以尽可能最小的费用,获取最大的生产物了;为达到此目的,无用的人手是要除去的;于是,人口减少了,但其减少,不是依照土地能够维持的程度,却是依照土地所能使用的程度。被驱逐的租地农民,乃向附近的都市去寻求生活……"(布哈南著:《亚当·斯密国富论述评》爱丁堡1814年第Ⅳ卷第144页。)"苏格兰的贵族,像拔除小树一样地驱逐其人民的家族;他们像被野兽苦恼的印度人,复仇地,蹂躏野兽一样,对待村落和住民。人竟与一头羊的毛或一头羊的肉,或与更低的代价,交换了。……当蒙古人侵入中国北部时,曾提议剿灭其住民,而将其土地牧场化,但苏格兰高地的地主在这种建议上所抱的企图,比蒙古人的提议,还要卑劣。他们有许多人,确曾实行这个建议,而在自己国内,对待自己的国民。"(乔治·恩梭尔 George Ensor 著:《各国人口的研究》伦敦1818年第215、216页。)

每个租地，不过居住一个家族，他们大抵是由英格兰移入的租地农仆。1825 年，那一万五千格尔人，已由三十万一千头羊所代替。这些被驱往海滨的人们，只有依靠着渔业维持生活，他们成了两栖动物；照一位英国著者所说，他们是一半在陆上生活，一半在水中生活。但双方合起来，仅及生活的半分①。

但勇敢的格尔人，还须更艰苦地，对于族长竭尽山岳的浪漫的崇拜。鱼的香气，传到族长"大人"鼻里了；他们在那种香气中，嗅出了生财之道。由是，这海滨也被租赁于伦敦的大鱼商，格尔人再被驱逐了。②

最后，牧羊场的一部分，还再被转化为鹿场。英格兰没有真正的森林，那是谁都知道的。高贵大老们猎苑的鹿，都是驯畜，肥得像市参事会议员一样。结局，苏格兰就成为"高贵情欲"（"noblen passion"）的最后的寄托所了。在 1848 年，苏麦斯（Somers）曾说："新森林像雨后春笋样地簇生在苏格兰高地了。在加伊克这一边，有格伦佛希新森林，在其对边，则有亚德维利克新森林。在同一方面，布拿克·蒙特的广大荒地，最近也开始栽植了。由东到西，由亚柏狄附近到奥本的峻岭，现今都有森林绵亘着。而在高地的其他方面，复有洛奇·亚尔奇格，格伦格

---

① 苏德兰女公爵，为要表示她对于美洲共和国的黑人奴隶之同情——但当"高贵的"英国人的全心脏，都为奴隶所有者而鼓动的南北美战争当时，这位贵妇人和她的同辈的贵妇人们，都持重地，忘记表示这种同情——曾在伦敦铺张扬厉地，欢迎《叔父托姆的小屋》著者斯托（Beecher Stowe）。正在那时候，我却在《纽约论坛》上，披露了苏德兰奴隶的关系（卡勒在其所著《奴隶贸易》伦敦 1853 年第 202、203 页中，曾部分的，抄引我这种叙述）。这篇文章，被一个苏格兰的报纸所转载，并曾由是，在该报纸与苏德兰的阿谀者间，引起一种有趣的论争。

② 关于这种鱼买卖的趣事，在大卫·厄哈特（DavidErquhart）所著《挟帖新集》中可以见到。——西尼耳在他前面引述过的遗稿中，竟称扬"苏德兰州的处置，为开天辟地以来的最有利益的扫除运动之一"。

利，格伦摩利斯敦等新森林出现。一向成为小农民社会中心的峡谷，已导入羊群了。那些小农民则由此峡谷地方，被驱往更硗瘠不毛的地带，去寻生活。现在鹿代替羊了，小租地农再被驱逐去；他们只好移向更贫瘠的地方，陷于更贫苦的状态。鹿林①与人民是不能共存的。两方总有一方要降服。如其在未来的二十五年间，森林的数和范围，是以过去二十五年间的同一程度增大，格尔人就要绝迹于其故土了。……在苏格兰高地地主间进行的这种运动，一部分是由于功名心，一部分由于娱乐的嗜好，……但其他更讲实际的人们，则专以利润为目的，而经营鹿的交易。因为在许多场合，为所有者的利益打算。与其把一个山脉变为牧羊场，实不如把它变为森林。……要求鹿林的猎人，钱袋里有多少钱，就愿出多少钱。由此给与苏格兰高地的痛苦，实不下于诺曼王政策所给予那里的痛苦。鹿占据广大的地域，人益被驱向更狭隘的地域。……人民的自由，节节地被剥夺去。……压迫日复加甚一日。如同美洲澳洲的山林斩伐一样，人民的扫除驱逐，简直在当作固定的原则，当作农业上的必要来推行。一切都在稳静地

---

① 在苏格兰的鹿林中，并没有一株树木。那不过由秃山驱出羊群，赶进鹿群，故名之为"鹿林"。"造林"是全谈不到的。

井然地进行着"。①

夺取寺产，欺诈让渡国有地，盗掠共有地，掠夺封建所有地氏族所有地，把它在无所顾忌的恐怖主义下，转化为近代私有财产，这种种，都是原始蓄积的牧歌的方法。这些方法，给资本主

①　苏麦斯（Robert Somers）著《来自苏格兰高地的书简》或《1847年的饥馑》伦敦1848年由第12页到18页及其他各处。这些书简最初是在《泰晤士报》发表。英国的经济学者，都把1847年格兰人的饥馑原因，归之于人口过剩。无论如何，他们总是压迫着他们自身的生活资料。"所有地扫除"（"clearing of estates"）一语，在德国是称为"农民放逐"（"Bauemlegen"）。德国的"农民放逐"，特别是推行于三十年战争以后。迟至1790年，古萨克森侯国，竟因此发生农民的暴动。那在东德意志是推行得非常彻底的。在普鲁士许多地方，农民的所有权，是由斐特烈二世第一次确定的。他在征服西里西亚后，就叫地主再建小屋，再筑仓库，并为农民供给家畜和器具。因为他的军队，非有兵不行，他的国库，非有纳税者不行。但在另一方面，农民在斐特烈的财政与专制主义的，官僚主义的，封建主义的混合行政之下，究竟过的是怎样的愉快生活呢，那可由斐特烈的崇拜者米拉波的以下叙述来征知——"亚麻为北德意志自耕农民的最大财富之一。然那对于人类，只不过是妨止极端穷乏的一种手段罢了，那并不是什么福祉的源泉。德意志的自耕农民，须支付直接税，担负徭役，及各种类的服役。但除此以外，他们对于他们所购买的一切物品，还要支付间接税。……而使他们完全归于灭亡的另一事实，就是不能在自己愿意的场所，以自己愿意的方法，出卖他们的生产物。他们并还不敢向那些以较廉价格供给商品的商人，购买他们的必需品。由于所有这些原因，他们就在不知不觉间，逐渐陷于破灭了。本来，他们不纺绩，也就不能在规定的日期，缴纳直接税的。纺绩业使他们的妻，他们的子女，他们的仆婢，乃至他们自身，得有有用的劳作，并由是给他们一个财源。但虽然有这种补助手段，他们的生活仍是可怜极了咧。在夏季，他们像扁船上的奴隶一样，从事耕作收获的劳动；每天晚九时睡觉，早两点钟就要起来工作。在冬季，尽管需要充足的休息，以恢复体力，但为要凑集应缴的赋税，连自家吃的谷物，和来年播种用的种子，也要卖掉，因此，在这个时节，他们为要填补这种不足，遂不得不从事纺绩劳动。且还得极勤奋地从事这种劳动。他们在冬季常在深夜或午前一时就寝，在午前五时或六时起来，或晚间九时就寝，午前二时起来。除了星期日以外，每天都是如此。这种过度的不眠与过度的劳动，使人横受摧毁了，由是竟招来农村男女较都会男女早老的结果。"（米拉波著：《普鲁士王国》第Ⅲ卷第212页以下。）（转下页）

768

义农业以活动的领域，使土地并合于资本，同时并为都市的产业，造出被追放的无产者的必要供给。

（接上页注）第二版加注：在 1866 年 4 月，即在前揭苏麦斯著述刊行 18 年后，教授勒维（cneLevl）在技术协会上，曾就牧羊场转化为鹿林的事实，作一次讲演。他在这演讲中，有一节叙述苏格兰高地荒废状态的加甚，说："人口的消灭与耕地的牧场化，是一种毫无所费的最便利的获取所得的手段。……鹿林代牧羊场而出现，那是苏格兰高地的一般的转变。地主以前把农民由其所有地驱逐，现在同样驱逐羊，而欢迎新的租地人——野兽和羽禽之属——了。由福尔发州的达尔好西伯爵的领地，以至约翰·奥戈洛兹一带，森林是连绵不断的。……在此等森林中，许多都有狐、山猫、黄鼬、臭猫、鼬、野兔等，最近更把家兔、栗鼠、鼠等加进来了。有广大的地带（依苏格兰统计中的描述，那些地带都有具有极大丰度和面积的牧场），都像这样，不许耕作，不许改良，而只在一年的短短期间内供少数人娱乐。"《伦敦·经济学界杂志》在 1866 年 6 月 2 日出版的那一号中说："前周，某苏格兰新闻的记事中，载有以下的消息：苏格兰的最良牧羊场之一，最近每年提供 1,200 镑的地租，但到租赁契约满期的今日，那块牧羊场被转化为鹿林了。从前，诺曼征服者威廉为造新林而破坏三十六村的封建本能，竟在这种场合发生作用了。包含有苏格兰最肥沃土地在内的 2,000,000 英亩地，现在已完全听其荒芜了。格伦·梯尔特地方的野草，算在帕尔兹州最富有荣养的牧草内了。本·阿尔德的鹿林，原是柏德洛奇地方的最良牧地。黑山鹿林的一部分，原是最宜于喂养苏格兰的黑面羊的。至若在苏格兰全土中，纯粹以娱乐为目的而听其荒芜的土地，究有多大的范围，我们可由其面积较大于整个帕尔兹州的面积这一件事而知。因此强制荒废所引起的损失，就本·阿尔德森林所含的资源看来，也不难推知。本·阿尔德森林可养活 15,000 头羊，但这森林在苏格兰全森林面积中，不过占有十三分之一罢了。……此等森林地，现在完全变为不生产的了，俨然像沉陷在北海底一样了。……像这种临时造出的荒芜或荒废，是应该以断然的立法干涉来铲除的。"

Ⅲ 十五世纪末叶以来对于被剥夺者的残酷立法。降低工资的法律

　　无产者是由封建家臣的分解，和突发的强制的土地剥夺所造成的。由这样放逐出来的无产者，要想一被放逐出来，即为新兴的制造业所吸收，当不可能。而在另一方面，这些由旧习惯生活环境突然投出的人，要突然适应新状态的训练，也所难能。他们整批地转化为乞丐、盗贼、浮浪者等；这种转化，一部分虽由于习性关系，大部分则由于环境逼迫使然。由是，在十五世纪末叶至十六世纪，西欧各国都制定惩治浮浪人的残酷法律。今日劳动者阶级的祖宗，都曾因迫不得已变为浮浪人，变为被救恤的贫民，而蒙受惩罚。他们继续工作的旧环境，尽管已经不存在了，但立法者却假定，他们是否继续工作，全看他们自己是否有工作的善意，由是，当他们变为浮浪者时，法律就把他们视为"自动的"犯罪者了。

　　英格兰的这种立法，系开于亨利七世时代。

　　在亨利八世治下的 1530 年，凡年老及无劳动能力的乞丐，被给予乞食特许状。但身体强壮的浮浪者，则应受鞭打与监禁的惩罚。他们将被系在载重马车的后部，鞭打至身体流血为止，然后再立下"自愿劳动"的誓言，被遣回故里，或其最近三年居留的所在。这该是如何可怕的讽刺！在亨利八世治下的第二十七年，重申以前的法律，并新加上一些更酷烈的条款。凡再度以浮浪罪被捕的，除鞭打外，复割去其耳之一半，若三度被判有罪，则被视为重罪犯人或公安之敌，处以死刑。

　　据爱德华六世即位第一年（1547 年）制定的法律：凡拒绝劳动的，得被告发为游惰者，被判为告发者的奴隶。主人得以面

包，水，稀薄的饮料及他自认为适当的残肉，豢养奴隶。他有权利强迫奴隶从事任何劳动，用鞭，用锁链都行。凡逃亡到十四天的奴隶，将被判定为终身奴隶，并在额上或背上，附以 S 字的烙印。奴隶三度逃亡时，得处以叛逆者的极刑。主人可以把奴隶出卖，让与，或作为奴隶而租贷，像处分动产或家畜一样。假若奴隶企图反抗主人，也将处以极刑。治安裁判官得依据报告，搜索这种犯人。如其一个浮浪人在某地三天内无所事事，他将被送回他的出生地，用烧红的铁器，在胸上附以 V 字的烙印，然后用锁链系着，使其从事筑路或其他的劳役。如其浮浪人谎报出生地，他将终生成为该地居民或其自治团体的奴隶，也附以 S 字的烙印。不论是谁，都有权将浮浪人的子女取去为徒弟，男得保留至二十四岁，女得保留至二十岁。此等徒弟如果逃亡，他们就须在那种年龄以内，成为主人的奴隶，主人得任意枷锁他们，鞭打他们。主人为了易于识别，或便于确实保存，得在奴隶的颈上，腕上，或腿上，嵌以铁环①。这个法律的最终部分，并规定某些贫民，应在愿意给他们以饮食，给他们以工作的地方或个人之下，从事劳动。这种教区奴隶，曾在"巡役"（Ronndsmen）的名称下，到了十九世纪开始以后许久，还在英国保存着。

据伊利萨伯治下的 1572 年的法律，凡年在十四岁以上，没有领得特许状的乞丐，尚无人愿在二年内使役他，即应受酷烈的鞭打，并在左耳上附以烙印。凡年在十八岁以上，再度被捕者，尚无人愿在二年内使役他，他将判处刑罚；若三度被捕，则看作罪不容赦的叛逆，而处以死刑。伊利萨伯治下第十八年的法律

---

① 《工商业论》（1770 年）的著者说："英国人在爱德华六世时代，就似乎已经认真地，开始制造业的奖励和贫民的使用了。那可由当时'一切浮浪者应附以烙印'这一条值得注意的法律，而知"。（前书第 8 页。）

（第13章）及1595年的法律，均曾有同样的规定①。

在杰姆斯一世治下，流浪与乞食，均被视为无赖汉和浮浪人的行径。轻罪即决法庭（petty session）的治安裁判官，有权公开鞭打他们，并得把初犯者判处六个月监禁，再犯者判处两年监禁。在他们被监禁的当中，治安裁判官认为适当时，得随时把他们提出来鞭打，要鞭打多少就鞭打多少。……被视为无可救治的，有危险性的无赖者，即在其左肩上附以 R 字的烙印，使其从事苦役。若再度因乞食被捕，则处以杀无赦的极刑。此等法律，在十八世纪初叶尚有效力，直至安女王治世第十二年的法律（第23章），始予以废止。

---

① 汤玛斯·摩尔在其所著《乌托邦》中说："于是，就导来以下的事态：彼贪馋无厌的贪欲者（简直是他出生地的传染病），一下把几千英亩的土地，用栅或垣圈围起来；对于原先的所有者，就用种种欺骗的不法手段，或用暴力，以苦累他们，使他们不得不卖掉他所有的一切。他们这些可怜的愚鲁的穷困者，男的，女的，丈夫，妻子，孤儿，寡妇，乃至抱着乳儿的母亲，一律无赦的被迫离开。他们虽缺乏资力，但却多的是人口，因为从事农业，必须有许多人。他们既由自己惯熟的住宅被驱逐出来，安身无地，常彷徨于道中。他们所有的家具，虽然不值什么，但如有充裕的时间，也许不难多换出一点钱来，可是他们既在仓卒之间被迫离开，自然只好白白丢掉了。当他们到一文莫名的彷徨的时候，若为盗去，那就会在一切的法律形式下，遭受绞刑；那么，除了当乞丐，就无路可走了。但一为乞丐，就要以不劳动而流浪的理由，当作流浪者，投到监狱去的。他们尽管希望劳动，但谁也不肯给他们劳动。"在汤玛斯·摩尔所说的这些迫而为盗的可怜的被放逐者中，"有七万二千大大小小的犯人，在亨利八世时代被杀掉"。（霍林雪德著《英国记》第Ⅰ卷第186页。）在伊利萨伯女王时代："差不多没有一年，没有三四百无赖者，系成行列，牵上绞首台去。"（斯特莱蒲著《伊利萨伯女王圣代之宗教改革运动，国教运动及英格兰教会及其他各种事变编年纪》第二版第1725年第Ⅱ卷。）据这位斯特莱蒲所说，在桑牟塞州，一年中被杀的有四十人，附烙印的有三十五人，遭鞭打的有三十七人，当作"不可救药的流浪人"而被释放的，有一百八十三人。不过，他还说："因为裁判官的怠惰，和人民之昧的同情，这许多被告者，实际不及实际犯罪者总数的五分之一。"他更附带表示："在这点，英格兰其他诸州，不但不较桑牟塞州好，却有许多更较桑牟塞州坏。"

法兰西也有同样的法律存在。在十七世纪中叶，巴黎曾创设有一个浮浪人王国（Vagabundenkonigreich，royaume des truands），甚至在路易十六世初期的法律（1777 年 6 月 13 日），也规定由十六岁至六十岁的强壮者，如没有生活资料，又不从事何等职业，则遣往扁船上从事奴隶的劳役。查理五世对于尼德兰的法律（1537 年 10 月），关于荷兰诸邦诸市的第一勅令（1614 年 3 月 19 日），乃至联合州的告示（1649 年 6 月 2 日）等，均有同一的性质。

于是，土地被强制剥夺，被强制离去家宅，被迫转化为浮浪者的农民，又依奇怪而极有威吓性的法律，被鞭打，烙印，苛责等方法，被迫去接受工资劳动制度的必要的训练。

单是在一极端，有劳动条件以资本的形态表现，在另一极端，有一种人，他们除有自己的劳动力外，更无他物可以出卖，还嫌不够的。就是强使后者任意出卖自身，也还不够。随着资本主义生产的进步，一个劳动者阶级发达起来了，这个阶级由教育，传习，习惯的结果，认定那种生产方法的要求，为自明的自然法则。已经十分发展的资本主义生产过程的组织，会把一切的抵抗打破。相对过剩人口的不绝造出，使劳动的供给与需要，从而，使劳动者的工资，拘束在顺应资本价值增殖欲的轨道中；经济关系的无言的强制力，使资本家得以完成其对于劳动者的支配。在此之后，经济关系以外的直接的暴力，自然还被使用着，但那不过是例外的现象了。在事物正常推移的限度内，劳动者可以听凭"生产自然法则"的摆布了，换言之，就是听凭资本摆布；他对于资本的隶属性，是由生产条件本身出发的，且受生产条件保证，由生产条件而永久化。但在资本主义生产之历史的发生时代，不是如此。资产阶级由它兴起之初，为要"调节"工资，为要使工资不超越货殖的限界，并为要延长劳动日，为要使劳动者自身维持正常的隶属状态，它是需要用国家的权力的。这就是所谓原始蓄积的一个基本要素。

工资劳动者阶级系发生于十四世纪后半期，但在当时乃至在次一世纪中，它还不过是占着人民的极小部分，其地位，则由农村方面的独立自耕农制度及都市方面的基尔特制度，所妥为保护。在农村方面也好，在都市方面也好，雇主与雇工在社会上是密切接触的。劳动对于资本的隶属，只是形式的；换言之，生产方法自身，尚不曾具有何等严密的资本主义性质。资本的可变要素，大大超过其不变要素，工资劳动的需要，虽随资本蓄积而急速增进，但工资劳动的供给，却只缓慢地随在后面。国民生产物的大部分，后来转化为资本蓄积基金的，在当时，是仍旧要加入劳动者的消费基金中。

工资劳动的立法[①]，先前原是以榨取劳动者为目的，后来竟演成为对抗劳动者的手段了；这种立法，在英格兰是开始于爱德华三世治下的 1349 年的劳动者法令（The Statute of Labourers）。法兰西相当于这种法律的，则是以国王约翰之名公布的 1350 年的敕令。英法两国的立法相互并进，其内容也复一致。至劳动者法令强制延长劳动日的事实，我们已在前面（第八章第五节）述过了，这里不再复述。

劳动者法令，是依下院的迫切要求而通过的。一位保守党党员素朴地说："贫民从前要求的工资是如此高，以致予产业与富以威胁，他们今日所得的工资又如此低，以致同样地或许更厉害地，从相反的方面，予产业与富以威胁。"[②] 城市与农村，计件

---

① 亚当·斯密说："不论何时，立法院如企图调解雇主与劳动者间的争执，其法律顾问常为佣主。"林格（Linguet）说："法的精神，就是所有权。"

② 一个律师著《自由贸易的诡辩》伦敦 1850 年第 55 页。这位著者还辛辣地说："我们常为雇主说话，现在就不能为被雇者有所作为么？"

劳动与日佣劳动，都确立了法定工资率。农村劳动者的被雇，以一年为期，都市劳动者的被雇，则是依照自由契约。给付工资不得超过法定额以上，违者投狱。但法定额以上的工资受者，较之给者，还要受更酷烈的处罚。例如，在伊利萨伯女王治下之徒弟法第18节及第19节，就规定给付法定额以上的工资者，监禁十日，而领受法定额以上的工资者，则监禁二十一日。1360年的法律，更规定给付法定工资率的雇主，得以体刑，迫使劳动者劳动。泥水匠木匠相互约束的一切联合，契约，誓约等，都被宣布无效。由十四世纪，到工会禁止法废除的1825年，劳动者的结合，都被视为是大罪。1349年劳动者法令及由是派生的诸种法律的精神，明白地由这个事实表示了，即国家虽规定工资的最高限度，但未规定其最低限度。

我们都知道："十六世纪劳动者的状况，是更加恶化了。货币工资虽然昂腾了，但却不曾与币价下落，物价上升为比例的昂腾。换言之，就是工资在实际上是下落了。但以降低工资为目的的法律，却与'无人愿雇'者的割耳的刑罚和烙印的刑罚，一同存续下来。在伊利萨伯女王治下第五年徒弟法第三章中，治安裁判官依法有确定工资，或依照季节及物价，而变更工资之权。杰姆斯一世更把这种劳动规定，扩展到织工，纺绩工，以及各种劳动者方面。"①　至乔治二世时代，取缔劳动者结合的法律，已在一切制造业上发生效力了。

在真正的制造业时代，资本主义的生产方法，已经够有力了，工资的法律规定已变为不必要，且没有实行的可能了，但人们在必要的场合，还不愿缺少这旧兵工厂制造的武器。乔治二世治下第八年的法律，且禁止伦敦附近的裁缝织工，在国丧以外的场合，给付二先令七便士半以上的日工资。而乔治三世治下第十三年的法律（第六八章），更把丝织工工资的规定权，委之于治安裁判官。就在 1799 年，关于治安裁判官关于工资的命令，能否适用于非农业劳动者的问题，还有取决于高等法院二次判决之必要。1799 年的议会条例，还谕令苏格兰矿工的工资，应遵照伊利萨伯女王治下的法律，和 1661 年 1671 年二苏格兰条例来规定。然这当中的事势，曾经过如何的激变，我们由英国下院中一件前所未闻的事件，就可以证明。四百余年以来，一切规定工资最高限度的法律虽都出自英国下院，但至 1796 年，竟有惠特布勒德（Whitbread）在同院提出农业日佣劳动者法定最低工资案。

_____

① 依据杰姆斯二世治下第二年法律第六章某一条，就知道若干制布业者，是在怎样僭越地以治安裁判官的资格，为自己的工作场所，施行公定的工资率。——在德国，尤其在三十年战役以后以降低工资为目的的法律，是屡屡见到的。"对于人口稀薄地方的土地所有者，仆婢和劳动者的缺乏，是一件颇麻烦的事，任何村民，皆不许以住宅贷于独身的男女；如其有这种投宿者，一定要报告官厅；并且，这种投宿者如不愿为仆婢，那怕他们已经在领受日工资，为农民从事播种工作，或已经在谷物买卖的经营上生活，都须投入狱中。"（《帝国对于西里西亚的特权与法令》，第 I 章第 125 条。）不欲遵从苛刻的条件，不以法定工资为满足，就是恶意不可理喻的无赖者；一世纪来，地主的皇皇文告中，对于这种无赖者，是责骂备至的。任何个别地主，都禁止超过地方规定的工资率给予工资。然三十年战争停止后的服务条件，犹较百年以后的服务条件，为优越。在 1852 年，西里西亚的农仆，每周吃肉两次，然至现世纪，西里西亚竟有些地方，每年仅吃肉三次。以日工资而论，在三十年战争后，也较此后一世纪为优。（格斯塔夫·佛列依塔格 Gustav Freytag。）

庇特（Pitt）反对这种提案，并且承认"贫民状况的悲惨"最后，至 1813 年，规定工资的诸种法律，才终于废止了。因为，资本家既得依他的私法，取缔自己的工厂；又得在农业劳动者工资未达到绝对必要最低限度的场合，以救贫税补充其不足部分，以上所说的诸种法律，自成为荒谬的变则了。但劳动者法令中，有几种关于雇主与工资劳动者缔结契约的规定——例] 如先期通告的规定，依照这种规定，雇主违犯契约时，只许作民事诉讼，劳动者违反契约时，则允许作刑事诉讼——就至今日，也还在毫无假借的励行中。

取缔工会的诸种残酷法律，延至 1825 年，始在无产阶级威胁的态度之前撤除，然所撤除的，究不过一部分。因为旧法律的若干美的残片，是到 1859 年才归于消灭。最后，1871 年 6 月 29 日的议会条例，才在法律上承认工会，把这种阶级立法的最后痕迹除去。然同日的议会条例（关于暴行，迫胁及妨害的刑法修正条例），实无异使旧的事态，在新的形式上重建起来。依着这种议会的手法，劳动者在罢工或罢业（既相互联盟的工厂主，同时将工厂闭锁的罢业）场合可以利用的手段，竟由普通法的取缔，转受例外刑法的取缔了。而那种刑法取缔的解释，又委之于以治安裁判官资格出面的工厂主自身。在两年前，同一格莱斯登君，曾在同一下院，以人所共知的率直的态度，提出一个法案，主张废止一切取缔劳动者阶级的例外刑法。但他那法案，止于一读了事。这个问题一直延搁下来，直到后来"大自由党"（grosse liberale Partei）得保守党的声援，竟鼓起勇气来，背叛原来扶他上台的无产阶级。大自由党还不以这种背叛为满足，它更进而允许一向乞怜于支配阶级的裁判官，重新掘起已失时效的"阴谋"取缔法，使其适用于劳动者的组合。英国议会以不知羞耻的自利心，在五百年间，一直与劳动者相反，成为资本家的永久的御用组织，直到最后，才在民众压迫下，无可奈何地，抛弃了反对罢工，反对工会的法律。

法国资产阶级在革命暴风雨的初期，就敢把劳动者刚刚获得的结社权取消。他们 1791 年 6 月 14 日的法律，宣布劳动者的一切组合，皆为"反抗自由与人权宣言的企图，应课以五百里维尔的罚金，和剥夺公权一年的惩罚①。这种法律，借国家警察权，把劳动与资本间的斗争，限制在有利于资本的范围内。革命发生了几次，王朝转变了几次，这法律依旧存续着。就在恐怖政治时期内，它也没有被触到，直到最近，方始由刑法法典中排除出来。资产阶级这种非常手段的口实，是最有特征的。这种法律的报告委员查卜礼（le Chapelier）说："工资应当比现在提高……应当高到使领受工资者，不致因生活必需品缺乏，而陷于与奴隶状态相近的绝对的隶属状态。"但劳动者如就自己的利害关系相互协议，或采取同盟的行动，冀使那"与奴隶状态相近的绝对的隶属状态"有所减轻，却是不行的。因为那样做去，他们定会损害"旧时的老板即今日的企业者的自由"（使劳动者保持奴隶状态的自由!）；因为，反抗旧基尔特老板的专制之团结（猜猜罢!），不免会引起已被法兰西宪法废止的基尔特的复活②。

IV　资本主义的租地农业家的发生

我们以上考察，如何以强制手段，造出由土地放逐的无产

① 这法律第一条说："废止一阶级或一职业的各式各样的市民结合，是法兰西宪法的根本基础之一，故禁止以任何口实任何形式，恢复那种结合。"其第四条还说："经营同一职业技艺或手工业的市民，如果为要拒绝劳动，成为要领受一定价格才肯劳动，而相互集议相互协定，那种集议和协定，有违宪法，应视为是自由与人权宣言的破坏"，从而，像旧劳动法所规定的那样，是国事犯。（《巴黎的革命》巴黎 1791 年刊第 VIII 卷第 523 页。）

② 毕雪（Buchez）与洛（Roux）合著：《议会史》第 X 卷第 193 页至 195 页。

者；如何以残酷的训练，把那些无产者转化为工资劳动者，国家如何不怕羞地，借警察的力量，来增进劳动的榨取程度，并由是增进资本的蓄积。以下，我们要根究资本家的来历。因为，农民的剥夺，只不过直接造出了大地主。而关于租地农业家的发生，则殊费摸索，因为那是经过许多世纪而徐徐展开的一个过程。农奴和自由小土地所有者一样，是被位置在极不同的各种所有关系下，从而，他们也是在极不同的各种经济关系下被解放。

英国租地农业家的最初形态，就是本身也为农奴的领主管事（Bailiff）。他的位置，类似古代罗马的斐力卡斯（villicus）的位置，所不同的，只是他活动的范围较为窄狭。在十四世纪后半期中，他的地位，已为直接由地主取得种子家畜农具供给的租地农业者（Pächter）所代替。这种租地农业者的地位，与自耕农（Bauer）的地位，无显著差异。不过他榨取更多的工资劳动。不久他就成为半租地农业者（Halb Pächter）即麦太耶或两益农（metayer）。他的农业资本，一部分由自己筹措，一部分由地主提供。其总生产物，则依契约的比率，由两方面分配。不过这种形态，不旋踵间就在英国消灭了，代之而起的，是狭义的租地农业家，他使用工资劳动者，增殖自己的资本，并把剩余生产物的一部分，以货币或现物的形态，支给地主。

在十五世纪中，独立自耕农民与那些一边为工资劳动，一边为自己耕作的农仆，都在以自身的劳动，为自己致富。在这种情形继续的限度内，租地农业家的境遇和生产范围，自不会有何等起色。开始于十五世纪七十年代，而延续至十六世纪全部（最后十年除外）的农业革命，一方面使农民贫困，同时则以同一速率，使租地农业者富裕①。他们由共有地的剥夺等，几乎是不需代价地，把家畜大增特增起来，而这样增多的家畜，更供给他们以更丰富的肥料，而利用在土地的耕作上。

到十六世纪，又添加了一个极为重要的要素。当时的地租契约颇长，往往达九十九年。贵金属价值，从而货币价值的不断的低落，使租地农业者由是获得了黄金的果实。我们就把上面考察过的种种情形撇开不说罢，单是这种币价减落，已招致工资低落的结果。工资的一部分，被加到租地农业者的利润中去了。谷物，羊毛，肉类，约言之，一切农产物的价格，都不断昂腾，其结果，租地农业者不费何等努力而增大其货币资本。他们支付给地主的地租，则以契约所定的旧货币价值为标准②。

---

① 哈利生（Harrison）所著《英国记》中说："虽然原租 4 镑的地方，现在要租到 40 磅，但临到租赁契约满期时，如其租地农业家手中没有蓄下六七年的地租额，他就会觉得，他的利得是太少了。"

② 关于十六世纪货币价值低落所及于社会各阶级的影响，可参照苏格兰一个绅士著：《关于现今我国各种不平事态的简单调查》（伦敦 1581 年）。因为这部书是用问答体写的，故有一个长时期，人们都相信是出自莎士比亚的手笔，延至 1751 年，仍是以他的名字刊行。其实，这部书的真著者，是威廉·斯塔福德（William Stafford）。在其中某处，骑士曾作以下的推论：

骑士："你，我的邻人，农夫啊；你，杂货商啊；你，铜匠及其他手工业者啊——你们都能真正拥护你们自身的利益。因为，现在一切物虽都比从前昂贵了，但你们所出卖的物品和劳动，也同样贵了。然在我，我没有什么可以贩卖，只购买高价的物品，所以我虽想由贩卖物品涨价，来抵偿购买高价物品的损失，但无法办到。"在其他处，骑士问博士："请问：足下意下的人，究是指着那种人呢？首先，且看在这场合，究竟谁是毫不受损失的人？"博士："那是指靠买卖而生活的一切人，因为他们以高价购买进来，以高价贩卖出去。"骑士："然则在这时候，你说谁是受到利得的人呢？"博士："是依照原地租额缴纳地租的一切租地耕作者。因为他们以旧来的价格付纳，以新的价格出卖。那就是，他们所付纳的地租低廉，而由土地所获得的生产物价格高昂。"骑士："所受损失较大于利得的，你以为是怎样的人呢？"博士："那就是一切贵族，骑士，以及其他依固定地租固定薪俸生活，不耕作土地，也不从事买卖的人。"

所以，他们是牺牲工资劳动者与地主两方面，而致富的。把当时这种情形一加考察，就无怪英国十六世纪末叶会产生富裕的"资本租地农业家"（"Kapitalpächter"）阶级了。[①]

V 农业革命在工业上的反应作用，
工业资本的国内市场的形成

我们讲过：对于农民之大举的，不绝更新的剥夺与驱逐，把那些立在基尔特关系圈外的无产者，赓续不断地供给都市的产业。这种凑巧的安排，使老亚当·安徒生（A. Anderson——不要和杰姆斯·安徒生 James Anderson 混同）在他的《商业史》中，

---

① 法国在中世纪之初，有一种由封建领主领受报酬的管理征收人，被称为"雷几雪"（der regisseur）。他们由聚敛与欺瞒的方法，一跃而变为资本家，变为实业家（homme d'affarres）。在雷几雪中，往往还有成为贵族的。参看"柏圣松城守杰克·德·托冷氏，就 1359 年 12 月 25 日至 1360 年 12 月 18 日应缴纳于巴根侯爵伯爵的地租，向他们的狄将地方的管账先生提出的计算书。"（亚勒克希斯·蒙台著：《稿本史》第 244 页。）我们由此知道：在社会生活的一切部面，究有多大的分额，归属于那些中间人。拿经济方面来说，金融业者，证券交易业者，大商人，零卖商人等，是把营业上的精华吸取去了；拿民法方面来说，律师是请托人的寄生者；拿政治方面来说，议员较选举人重要，各部大臣较主权者重要；拿宗教方面来说，上帝被"中保人"，推在背后，而此中保人更被牧师们所横夺，这些牧师把自己插入善良的牧羊者与羊之间，充作不可避免的中间人。在法国，也正如在英国一样，大封建领地分割为无数的小农地，但那种分割的情形，还更不利于农民。在十四世纪，租地或当时所谓'特利尔'（terriens）出现了。其数继续增多，甚至远在 100,000 以上。此等租地，系以货币或现物的形态，支给生产物 $\frac{1}{5}$ 或 $\frac{1}{12}$ 或为地租。租地的面积，有许多仅包含若干莫尔根，依其价值的高低与面积的大小，或者称为封土（fief），或者称为副封土（sub-fief）。所有这些租地，对于居民，都享有某种限度的裁判权。在裁判中，有四个等级。农民在这些小暴君之下，曾遭受怎样的压迫，我们是不难由此推知的。据蒙台说：有一个时候法国有 160,000 个法庭。而在今日的法国，就把治安裁判法庭合起来，也只有 4,000 个。

相信造化主的直接的干涉。关于原始蓄积的这种要素，我们须暂停下来，考察一下。乔佛洛伊·圣·希拉伊尔（Jeofloy Saint-Hilaire）对于宇宙物质的一方面的浓密化，是以他方面的稀薄化来说明①，恰和这一样，独立自耕农的稀薄化，就赍来了工业无产者的浓密化。然不单是如此。耕作者人数尽管减少，土地却提供了与从前等量的或更多量的生产物。因为土地所有关系上的革命，伴随有耕作方法的改良，合作的增进，生产手段的累积等；因为，农业上的工资劳动者，不但曾以更大的强度从事劳动②，他们为自身从事劳动的生产范围，也益形缩小了。这一来，农民有一部分被游离了（freigesetzt），他们这一部分人以前的荣养资料，也被游离了。这种荣养资料，现今转化为可变资本的物质要素。被驱逐的农民，遂必须从他的新主人（即工业资本家）那里，以工资的形态，购买这种荣养资料的价值了。依存于国内农业的工业原料，也与生活资料相同。它转为不变资本的一个要素。

试举一例来说罢。在斐特烈二世时代，韦斯特法里亚的农民，都是从事亚麻的纺绩，假定他们有一部分，因受强制的剥夺，由土地驱逐出来，残下的一部分，因转化为大租地农业家的日佣劳动者；同时更假定：有亚麻大纺织厂出现，把被"游离"的人，收容在它那里从事工资劳动。亚麻的外貌，完全与从前一样，它的每一根纤维，也发现不出一点变化。不过在它身体内，却钻进了一个新的社会的灵魂。现在亚麻成为制造业主的不变资本的一部分了。那在从前，虽然是配分于大群小生产者（他们自行栽培，并与家人零碎地纺绩）之间，现在却累积在那位使他人为自己纺绩的资本家手中了。亚麻纺绩上支出的额外劳动，在从

---

① 见他所著《自然哲学概论》（巴黎 1838 年）。
② 这是斯条亚极力主张的一点。

前，是实现为无数农家的额外收入，或就斐特烈二世时代说，实现为普鲁士国王的赋税。现今则是实现为少数资本家的利润。在从前，纺锤与织机，是配布在农村地方；现今则连同劳动者与原料，一同密集在少数的大劳动营中。并且，纺锤，织机，以及原料，原是纺工织工独立生存的手段，现今则转化为命令纺工织工①，且由他们吸取无给劳动的手段。一个人单看大规模的制造厂和大规模的租地，他不会知道；那是把许多小生产场所打成一片而成，那是由剥夺许多独立小生产者而成。然而没有偏见的观察者，是不会认不清事实的。在革命的狮子米拉波（Mirabeau）时代，大制造厂仍被呼为联合制造厂（Manufactures réunies），或如我们称集合田园一样，称其为集合工作场（znsammengeschlagne Werkstatten）。米拉波说："世人所注意的，只是通常称为联合制造厂的大制造厂，在那种厂中，有几百人在一个人指挥之下劳动；至若极多数个别劳动者，各为自己打算而进行的制造场，则被视为不值得考虑，完全抛在背后了。其实这是一个大错误。国民之富的真正重要成分，只是此等个别的制作场。……联合工厂虽使一二企业者成就巨富，但劳动者不过是日佣工人罢了，其报酬无论多寡，对于企业上的成功，他是完全无分的。反之，在个别工厂方面，发大财的人虽不会有，但多数劳动者都会享受舒适的生活。……勤勉而节俭的劳动者，是会增多的，因为在他们心目中，贤明的行为和努力，不是可以增进少许工资（这不过对于他们日常仅够糊口的生活，稍有补益，决非未来计算上的重要对象）的手段，而宁是在本质上改善自身地位的手段。……大抵与小农业相结合的个别分散的制造业，才是自由

---

① 资本家说："如其把你手中仅有的东西，都给予我，当作我命令你的酬劳，我将让你有服侍我的荣誉。"（卢骚《经济学论究》日内瓦 1760 年第 70 页。）

的制造业。"① 但一部分农民的剥夺和驱逐，却不仅为工业资本"游离"出劳动者及其生活资料和劳动材料来，且曾由此造出一个国内市场。

使小自耕农民转化为工资劳动者，使他们的生活资料及生产手段转化为资本物质要素的过程，同时就为资本造出了国内市场。在从前，农民家族所消费的大部分的生活资料和原料，是由他自己生产并加工制造，但现在都成为商品，大租地农业者售卖它们，他是在制造业上找到他的市场的。纱，麻布，粗毛织物，简言之，即各农家以自家的原料，为自家使用而纺织的诸种物品，现在都转化为制造业的制品，并转而以农村地方为销场。从前照顾许多小生产者（依自己的打算而从事劳动的小生产者）的许多个别分散的顾客，现在都累积到受工业资本供给的大市场了②。这就是说，在旧自耕农遭受剥夺而与生产手段分离时，还有农村副工业的破坏，还有制造业与农业的分离过程。而且，也只有这种农村家庭工业的破坏，能使国内市场，有资本主义生产方法所必要的范围与稳固程度。

可是在真正的制造业时代，这种转变，还没有彻底的实现。我们当记着，这个时代的真正的制造业，还只部分地征服国民生产领域，都市的手工业与农村的家庭副工业，常常成为它的广大

---

① 米拉波著：《普鲁士王国》第Ⅲ卷第20页至109页及其他各处。米拉波以分散的工作场，较"集合的"工作场为更经济更生产；并把后者看为是政府所培养的人工的温室植物。那是可由欧洲大陆当时制造业大部分的状态，来说明的。

② "劳动者家族，在从事其他劳动之余，努力生产二十磅羊毛，使其转化为一家一年的衣着物；这本是区区不足道的。但若将其搬往市场，送入工厂，通过经纪人，与商人，则将引起颇大的商业活动，从事这种商业活动的名义资本，也须二十倍于这物品的价值。……劳动者阶级就是在这种情形下，为维持悲惨的工厂人口，维持寄生的零卖商人阶级，维持空虚的商业制度，货币制度，金融制度而被榨取的。"（厄哈特著：《通用语集》伦敦第120页。）

的背景。假若这种背景在某一形态，在某一特殊部门，在若干点上受到破坏，那不免会在其他地方，唤起同一背景的再生。因为在这真正的制造业时代，原料的加工生产，还在某程度内，需要这种背景。所以，在这个时代，就产生了一个小农民的新阶级，他们以土地的耕作为副业，以工业的劳动为主业，他们把工业劳动的生产物，直接贩卖于制造业，或经过商人之手，间接贩卖于制造业。这个事实，虽非最初即是英国史研究者感到昏迷的主要原因，但至少是原因之一。研究英国历史的人，会看到，从十五世纪七十年代以来，农村方面就继续（不过偶有间断）诉说资本经营的增大，和小农阶级破灭的进展；同时在其他方面，又看见：小农阶级的人员虽在减退，状况虽在恶化，且常有新的农民出现①。其主要理由是：英国在这时代，以谷物的栽培为主，在那时代以家畜的饲养为主，每经一度转换，农民经营的范围就有变动。迨大工业兴起，始由机械给与资本主义农业以不易的基础。可惊的多数农民，至是始遭彻底的剥夺，而农业与农村家庭工业的分离，也由是完成；构成农村家庭工业之根底的纺绩业与

---

① 在克伦威尔时代，这是例外。在共和制度继续的限度内，英国一切阶层的民众，都由他们在杜铎尔王朝堕落的坑中，得救了。

织业，也为大工业所根除①。大工业至是始为工业资本征服整个的国内市场②。

VI 工业资本家的发生

工业的③资本家，不像租地农业者那样是徐徐发生的。无疑的，也有许多基尔特的老板，有更多的独立小手工业者，甚至有一些工资劳动者，转化为小资本家，然后再依工资劳动榨取的逐渐扩大，和蓄积的增进，转化为成熟的资本家。在中世都市的幼年期，逃亡的农奴，有的变为主人，有的变为仆人。他们为主为

---

① 就在采用机械的同一个时候，大规模的现代羊毛工业，由严格的制造业，由农村的或家庭的制造业的破坏中，发生起来了，这事实；杜克提是意识到了的。(杜克提著：《劳动人口今昔状态史》第 I 卷第 139 页至 144 页。)"犁与轭，为神所发明，为英雄所使用。织机，纺锤，纺车的由来，没有这样高贵么？你们把纺车与犁分开，把纺锤与轭分开时，就产生了工厂与救贫院，信用与恐慌，就造出了农业与商业两个相对抗的国民。"(厄哈特著：《通用语集》第 122 页。) 这里就导来了卡勒对于英国行动的不平鸣了，他的不平鸣，确有理由，他说："英国使其他一切国家，转化为纯粹农业国，而它自身则成为工业国"。他表示："土耳其就是这样破灭了的。因为英国不允许土耳其的土地所有者及耕作者，把他们犁和织机，镬和耙自然联合起来，以巩固他们自身。"(《奴隶贸易》第 125 页。) 据卡勒说，那位厄哈特，就是为英国利益而宣传自由贸易，致破灭土耳其的主要人物之一。由是，这里就有一件趣事了，上述的分离过程，本来是由保护制度所促成，卡勒 (他是一位俄罗斯农奴制度的热望者) 却想用保护制度来予以阻止。

② 英国博爱的经济学者，如穆勒、罗杰斯，高德文，斯密，福塞特等；自由主义的工厂主，如约翰·布莱特及其一派，都像上帝向开因询问亚伯尔的行踪一样，向英国的土地贵族们，询问我们那几千独立农民何处去了？诸公又是从何处来的？在那些独立农民的破灭中出来的呀。诸公为什么不进一步问：独立的织布业者，纺绩业者，手工业者，往何处去了呢？

③ industriell 一字，在这里，是用在与"农业"相对立的意义上；若照其"范畴的"意义解释，则租地农业家和工业家，同为 industrieller Kapitalist (产业资本家)。

仆，主要取决于他们逃亡时日的早迟。资本主义生产幼年期的情形，也往往是这样。然这种方法的蜗牛式的进行，与十五世纪末业诸大发现所造出的新界市场的商业要求，是不相应的。中世纪，曾传来两个不同的资本形态，它们是成熟于极不同的社会经济形态下，惟在资本主义生产方法以前，它们都被视为资本一般（als kapital quand meme）；那两个资本形态，就是高利贷资本与商人资本。"在现在，一切社会的富，首先都要落在资本家手中。……他对地主支付地租，对劳动者支付工资，对税吏及什一税征收者支付其所要求的金额；劳动年产额中一大部分，实际是最大而且不绝增大的部分，则由他自己保留。今日的资本家，可以说是社会一切财富的最初所有者，虽然他不曾由法律被赋与这种所有权。……这种所有权的变化，是起因于以资本的生息。……欧洲一切立法者，都努力用取缔高利贷的法律，来防止它，那是一件值得注意的事。……资本家支配一国所有的富的权力，是所有权上一种完全的革命。这革命，究由哪种法律，或那一列法律成就的呢?[1]"著者必定会答说，革命不是由法律成就的。

由高利贷业和商业形成的货币资本，要转化为产业资本，在农村方面会受到封建制度的妨阻，在都市方面会受到基尔特制度的妨阻[2]。然此等限制，随封建的家臣团的分解，和农民的被剥夺及其一部分的被驱逐，而归于消灭了。新的制造业，在通海口岸，或在旧都市及其基尔特制度没有势力的内地，相率建设起来。所以，在英国，旧来拥有特权的诸都市，曾对此等新工业的

① 《自然的所有权与人为的所有权之比较》伦敦 1832 年第 98 页 99 页。这个匿名的著作，系成于汤玛斯·浩治斯金之手。

② 不仅如此，就是迟至 1794 年，里兹市的小织布业者，尚派代表向议会，请制定一种法律，禁止任何商人成为制造业者。

培养所，酿起剧烈的抗争。

美洲金银产地的发现；美洲土著居民的被剿灭，被奴隶化，被埋于矿坑内部；东印度的征服与劫掠之开始，非洲之被转化为商业的黑人猎夺场这等事实，都表示了资本主义生产时代的曙光。这些牧歌的过程，就是原始蓄积的主要要素。紧随此等过程而起的，是欧洲诸国以地球为舞台而展开的商业战，那种商业战，是以尼德兰对西班牙的叛乱开始，在英国反雅各宾党战争中取得广大的范围，并在对中国的鸦片战争中继续向前进的。

原始蓄积的种种要素，现在，多少可依时间的顺序，特别配分在西班牙、葡萄牙、荷兰、法兰西、英吉利等国之间。其在英国，此等要素，已在十七世纪末叶，依殖民制度、国债制度、近世赋税制度、与保护制度，达成一体系的综合。在这些方法中。一部分，得使用极凶暴的强力，如殖民制度就是如此。但它们全部都要利用国家的权力，利用累积着组织着的社会力量，像温室般的，助长封建生产方法向资本主义生产方法的转化过程，并缩短其过度的推移。强力乃是一切孕育新社会的旧社会的产婆。它本身就是一种经济力。

关于基督教的殖民制度，有一位专门研究基督教的威廉·霍维特（W. Howitt）曾说："世界各地有所谓基督教人种，他们对于他们所能征服的一切种族所加的残酷与暴行，非世界史上任何时代，任何凶猛，任何无教育无情无耻的人种的残酷暴行，所可比拟。"① 荷兰是十七世纪资本制度的标本国，它的殖民地经营

---

① 威廉·霍维特（William Howitt）著《殖民与基督教——欧洲人在殖民地待遇土人的通俗历史》（伦敦 1838 年第 9 页）。关于奴隶的待遇，查理士·孔德（Clales Comte）在其所著《立法论》（第三版布鲁塞 1837 年）中，编入了很好的材料。如要知道，资产阶级在能无所顾忌，照着自己的形像来模造世界时，他们会怎样处理他们自身和劳动者，我们对于这部书，是应作详细的研究的。

历史，"展示了一幅极度无信义，贿赂，虐杀，卑劣的画图。"①
最有特征的是：荷兰人为要获得在爪哇使用的奴隶，竟在色勒布
斯岛实施一种盗人制度（System des Menschendiebstehler）。它并
为此目的，训练一批盗人的人。盗贼、通译者、贩卖业者，是这
种营业上的代理人；土著的王侯，是主要的贩卖者。被盗来的青
年人，在准备好用奴隶船送出以前，都是拘禁在色勒布斯岛的秘
密监狱中。政府曾在一件报告中说："例如，马卡萨尔这个城市，
就充满秘密监狱；最可怕的事实之一，就是那里塞满在贪欲与暴
虐中牺牲的不幸者，他们被强制地与家人分离。并被系以锁链。"
荷兰人为要获有马拉加市，曾贿通葡萄牙的总督。1641 年，总
督允许他们进入市内，他们立即冲进总督邸，为要"节省"二
万一千八百七十五镑的贿金，而把他杀掉。他们足迹所至，随即
发生荒废与人口消灭的现象。爪哇的本鸠汪吉地方，在 1750 年，
居民达八万以上，至 1811 年，不过留下八千人。这实在是称心
的商业啊！

谁都知道：英国东印度公司除拥有东印度政治的支配权外，
还对于茶贸易，对于中国一般贸易，对于印度与欧洲间的货物输
送业，拥有绝对的独占权。但印度沿海贸易，诸岛屿间的沿海贸
易，以及印度内地贸易，都是归该公司的高级吏员们所独占。
盐，鸦片，槟榔及其他商品的独占，简直是富的无尽藏。东印度
公司吏员们，自定价格，任意劫掠不幸的印度人。印度总督也参
与这种私人买卖。为他所宠遇的人们，都在比炼金术还要巧妙的
从无生金的条件下，承受包揽契约。大资产像雨后春笋般地一夜
簇生起来，原始蓄积的进行，不用垫支一个铜板。在伐伦·赫斯

---

① 前爪哇副总督拉佛尔斯（Thomas Stamford Raffles）著：《爪哇及其属领》伦敦
1817 年。

庭格（Warren Hastings）的裁判记录中，充满了这种实例。试举一例来说吧。当某位萨里芬，带着公务，往一个隔离鸦片出产区域颇远的印度地方出发时，他承受一件鸦片包揽契约。他把这契约，卖给一位名叫边恩的人，获得四万镑；边恩在同日更以六万镑的价格，卖给其他的人。这个契约的最后购买者即其履行者，还表明他曾由此赚到莫大的利益。根据一张提到议会中去的表册，由1757年到1766年，东印度公司及其吏员们，从印度人那里得到了六百万镑的贡物！由1769年到1770年间，英国人竟由囤积全部米谷以非分价格再卖的方法，在印度造出一次饥馑①。

对土著居民待遇最坏的，自然要算西印度那样专营输出贸易的殖民地，和墨西哥东印度那样任人劫掠的人口稠密的富国。不过，就在真正的殖民地，原始蓄积，也不愧有基督教的性质。在1703年，新教主义正气所钟的新英格兰的清教徒们，曾集会决议，对每个印第安人的脑盖或每个被捕红人，悬四十镑的赏格。1720年，每个脑盖的赏格，增加到一百镑了。1744年，当麻萨朱色湾某种族被宣称为叛徒时，其赏格如下：十二岁以上的男子脑盖每个一百镑，男的捕掳每个一百零五镑，妇人与小孩捕掳每个五十镑，其脑盖每个五十五镑。数十年后，这种殖民制度，曾对这种虔诚的清教徒的子孙，——他们在那时正背叛他们的祖国——施以报复。他们在英国的煽动与赏格之下，受土人的战斧的劈杀。英国议会并宣言，杀戮与割取脑盖，"系神与自然所授于它的手段"。

殖民制度像温室般地使贸易与航海业成长。"独占公司"（路德语）是资本累积的强有力的杠杆。殖民地对于当时在萌长

①　在1866年，单是阿里沙一个地方，就有一百万以上的印度人饿死了。但当时的英国人，对那些将要饿死的人，却以高价贩卖生活资料，期使印度的国库充实。

中的制造业，提供市场，更依市场的独占，引起加强的蓄积。在欧洲外部直接由劫掠，奴隶化，杀戮等手段所蓄积的财宝，都流到母国，转化为资本。首先给殖民制度已充分发达的荷兰，在1648年，已达到商业势力的焦点。它"对于东印度的贸易，对于欧洲东南部与西北部间的商业，几乎全部独占着。它的渔业，海运业，制造业，都凌驾于一切其他国家。荷兰共和国的总资本，恐怕比欧洲其他诸国全体的资本还要大"。但居里希（Gülich）忘记补述的一件事，是在1648年，把欧洲其他一切国家的民众总合起来，还不敌荷兰民众那样工作过度，那样贫困，那样遭受凶暴的压迫。

在今日，工业上的至上权，虽伴有商业上的至上权，但在真正的制造业时代，却是商业上的至上权，带来工业上的优越。惟其如此，所以当时的殖民制度有主要的作用。 "异神"（"derfremd Gott"），原来是和欧洲各个旧神，在祭坛上并占一席的；有一天，它在一击一蹴之下，把它们都打倒了。它宣布，人类最后的唯一目的，是货殖（plusmacherei）。

公共信用制度即国债制度，在中世纪时代，已可从热那亚和威尼斯发现其起源，不过到制造业时代，它才征服全欧洲。殖民制度及伴起的海上贸易与商业战争，都是育成这种国债制度的温室。所以这种制度首先在荷兰立下根底。不管国家是专制的，立宪的，抑是共和的，这种国债即国家的让度（Verausserung des Staats），总归会在资本主义时代捺下它的印记。在所谓国富中，只有一部分，是实际加在近世人民的总所有中。这一部分，就是他们的国债①。必然的归结，就导来一国负债愈多乃愈富的近世的教义。公家信用由是成为资本的信条。国债成立了，代卖圣灵

---

① 威廉·科培特：英国一切公共的机关，都称为"皇家的"，但公家的债务，却被称为"国民的"。

为不赦罪的，是国家债务上的背信。

公债为原始蓄积之最强有力的杠杆之一。它如像挥动魔杖，使不孕的货币有生殖力，把它转化为资本。由是，产业投资甚或高利贷业所不可避免的困难与危险，货币都不用亲自负担了。国债的债权者，实际并不曾拿出什么，因为，他所贷与的金额，转化为容易移转的公债券了，这种公债券在他的手中，和同额硬币有相同的作用。由是，即产生了一个无所事事的食利者（Rentner）阶级；由是，在政府与国民间尽着媒介机能的金融业者，获得了速成的富：由是，赋税包征人，商人，私人制造业者，将以国债的一大部分，当作从天而降的资本来利用。但除开这些，国债还引起了股票公司，一切有价证券的买卖，公债券的投机买卖（die Agiotage），约言之，即股票投机与近世的银行支配（Modeme Bankokratic）。

以国民名义为装饰的大银行，在出生之始，即不外是一个私人投机者的公司，它站在政府方面，借着政府给予它的特权，而取得以货币贷与政府的地位。所以，这种银行股票的连续不断的涨价，乃是国债增加的最确实的测量。这种银行的充分的发达，乃1694年英格兰银行设立以后的事。英格兰银行开始营业的第一笔生意，是以8%的利息，贷款于政府；同时更由议会取得从这种出贷资本铸造货币的权能，即以银行券的方式，再把它贷于大众。它并得利用这些银行券，作汇票的贴现，商业的贷款，购买贵金属。不久，该银行自身所制造的信用货币（Kreditgeld），又变为该银行贷款给国家的铸币，变为国家支付公债利息的铸币。但用一只手拿出去，一只手拿更多的进来，那在英格兰银行是还嫌不够的。它虽拿了更多的进来，但依然是它垫支出去的每一个铜板的国民的永久债权者。它逐渐变成了英国贵金属贮藏的避难的容器，成为一切商业信用的重力中心。英国就在禁止焚杀魔女那时候，颁布伪造银行券者绞杀无赦的命令。至若银行财阀，金融业者，食利者，经纪人，股票投机者，交易所活动者这一千人的突然勃兴，对于同时人曾发生怎样的影响，此可由当时的各种文献，例如波林格布洛克（Bolingbroke）的论著而知[1]。

国债发生时，国际信用制度也成立了。那种信用制度，往往成为这国或那国的原始蓄积的一个源泉。如像威尼斯盗掠制度上诸种卑劣的行为，就是荷兰的资本财富（Kapital reichtums）的秘密基础之一；因为威尼斯在濒于毁灭的过程中，曾对荷兰贷与巨额的货币。英国对荷兰的关系也是如此。在十八世纪初叶，荷兰制造业已落在人家后面好远了，它已不复是一个优越的商工业国家。由是，自 1701 年至 1776 年，荷兰的主要营业之一，就是以莫大的资本贷与他国，特别是贷与英国，它的有力的竞争者。在今日，英国与美合众国之间，也可发现同样的关系。今日在美合众国发现的许多生地不明的资本，昨天还是当作资本化的儿童之血，存在于英国的。

国库收入，必须够逐年支付公债的利息等。国债既以国库收入为支柱，于是近世的赋税制度，就成为国债制度的不可缺少的补充了。政府靠国债来开销临时费，纳税者是直接感知不到的，但其结果仍非借增税来弥补不可。在另一方面，由负债重迭增加所引起的增税事实，又使政府发生新的临时费的开支，因而有不绝进行募集新公债的必要。由是，以必要生活资料税（生活资料的价格，当然因以昂腾）为运转枢轴的近世财政制度，就在其自身内部，包藏有自动进行的胎胚了。赋税过重已不是一个附随事件，而是成为一个原则了。所以，在开始采行这种制度的荷兰，

① "如其鞑靼人竟充满今日的欧洲，那么，要使他们理解欧洲的金融业者是怎么一回事，一定会颇感困难。"（孟德斯鸠著：《法之精神》伦敦 1767 年第 IV 卷，第 33 页。）

就有大爱国家韦特（de Witt）在他的《金言》中，把这种制度赞美为促使劳动者从顺，节俭，勤勉，同时并使其从事过度劳动的最良制度。可是，在这里，我们视为更重要的，与其说是这种制度所及于工资劳动者状态的破坏影响，不如说是这点：这种制度，曾使小农民，手工业者，以及一切小中产阶级份子，受强制的剥夺。关于后者，就在资产阶级经济学者之间，也没有两种相异的见解。其剥夺效力，又由这种赋税制度的必要因素之一的保护制度，进一步加强了。

公债及与公债相照应的国家财政制度，在财富之资本化及民众的剥夺上，演了重大的角色，就因此故，如像科培特（Cobbett）达布尔德（Doubleday）等著作者，都误以为近世民众穷乏的根本原因是在这里。

保护制度实不外一种人为的手段，借着这种手段，制造业者被制造出来了，独立劳动者被剥夺了，国民的生产手段及生活资料被资本化了，由古代生产方法向近世生产方法的行程，被强制地缩短了。欧洲各国都为要攫得这种发明的特许权，而相互钩心斗角。它们一旦变为货殖家的仆役，就不单为这种目的，间接以保护税，直接以输出补助金诛求其国民，并进而强制倾覆其属地的产业，例如英格兰强制倾覆爱尔兰的羊毛制造业。在欧洲大陆各国，这种过程，因仿照科尔培（Colbert）的先例，而大大简单化了。它们的原始工业资本，一部分就由国库直接供给。米拉波这样喊叫了："我们在探索七年战争以前萨克逊制造业繁荣的原因时，为什么要追溯至这样远呢？为那 180,000,000 的国债呀！①"

殖民制度，国债，过重的赋税，保护制度，商业战争等都是

---

① 米拉波著：《普鲁士王国》第 IV 卷第 101 页。

真正的制造业时代的儿童，这些儿童，到大工业的幼年期，都有巨大的成长。大工业的诞生，是由大规模的农儿童掠夺来颂祝的。英国的工厂，与英国的海军一样，是由强募手段召集新兵。艾民爵士（Sir. F. M. Edea）看见十五世纪七十年代到他那时代（十八世纪末叶）的可怕的土地剥夺，虽是乐不可支；对于建设资本主义农业，确定"耕地牧场比率"所必要的，这个过程，他也以异常满足的情绪来表示欢祝，可是，对于制造业经营转化为工厂经营，在资本与劳动力之间，树立"适合关系"所必要的儿童的掠夺与奴隶化，他却不曾表示同样的经济上的明见。他说："把贫困儿童居住的小屋，和他们从事劳动的工作场所，概行掠夺；使他们在夜间大部分时间内轮班工作，把他们较任何人都更感到必要的休息，任意剥夺了；并使各种年龄各种性格的多数男女，密集在窄狭地方，以助长放肆与淫荡的感染——所有这些，是否制造业成功的必要条件，是否能增进个人的与国民的福祉，那恐怕是值得大家考虑的问题[①]。菲尔登（Fielden）说："在德贝州，在诺亭汉州，特别是在兰克夏州，沿着有水可以运转水车的河流，已设有大工厂，采用新发明的机械。在这些与市镇远隔的地方，突然有几千职工被需要了。兰克夏原是一个人口比较稀薄，土地硗瘠的地区，故其对于人口的要求，尤为迫切。而它最感必要的，则是儿童的纤小而敏捷的手指。由是，突然发生一种从伦敦，伯明翰各处教区贫民收容所获取'徒弟'的习惯，由七岁到十三四岁的几千无所依赖的儿童，乃被送往北方。依照习惯，主人（即儿童的盗掠者）须对徒弟给与以衣食，使其住宿在工厂附近的'徒弟小屋'中。有监督人监视徒弟的劳动。但因监督人的给养额，与他们所能榨取的劳动量成比例，

① 艾登著：《贫民的状态》第 II 篇第 1 章第 420、421、422 页。

所以他们都要使徒弟劳动达至极度。由是，残虐就成了必然的结果。……在许多工厂区域，特别在我所居住的兰克夏州，无辜无告的儿童，都一任工厂主的残酷虐待。过度劳动使他们苦到奄奄一息。……他们在倍极巧妙的虐待中，遭受鞭打，桎梏与苛责。以鞭打逼儿童劳动，致有许多儿童累到澈骨的劳顿。……甚至还有迫而自杀的。……德贝州、诺亭汉州、兰克夏州的僻静幽美而浪漫的溪谷，已经化为磨折人，虐杀人的阴惨寂寞的境界了。工厂主的利润是极优厚的。但这种利润，适足以刺激其贪欲，使他们诉于一种方法，冀由此可以无限制地，确保这种利润。他们开始实行所谓'夜工'（Nachtarbeit）。那就是在一组劳动者在白昼过劳后，再继以他组劳动者在夜间过劳。在这制度下，日工在夜工离去时钻进被头里，夜工在日工离去时钻进被头里，被头永没有冷的时候，那是兰克夏一般的习惯。"①

在制造业时代，资本主义的生产是发达了，欧洲的舆论，也丧失了它的最后的廉耻心与良心。欧洲诸国都把一切可为资本蓄

---

① 约翰·斐尔登（John Fielden）著：《工厂制度的诅咒》第5、6 页。关于早期工厂制度的丑行，可参照前揭亚金著《孟彻斯德周围三四十英里的叙述》第219 页及吉斯波尼（Gisborne）著《人类义务的研究》（59 年第Ⅱ卷）。蒸汽机关的采用，使一向位置在农村瀑布旁边的工厂，移转到都市中心了。其结果，'节欲的'货殖家们，早已用不着向贫民收容所要求强制的奴隶供给，他们随在可以找到儿童材料了。——当洛伯特·庇尔（法螺大臣庇尔之父）在 1815 年提出儿童保护案时，佛兰西斯·荷尔讷（Francis Horner——他是生金委员会的特出人物，是里嘉图的密友）曾在下院声言："大家都知道：有一位破产者，竟把一队（如其不妨这样说）儿童，连同他的有价物件一同拍卖，他并把前者公然当作一部分财产，登在广告上面。两年以前，曾有一件极可耻的事，提到英国高等法院刑庭来，那就是，伦敦某教区送交某工厂主充当学徒的儿童，后来有多数移转到别的工厂主那里去了；照若干慈悲家所发现的，此等儿童都陷在濒于饿死的状态中。此外，我，议会的一个委员，还知道一件更可怕的事，即在不多年以前，伦敦教区与兰克夏制造者间，缔结了一种儿童买卖契约，其中预定每购买二十个健全儿童，应购去一个白痴。"

积手段的丑恶行为，靦然引以自傲。试读亚当·安徒生（Adam Anderson）这位绅士的素朴的《商业年鉴》罢。在那《年鉴》中，这位绅士对于以下的事实，竟大擂大鼓地说是英国的胜利。那事实是：奴隶的贸易，原来只行于非洲和英领西印度之间的，后来英国依乌特勒希特媾和判谈，与西班牛人成立《英西条约》，始由西班牙人，取得一种在非洲和西领美洲之间经营奴隶贸易的特权。英国由是至 1743 年为止，每年得供给西领美洲四千八百个黑人。同时，这又成为英国走私贸易的政府的掩护。利物浦市就是以奴隶贸易为基础，进于繁荣的。奴隶贸易就是它的原始蓄积方法。那怕在今日，利物浦的"体面"，还存在赞扬奴隶贸易的抒情诗人身上。那种贸易——参照已经引述过的亚金（1795 年）的著述——"和同市商业所赖以急速达于现在这种繁荣状态的冒险精神相一致，那曾对于航海业与海员，给与莫大的工作机会，且大大增进了英国制造品的需要"。利物浦使用在奴隶贸易上的船舶，1730 年为十五艘，1751 年为五十三艘，1760年为七十四艘，1770 年为九十六艘，1792 年为一百三十二艘。

在英国使儿童奴隶制度见诸实施的棉工业，又在美合众国，成为一个刺激，使从前多少带有家长制性质的奴隶制度，转化为商业的榨取制度。一般说欧洲工资劳动者的半开门的奴隶制度，即以新世界的无所掩蔽的奴隶制度为基础[1]。

要建立资本主义生产方法的"永远自然法则"；要完成劳动者与劳动条件的分离过程；要在一极，使社会的生产手段及生活资料转化为资本，在另一极，使民众转化为工资劳动者，转化为

---

[1] 在1790年，自由反对奴隶的比例，在英领西印度为 1：10；在法领西印度为 1：14；在荷领西印度为 1：23。（亨利·布鲁安（Henry Bourgham）著：《欧洲列强的殖民政策研究》爱丁堡 1803 年，第 II 卷第 74 页。）

自由的劳动贫民（近世史上的人为的产物）①，必须有极大的辛苦。奥琪尔说，货币"出现世上，会在颊的一边，带有生成的血痕，"② 我们也可说，资本出现世上，是从头到脚，每个毛孔都渗透着血和污物③。

---

① 工资劳动者阶级一经惹人注意，"劳动贫民"（labouring poor）一语，就立即出现在英国法律中了。"劳动贫民"一方面是与"游惰贫民"（即乞丐等）相对立；另一方面，是与尚未受他人榨取而自拥有劳动工具的劳动者相对立。这个用语，后来在法律上移转到经济学上了。由卡尔帕帕尔（Culpeper），蔡尔德（Child）等，下至亚当·斯密，艾登的著作中，都可见到。我们且依照这种事实，评一评"可咒骂的政治用语贩卖者"柏克（Edmund Burke）的善意罢，他把"劳动贫民"一语，解作是"可咒骂的政治上的语辞"。这位阿谀者，当他为英国的寡头政府所雇用时，对于法兰西的革命，是演着浪漫主义者的角色；在美洲动乱初期，当他为北美殖民地所雇用时，他对于英国寡头政府，却是演着自由主义者的角色。他彻头彻尾是平庸的资产阶级。"商业的法则，是自然的法则，从而，是神的法则。"（柏克著：《贫乏论》第31、32页。）惟其他忠于神的法则，忠于自然的法则，所以无怪他常常会在最有利的市场上拍卖自己。杜克尔（Tucker）虽是一个牧师，属于王党，但在其他各点上，却是一位端正的人物，一位有学力的经济学者；他在他的论著中，曾对自由主义者时代的柏克，有一个绝好的特征的描写。在今日，流行一种可耻的变节。它极虔诚的，信仰"商业的法则"。惟其如此，所以，再三把柏克估价，成了我们的义务；这种柏克，不过在才能一点上，和他们的后继者有别啊！

② 马利·奥琪尔（Marie Angier）著：《公共信用论》巴黎1842年刊。

③ "《评论季刊》，曾说资本在逃避混乱与纷扰，它的性质是胆怯的。他这话虽然极其真确，但没有概括全面的真理。以前曾有人说自然惧怕真空；正像这样，资本原是惧怕没有利润或利润极微的所在的。一有适当的利润，资本就会胆壮起来；如确有10%的利润，资本就会在任何地方使用的；有20%的利润，它将活泼起来；有50%的利润，它就积极地大胆了；利润达到100%，人间所定的一切法律，都将被它踢开了；利润达到300%，资本就会不顾任何的犯罪，资本所有者甚至不惜冒绞首的危险了。走私与奴隶贸易，为我们充分证明了这里所说的一切"（邓林格著：《工会与罢工》伦敦1860年第36页。）

Ⅶ　资本主义蓄积之历史的倾向

资本的原始蓄积，换言之，资本之历史的发生，究竟是什么呢？在不是由奴隶和农奴直接转化为工资劳动者的限度内，换言之，在不仅仅有形态变化的限度内，那等于是对直接生产者的剥夺，即等于是以生产者自己劳动为基础的私有财产的解体。

与社会的集体所有的财产对立而言，私有财产仅存在于劳动手段及外部劳动条件属于私人的地方。不过，这种私人，有劳动者与非劳动者的不同；因此，私有财产也有彼此不同的性质。私有财产在最初一看，虽呈现无数浓淡不等的色度，但这种色度所反射的，不过是这两极间的各种中间状态。

劳动者私有他的生产手段，那是小经营的基础。此小经营，在社会生产和劳动者自身的自由个性的发展上，为必要条件。这种生产方法，虽也存在于奴隶制度，农奴制度及其他隶从关系之内，但其全面的展开，其全部精力的奔放，其适当而典型的形态的采用，却限于在劳动者自由私有其劳动条件的地方。就农民说，是私有他自己耕作的土地；就手工业者说，是私有他自己以专门技术者资格处理的工具。

这种生产方法，系以土地及其他生产手段的分散为前提。此等生产手段的累积，乃至合作，乃至同一生产过程内部的分工，自然之社会的支配及统制，以及社会生产力之自由的发展，均为这种生产方法所不能有。这种生产方法，与生产及社会之狭隘的自然发生的界限相一致。要使这种生产方法永久保存，用帕克尔（Pecqueur）的适当的说明，等于"令行普遍的凡庸"。这种生产方法一经发达到一定的程度，就会赍来破坏它自身的物质手段。在这瞬间以后，社会的胎内，将开始发出诸种的力和热情，并感到那种生产方法的桎梏。它不得不被破坏，并且被破坏了。这种破坏，便是个人的分散的生产手段，转化为社会的累积的生产手段，便是多数人零碎所有的财产，转化为少数人大量所有的财产，也即是民众的土地，民众的生活资料，和民众的劳动工具被剥夺。这种可怕的残酷的剥夺，就是资本史的前奏曲。这种剥夺，包含有一系列强力的方法。我们所考察过的，只是资本原始蓄积上有划时期意义的方法罢了。直接生产者的剥夺，是以极无情的横暴手段，在最可耻最丑恶最卑劣最可厌的欲念冲动下进行的自力获得的私有，是以个别独立劳动者与其劳动条件之融合为基础，但这种私有，为资本主义的私有所驱逐了，而资本主义的私有，则以他人的在形式上自由的劳动之榨取为基础①。

当这种转变过程在其深度上阔度上都够分解旧社会时，当劳动者转化为无产者，其劳动条件转化为资本时，当资本主义生产方法，用自己的脚站起来时，劳动的进一步的社会化，土地及其他生产手段进一步化为社会利用的共同的生产手段的转化，从而，私有者的进一步的剥夺，就要采取一个新的形态的。这时被剥夺的，不复是自己经营的劳动者，只是榨取多数劳动者的资本家。

这种剥夺，是由资本主义生产的内在法则的作用，即由资本的集中，完成的。一个资本家往往使许多资本家倒毙。伴着这种集中现象（多数资本家为少数资本家所剥夺），劳动过程的合作形态，将益益发展为大规模的，科学之意识的技术的应用将发达，土地的计划的利用将发达，劳动手段将更转化为仅能共同利用的劳动手段，一切生产手段，当作结合的社会的劳动之生产手段使用，将更加经济，一切国民在世界市场网上将更加错综，由

---

① "我们是生存在一种完全新的社会情形之下。……我们在努力把各种所有权和各种劳动分离。"（西斯蒙第著《新经济学原理》第 II 卷第 434 页。）

这许多事实，资本主义的国际性质将发展。在转变过程中横夺独占一切利益的大资本家数，不断减少，同时，穷乏，压迫，隶属，颓堕，榨取等之量，则益益增大。但同时，为资本主义生产过程自身机构所训练，所统合，所组织，而人数不绝膨大的劳动者阶级的反抗，也增长。资本的独占，成了伴随此独占，并在此独占下繁荣起来的生产方法的桎梏。生产手段的集中和劳动的社会化，一达到与资本主义外壳势难两立之点，这种外壳就要破裂。资本主义私有制的丧钟，就响起来了。剥夺者被剥夺了。

由资本主义生产方法生出的资本主义占有方法，即资本主义私有制，是个人的以自身劳动为基础的私有制的第一否定。但资本主义生产，又以一种自然过程的必然性，造出它自身的否定。这是否定之否定。这种否定，并不是恢复劳动者的私有制，但将以资本主义时代已有的造诣为基础，以合作及土地与生产手段（由劳动所生产的生产手段）的共有为基础，建立一种个人的所有制（individuelle Eigentum）。

以个人自己劳动为基础的分散的私有制，转化为资本主义的私有制，是一种转化。以事实上已以社会生产经营为基础的资本主义所有制，转化为社会所有制，又是一种转化。与后一种转化比较起来，前一种转化，自然是遥为持久，遥为酷烈，遥为困难的过程。因为在前一场合，成为问题的，是少数掠夺者对于民众的剥夺，在后一场合，则成为问题的，是民众对于少数掠夺者的剥夺①。

---

① "产业的进步——它的无意志的无抵抗的担当者，是资产阶级——以劳动者由合作形成的革命的结合，代替他们由竞争引起的隔离的孤立。所以，随着大工业的发展，资产阶级生产和占有生产物的基础，就从资产阶级脚下，被夺去了；这就是说，资产阶级先生产了它自身的掘墓人。它的没落与无产阶级的胜利，都是无可避免的。……在今日与资产阶级对立的各种阶级中，只有无产阶级是真正革命的阶级。其他诸阶级则随大工业出现，而衰颓消灭。无产阶级是大工业特有的特征的产物。……像小产业经营者，小商人，手工业者，小农民等中层阶级，都为要保障他们的中层阶级的存在，才与资产阶级抗争。……他们力图倒转历史的车轮，所以是反动的。"（马克思与恩格斯合著：《共产党宣言》伦敦 1848 年第 9 页第 11 页。）

第二十五章

近世殖民学说

经济学在原则上，把极其相异的两种私有制混为一谈了。那两种私有制之一，是以生产者自己的劳动为基础，其他则是以对他人的劳动的榨取为基础。它忘记了，后者不单与前者正相反对，并且完全要在前者的坟墓上发育。

西欧是经济学的故乡，在那里，原始蓄积的过程，既已多少完成了。在那里资本制度已直接征服了国民生产的全部，在这种关系尚未发展的地方，至少，那些属于陈旧生产方法（那虽与资本主义生产方法相并存，但却在向着溃灭之途）的社会部类，也在间接受其支配。对于这种完成了的资本世界，经济学者愈加热心愈加执拗地，要应用那属于资本主义前期世界的权利观念及所有观念，虽然他的观念的理论，是愈加要为事实所反对。

在殖民地则不是如此①。在那里，资本制度到处都会碰着生产者的妨碍。那里的生产者，以自己的劳动条件的所有者的资格，依自己的劳动使自己致富，而非使资本家致富。这背道而驰

---

① 这里所论及的，是真正的殖民地，是自由殖民者所拓殖的处女地。从经济上说，北美合众国仍然不过是欧洲的殖民地。但情形已由奴隶制度废止而完全改变的旧殖民地，也包括在内的。

的两种经济制度的矛盾，在那里，实际发作为两者间的抗争。资本家在他有母国权力为后盾的地方，曾企图以强力扫除那以生产者自身劳动为基础的生产方法及占有方法。同一的利害关系，在母国，使资本的阿谀者即经济学者，在理论上认资本主义生产方法与其反对物相一致；在殖民地，那又使他"毫无隐讳地曝露事实"并大声宣明这两种生产方法的对立。为了这个目的，他证明：不对劳动者行使剥夺，不把他们的生产手段化为资本，则社会劳动生产力的发达，合作，分工以及机械的大规模使用等，皆不可能。为了所谓国富，他找到了使国民贫困的人为手段。在这场合，他的辩护论的甲胄，就像腐烂的火绒一样，裂成一片一片了。

卫克斐尔德（E. G. Wakefield）关于殖民地虽没有何等新的发现①，但曾在殖民地，发现关于母国资本主义的生产关系的真理。这是他的伟大功绩。正如同保护制度原来②是想在母国造出资本家一样，卫克斐尔德的殖民学说，英国曾有一个时候想用立法手段来实行的殖民学说，却是企图在殖民地造出工资劳动者。他称此为"系统的殖民"（Systematic colonization）。

卫克斐尔德首先在殖民地发现了以下的事实，即一个人尽管拥有货币，生活资料，机械以及其他生产手段，如其他缺乏补充这等的工资劳动者（即被迫而自愿出卖其自身的人），他就不能为资本家。他发现了：资本并不是一个物件，那是以物为媒介而

---

① 卫克斐尔德关于殖民地本质的几许明见，早就由重农学者老米拉波，甚至在更早以前已由英国经济学者们提示过了。

② 到后来，保护制度成了国际竞争战上一种暂时必要的手段了。但采行保护制度的理由不论如何，其结果总归一样。

成立的人与人间的一种社会关系①。他对毕尔君（Mr. Peer）以值五万镑的生活资料与生产手段，由英国携往澳洲西部斯汪河地方的事，表示惋惜。毕尔君除此以外，并还准备周到地，带去了劳动阶级的成年男女及儿童三千人。可是，一达到目的地，"毕尔君就找不到一个为他安置床铺，往河边取水的仆人。"② 不幸的毕尔君！什么都准备好了，但只忘记把英国的生产关系输往斯汪河去。

在理解卫克斐尔德以下的发现以前，且先述及两件事。我们知道：生产手段与生活资料，在它为直接生产者所有的限度内，不是资本。在它成为榨取劳动者的手段，同时并成为支配劳动者手段的条件下，它才成为资本。不过在经济学者的脑海中，生产手段及生活资料的这种资本的灵魂，与此等物的物质的实体，有非常密切的联系；不管此等物在何种情形下，甚至在与资本正反对的场合，他们也名之为资本。在卫克斐尔德也是如此。其次：卫克斐尔德对于生产手段分归许多自己经营的独立劳动者所有这件事，称之为资本的均分（gleiche Teilung des Kapitals）。经济学者的做法，正和封建法学者的做法一样，后者对于纯粹的货币关系，曾给它贴上封建的法律标笺。

卫克斐尔德说："假若社会一切人员都拥有等量的资本……任谁也没有动机，要蓄积较多于其亲手所能使用的资本。在美洲的新殖民地，就在某种限度是如此。土地所有的热望，在那里，

---

① "一个黑人就是一个黑人，在一定情形之下，他总成为奴隶。一架纺棉机就是纺绩棉纱的机械，在一定情形之下，它总成为资本。离开这种情形，它就不成资本，正如黄金本身不是货币，砂糖不是砂糖的价格一样。……资本是一种社会的生产关系。它是一种历史的生产关系。"（马克思著《雇佣劳动与资本》1849年4月7日《新莱因新闻》第266号。）

② 卫克斐尔德著：《英国与美国》第II卷第33页。

妨碍着工资劳动者阶级的存在。"① 在劳动者所有其生产手段的限度内，他能为自身蓄积；他能为自身蓄积，则资本主义的蓄积和生产方法，就不可能，这种蓄积和生产方法所不可缺少的工资劳动者阶级，将不存在。然则在旧时的欧洲，由劳动者剥夺其劳动条件，是如何进行的呢？资本与工资劳动，是如何相并存在的呢？照卫克斐尔德说，那是靠一种原始的社会契约。"人类……曾经采行一种促进资本蓄积的单纯方法"。这种方法，自然是从亚当时代以来，就当作人类生存之唯一的终局的目的，浮在人类想象中的。即"人类已经把他们自己区分为资本所有者与劳动所有者。……而这种区分，是协商与结合的结果。"② 一言以蔽之，即大多数人为了"资本的蓄积"的名誉，曾对自身行使剥夺。由是，一个人就不妨假定：这种克己的狂热的本能，特别可在殖民地自由地发动。因为能够使一种社会契约由梦境移转到现实界的人类与情况，唯有在殖民地存在着。然则，为什么又要提倡"系统的殖民"来对抗自发的殖民呢？可是，可是，"在美洲联合国北部诸州，属于工资劳动者那一部类的人口，恐怕还没有达到总人口的十分之一。……而在英国……其人口的大部分，都是工资劳动者。"③ 为资本打算而施行自己剥夺（Selb-sexpropriationstrieb）的冲突，事实上，在劳动人类方面，是不存在的。正惟其如此，所以在卫克斐尔德自己看来，奴隶制度是殖民地财富之唯一的自然的基础。他的系统的殖民，不过是应急策罢了，因为他要当作问题处理的，是自由民而非奴隶。"最初殖民于圣·多明戈的西班牙人，并没有从西班牙获得何等劳动者。但是，没有劳动者（即没有奴隶制度），他们的资本是定会消灭的。至

---

① 前书第 1 卷第 17、18 页。
② 前书第 18 页。
③ 前书第 42、43、44 页。

少，定会缩减到各个人所能亲手使用的少额。实际上，由英国人建设的最后殖民地——斯汪河殖民地——就可见到这种现象。在这殖民地上，包括种子，器具，家畜等的巨额资本，是因为没有工资劳动而消失了；任何殖民者，都只有恰够自己能亲手使用的资本。"①。

我们已经知道：对民众的土地剥夺，构成了资本主义生产方法的基础。但自由殖民的本质，却是存于以下的事实，即土地的大部分，属于民众所有，从而，每个殖民者，都可以把那种土地的一部分，转化为自己的私有，前书第 II 卷第 5 页。转化为个人的生产手段，而仍无害于后来者为同一的活动。② 这种事实，正是殖民地的繁荣与痼疾——对于资本殖民的反抗——的秘密。"在土地价格极廉，一切人皆得自由的地方，在任何人想获得土地，即容易获得土地的地方，劳动价格的高昂（就劳动者在生产物中所占的份额而言），固不必说；而且，以任何的代价，还难于获得结合的劳动。"③

因为劳动者由劳动条件分离，由其根（即土地）分离的事实，在殖民地还不曾存在，或止于在此处彼处存在，或止于在非常局限的范围内存在，故其农业与工业也还不曾相互分离，其农村家庭工业也还不曾破坏。然则在这种殖民地中，资本的国内市场，究由何处得来呢？"除了在特殊经营上结合资本和劳动的奴隶与雇主而外，在美洲，没有专门从事农业的人民存在。从事土地耕作的自由的美洲人，同时还从事有其他许多职业。他们所使用的家具与工具，照例有一部分是由他们自己制造。他往往还建

---

① 前书 II 卷第 5 页。
② "土地，要成为殖民的一个要素，不仅须是未耕荒地，并须是可以转为私有的公有地。"（前书第 2 卷第 125 页。）
③ 前书第 I 卷笔 247 页。

筑自己所住的房屋。不论距离的远近，他们都要把自己所制造的生产物，搬往市场。他们是纺绩者，同时又是织布者。他们制造肥皂和蜡烛，在大抵的场合，并还制作自己所穿的皮鞋与衣服。在美洲，耕作土地，往往是铁匠，碾米匠，或零卖商人的副业。"① 然则在这样畸形的人间，资本家的"节欲的余地"，究在何处呢？

资本主义生产的大优点，是在这点：它不但把工资劳动者当作工资劳动者而不断再生产，并且比例于资本的蓄积，常常生产出工资劳动者的相对的过剩人口。惟其如此，劳动的需要供给法则，得不出正常轨道；工资的变动，得拘束在利于资本主义榨取的限界之内；最后，资本家视为必不可缺少的条件（即劳动者的社会的隶属），也得由此确保。那种隶属，虽是一种绝对的隶属关系，但母国的经济学者，却支吾其辞地，欺骗地，把它表现为购买者与贩卖者间的自由契约关系，为平等独立的商品所有者（即资本商品所有者与劳动商品所有者）间的自由契约关系。但这种美丽的妄想，一到殖民地就粉碎了。在那里，因为许多劳动者都以成人资格来到这个世界，故与母国比较起来，其绝对人口的增殖，是遥为急速的。但劳动市场，却常感到供给不足。劳动供求法则破坏了。在一方面，渴望榨取与贪求节欲的资本，不绝由旧世界输来；在另一方面，规则地把工资劳动者当作工资劳动者来再生产的运动，却遇到了极不雅驯的，且在某种限度难于克服的障碍。怎样可以比于资本蓄积，而生产过剩工资劳动者呢？今日的工资劳动者，到明天会成为独立自耕农民或手工业者。他由劳动市场消去了，但却不是投到贫民收容所。工资劳动者转化为独立生产者了，他不为资本劳动，而为他自身劳动；他不为主

---

① 前书第 I 卷第 21、22 页。

人即资本家致富，而为他自身致富。这种不断的转化，在劳动市场状态上发生了极有害的反应作用。工资劳动者的榨取程度，固然是低微得不成样子，工资劳动者对于节欲的资本家，也失其隶属关系，并连带失去其隶从心。我们这位卫克斐尔德爵士，以那么勇敢，那么雄辩，那么伤感所描述的恶弊，就是由此来的。

他为工资劳动供给的不连续，不规则，不充分，而感到不平。他说：“工资劳动的供给，不但常常过少，且极不确实。”① “资本家与劳动者之间所分配的生产物，虽然颇大，但劳动者所受得的分额，是异常之大的，他们不旋踵间便成为资本家。……然即在长寿的人，也很少有蓄积巨额财富的。”② 资本家即要节制着对劳动者的劳动大部分不付代价，劳动者也是断不许可的。即令资本家非常狡滑，当他由欧洲输入资本时，连带由欧洲输入工资劳动者，也无济于事。此等劳动者，转瞬“就不是工资劳动者了。他们……即使不在劳动市场成为旧雇主的竞争者，也会成为自耕的土地所有者。”③ 这该是如何可怕的事啊！善良的资本家，竟支付他的贵重的货币，由欧洲输来自己的竞争者！一切皆行不通了。无怪卫克斐尔德叹说殖民地的工资劳动者，缺少隶属关系，缺少隶从心。他的门人麦利维尔（Merivale）说：惟其殖民地的工资高昂，故那里“对于较低廉与较从顺的劳动者，即非课加条件于资本家，而得由资本家课加条件的阶级，有一种热烈的要求。……在旧文明国中，劳动者虽然自由，但却是自然而然地隶从于资本家；在殖民地，则必须以人为

---

① 前书第 II 卷第 116 页。
② 前书第 I 卷第 131 页。
③ 前书第 II 卷第 5 页。

手段造出这种隶从。"① 然则照卫克斐尔德的见地看来，殖民地方面这种恶弊的结果，究是怎样呢？那不外是使生产者与国民财产"分散的野蛮化的倾向。"② 使生产手段分散在无数自己经营的所有者手中，资本的集中，固不可能，劳动结合的一切基础，也将遭受破坏。凡需要投下固定资本，必须经历多年的有永续性的企业，都会在进行上遭遇障碍。在欧洲，资本家对于这种企业的投资，是丝毫不会踌躇的，因为对于资本，劳动者阶级常是过多的，且常是可供其利用的，活的附属物！在殖民地却是如何不同啊？卫克斐尔德会告诉我们一件极可悲的奇谈。在加拿大和纽约州，移住之流，是常常停滞的，但却由是，使"过剩"的劳动者，淤积起来。他曾与那里的若干资本家，谈过话；这传奇剧中的一个人物就叹息说："我们的资本，准备从事那种种企业，那

---

① 麦利维尔著：《殖民及殖民地讲义》第 II 卷第 235 页至 314 页及其他各处。摩里拿利（Molinari）虽然是一位温和的自由贸易主义者，一位庸俗的经济学者，但也说："在奴隶制度已经废止，而强制劳动尚不曾由等量自由劳动代替的殖民地中，许多的事实，都是与日常反映在我们眼前的事实相反的。那里单纯的劳动者（einfachen arbeiter），竟榨取产业上的企业家。他们所要求的高昂工资，与应归属他们的正当的生产物部分，简直不成比例。殖民者因为不能由所生产的砂糖，得到一种够抵偿高昂工资的价格，不得已，要用他的利润来填补，往后更不得不用他的资本本身来填补。这一来，许多殖民者破产了，其他殖民者为了避免迫于眉睫的破产，也中止经营了。固然，与其看着类人世系的破灭，就不如看着蓄积资本的破灭（摩里拿利君是如何宽宏大量啊！）。但二者都不破灭，不是更好么？"（摩里拿利著：《经济学研究》第 51、52 页。）摩里拿利君啊！摩里拿利君啊！如果欧洲企业家能缩小劳动者应得的正当的分额，在西印度劳动者也能缩小企业者应得的"正当的分额"，十诫究竟成了什么呢？摩西和预言者究竟成了什么呢？需要供给法则究竟成了什么呢？足下说，欧洲资本家没有按日给付"正当的份额"，这所谓正当的分额，又是怎样一回事呢？在殖民地那里，劳动者竟"直率"到榨取资本家的程度了；所以在那种殖民地上，摩里拿利君是觉得必须用警察的权力，把这在其他各处会自动发生作用的供求法则，纳诸正轨的。

② 卫克斐尔德前书第 II 卷第 52 页。

都需有长时期始能完成的，但因我们知道劳动者不久就要离开我们，所以我们不能开始这些企业。假若我们能确实保持移住者的工资劳动，我们是乐得马上用高价来雇佣的。并且，纵令这种劳动者一定要离开我们，如其我们在必要的场合，一定能得到新的供给，我们也是愿意雇佣的。"①

卫克斐尔德把英国资本主义农业与"结合"劳动，和美洲分散的自耕农业，作一华美的比较以后，不期然而展示我们以徽章的反面。他把美洲的民众，描写为富裕而有独立心，有企业精神，且比较有教养的人。同时，"英国的农业劳动者，则为悲惨的穷乏者，为待救恤的贫民……除了北美洲及若干新殖民地而外，究有何等国家的自由农业劳动者的工资，大大超过劳动者不可缺少的生活资料呢？……英国使用在农业上的马，为贵重财产之一。马所享有的荣养，还远较农业劳动者为优。"② 但不要担忧，国富云云，本来就与人民的贫乏相一致的。

然则殖民地的反资本主义的癌疾，该当如何治疗呢？假若一切的土地，都一举而由公有转化为私有，毒弊的根源，是无疑会破坏的，但同时殖民地也被破坏了。所以，其关键在求得一举而两得的妙策。那就是，撇开需要与供给的法则，以政府的权力，对处女地课以人为的价格，使移住者在能挣得充分货币购买土地，成为自由农民以前，必须作长时间的工资劳动③。这样把土

---

① 前书第 191、192 页。

② 前书第 I 卷第 47、246 页。

③ "那么照你的主张：一个除手以外一无所有的人所以能获得工作，能兼有所得，不外是土地和资本为私人占有的结果了。……但我告诉你，事实宁是这样，一个除手以外一无所有的人所以存在，才是土地为私人占有的结果。……你把一个人推进真空里面，你就把他应呼吸的空气夺去了。当你把土地占有时，你就是这样做的……你把他推进没有一切财富的真空了，所以他只能听你的意志来生活了。"（柯林士著：《经济学》第 III 卷，第 268 页至第 271 页及其他各处。）

地的贩卖价格，定到工资劳动者资力所难胜的程度，并破坏神圣的供求法则，从工资中强取一个货币额，政府就能由此设立一个货币基金，待其增大，即可将欧洲一文莫名的人，输来殖民地，为资本家充实劳动市场。在这种状态下，一切就都恰到好处了。这就是所谓"系统的殖民"的大秘密。卫克斐尔德洋洋得意地说："劳动的供给，必须是不断的，是规则的。因为第一，无论怎样的劳动者，在不曾为货币而劳动以前，都无法获有购买土地的资力，因此，一切移住的劳动者都须有一个时候，从事工资的结合的劳动，并从此造出可以使用更多劳动者的资本；第二，不再从事工资劳动而变为土地所有者的一切劳动者，将由土地的购买，使新劳动输入殖民地的基金，有所保证。"① 由国家所课的土地价格，自然是要"充分的价格"，那就是，那种价格，须高到"使劳动者未曾在工资劳动市场上找到替身以前，不能变为独立农民。"② 所以，这种"充分的价格"，不外是劳动者对资本家支付的赎金——由工资劳动市场退入土地所须缴纳的赎金——之婉曲的表现。劳动者首先得为其主人即资本家，造出可以榨取更多劳动者的"资本"。其次，为了旧主人即资本家的利益，他得由自己的费用，使政府从海的彼岸，把"补充员"输送到劳动市场来。

卫克斐尔德君特地为殖民地制定的这种"原始蓄积"方法，英国已实行过多年了，这是极有特征的一件事。那种方案的失败，和庇尔（Sir. Robert Peel）银行条例的失败，是一样的丢脸。移住之流，不过是由英领殖民地转向美合众国罢了。在这期间，欧洲资本主义生产的进步及增大的政府的压迫，已使卫克斐尔德的方案，归于无用了。在一方面，逐年驱往美洲的巨大而连续的

① 卫克斐尔德著：前书第 2 卷第 192 页。
② 前书第 45 页。

人口之流，已在美合众国东部地方残留下了停滞的沉淀。自欧洲来的移住潮流，以极大的速度流入东部劳动市场，故虽有移向西部的潮流，也不能将其洗去。在另一方面，南北美战争的结果，莫大的国债产生了，赋税的压迫加甚了，最劣等的金融贵族被造出了；巨大部分的公用土地，被滥赠于铁道矿山等的投机公司了，简言之，资本的集中，在以非常的速力进行着。由是，这个大共和国，已经不是移住劳动者的天国了。那里工资的低落与工资劳动者的隶属性，虽和欧洲的水准比较还是差得很远很远，但资本主义的生产，也已在那里以巨大的速力向前进展。至英国政府以殖民地未耕土地滥赠于贵族及资本家的事实，卫克斐尔德自己也是大声非难的；这种滥赠，加以采金业所吸引的人口之流，与英国商品输入对小手工业者唤起的竞争，遂特别在澳洲①产生了充分的"相对的过剩劳动者人口"。故每次的邮船，几乎都带来"澳洲劳动市场过于充溢"的凶报。由是，在澳洲若干处，卖淫这件事，就同在伦敦的赫马克托一样，蓊郁繁茂起来了。

不过，殖民地的状态，不是我们在这里要述及的。我们所关心的唯一事项，是旧世界经济学在新世界发现且高声宣扬的秘密。资本主义的生产方法与蓄积方法，换言之，资本主义的私有制度，必须把以自身劳动为基础的私有财产破坏，必须把劳动者剥夺。并以此为条件。

---

① 澳洲一在立法上取得自主权，它马上就为移居者制定了有利的法律。但英国政府所行的土地滥赠政策，却显然成了这种法律的障碍。"1862 年新土地法的第一主要目的，就是要使人民的移住，更为容易。"（公有地主大管臣杜福 Hon G. Duffy 的《维多利亚土地法》伦敦 1862 年第 3 页。）

马克思未发表遗稿

资本生产物的商品（彭迪先译）

研究院的资料——加在《资本论》第一卷末尾上的底稿

这里所发表的，是马克思本人题名为"第一卷，资本的生产过程，第六篇，直接的生产过程的诸结果"的底稿的最后部分。这个底稿，大概是在一八六三——八六五年中写的，大半是《资本论》第一卷最初的底稿的一部分。我们不能不考虑到《资本论》第一卷在第一版是分作六篇的（这六篇，相当于第二版以后的各该篇，这时候第五篇分割为两篇，致使全体的篇别变而为七）。以底稿的形式遗留下来的第六篇，显明的，最初预定为第一卷的最后一篇，后因第一卷的计划发生变更，就没有编进里面去。

在第六篇的底稿的开头，指出在这篇中应当研究下面的三个问题。

（一）当作资本的资本主义生产的生产物的商品。

（二）资本主义的生产，是剩余价值的生产。

（三）最后是一切关系的生产和再生产，因而这个直接的生产过程就具有特别的资本主义生产过程的特征。

马克思更进而指出："这三项中的第一项，在为付印而加以最后的整理时，不应当放在开头，却应该放在末尾，因为它是到第二卷（资本的流通过程）的过渡的缘故。"——但在底稿上，是从第一项开始叙述的。

下面所发表的，是第二篇的底稿的最后部分。这部分的最初几页，曾经在《布尔塞维克》杂志（一九三二年第五—六号）上，由马克思、恩格斯、列宁研究院，当作拔萃的作品发表过。第六篇的底稿全文，则发表在《马恩全集》第二卷里。

最后，应当注意：在这个底稿上，跟比较初期的其他的底稿一样，马克思在许多地方还使用着劳动能力（Arbeitsvermogen）的用语来代替着劳动力（Arbeitskraft）。

马克思、恩格斯、列宁研究院识

商品，是布尔乔亚的财富的基本形态，是我们的出发点，是资本发生的前提。在别一方面，商品又表现为资本的生产物。

我们叙述上的这个循环，也是跟资本之历史的发展相照应的。对于资本的历史发展，商品交换，商品交易，是发生的诸条件之一；而此条件本身，又形成于生产的种种发展阶段的基础下面，在这些发展阶段上，资本主义的生产完全不存在，或极少存在；这个事实，也是这些阶段上共通的。在别一方面，商品的形态——它当作发达了的商品交换和生产物之一般的必然的社会形态——其本身又是资本主义生产方式的结果。

在别一方面，假使观察资本主义生产发达的社会，则在该处商品表现为资本之不断的基本前提（存在条件）；同时，它更表现为资本主义生产过程之直接的结果。

商品和货币是资本的基本前提，但此二者只有在一定的条件下才发展为资本。资本的形成，不能不在商品流通（这把货币流通也包含在里面）的基础上进行，因而必须在商业已经发达到一定程度的那个既有的阶段上进行。反之，商品生产和商品流通，决不以资本主义生产方式为其存在的前提条件。相反的，宁可说：二者（商品的生产和商品的流通——译者）在"前资本主义社会"也可能看见，这是以前我们已经说明了的①。这二者是资本主义生产方式之历史的前提，但在别一方面，只有在资本主义生产的基础上，商品才是生产物的一般的形态；而一切的生产物，也不能不采商品的形态。买卖不单是生产的剩余，它网罗生产物的大部分，种种生产条件，而表现为商品。商品从流通（过程）踏入生产过程。因此，一方面当作资本形成之前提的商品，在别一方面，只要是生产物之一般的基本形态，则在物质上表现为资本主义的生产过程的生产物和结果。在初期的生产诸阶段，生产物部分地带着商品的形态。反之，资本却不可避免地把它的生产物当作商品来生产②。所以，资本主义的生产，即跟随资本的发达，商品的一般法则，例如关于价值的法则，实现于货币流通的明确形态上面。

在这里就显示出：纵然走在属于比较初期的生产阶段的经济范畴，在资本主义生产方式的基础上，特别具有明确的历史的性质。

货币（它不过是商品的转变形态）到资本的转变，只有从劳动能力（Arbeitsver mogen）转变为劳动者本人的商品以来，即商品交易的范畴网罗了一切领域（以前单是偶然包含在里面的，或未包含在里面的领域等）以来，才开始转变。劳动人口不能算作客观的劳动诸条件之一，或者他们本人不是当作商品生产者而出现于市场以来；反之他们所卖的不是他们劳动的生产物，却是他们本人的劳动，更正确的说，是在卖他们的劳动能力以来，从各

---

① 《经济学批判》，74 页。
② 亚斯蒙德。

方面看来，生产才在全部领域变为商品生产，一切的生产物才转变为商品，一切生产部门的物质条件，才当作商品而参加到生产。只有在资本主义生产的基础上，商品才实际地成为财富之一般的基本形态。例如，假使资本还没有把握着农业，则生产物的大部分，还依然当作直接维持生活的手段来生产，而不能当作商品来生产，劳动人口的大部分，仍未转变为工资劳动者；劳动诸条件的大部分仍未转变为资本。在这里，还包含着下面的事实，即在社会内部，表现为偶然的事物而发达了的分工，和工作场内资本主义的分工，相互限制，合力生产。因为当作生产物之必然的形态的商品，因而生产物当作它那必然的占有形态而分离的事实，是以完全发达的社会分工为前提；但在别一方面，资本主义的生产，因而只有在工作场内资本主义分工的基础上，全部生产物，才不可避免地带着商品的形态，因此一切生产者必须是商品生产者。所以，只有在资本主义的生产之下，使用价值，才全部由交换价值所媒介。

有三点：

（一）只有资本主义生产，才使商品成为一切生产物之一般的形态。

（二）劳动者不再是生产诸条件的一部分（奴隶制度，农奴制度，或者原始共产体［印度］）不再是生产的基础，或者劳动力到处变为商品，从这个瞬间起，商品生产必然要达到资本主义的生产。

（三）资本主义的生产，排除商品生产的基础，即排除商品所有者之孤立的独立的生产和交换，乃至等价物的交换，资本和劳动力的交换，变为形式的交换。

从这观点看来，生产诸条件以怎样的形态参加于劳动过程，是完全不成问题的事情。即生产诸条件，例如当作不变资本（机械等）的一部分，把它的价值渐次转移到生产物上，或是当作原料而实际参入生产物里面；生产物的一部——例如农业的种子——再由生产者本人直接使用，或者生产物先被贩卖，然后再转变为劳动手段：这些都是完全不成问题的。所生产的一切劳动手段，不问其使用价值生产过程上发挥作用的形态是如何，同时就具有当作价值增殖过程的要素的机能。这些劳动手段，只要不转变为实际的货币，——那么它们就转变为计算货币，被认做交换价值，而且它们用一些方法附加在生产物上的价值的要素，也能正确算出。例如农业变为资本主义经营的工业的一部门，资本主义的生产越加侵入农村，——农业以市场为目标而生产，越加生产商品，即不是为自家的消费，却为贩卖的对象而生产——则农业可能算出其费用，把这些费用的各部分当作商品来观察（这个部分，是从第三者买来，或系本人自己生产，是无关系的），因而可当作货币（因为商品被认作独立的交换价值的缘故）来观察。这样，因为小麦，干草，家畜，一切种类的种籽等，是当作商品来贩卖的缘故——如不被贩卖，则普通不认作生产物，它们就当作商品和货币而参加到生产。生产物也自然而然的变为商品——而且生产诸条件，生产物（它是物质）的诸要素，越加跟这些生产物是同一的，——只要是以价值增殖过程为问题，那么这些生产物，在交换价值的独立的形态上，当作货币量而被计算进去。在这里，直接的生产过程，常常表现为劳动过程和价值增殖过程的合一；生产物表现为使用价值与交换价值的统一，即表现为商品。在这个形式的契机之外，下面的事情，在同样的程度上发展着：例如农夫以自己的支出来购买——种籽的交易，肥料的交易，繁殖用家畜的交易等发达起来——同时，他由贩卖而实现其收入。因此，从各个农夫看来，这些生产条件，实际上从流通参加到他的生产过程，事实上，流通变为他的生产前提，因为这些生产条件，不断地越加是实际上购买了的商品，或可能购买的商品的缘故。这些生产条件，对于这个农夫，纵然他不能购买的场合也好，也表现为物品，表现为劳动手段；同时更形成为他的资本的价值的一部分。（因此，他把这些生产条件，在现物形态上，使之再回到生产的场合，是把这些东西当作是卖给自己——当作生产者——的东西来计算的。）这个事实，随着资本主义生产方式在农业上的发展，即随着农业的越加由工场制的方法来经营，而越加发展了。

当作生产物之一般的必然形态的商品，当作资本主义生产方式之特殊性的商品，明白地表现在由资本主义生产的发展所形成的广泛规模的生产上面，表现在生产物之一面性和大量性上面。这个大量性，给予生产物以社会的性质，以及与社会诸关系密切结合的性质，所以，当作满足生产者的欲望的使用价值之生产物的直接关系，就表现为完全偶然的，没有关系的，非本质的东西。这个大量的生产物，不能不实现为交换价值，不单是有维持生产者——为资本家而生产的——的生活的必要，而且必须通过商品的形态变化（它是生产过程更新和继续时所必要的变化）。因此，它变为商业的对象。它的购买者，不是直接的消费者，而是商人；这个商人是以商品的形态变为其独立的业务①。最后，随着资本主义的生产，生产部门的多样性，因而生产物交换的可能性范围的不断扩大，使生产物展开其当作商品的性质；同时，更展开其当作交换价值的性质②。

我们从当作资本主义生产的基础和前提的商品，从生产物的这个特殊社会形态出发。我们把一个一个的生产物拿在手里看，分析它当作商品所包含的形态，分析在生产物上盖上了商品的烙

① 亚斯蒙德。
② 《经济学批判》，17页，及威克菲尔德。

印的那个规定性。在资本主义的生产以前，生产物的显著部分，不当作商品来生产，没有为要当作商品而生产。在别一方面，在当时生产中的生产物的显著部分，不是商品，它们不是当作商品而参加生产过程。生产物之转变为商品，只是在个别的地方实现，只是生产的剩余，或只及于生产的个别的部门（例如：工场手工业生产物等）。生产没有全般地当作商业的对象而参加到生产过程；一切的生产物，也没有当作那种东西而来自生产①。不论是这样的也好，在一定限界内的商品流通和货币流通，因而商业的一定发展阶段，却是资本和资本主义生产方式的形成的前提与出发点。我们把商品当作是这种前提来观察，而从资本主义生产之最单纯要素的商品出发。在别一方面，商品是资本主义生产的生产物。结果在最初是资本主义生产的要素的东西，以后变为它本身的生产物，只有在资本主义生产的基础上，生产物之一般的形态才变为商品，这个一般形态越加发达，则一切的生产的构成部分，当作商品而参加生产过程。

从资本主义生产出来的商品，显明的，跟资本主义生产之前提与出发点的商品不同。我们从一定的商品出发；这个商品，有一定量的劳动时间具体化在里面，因而是有一定大的交换价值的独立的对象物。

现在，商品更表现在这样的二重规定上面：

（一）在商品里面——例如抽去其使用价值——有一定量的社会必要劳动对象化（物质化）。但是，关于当作这种东西的商品，对象化了的劳动究竟是谁人的劳动，是完全不明白的（在事实上，这是没有关系的事情）；而当作资本之生产物的商品，包

---

① 参照 1752 年顷出版的法国的一个著述。在这个著述中……（马克思准备以后填上，在这里留了一个空白。底稿上就是这样的。——编辑部）记述着：在以前法国只把小麦认作商业的对象。

含着有酬劳动部分和无酬劳动部分。劳动本身，既不能直接购买，也不能直接贩卖，因此上面的表现是不正确的，这在以前已经说过了。但在商品里面，有一定的劳动量对象化了。这个对象化了的劳动的一部分（假使除开支付了等价的固定资本不谈），得以换作工资的等价，其他的部分，则毫无等价地被资本家所占有。这两部分都对象化了，因而它们当作商品价值的一部分而保持其存在。我们为简便起见，把一部分称为有酬劳动，把另一部分称为无酬劳动。

（二）各个商品，不单是物质地当作资本总生产物的一部分，当作资本所生产的量的一个可分部分而表现出来。显示为过程之结果的，不是各个商品，却是垫支资本的价值加上剩余价值（即占有的剩余劳动），再生产出来的商品量。各个商品，不过是资本的价值和由此资本所生产的剩余价值的担负者。要算出为各个商品所消费的劳动，完全是不可能的。——因为已经实行着平均的计算（即总生产物的价值中单是当作支出而参进的不变资本部分，以及对于共同消费的生产诸条件之观念的评价）的缘故。而且，最后是以社会的劳动为问题的缘故；这个社会的劳动，是当作共同劳动的许多个人的平均劳动，而加以平等看待与评价的。生产各个商品所耗费的劳动，其意义只是应该归属于它的总劳动（即评价了的观念中的劳动）的一个可分部分。在决定各个商品的价格时，上面所说的劳动，表现为资本再生产的总生产物之单纯的观念的一部分。

（三）当作这种东西的商品，跟最初在我们面前表现为独立的东西的商品是不同的；当作资本价值加上剩余价值的担负者，它现在表现在贩卖的量和范围上。为实现以前的资本价值和因此而生产的上述的剩余价值，不能不实行贩卖。但是，这决不是各个商品或其一部分按照其价值来贩卖而可能获得的。

以前我们已经说过：商品要参加到流通，必须保有二重的实在形态。商品单是当作具有一定的有用的属性的东西；单是当作满足一定的个人的或生产的需要的使用价值，而与购买者对立，是决不充分的。商品的交换价值必须带着跟它的使用价值不同的一定独立的所谓观念的形态，商品必须表现为使用价值与交换价值的统一，而且同时在这个统一上可能分割的东西，商品的交换价值，在其价格上，当作物质化了的社会劳动时间之单纯的存在，而获得完全不依靠它的使用价值的独立的形态。这样，交换价值当作交换价值，即在当作货币所表现的这个表现上，它正好表现为计算货币。

在现实上，单独的商品，例如有铁路，大建筑物等存在，它们一方面有不可分的性质，别一方面有容量，因此，〔为它的生产而〕垫支资本的全部生产物，表现为单独的商品。因而观察各个单独的商品时所发现的法则，即商品的价格，不外是在货币上所表现出的它的价值。资本价值加上剩余价值的一切，包含在单独的商品里面，在计算货币上可能表现出来。这种商品的价格的决定，跟以前所实行的单独的商品价格的决定没有不同的地方，因为资本的总生产物，在这里实际上好像是当作单独的商品而存在的缘故。所以，关于这个问题，没有更进一步论述的必要。

但是，大多数的商品，是可能分割的。（不能分割的商品也好，也常常在观念上当作可能分割的大小而加以观察）。换言之，假使把它们当作某种对象物之一定量来观察，那么那个使用价值，可能分为与普通使用的尺度相照应的各部分。例如：小麦 a 卡德，咖啡 b 长生的乃，布 c 阿尔新，剪刀 z 打，在这个场合，单独的商品本身，作用为秤量单位（译注：阿尔新是俄国的尺度的 1 码长）。

其次，不管容量和可分或不可分的性质，我们试观察常常当作单独的商品，或当作单一的使用价值的资本的总生产物。这种使用价值，不用说，表现在当作总生产物的全部价值的表现的总价格里面。

观察价值增殖过程时，建筑物，机械等垫支不变资本，当作劳动手段，在劳动过程所消失的一定的价值部分转移到生产物上；不变资本决不是以它那本来的使用价值的形态物质地参加到生产物里面；它是在比较长的期间，在劳动过程上对商品的生产有用的；在一定的期间中转移到生产物的价值部分，当作劳动手段而被消耗，其结果丧失其一切价值而转移到新生产物上，其价值即由此一定期间对转移的全期间的比例而决定；因此，例如不变资本平均能够供 10 年之用，则 1 年即转移其价值的 10 分之 1 到生产物上，其价值的 10 分之 1 就附加在资本的年生产物上面。不变资本的这个部分，只要在一定量的生产物的生产后仍然可能用作生产手段，按照上面的平均的评价仍然代表一定的价值，则不参加到生产了的生产物量的价值形成上。普通由此不变资本在一定期间中所生产的价值，当作其总价值的一部分的评价，这个不变资本发挥作用的一切价值，转移到生产物上的期间，和它已经发挥作用转移了它的价值的一部分的期间的比例，决定其总价值，则只有在此限度内，对于生产了的生产物量，对于由此不变资本的帮助所生产的生产物量的价值，起着规定的作用。

在不变资本的价值中还依然存在的其余的部分，在决定既已生产的商品量的价值时，是不加以考虑的。因此，这个部分，对于这个价值可以认作是等于零的。同样的在决定价值时，为简便起见，可以认为总资本——在比较长期间的生产中才转移到生产物上的那个不变资本部分，也是同样的——全部包含溶解在这里观察的总资本的生产物里面。

这里假设总生产物是长 1200 阿尔新的麻布。垫支资本为 100

镑，其由 80 镑代表不变资本，20 镑代表可变资本，剩余价值率为百分之百，即劳动者以劳动日的一半为他自己劳动，其他的一半则为资本家无酬劳动。在这个场合，生产的剩余价值为 20 镑，1200 阿尔新的总价值为 120 镑。其中 80 镑为不变资本所附加的价值，40 镑为从新附加的劳动。其中的一半代替工资，剩余的一半则代表剩余劳动，换言之形成为剩余价值。

假使除去新加的劳动，则资本主义生产的诸要素，当作商品，因而当作有一定价格的东西，而参加生产过程，因此由不变资本所附加的价值，是当作价格而既与的，例如上述例中就是当作 80 镑的麻，机械等而既与的东西。那么，新加的劳动如何呢？由生活的必需资料所决定的工资为 20 镑，剩余劳动在量上如等于有酬劳动，则不能不表现在 40 镑的价格上面，因为代表附加了的劳动的价值，依存于这个劳动量，而决不依存于支付给过这个价值的条件。这样，由 100 镑所生产的 1200 阿尔新的总价格，就等于 120 镑。

其次，各个商品的价格，在这个场合，1 阿尔新的麻布的价值，要怎样决定呢？明显的，总生产物的一切价格，是由这个数目可以除得出来，这个数目就是由跟既与的尺度相照应的可除部分除生产物而获得的。即总生产物的总价格，可能由秤量使用价值的（单位）尺度数而除得，例如在上例中即为 $\dfrac{120\ \text{镑}}{1200\ \text{阿尔新}}$。这样，每 1 阿尔新的价格即为 2 先令。假使当作麻布之尺度的阿尔新，还能够分割为更小的可除部分而发展为尺度，那么我们还可能决定半阿尔新等的价格。这样，决定单独的商品价格时，其使用价值是当作总生产物的可除部分来计算：其价格是当作跟资本所生产的总价值相照应的可除部分来计算。

我们已经知道，随劳动的生产性或生产力的阶段的差异，同一的劳动时间，能制造数量极不相同的生产物，换言之，等量的交换价值表现在使用价值的各种数量上。在上述的场合，假设麻织工业的生产性增加了四倍，则由表现于 40 磅的劳动所运转的不变资本（即麻，机械等）等于 80 磅。假如织匠的劳动生产性增加了四倍，那么他就运转四倍多的不变资本量，即 320 磅的麻等，阿尔新的数目增加四倍，从 1200 阿尔新增至 4800 阿尔新。但是，新加的织匠的劳动，它的量的大小是不变的，依然会表现为 40 磅吧。因此，4800 阿尔新的总价格，现形成为 360 磅，每 1 阿尔新的价格为 $\dfrac{360 \text{磅}}{4800 \text{阿尔新}} = 1\dfrac{1}{2}$ 先令。每 1 阿尔新的价格若为 2 先令，或由 24 便士降至 1 先令半，即降至 18 便士，则降低 4 分之 1。因为每 1 先令中所包含的不变资本，在它转变为麻布时，则所吸收的附加的活劳动少了 4 分之 1，换言之，织匠的同一量的劳动，分配在更多的生产物上面了。但在目前的场合，全部前支资本是不变的，劳动的生产力，单是因为自然的各种条件的结果（例如有利的或不利的季节的结果），表现在同一的使用价值（例如小麦）的种种数量里面，这种例证，还更加恰当。这样，例如生产小麦时每 1 英亩土地支出的劳动量为 7 磅，假设其中 4 磅为新加的劳动，3 磅是已经对象化（或物质化）在不变资本的劳动。其次 4 磅中有 2 磅是工资，2 磅是剩余劳动，而假设跟从前所假定的比例 $\dfrac{\text{剩余运动}}{\text{必要运动}} = \dfrac{100}{100}$ 一致。

然而，收获会跟随季节（的条件）的变化而发生变化吧。

总卡德量	每 1 卡德	把生产物的价值或价格
5 卡德时，其卖价	28 先令	7 镑
4 卡德 2 分之 1 时，	约 31 先令	7 镑
4 卡德时，	约 35 先令	7 镑
3 卡德 2 分之 1 时，	约 40 先令	7 镑
3 卡德时，	约 46 先令 8 便士	7 镑
2 卡德 2 分之 1 时，	约 56 先令	7 镑
2 卡德时，	约 70 先令	7 镑

在这个场合，每一英亩所垫支的 5 镑资本的总生产物的价值或价格，仍旧是 7 镑。这是因为对象化了的活劳动的垫支量，跟新附加的活劳动量，是不变的缘故，但此同一的劳动，表现在极不相同的种种数量里面，因此各个卡德，即总生产量的同一部分，有极不相同的种种价格。由同一资本所生产的各个商品价格上的这种变化，丝毫不使剩余价值率发生变化，即丝毫不使剩余价值对可变资本的比例，或总劳动日割分为有酬劳动与无酬劳动上的比例发生变化。新加的价值所显示的总价值不变，因为附加有跟从前的不变资本①相等的活劳动，因而劳动生产性增进，1 阿尔新的价值变为 2 先令乃至 1 先令 2 分之 1 也好，剩余价值对工资的比例，或有酬劳动的比例，是不变的。关于每 1 阿尔新而发生变化的，是附加在这个上面的织匠的总劳动量。但此总劳动量划分为有酬劳动与无酬劳动对无酬劳动的比例，对于每 1 阿尔新所包含的这个总量的各可除部分，是不变的，在这部分的大小上是无关系的。同样，在上面的假定上，1 卡德的价格，在第二例上是因为劳动生产性的降低而昂贵了，即新加的劳动分配在更

---

① 在马克思的底稿上是［可变资本］，显明的，这是写错了的。——编辑部。

少的卡德量上，因而每 1 卡德上新加的劳动量更加减少的事实，丝毫不能使这个比例发生变化，这个比例就是各卡德所吸收的或大或小的劳动量分在有酬劳动和无酬劳动上的比例；也不能使资本制造出的剩余价值总量和剩余价值部分发生变化，这个剩余价值部分是包含在各个 1 卡德里面，跟新加在它上面的价值成正比例的。在上述的假定下，在一定量的劳动手段上纵然附加了更多的活劳动也好，在这个场合，成比例地附加上更多的有酬劳动和无酬劳动；假如附加得更少也好，只是成比例地附加上更少的有酬劳动和无酬劳动。新加上的劳动的这两个构成部分的比例，仍然不发生变化。

假使除去对于一般倾向的各个扰乱的影响——它的研究，对于当面的问题没有什么益处——不谈，则资本主义生产方式的倾向和结果是在这点：劳动生产性不断增进，因而由于附加在生产手段上的一定量的劳动而可能转变为生产物的生产手段量，就不断地增加，新附加的劳动，不断地分配在更多的生产物量上面，因此降低了各个商品的价格，或一般地使商品价格低廉化。但此商品价格的低廉化，它的本身，在由既与的可变资本所生产的剩余价值的量里面也好，或在各个商品上新附加的劳动的有酬劳动或无酬劳动上的比例中也好，乃至在各个商品上所实现的剩余价值率中也好，也不引起任何变化。假如一定量的麻纺锭等，在转变为一阿尔新的麻布时纵然吸收织匠较少的劳动也好，这个事实，也决不能使这个比例发生变化，这个比例就是织匠的或大或小的劳动分配在有酬劳动或无酬劳动的比例。在既已对象化了的一定量的劳动上从新附加的活劳动的绝对量，一点也不使这个比例发生变化；这个比例，就是在各个商品上不同的或大或小的量分配在有酬劳动与无酬劳动上的比例。总之，由于劳动生产力的变化而发生的商品价格的变化，或者纵然发生商品价格的降低和商品的低廉也好，有酬劳动和无酬劳动的比例，普通由资本而实现的剩余价值率，可以不变。纵然从新附加在劳动手段上的劳动生产力发生变化，而且创造劳动手段的劳动生产力发生变化，此等劳动手段的价格昂贵或降低也好，因而在商品价格中所引起的变化，决不能使这个划分发生变化，这个分割就包含在商品价格里面的附加的活劳动之划分于有酬劳动和无酬劳动；这是极明白的事情。

反之，商品价格的变化，如不排除不变的剩余价值率（即附加的劳动分为有酬劳动和无酬劳动的不变的划分），则商品价格的不变性，决不排除剩余价值率上的变化。即不排除从新附加的劳动分为有酬劳动和无酬劳动之比例分割上的变化。为使问题简明起见，假定在现时论述的劳动部门上，其中所包含的全部劳动的生产力，例如在上述的场合，织匠的劳动或生产麻纺锭的劳动的生产性，不发生任何变化。在我们的假定上是：他们生产了40 镑，即他们半天为自己，半天为资本家而劳动。更假定 10 小时的劳动日延长至 12 小时，其结果，每 1 人的剩余劳动各增 2 小时。总劳动日从 10 小时增至 12 小时，即增加 5 分之 1。但因 $10：12 = 16\frac{2}{3}：20$，故现在为运转所与的 80 镑的不变资本，生产 1200 阿尔新的麻布，仅需 16 人又 3 分之 2 的织匠就够了。（因为 20 人劳动 10 小时，可得 200 劳动时间，而 16 人又 3 分之 2 劳动 12 小时也可能获得 200 劳动时间）或者劳动者仍是 20 人。那么他们附加的不是 200 劳动时间，却是 240 劳动时间。或者每日 200 时间的价值，在一周内如表现为 40 镑，则每日 240 时间的价值，要表现为 48 镑。但若劳动生产力等不变，不只需要 40 镑，却需要 80 镑的不变资本时，则不仅需要 48 镑，却需要 96 镑的不变资本。因此，投放的资本为 116 镑，因此而生产的商品价值为 144 镑。但因 120 镑 = 1200 阿尔新，故 128 镑 = 1280 阿尔新。这样，1 阿尔新的价值为：$\frac{128 镑}{1280} = \frac{1}{10}$ 镑 = 2 先令，但是，1 阿尔新的价格依然不变，这是因为对象化在所需要的劳动手段上的总劳动量，以及从新附加的织匠的劳动，依然是同一的缘故。但各阿尔新所包含的剩余价值会增加吧。在以前，在 1200 阿尔新里面有 20 镑的剩余价值，因此，每 1 阿尔新有 $\frac{20 镑}{1200} = \frac{2}{120} = \frac{1}{60}$ 镑 = $\frac{1}{3}$ 先令 = 4 便士的剩余价值。现因每 1280 阿尔新有 28 镑，故（每 1 阿尔新）会有 5 便士又 3 分之 1[①]的剩余价值吧。因为 $5\frac{1}{3}$ 便士 × 1280 = 28 镑，这不外是 1280 阿尔新里面所包含的剩余价值之实际的总计。附加的 8 镑的剩余价值，等于 80 阿尔新（因为 1 阿尔新是 2 先令），而阿尔新的实数也增加到 1280。

在这个场合，商品的价格不变，劳动生产力也不变。为工资而支出的资本也没有变化。纵然这样也好，剩余价值量从 20 增至 28，换言之，增加了 8，这是由 $2\frac{1}{2}$ 或 $\frac{5}{2}$ 除 20 而得来的。因为 8×5 = 40，即 40%。这是总剩余价值增加的百分比数。剩余价值率，最初虽是 100%，现在却是 140%。

这些数字，以后可以精密订正。现在我们确定这点就够了，即同一的可变资本，运转更多的劳动，因而由同一的价格，不仅生产更多的商品，而且生产包含着更多的无酬劳动之更多的商品时，商品价值不变的场合也好，剩余价值也增加。

正确的计算，有如下面的比较，但必须以下述的事实为前提。20v 最初是 20，10 小时劳动日。假如 1 劳动日为 10 小时，

[①] 在马克思的底稿上是 5 便士 4 分之 1。——编辑部。

则此劳动等于 200 时间。

因为劳动日从 10 小时延长至 12 小时（剩余劳动从 5 小时增至 7 小时），故 20 日的总劳动等于 240 时间。

200 时间的劳动如表示为 40 镑，则 240 时间的劳动表示为 48 镑。

假如 200 时间运转 80 镑的不变资本，则 240 时间运转 96 镑的（不变资本）。

假如 200 时生产 1200 阿尔新，则 240 时间生产 1440 阿尔新。

其次，让我们比较下面的两个场合：

C. V. M	总生产物价值（镑）	剩余价值率	剩余价值总量的	阿尔新（的）	一阿尔新（量）的价格	每一阿尔新织匠劳动量先令	剩余劳动便士	剩余劳动率便士
I 80镑,20镑,20镑	120	100%	20	1200	2	8	4	4：4=100
II 96镑,20镑,28镑	144	140%	28	1440	2	8	4 $\frac{2}{3}$	7：5 时间数从5增 至74 $\frac{2}{3}$：3 $\frac{1}{3}$=100

绝对的剩余价值增加的结果，即由劳动日的延长，附加的总劳动量的比例，从 5：7 增至 7：5，从 100% 增至 140%。这个比例，也表现在各个阿尔新上面。剩余价值总量，是由提高了比率后所使用的劳动者人数而决定，这个量，因劳动日延长的结果而减少了也好，或使用着跟从来同一的劳动量也好，换言之，由劳动日的延长，使用着较少的劳动者也好，剩余价值率依然增进，而其绝对量不增加。

其次，假定跟上面相反对，劳动日不变化仍为 10 小时，劳动生产增加的结果——但织匠的劳动，既不是所适用的不变资本，又不是织匠的劳动的本身，在制造构成工资的生产物的其他工业部门上——必要劳动时间从 5 小时减少至 4 小时，因而劳动者替资本家工作，不是 5 小时，而是 6 小时；为自己劳动的不是 5 小时，而是 4 小时。这样剩余劳动对必要劳动的比例为：

$5:5 = \dfrac{100}{100}$ 即 100%，而 现 在 却 变 为 6 ： 4 = 150 ： 100 = 15 ： 10。

在这个场合，还是 20 个人每人工作 10 小时，即使用 200 小时，他们跟以前同样，运转 80 镑的不变资本，总生产物的价值仍旧是 120 镑，阿尔新的量为 1200，1 阿尔新的价格为 2 先令。因为生产价格普通是丝毫不变的缘故。劳动者每 1 人的总生产物（从价值说来），是 2（镑），因此二十个劳动者的总生产物为 40 镑，每日 5 小时在一周内为相当于 20（镑），则每日 4 小时在一周内即相当于 24 "镑"，劳动者用此可以买得跟以前同一量的生活资料。现刻只作 4 小时必要劳动的劳动者工资，不是以前的 20 镑而是 16 镑。可变资本从 20 减至 16，然而跟从前同样，运转同一量的绝对的劳动。这个跟各个部分的比例，却不相同。以前一半有酬，而一半是无酬的。现在，在 10 小时中 4 小时有酬，而 6 小时无酬，换言之，5 分之 2 有酬，而 5 分之 3 无酬，或者是 6：4 的比例代替了 6：5 的比例，即剩余价值率不是 100%，却是 150%。剩余价值率增加了 50% 归属于一阿尔新的织匠的有酬劳动为 $3\dfrac{1}{5}$，无酬劳动为 $4\dfrac{4}{5}$。这个比例是 $\dfrac{24}{5}:\dfrac{16}{5}$，又如上面的 24：16，这可表示如下：

C. V. M	总生产物的价值（镑）	剩余价值率	剩余价值总量（镑）	阿尔新的量	一阿尔新的先令（量）	织匠的便士价值便士	剩余劳动量	剩余劳动率
$\dfrac{\text{Ⅲ}}{30\ \ 16\ \ 24}$	130	150%	24	1200	2	8	$4\dfrac{4}{5}$	$4\dfrac{4}{5}:3\dfrac{1}{5}=$ 24：16=150%

从这点看来，剩余价值总量，不是像在 Ⅱ 的场合的 28，却只是 24。但若在 Ⅲ 也是支出 20 镑的可变资本，那么使用的劳动总量会增加吧。因为在支出 16 镑的可变资本时，这个总量是不变化的。因此它只增加 4 分之 1，这是因为 20 镑较之 16 镑要多 4 分

之 1 的缘故。不只是剩余劳动有酬劳动的比例，就是使劳动的总量也会增加吧。在此提高了的比率下，16 镑会给与 40 镑，而 20 给与 50，其中 30 就是剩余价值。假如 40 镑等于 200 劳动时间，则 50 镑等于 250 时间，假如 200 时间运转 80 镑的不变资本，则 250 时间会运转 100 的不变资本。最后，假如 200 时间生产 1200 阿尔新，则 250 时间生产 1500 阿尔新。因而会发生有如下表所示的增加吧：

C. V. M.	总价值	剩余价值率	剩余价值总量	阿尔新的（量）的价值	一阿尔新的（量）价值	织匠的劳动量	剩余劳动便士	剩余劳动率
Ⅲa 100 20 30	150	150%	30	1500	2	8	$4\frac{4}{5}$	150%

普通不能不指摘这样的事实。即工资降低的结果（在此场合是当作生产力增加的结果），为使用既与的劳动量，即为对资本更有利地——因为劳动量的有酬部分较之无酬部分要减少的缘故——使用既与的劳动量，在更少的可变资本就中用的场合，资本家如果仍旧投放跟从来同量的可变资本，那么他就获着二重的利得，因为他不单是获得较之从来的总量的提高了的剩余价值率，而且他还可能在此提高了剩余价值率下榨取更多的劳动量，纵然他的可变资本不增加也好。

这样，下述的事情是很明白的了：

（一）商品价格变化也好，剩余价值的量和比率可能不变。

（二）商品价格不变也好，剩余价值也可能变化。

在研究剩余价值生产时我们已经详细论究过，商品价格，普通只有它参加到（构成为）劳动能力的再生产费用时，因而只有它影响到这个劳动能力本身的价值时，才影响到剩余价值。比较短期中所发生的影响，有因对抗的影响而被麻痹的可能。

从（一）就产生这样的结果，即由于劳动生产力的发展而引起的商品价格降低，商品的低廉化！因为它的低廉化而使劳动能力本身低廉化（反之，其腾贵使劳动能力腾贵）的那类商品，暂且不管——，固然在各个商品上物质化着更少的劳动量，或同一的劳动，表现在更多的商品量上，其结果，归属于各个商品的劳动部分就更少。但此低廉化本身，决不意味着：包含在各个商品里的劳动划分每有酬劳动和无酬劳动上的比例发生变化。上面所举出的两个法则，普通对于一切商品是有效的，因而对于直接或间接不参加到（构成为）劳动能力的再生产的商品，也是有效的。因此这种商品的腾贵或低廉化，对于决定劳动能力本身的价值，没有任何影响。

从（二）就达到这样的结论——（参照Ⅱ及Ⅲ）商品价格依然不变，在制造这些商品的生产部门上直接使用的劳动的生产力发生变化也好——剩余价值的量和比率可能增大。（反之，这样的话也可以说，即劳动日如果缩短，或因其他商品腾贵，劳动日虽然不变，而必要劳动时间增加时，则剩余价值的量和比率就要降低）。这是由于一定量的可变资本，可能使用有一定的劳动力的劳动的种种数量；（但是，只要劳动生产力不变化，则商品价格依然不变。）或其大小发生变化的可变资本，使用有一定的劳动力的劳动的相等量。简单的说，有一定大小的价值的可变资本，决不是常常要运转同一量的活劳动。因此，这种可变资本，只要是被认作是运转种种劳动的单纯的象征，那就是可变量的象征。

最后的注意——（对第二点的指摘及第二的法则），指出资本的生产物，当作资本的可除部分的商品，当作资本的担负者的商品（这种资本，是在价值上增强了的，因而它包含有由资本所生产的剩余价值的一部分），必须用别的方法来观察，这个方法是要跟以前我们研究各个独立的商品时不同的。（在我们论说商品价格的时候，常以下面的事情为前提，即由资本所生产的商品量的总价格，等于其总价格，因而这个商品量的可除部分的各个商品价格。等于其总价格的可除部分，在这里，价格普通只是价值之货币的表现。总之直到现在的叙述，没有观察跟价值相区别的价格。）

当作资本的生产物的各个商品，当作实际上被再生产而其价值增殖了资本的基本部分的各个的商品，它跟当作资本形成的前提，构成为我们的研究出发点的各个商品的区别；它跟当作独立的商品来观察的商品的区别，除了直到现在所观察的关于价格的地方以外，还表现在这点，即商品按照它的价格来贩卖时，生产此商品所支出的资本价值更不能实现。由此资本所产生的剩余价值更不能实现。不单是物质地当作构成资本的使用价值的一部分，不只是资本之单纯的担负者，而且当作构成资本的价值的担负者之商品，纵然是按照与其价值相照应的价格来贩卖也好，却是在当作资本的生产物的构成部分的那个价值以下，却是在当作总生产物的构成部分的那个价值以下出卖的；这个总生产物是增殖了自己的价值而在其中存在的。

在上面所举的例上，100 镑的资本，再生产了有 120 镑价格的 1200 阿尔新的布，依照上面的说明，因为我们有 80C，20V，20M 故可能这样说：不变资本的 80 镑代表 800 阿尔新，或代表总生产物的 3 分之 2，可变资本的 20 镑或工资，代表 200 阿尔新乃至总生产物的 6 分之 1，剩余价值的 20 镑。也代表 200 阿尔新乃至总生产物的 6 分之 1。但是，不是 1 阿尔新，例如 800 阿尔新是以等于 80 镑的价格来卖出，其他的二部分如不能卖，则在 100 镑的资本的最初价值中只有 4 分之 5 是再生产了的。这样，当作总资本的担负者，换言之，当作 100 镑的总资本之唯一的现实生产物 800 阿尔新是会在它的价值以下，即在其价值的 3 分之 1 以下卖出的吧。因为总生产物的价值等于 120，80（镑）只是全部生产物的 3 分之 2，不足的价值 40（镑），等于这个生产物的其余的 3 分之 1。这个 800 阿尔新，如只以它来看，那就是在它的价值以上卖出的，而且当作全部资本的担负者，它可能按照其价值来贩卖。例如这 800 阿尔新是以 80 镑来卖出的，而其余的 400 阿尔新仅能以 30 镑来卖出。但是关于商品量的各个部分，在其价值以上或以下出卖的事实，普通我们是完全不管的，因为依照我们的前提，商品总该是按照它的价值来贩卖的。

在这里成为问题的，不单是商品（像在分析独立的商品时那样）按照其价值来贩卖的事实，现有商品当作是为它的生产所垫支的资本的担负者，因而当作资本的总生产物的构成部分，按照其价值（价格）来贩卖的事实。假使在值 120 镑的 1200 阿尔新的总生产物中，可能卖出 800 阿尔新，则此 800 不是代表总价值的 3 分之 2，却是代表总价值的全部。因而不是代表 80 镑却是代表 120 镑的价值，而各个商品，不是 $\frac{80}{800}=\frac{8}{80}=\frac{4}{40}=\frac{2}{20}=2$ 先令，却代表着 $\frac{120}{800}=\frac{12}{80}=\frac{3}{20}=3$ 先令。这样，各个商品，不是 2 先令，却是 3 先令卖出的，即较普通多卖 50%，当作生产了的总价值的构成部分，商品不能不按照它的价格来贩卖，因而它不能不当作所卖的总生产物的构成部分来贩卖，它不是当作独立的商品例如当作总生产物的 $\frac{1}{1200}$，却必须当作补充其余的 $\frac{1199}{1200}$ 的东西来贩卖，重要的地方，是要照这个价格来贩卖，这个价格，是各个商品被当作一构成部分的这个商品的分母量所乘而得来的。

（因此而自然产生的事实，是：跟随资本主义生产的发展，且随此发展而引起的商品低廉化，商品量增加，不能不贩卖的商品量也增加，因而市场必须继续扩大，……［这个扩大］，是资本主义生产方式的要求。这点，宁可说是属于次要的事实），

（因此就说明了为什么资本家纵然各以2先令而出卖1200阿尔新，但1300阿尔新则不能用此价格来贩卖。因为追加的100阿尔新，大概会需要不变资本等从新投放，因而这个新投资，不是在生产100阿尔新的时候，却在1200阿尔新的追加生产时，会使这个价格正当化吧。）

根据上面的说明，我们明白了当作资本的生产物的商品，跟独立地加以观察的商品是不同的。这个差异，跟随我们越加深刻地追究资本主义的生产和流通，越加显现在表面上，而且对于商品价格之现实的决定，越加有所影响。

但是，我们在此想特别留意的，是下面的事实。

在本书第一卷第二篇第三章上，我们已经知道了资本的生产物的种种价值部分（不变资本的价值，可变资本的价值及剩余价值），一方面，在当作所生产的总使用价值的可除部分的各个商品里面，在当作所生产的总价值的可除部分的各个商品里面，虽在其比例的部分上所代表，所反复；但在别一方面，可能分割为总生产物所生产的使用价值的一定部分，一定的量，其一部分只代表不变资本的价值，其他的部分只代表可变资本的价值，第三部分只代表剩余价值。这两个表现，像以前已经指示过的那样，在本质上是同一的，但在其表现样式上这两者却是矛盾着的。因为在后者的解释上，属于单是再生产不变资本价值的第一部分的各个商品好像只表现在生产过程以前所对象化的（物质化）了的劳动，因此，例如值8镑的800阿尔新的垫支不变资本价值，只代表所消耗了的麻纱，油，石炭，机械等的价值，不代表从新加上的织匠劳动的任何部分。但在别一方面，当作使用价值来观察的每1阿尔新的布，除了其中所包含的麻等以外，包含着使麻变成布而且2先令价格的织匠的一定量的劳动，包含着再生产他消耗了的16便士的不变资本，更包含有代替工资的4便士，以及物质化在布里面的 4 便士的无酬劳动。这个外观上的矛盾——这不能够解决，致使在分析上陷于根本的错误，这在以后可以知道——一眼看来，就使只是考虑到各个商品的价格的人们完全发生混乱；这些人就是只考虑到上面我们已经说过了的命题（例如各个商品或总生产物的一定量，可能以比它的价值更低的价格，或比它的价值更高的价格，贩卖出去）的。普鲁东就是陷于这种混乱的一人。

（1 阿尔新的价格，在上例不是孤立地加以决定的，这是当作总生产物的一个构成部分来决定的。）

（上面关于价格决定所说的事实，我在以前曾经这样说过——那时候的各个表现，说不定应该包含在从来的叙述里面。）

最初，我们曾经把各个商品，当作一定量的劳动的结果，当作它的直接结果，而加以独立的考察。现刻，它是资本之结果的生产物，因此，问题在形式上（以后在生产价格上现实地）发生如下的变化——生产了的使用价值量，表现为跟生产物中所包含的消耗了的不变资本（由此不变资本而转移于生产物上的物质化了的劳动量）的价值相等的劳动量，和跟可变资本相交换的劳动量（其一部分代替可变资本的价值，其他的 100 则形成为剩余价值。）假使资本里所包含的劳动时间表现为等于 100 镑的货币，其中 40 镑构成为可变资本，剩余价值率为 100 分之 50，则生产物中所包含的全部劳动量表现为 120 镑。在商品踏进流通（过程）以前，这个交换价值不能不预先转化为价格。因此，总生产物例如是一个不可分的对象物（如家屋），而全部资本不是在单一的商品上再生产时，则资本必须算出各个商品的价格，即各个商品的交换价值，不能不表现在计算货币上。跟随劳动生产力的不同，120 镑的总价值，会分划在更多或更少的生产物量之间吧。因此，各个商品的货币，跟商品的总量成反比例，会代表对于商品单位的 120 镑更多或更少的部分吧。例如总生产物是 60 吨石炭，60 吨等于 120 镑，一吨就会等于 $\frac{120}{60}$ 镑 = 2 镑吧。又若生产物是 75 吨，则 1 吨等于 $\frac{120}{75}$ = 1 镑 2 先令，生产物是 240 吨，则 1 吨等于 $\frac{120}{240}$ = $\frac{12}{24}$ = $\frac{1}{2}$ 镑，等。总之，各个商品的价格 = $\frac{生产物的总价格}{生产物总量}$，即等于生产物总量来除生产物的总价格。而此生产物总量，是随生产物的使用价值的如何，能以种种尺度来评量。

这样，各个商品价格，假使是以商品的总量（在此场合为吨）来除 100 镑的资本所生产的商品量（吨数）的总价格而得来的，则在别一方面，总生产物的总价格，等于所生产的商品总数乘各个商品价格所得的积。跟随劳动生产性的增进，商品如果增加，则它的量增加，而各个商品的价格降低。劳动生产性减少的时候，则发生反对的事情，在这个时候，一个要素——价格——虽是增进，而别的要素——量——则减少。只要支出的量不变，那么它就表现在 120 镑的不变的总价格中，由于依存于劳动生产性而变化的商品量的如何，这个总价格如何归属于各个商品，是一点也没有关系的。

归属于各个商品的价格部分——总价格的可除部分——：因生产物增加的结果，即劳动生产性增大的结果，在较小的场合，则表现归属于此的剩余价值部分，即表现 20 镑的剩余价值，跟生产物相关联的总价格的可除部分也更加减少。但此事实，决不会使这个比例发生变化，这个比例就是表现，剩余价值的各个商品的价格部分，跟表现工资或有酬劳动的商品价格部分之比例。

但在观察资本主义生产过程时（知道了）这个事实，即若不论及劳动日的延长，决定劳动能力的价值，跟随劳动者必须消费的诸商品的低廉化，因此，劳动日纵然不变也好，也有有酬劳动部分缩小，而同时无酬劳动部分延长的倾向。

因此，在以前的前提下，在各个商品价格上的剩余价值的分配，跟这个价格在总价值上，在总价格上，所占的分得数量成比例。——现刻生产物价格虽然降低，但表现剩余价值的这个价格部分，会增加吧，但这决不只是因为这样情形才会发生；这个情形就是剩余劳动增大的结果，剩余价值在生产物的总价值中成比例地占着较大的地位。同样的原因，即劳动生产性的增进（生产性降低时会发生相反的事情吧）——其增进的结果，同一的劳动量，同一的120镑的价值，表现在更多的商品量中，因而各个商品价值降低——使劳动能力的价值减少。因此，各个商品的价值降低，其中所包含的劳动总量，因而其价值虽然减少——在此价值中剩余价值所占的比例的构成部分会增加。或者各个商品，例如在各吨中所包含的较小的劳动总量里面，劳动虽不是怎样生产的，生产的量更少，各个商品的价值，较之更高的以前的时候，包含着更多的无酬劳动。在120镑的总价值中，因而在此120镑的各个构成部分中，现刻包含着更多的无酬劳动。

这个谜使普鲁东陷于混乱，他只留意各个独立的商品的价值，不把商品当作总资本的生产物来观察，因而又不观察在概念上由总生产物价值的各构成部分所分割的比例。

"商品的价格，在商业上，是由资本利息（这不过是剩余价值的一部所带着的特别名称）加上劳动者的工资而构成的场合，劳动者能够再买他自己生产的物品，是不可能的事实。由劳动而生活的事实，在实行着利息的支配的场合，是包含着矛盾的原理。"（信用的无报酬。巴斯奇氏与普鲁东氏的论战，1850年，105页）

完全是那样的。为了使问题明白起见，假定这里论及的劳动者 "lonurior" 是全部劳动阶级。他接受来用以必须购买生活资料等的周薪（一周的工资），为商品量而支出，假使把各个商品加以个别观察，而且把一切的统合为一，则其价值，除了等于工资的部分以外，包含着等于剩余价值的部分，普鲁东所说的利息，只是这个剩余价值的一部分，恐怕只是构成相对地极小的比例的部分。只有等于工资的周收入的劳动者阶级，要怎样才可能购买等于工资加上剩余价值的商品量呢？从劳动者阶级全体看来的周薪（周工资），单是等于生活资料的周总计，劳动者由其接受的货币额而不能买得必要的生活资料，是非常显明的事实。因为他接受的货币额，等于周工资，等于支付给他的劳动的周价值，而每周所必需的生活资料的价值，等于周工资上加上表现无酬剩余劳动的价值。因此，"……劳动者不能够购买他自己生产的东西。由劳动而生活的事实"，因而在此前提下，包含着"矛盾"。只要是关于事物的表面，普鲁东是完全正确的。但是假如他不把商品加以独立的观察，而当作资本的生产物来观察，那么他会发现这样的事实吧。即周生产物分割为这两部分：一部分是它的价值等于工资，等于一周中所支出的可变资本，而且没包含着剩余价值；其他一部分它的价格只是等于剩余价值。商品的价格，虽是包含着这个商品的一切，而劳动者却只能再买得这个第一的部分。（在这里，劳动者在购买时会被人欺骗，或事实上被小商人所欺骗等，对于这个问题，都是无关系的事情。）

看来深刻而难解决的普鲁东之经济的逆说的真相，大概有如上述。这些逆说，经济的诸现象在他的脑筋里之所以引起混乱，是在他把它当作诸现象的法则来描写的那一点。

（在实际上，他的命题更坏，因为在这个命题里面包含着这样的前提——商品的价格等于包含在其中的工资，等于包含在其中的有酬劳动的量，所谓剩余价值，利息，不过是对于这个商品的真正价格的派生的附加物。)

但是，更加不成的，是俗流经济学对着普鲁东的批判。例如福卡德氏（此处引用这个地方）把他的注意集中在这个地方——普鲁东的提说，不只是一方面证明得太多（因为依据这个提说，劳动者阶级普通就不能够生存），而且在别一方面，在逆说的表式化上，他又没有充分彻底（因为劳动者所买的商品的价格，在工资加上利息等以外，包含着原料等，简言之，不变资本的诸要素）。完全是这样的，福卡德氏呵！但是，往前一步又是如何的呢？他实际上证明着问题比普鲁东所提起的更为困难——他拿这个事实，甚至在普鲁东所提起的范围内也不能解决这个问题，而以无意义的空文句来作为解决这个问题的根据。

从本质上看来，普鲁东以诡辩的自己满足，公然把经济现象的混乱表式化，采用跟着俗流经济学相反对的方法，这宁可说是可取的地方。俗流经济学者，不能理解这个混乱，努力于抹煞它，反而把自己的理论的贫弱暴露在青天白日之下。例如：V. F. 罗雪尔氏批评普鲁东的财产是什么，称为是"混乱着的，而且是引起混乱的东西"，在此"引起混乱的东西"的话句里，表现着不能克服混乱的俗流经济学的无力的感情。俗流经济学，拿着资本主义生产的诸矛盾，像普鲁东所表现。烦恼上述的经济学者的头脑，甚至在混乱的，肤浅而诡辩的形态上，也不能加以解决。对于俗流经济学，除了理论上不能克服的诡辩诉之于"单纯的"常识，或将事物加以牵强附会的说明以外，别无他法。对于以"理论家"自任的人们，这真是很好的安慰。

（注意，关于普鲁东的地方，放在第二卷第三篇，或放在更后面，好一点也未可知。）

在第一篇所论及的困难，现刻同时解决了。资本之生产物的商品，由其价值所决定的价格来贩卖，因此假设全部资本家阶级按照商品的价值来贩卖，则各资本家会实现剩余价值，换言之，他贩卖着在商品价值中他没有任何耗费任何支付的部分。这样，资本家所接受的利润，不是由于互相欺骗——这只有某人掠夺属于别人的剩余价值时才这样做——，也不是由于他们是在价值以上贩卖商品，宁可说是他们互相按照价值来贩卖商品而获得的，商品按照它的价值的价格来贩卖的这个前提，又构成为次卷的内容的诸研究的根据。

直接的资本主义生产过程之最近的结果即其生产物，是商品。在这个商品价格上，不单是要代替这个商品的生产期间中所耗费了的垫支资本的价值；同时，在这个期间中所消费了的剩余劳动，又物质化，对象化为剩余价值。当作商品来看，资本的生产物，参加到商品交换过程，因而不仅参加物品之现实的交换，同时还要实行形态转化，这个形态转化，我们是已经当作商品的变态而叙述过了的。这个转化，只要是单纯的形式上的转化——这些商品转化为货币，及货币转化为商品——，那么这个过程，在我们叫作"单纯的流通"，即，叫做商品本身的流通地方，是已经描写过了的。但此等商品，现刻同时又是资本的担负者。它们现刻是在价值上增殖；是由剩余价值而丰富了的资本。在这点，资本之再生产过程的此等商品的流通，同时就包含着商品流通之抽象观察所不知道的更进一步的各种规定。因此，我们不得不把商品流通当作资本流通过程来观察。在次卷，我们就这样观察。

I 马给恩

（一八六七年六月二十二日）

亲爱的 Fred：

〔……〕我希望，有这四大页，你会满意。一向来，你的满意的表示，比任何其他人的话，都被我看得更重要。无论如何，我预料到，资产阶级终生会想到我的麻烦。他们是怎样卑鄙，现在又有一个新的证明了！你知道，童工委员会办过五年了。它的第一次报告，是一八六三年发表的。依照这个报告，那些被报告的部门，应立即加以"调整"。保守党内阁在这个会期的开始，就由沃尔鲍（Walpole）这个"垂泪的柳"，把一个法案提出。依照这个法案，委员会的全部动议，全被采纳，不过范围极其有限罢了。这些要被调整的坏蛋——包括大的金属工厂主，特别是家内劳动的吸血鬼——都默不做声。但现在他们却向国会提出一个请愿，要求——新的调查！他们说，旧的调查是偏袒的！他们乘着改革法案（Reform-bill）吸引一切公众注意的机会，适意地秘密地把问题偷运进来，同时，反工会的恶风气，又正在发扬。

但"报告"内最不快意的部分，正是这些坏蛋自己的供述。他们知道，新的调查，只有一点意思；这一点，也正是"我们许给资产阶级的"——那就是五年的新的榨取时间！幸而，我在"国际"内的立场，揭发了他们的狡猾的阴谋。这个问题是异常重要的。它所考虑的，是一百五十万人的痛苦的解除。成年男工人，还没有包括在这个数目内！

关于价值形态的说明，为要使我的见解保持辩证法的立场，所以有些地方我采纳你的意见，有些地方没有。那就是（一）我写了一篇附录，尽可能在单纯的教科书一样的方法下，把这个问题说明；（二）依照你的意见，每一节都分成了段落，每一段都有了小标题。在序言内，我告诉那些"非辩证法"的读者说，他可以翻过 x-y 那几面，先读这篇附录。这不仅是对那些浅薄的人说，也是对那些爱好科学的青年说。对于全书，这正是决定的问题。经济学家们一向都把这个最单纯的形态忽略。这个形态是二十码麻布等于一件上衣。这个形态是二十码麻布等于二镑这一个形态的未发展的基础。在这最单纯的商品形态上，商品价值尚未表现为对其他一切商品的关系，只表现为这种差别性，使它和它自身的自然形态相区别。但它已经包含货币形态的全部秘密了，且在实质上，包含了劳动生产物的一切的资本主义的形态。由价值表现，才发展而为货币表现。所以，我先对价值表现加以严密的分析，由此，我在第一个说明上，就把说明上的困难避免了。〔……〕

你的 K. M. 一八六七年六月二十二日。

Ⅱ　恩给马

（一八六七年六月二十六日）

亲爱的 Mohr：

〔……〕关于剩余价值的成立，还有下述一点：工厂主以及庸俗经济学立即会向你抗议说：就使资本家以六小时的价格，来换十二小时的劳动时间，剩余价值依旧不会成立，因为在这场合，工厂劳动者每一小时劳动，仅被付以半小时劳动，从而，加入劳动生产物价值内的，也只是这个价值。在这里，他们会拿普通的计算式来做例：说这许多用在原料上，这许多用在消耗上，这许多用在工资（每一现实小时生产物所实际支付的工资）上等。这个论调是这样可怕，它是这样把交换价值和价格，把劳动价值和劳动工资视为同一，它的前提——小时劳动如仅付以半小时作代价，它便也只以半小时加到价值内——所以我很觉得稀奇，为什么你会没有顾到这一点。因为，这种顾虑将使你的说明可以更确实。并且，这一点也是应当预先解决的。也许，下次寄来的稿，会回头论到这点。

你的 F. E. 一八六七年六月二十六日，孟彻斯德。

Ⅲ　马给恩

（一八六七年六月二十七日）

亲爱的 Fred：

〔……〕关于你说到的那些俗物和庸俗经济学者必然会有的想头，（当然，他们忘记了，当他们在工资名义下计算有给劳动时，又会在利润名义下计算无给劳动，）科学地表现出来，要归着到这个问题：

商品的价值如何转化为它的生产价格。在生产价格内，

（一）全部劳动都在工资形态上表现为有给的；

（二）但剩余劳动或剩余价值，则在利润利息等名称下，采取价格追加额的形态，即成本价格（不变资本部分的价格加工资）以上的追加额。

这个问题的答复，假定：

（一）劳动力的日价值转化为日劳动的工资或价格这件事，已经说明。这是这一卷第五章已经做过了的。

（二）剩余价值转化为利润，利润转化为平均利润这几件事，已经说明。但要说明这几件事，必须先说明资本的流通过程，因为在这个问题上面，资本的周转是有作用的。所以这个问题，我们必须到第三册才能说明（第二卷包括第二册第三册）。那里将会指示，这些俗物和庸俗经济学家的说明方法，是立脚在何处。那就是，在他们脑中，只会反映关系的直接的现象形态，决不会反映它的内部关联。如果是这样，科学又有什么必要呢？

如果我现在把一切这样的想头先行切断，我就把全部的辩证的说明方法损坏了。刚好相反。这个方法有一个长处，它会不断把这些坏蛋陷在阱内，激使他们不合时地，表现他们的愚行。

再者，马上会寄到你手上的，是第三篇"剩余价值率"和论"劳动日"的那一篇，（叙述关于劳动时间的斗争。）那些考察会明白指示，资产阶级先生关于他的利润的源泉和实质，实际是极明白。这种情形，在西尼耳的场合，也会指示出来。在这场合，资产阶级确信他的全部利润和利息，是由最后一小时的无给劳动生出的。〔……〕　　你的 K. M，一八六七年六月二十七日。

Ⅳ　马给恩

（一八六七年八月十六日）

亲爱的 Fred：

我刚好把本卷的最后一页（第四十九大页）改好。附录——价值形态——缩短了，约有一又四分之一大页。

序言也在昨天改好送回去了。所以，这一卷是完成了。这一卷的完成，得力于你的地方太多。没有你的贡献，这样大的三大卷的工作，我是不能完成的。我感谢你，十分感谢你！

附寄清样二大页。

寄来的十五镑接到了，多谢多谢。

祝好，我的亲爱的朋友！

　　　　　　　你的 K. Marx 一八六七年八月十六日晚二时。

附启：书全部出版时，我先要收回这些清样。

Ⅴ　恩给马

（一八六七年八月二十三日）

亲爱的 Mohr：

迄至现在，我已用心读完了三十六页。我极满意，你的完全的方法，已由适切的处置和适当联系上的说明，把那些最微妙的经济问题，弄得极其简单，并且一目了然的明白。依照事物性质，把劳资关系放在完全的关联上，完完全全的，提出最完美的说明，这还是第一次，你在术语上的加工，使我看到，甚觉快慰，但对于你，那一定费了你许多苦心；不过，也就因此，我又有种种疑虑。有一个笔误，我曾用铅笔在旁边改正。我还有若干的推测，但和全书外表上的分节相比，这就都不算什么了。第四章差不多有二百面长，但只有四节，它们的标题也不显眼。思想的进行，为例解所中断了。被例解的各点，又没有在例解的末尾概述一遍，读的人要不断由一点的例解，直接导往别一点的提示。这是极易叫人烦厌的，且也叫人困惑，除非十分注意看。这里，如有更多的分节，更醒目的标题，章节将更适当，且也更适合于英国式的编辑方法。大体说来，在这个说明上，（特别是关于合作和制造业的说明，）还有若干点，在我看来，不十分明了；在这些地方，我不能看出，这种不过笼统提示的说明，是指那一种事实。依照说明的外形，好像这第四章，也是在最匆促中写成的，至少要再修正一次。但这一切都不要紧，主要点是，不让一个地方留下一个弱点，来让经济学家先生们攻击。我真高兴听到，这些先生们无论说什么，都是无的放矢。罗雪尔之流的人，是知道这样安慰自己的，但对于现方在英格兰的人——他们不是为三岁童子写作的——不是这样。

你能再把若干页寄我，我不知要怎样喜欢。这样，我就可以一气把蓄积问题读完了。〔……〕

你的 F. E. 一八六七年八月二十三日，孟彻斯德。

Ⅵ　马给恩
（一八六七年八月二十四日）

亲爱的 Fred：

自前次寄上两大页清样以后，我没有再接到一页。我真气麦斯讷（Meissner）。费根特（Wigand）送来的清样，显然是被他扣留着，想一次把全部送来，不过为要省四便士邮票！〔……〕

但许多时间因此损失了！

我此书的最优点是，（一）（那是事实的理解的基础，）立即在第一章，指出劳动的二重性，它一方面表现为使用价值，一方面表现为交换价值；（二）讨论剩余价值时，我把它的特殊形态，如利润利息地租等丢开，这种种形态，要到第二卷才讨论。古典派经济学讨论这种种特殊形态，不断把它们和一般形态混同。他们的讨论，只是一种杂拌。

我请你在清样上详细写出你的愿望，你的批评，你的疑问来。对于我，这是极重要的，因为我在第二版时，迟早要顾到它们。至于第四章，那曾使我流不少的汗，去寻找问题的自身，那就是寻找它的关联。但当它写成以后，我在最近整理它时，却连续发现几种蓝皮书。我真高兴，我的理论的结论，竟由事实得到了完全的证明。是用红玉和债权者的气概写的！［……］

你的 K. M. 一八六七年八月二十四日。

Ⅶ 马给库格曼
（一八六七年十一月三十日）

亲爱的 Kugelmann！

我的复书，是因贱恙延迟的。数星期来，我的身体一径感到不舒服。

最先，我应当对于足下的努力，表示无上的感谢。恩格斯已经（或将要）写信给李卜克内西（Liebknecht），李卜克内西（和哥兹等人）曾在国会要求研究劳工状况。他曾就这件事写信给我；我也曾应他的要求，寄若干专门关于这个问题的法律成案给他。计划或不能实现，因为依照议事程序，那是已经没有时间了。关于这一点，足下与其写信给我或恩格斯，毋宁写信去问李卜克内西。在实际上，他也应负责任，应在工人协会，叫他们注意我的著作。他不这样做，所以让拉萨尔派（Lassalleaner）支配了，并且在一个不当的方法上被处理了。

康特詹（Contzen）——莱比锡的私教授，罗雪尔（Roscher）的学生和门徒——曾由李卜克内西向我讨本书一册，想要从他的观点，对本书下一个详细的批评。现在已由麦斯讷直接送去了一册。这 是 一 个 好 的 开 端。——你 指 出 "Taucher" 误 为 "Faucher"，这是一件使我高兴的事。Faucher是经济学上的游行牧师。在罗雪尔，劳（Rau）摩尔（Mohl）之流的"博学的"德意志经济学者中，没有这个小卒的名字。只要我们提到他的名字，我们就太过尊重他了。所以，我决不是把他当作名词用，只是把他当作动词用。

尊夫人要读此书，可先读"劳动日"，"合作，分工，和机械"那几章，然后读论"原始蓄积"那一章。如果有不甚了解的术语，足下必须向她说明。如果还有不甚明了的地方，我是随时听你们吩咐的。

在法国（巴黎），本书曾有一篇详细的批评，见"法国评论"，但可惜是普鲁东派人写的。并且，在法国，本书已在进行翻译了。

我一恢复元气，就会再写信给你。我希望你也常常写信来。这对于我，常常是一种鼓励。

K. M. 一八六七年十一月三十日，伦敦。

Ⅷ　马给库格曼
(一八六八年三月十八日)

〔……〕M'的信，使我很愉快。但他对于我的说明，一部分误解了。否则，他就会知道，我不仅把大工业当作对立性的源泉，并且当作解决这个对立性的物质的和精神的条件之结果。不过，这个解决并不是顺快进行的。

就工厂法——那是劳动阶级得以自由发展和自由运动的第一个条件——说，我希望，为国家的缘故，这个法律不仅成为工厂主的强制法律，并且成为劳动者自己的强制法律。（第四百五十九面，我曾在注五十二，指出女工们反对时间的限制。）M 先生既然和欧文（Owen）一样努力，他自能把这种反抗打破。我在第一百七十五面说过，个个的工厂主，就使他要在立法上发生影响，也不能在这个问题上面，有许多的作为。在那里，我说"大体言之，这并非依存于个别资本家的好意或恶意"云云。在同篇第一百十四注，也曾有同样的说明。不过，虽说如此，个人仍能有所成就，像菲尔登（Fielden），欧文交流，就可为充分的证明。他们的大影响，是不可抹煞的。至若爱尔赛斯的马尔夫斯（Dol-lfus），他是由一种诈术，想由他们的契约条件，造成一种惬意的对他们有利的隶属关系，使劳动者隶属于他们而已。在巴黎，这种现象相当地流行。有一个笃尔夫斯，就曾在一个立法团体内，把一个最不名誉的条文，加到出版法内，并予以实行。即："私生活应关在墙壁以内。"

对尊夫人，请致最诚意的敬礼

K. M. 一八六八年三月十七日，伦敦。

IX 马给恩

（一八六八年四月三十日）

亲爱的 Fred：

〔……〕依照顺序，我们要研究利润率的说明方法了。所以，我且把最一般的路线指示给你。在第二册，你知道，我们将要在第一册说明过的前提下，说明资本的流通过程。我们还要在那里讨论由流通过程生出的形态决定，如固定资本和流动资本，资本的周转等。我们在第一册，只要假定，在一百镑到一百十镑的价值增殖过程中，一切要重新转成的要素，已经在市场上存在着。但现在我们要研究这些已存物的条件，讨论诸种资本，资本诸部分，和所得（=m）相互间的社会的错综。

在第三册，我们要讨论剩余价值如何转化为它的不同诸形态，即如何转为互相分离的诸成分。

I 当初，在我们手上，利润只是剩余价值的一个别名。因为全部劳动都在工资形态上表现为有给的；所以，无给的劳动部分，必然会像不是出自劳动，而系出自资本，并且又不是出自资本的可变部分，而系出自总资本。因此，剩余价值取得了利润的形态；在它们二者之间，也不显示出任何量的差别来。其一不过是其他的幻想的现象形态。

再者，在商品生产上消费掉的资本部分（即垫支在商品生产上的资本，不变的和可变的，减去那只使用不消费的固定资本部分），现今是当作商品的成本价格。因为，就资本家说，商品价值内那有所费于他的部分，便是他的成本价格；反之，商品价值内包含的无给劳动，从他的观点看，是不加入成本价格内的。剩余价值即利润，现今是当作他的售卖价格超过他的成本价格的余额。所以，我们命商品的价值为 W，它的成本价格为 K，W = K + m，所以，W − m = K，所以，W 比 K 更大。成本价格这个新范畴，在以后的说明的细目上，是极必要的。由此我们可以推论说，资本家虽在商品价值以下售卖商品，但只要是在商品的成本价格以上，他就仍旧可以获得利润。这是根本法则。我们要了解竞争所引起的平衡，必须先了解这个根本法则。

所以纵使利润原不过在形态上与剩余价值有区别，但利润率却会在实际上与剩余价值率相区别，因为，在一个场合，是 $\frac{m}{v}$，在别一个场合，是 $\frac{m}{c+v}$。一看就知道，$\frac{m}{v}$ 比 $\frac{m}{c+v}$ 更大，所以利润率比剩余价值率更小，除非 c = 零。

但参照第二册的说明，结论是：我们不是以一个任意的商品生产物，例如一星期的商品生产物为基础来计算利润率；在这里，$\frac{m}{c+v}$ 是指在一年间生产的剩余价值，对一年间垫支的（不是周转的）资本之比例。所以，在这里，$\frac{m}{c+v}$ 是指年利润率。

其次，我们要研究，资本的周转（一方面它依存于流动资本对固定资本的比例，另一方面又依存于流动资本在一年间周转的次数等），如何在剩余价值率不变时，影响于利润率。

假设资本的周转为已定数，又假设 $\frac{m}{c+v}$ 即是年利润率。我们要研究，离开剩余价值率甚至剩余价值量的变化，年利润率怎样还能够发生变化。

因为剩余价值量 m 等于剩余价值率乘可变资本，所以，如果我们把剩余价值率命为 r，利润率命为 p′，p′ 就等于 $\frac{r \cdot v}{c+v}$。在这里，我们有四个量，p′，r，v，c。在这四个量中，我们知其三，常要把第四个量，当作未知数来求。在利润率的变动，与剩余价值率的变动相差违，在一定程度内，甚至与剩余价值量的变动相差违时，一切关于利润率变动的可能场合，都可由此推演出来。这些，在前人看来，当然都是不能说明的。

这个这样发现的法则，是极重要的。例如，要了解原料价格对于利润率的影响，就须先了解这个法则。剩余价值虽然要在此后，在生产者等人之间分割，但这个法则依然是正确的。那只能改变现象形态。并且，就使我们把 $\dfrac{m}{c+v}$ 当作是社会生产的剩余价值对社会的资本之比例，这个法则依然可以直接使用。

II 在前一段当作变动，当作一定生产部门的资本的变动，或是当作社会资本的变动——它的构成等，就由这种变动而发生变化的——来考察的事情，现在，要被当作差别，当作投在不同诸生产部门的诸资本量间的差别，来把握。

在这场合，我们将会发觉，假设剩余价值率即劳动榨取率是相等的，则不同诸生产部门的价值生产，从而剩余价值生产，从而利润率，就会有差别。但竞争会由这诸种不同的利润率，形成一个中位的或一般的利润率。还原为绝对的表现，这不外就是资本家全阶级（逐年）生产的剩余价值对全社会垫支的资本之比例。例如，当社会资本 = $400c + 100v$，逐年由此生产的剩余价值 = $100m$ 时，社会资本的构成 = $80c + 20v$，生产物的构成（以百分比率计算）= $80c + 20v + 20m$。利润率 = 20%。这就是一般利润率。

诸资本量，被投在不同诸生产部门，且具有不同的构成。在这诸资本量之间，竞争所造就的，是资本主义的共产主义。那就是，属于各个生产部门的资本量，会比例于它在社会总资本内所占有的部分，而在总剩余价值内夺取一个可除部分。

只要各个生产部门（在上述的前提下，即总资本＝80c＋20v，社会利润率＝$\dfrac{20m}{80c+20v}$）逐年的商品生产物，是依照成本价格加垫支资本价值（不问垫支的固定资本，有多少加入年成本价格内）的20％利润，情形就会如此。但因此，商品的价格决定，就必须与它的价值发生差异了。只有在资本百分比构成为80c＋20v的生产部门，价格K（成本价格）加垫支资本的20％，方才会与它的价值相一致。在资本构成较高的场合（例如90c＋10v），这个价格将会高过它的价值；在资本构成较低的场合（例如70c＋30v），这个价格将会低在它的价值之下。

这个平均化的价格，把社会的剩余价值，比例于诸资本量的大小，平均分配于诸资本量之间。这个价格，就是生产价格。这是一个中心，市场价格就是绕着这个中心来变动的。

但就享有自然独占的生产部门说，即使利润率较社会的利润率为高，它仍然会从这种均衡过程排除出来。这一点，后来在地租的说明上很重要。

在这章，我们要进一步说明不同诸投资间的种种均衡原因。这种种均衡原因，在庸俗经济学者看来，便是利润发生的各式各样的原因。

再者，我们还要说明，在价值转化为生产价格之后，这个依然有效的以前曾经说明过的价值法则和剩余价值法则，将采取怎样的变化了的现象形态。

Ⅲ 社会进步，利润率有向下落的趋势。第一卷我们已经讲过，在社会生产力发展时，资本的构成将会发生什么变化。由这种说明，我们已经知道会有这种趋势了。这，和以前一切经济学的卑陋工作相比，可以算是最大的胜利之一。

Ⅳ 以前我们只讨论生产资本。现在有商人资本加进一个变形来。

依照以前的假设，社会的生产资本 = 500（百万或万万，是无关重要的），并且是 400c+100v//100m。一般利润率 p′ = 20%。现在，假设商人资本 = 100。

所以，100m 须依 600，不是依 500 来计算。一般利润率，因此，由 20%减为 $16\frac{2}{3}$%。生产价格（为求简单起见，我们在此假定，全部 400c——全部固定资本都计算在内——都加在年生产的商品额的成本价格内），现在是 $= 583\frac{1}{3}$。商人依照 600 的价格来售卖。如果我们把固定资本部分除开不说，他就会由他的 100，实现 $16\frac{2}{3}$%的利润，和生产资本家实现的利润一样，换言之，他将占有社会剩余价值的 $\frac{1}{6}$。商品——就其总量和社会全量说——是依照价值来卖。他的 100 镑（把固定的部分除开不说），对于他，不过充作流动的货币资本。如果商人多吸取了什么，这不外是单纯的掠取的结果，或是商品价格变动的投机的结果，或像零售商人的场合一样，是利润形态下的劳动（虽然这是极卑微的不生产的劳动）的工资。

V 现在我们把利润还原成了这个形态。依照我们的假设（$16\frac{2}{3}$%），利润实际就是在这个形态上，当作定额出现的。但这个利润还会分割成为企业利益和利息，所以我们现在要讨论的，是这种分割，是生息资本，是信用制度。

VI 剩余利润的地租化。

VII 最后，我们要论到庸俗学者当作出发点来利用的诸现象形态：即由土地生出的地租，由资本生出的利润（利息），由劳动生出的工资。但从我们的立足点看，事情并不是这样。外观上的运动是明白的。再者，亚当·斯密的错误（一切以往的经济学都在这个基础上建立）——商品的价格，由三种所得构成，从而只由可变资本（工资）和剩余价值（地租利润利息）构成——是被推翻了。我们要讨论在这个外观形态上的总运动。最后，因为这三者，工资利润（利息）地租，是三个阶级的所得源泉，即土地所有者，资本家，工资劳动者这三个阶级的所得源泉，所以最后我们要讨论阶级斗争。在这里，一切粪土的变动和解决，都解决了。

　　祝好

你的 K. Marx 一八六八年四月三十日，伦敦。

X　马给库格曼
（一八六八年七月十一日）

亲爱的朋友！

　　〔……〕对于足下寄来的东西，我深深感谢。请不要写信给福塞尔（Faucher）。不然，我们就把这个无名小卒看得太过重了。他的全部成就，不过是：在再版时，我将在论价值量的地方，给巴斯夏（Bartiat）一个适当的打击。这并不是忽略，因为第三卷将有很长的一章，专论庸俗经济学者们。在那里，我们自然会看见福塞尔之流，是用他们的污笔，不从所支出的劳动力的量，却从这种支出的不存在，那就是从"被节省的劳动，说明交换价值"的起源。究其实，这种被人欢迎的"发现"，还不是巴斯夏替他们引出的；巴斯夏不过依照他的方法，剽窃了许多以前的作家。他的根源，当然是福塞尔之流所不认识。

　　说到"中央新闻"，那位曾为尽可能最大的让步，因为他承认，如要在价值问题上有所思考，是必须承认我的推论。但他不知道，我的著作虽没有一章讨论价值，我所提示的现实关系的分析，已包含现实价值关系的证明和论证。关于证明价值概念的必要，和关于这个概念当作科学方法来讨论的问题，他曾大发谵语。实则，他的妄言，都以最完全的无知为根据。每个儿童都知道，莫说一年，就停止劳动几个星期，一个国家也会不能生存。每个儿童都知道，与不同诸种需要相照应的诸种生产物的量，须有不等的在分量上确定的社会的总劳动量。又，这也是自明的：社会劳动必须依确定的比例分割，这种必要性，不会因社会生产的一定形态而废止，却只因此改变它的现象形态。一般说来，自然法则是不能废止的。在历史的诸不同状态下，能够变化的，只是那种法则所依以贯彻的形态。一个社会，如果它的社会劳动的关联，当作个人劳动生产物的私人交换来实行，则劳动的比例分配所依以实行的形态，便是生产物的交换价值。

这种科学的目的，在说明价值法则是怎样贯彻的。所以，如果我们要"说明"一切表面上与这个法则相矛盾的现象，我们就须提示科学以前的科学了。里嘉图为要从价值法则论证一切可能的范畴的妥当，竟在他的著作的讨论价值的第一章，把应该先行说明的一切可能的范畴，当作与件假定了，但这正是里嘉图的缺点。

不过，像足下所正确提示，价值学说的历史，总证明价值关系的理解，常常是这样；不过，它有时更明白，有时更不明白，有时包含着某种修辞上的错觉，有时包含着某种科学上的错觉。因为思想过程是由实况引出的，本身就是一个自然过程，所以把握现实的思想，常常总是这样；必须在发展已经成熟，从而思想的器官也发展成熟以后，它才会渐渐自行区分开来。一切别的说法，都是妄言。

庸俗经济学者一点没有觉得，现实的日常的交换关系和价值量，并不是直接合一的。资产阶级社会的特色是，在生产上，没有任何预先讲求的意识的社会的统制。悟性与自然必然性，都只当作盲目的平均来贯彻。所以，当庸俗者不从事内部关联的暴露，只空口说事情在现象上看来不是如此的时候，他就以为，他有了一个大发现。其实，在这里，他不过表示他是牢抓着外观，并且把外观当作是最后的。这样，何以有科学呢？

但在这里，事情还有一个别的背景。只要对于关联有深切的洞见，现状具有永久必然性这一切理论上的信仰，就会在实际发生崩溃以前，归于消灭。在这里，支配阶级的绝对利益，总想把无思想的紊乱，化为永久的。如果不是这样，这个在科学上只知道玩这副大牌，除了说经济学界的人一般可以不用思想，就不知再说什么的诡谲的妄言家，怎样也可以领大薪俸呢？

够了，太够了。无论如何，总该知道资产阶级的这位牧师，是怎样无用啊！劳动者，甚至工厂主和商人都了解我们的书，都能把握当中的思想，这位博学的著作家（！）却叹说，我的话他全不能理会。

希维塞的论文，我不赞成付印，虽然他也曾捐款给这个新闻。

你的 K. M. 一八六八年七月十一日，伦敦。

附启：我曾接到狄慈根（Dietzgen）一篇论文，我把它送到李卜克内西那里了。

第一表　再生产过程表

（货币流通未曾表现出来；再生产规模不变）

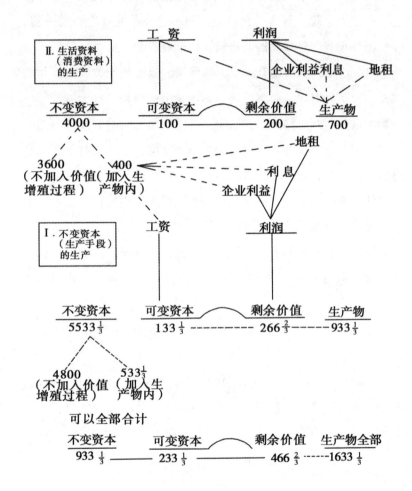

可以全部合计

不变资本	可变资本	剩余价值	生产物全部
$933\frac{1}{3}$	$233\frac{1}{3}$	$466\frac{2}{3}$	$1633\frac{1}{3}$

第二表 总再生产过程的经济表

（货币流通未表现出来，再生产规模不变；固定资本部分在外）

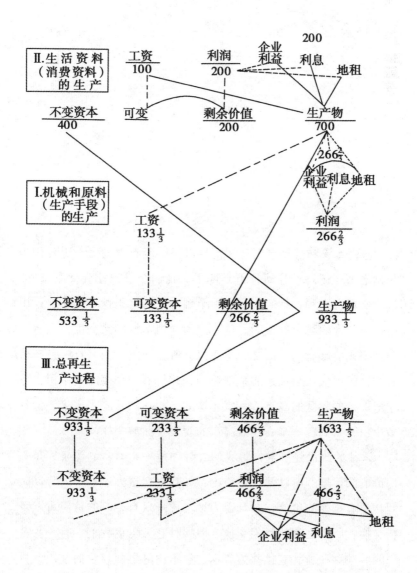

曾载《民主周刊》一八六八年三月二十一日和二十八日
《资本论》述评（恩格斯著）

I

自资本家和劳动者出现在世界以来，没有别的书，比我们当前这本书，还对于劳动者更重要了。我们今日的社会体系全部，是建筑在资本和劳动的关系这一个轴心上。对于这种关系，这里还是第一次的科学的说明。这个说明的根本性和透彻性，只有一个德国人能够有的。欧文，圣西门，傅里叶之流的著作，是有价值的，但现代社会关系的全部范围，却是到一个德国人手里，方才把那待要攀登的高点，一览无遗的，明白的，陈列出来，像许多小山，罗列在一个立在最高点的观察者面前一样。

以往的政治经济学告诉我们，劳动是一切财富的源泉，是一切价值的尺度，所以两个对象物，如其生产费去了相等的劳动时间，便有相等的价值，并且因为平均说来只有相等的价值可以互相交换，所以必须能互相交换。但同时它又告诉我们，有一种蓄积的劳动存在着，它称此为资本；资本由它里面包含的手段，可以使活劳动的生产力，增加一百倍或一千倍，并由此要求一定额的赔偿；这种赔偿，人们叫它做利润或利益。像我们大家知道的那样，在事实上，那种蓄积的死的劳动之利润，是益益变得大，资本家的资本也是益益变得大，同时活劳动的工资却益益变得小，单纯依赖工资生活的人益益变成多数，也益益变为贫乏。这个矛盾要怎样解决呢？如果劳动者取去了他附加在生产物内的劳动的全部价值，又怎样能为资本家留下利润来呢？并且，既然只有相等的价值可以互相交换，情形也是应当这样的。但从另一方面说，许多经济学家，既然说生产物是分配在劳动者和资本家之间，等价值的交换又怎样可能呢，劳动者又怎样能受得他的生产物的充分价值呢？在这个矛盾前面，以往的经济学是束手无策，不过写一些或讲一些毫无意义的话来搪塞。甚至一向从社会主义立场来批判经济学的人，也只能够把这种矛盾指出。在马克思以前，没有一个人能够解决它。但现在，马克思对于利润的发生过程，已经追溯到它的根源，把一切都说明白了。

在说明资本时，马克思是从这个单纯的显著的事实说起：本家由交换来增殖他的资本；他用他的货币来购买商品，后来把它卖掉，使所换得的货币，多于它所费于他的货币。例如有某个资本家，他用1000台娄尔购买棉花，再把它凭1100台娄尔卖掉，因此他得100台娄尔作"酬劳"。在原资本以上，他有了100台娄尔的余额。马克思称这个余额为剩余价值。这个剩余价值是怎样成立呢？依照经济学者的假设，只有相等的价值能互相交换；并且这个假设，在抽象理论的范围内，也是正确的。所以，棉花的买和再卖，是和一个银台娄尔兑换三个银格罗生，辅币再兑换为银台娄尔一样，不能生出任何剩余价值来。这种交换不能使任何人变为更富，也不能使任何人变为更贫。同样，剩余价值也不能由卖者在价值以上售卖商品或买者在价值以下购买商品的事实成立，因为他们会依次以卖者和买者的资格出现；因此，他们结局会再归于均衡。剩余价值不能由买者卖者互相侵占的事实成立；因为，这种相互的侵占，不会创造新的价值或剩余价值，不过使已经存在的资本，依不同的方法，分配在诸资本家间。不过，资本家虽然是依照价值购买商品，并依照价值售卖商品，但他取出的价值，依然比他投入的价值更多。这是怎样来的呢？

资本家在现在的社会关系下，在商品市场上，寻到了一种商品，它有这种特别的特征：它的使用是新价值的源泉，是新价值的制造。这个商品是——劳动力。

什么是劳动力的价值呢？每一个商品的价值，都是由它的成立所必要的劳动来测量。劳动力是在活劳动者的姿态上存在的。劳动者为要维持他自己的生存，并维持他的家族，（为要在他死后使劳动力继续存在，他必须维持他的家族，）他必须有一定额的生活资料。资本家逐星期支付劳动力的价值，并由此购买劳动者逐星期的劳动的使用权，关于劳动力的价值，就以上所论各点来说，经济学家们的意见，和我们的意见，大体上是一致的。

现在，资本家使他的劳动者去劳动。在一定的时间内，劳动者会提供一定量的劳动，恰好与一星期工资所代表的劳动相等。假设一个劳动者一个星期的工资，代表三个劳动日，从而该劳动者从星期一起，做到星期三晚上，就把资本家所付工资的全部价值，补还了。他就在这时候停止劳动么？决不是的。资本家已经购买了一个星期的劳动。劳动者虽只要以三日的时间代置他的工资，但他仍须在后三日从事劳动补还工资所必要的时间以外的劳动，是剩余劳动。这种剩余劳动，便是剩余价值的，是利润的，是资本不断增殖的源泉。

我们不说——这是一个专擅的假设——劳动者是在三日内再做出他所受的工资，其余三日便是为资本家劳动。他是用三日，二日，还是用四日来代置工资，在这里，其实是一件无关重要的事，那是看情形变化的。在这里，主要的命题是：资本家会在有给劳动之外，拉出一种无给的劳动来。这不是一个专擅的假定；因为，如果资本家从劳动者那里取出的劳动，不过和他付给的工资相等，资本家一定会把他的工厂锁起来；因为，如果是这样，他的利润便全部消灭了。

在这里，一切的矛盾都解决了。现在，剩余价值（资本家的利润，是它里面的一个显著部分）的成立，是完全明白的，自然的了。劳动力的价值被支付了，但与资本家由劳动力打出的价值比较，这个价值是更小得多。当中的差额，无给劳动，构成资本家要求的部分，更正确的说，是构成资本家阶级要求的部分。因为，就拿我们前面的例来说，棉花商人由棉花打出来的利润，在棉花价格不提高时，仍然要由无给劳动构成。商人把棉花卖给一个棉工厂主。这种工厂主，会在 100 台娄尔之外，为自己，从织物打出一个利润来。他所囊括的无给劳动，会和他共分。一般说来，社会上一切不劳动的份子，都是得了这种无给劳动。国税和各种捐税，（如果它们是由资本家阶级负担，）土地所有者的地租等，都是由这种无给劳动支付的。全部现行的社会状态，却建筑在这种无给劳动上面。

但在另一方面，假定无给劳动，在现行生产（一方面由资本家，一方面由劳动者经营）的情形下面方才成立，也是背理的。正好相反。在一切时代，被压迫的阶级，都必须提供无给劳动。有一个很长的时期，是以奴隶制度为劳动组织的支配形态。但在这全期间内，奴隶所须做的劳动，比他代置生活资料所必须做的劳动，是更多得多。在农奴制度乃至农民徭役制度下，情形也是这样的。不过，在这场合，农民为维持自身生活而劳动的时间，和他为领主劳动的剩余劳动之间，有明明白白的区别。因为后者和前者是完全分开的。现在，形式变化了，但事实还是一样。"在生产手段为社会一部分人独占的地方，劳动者（自由的或不自由的）都须在维持自身所必要的劳动时间之上，加入超过的劳动时间，去替生产手段所有者，生产生活资料。"（马克思《资本论》第一卷第 176 页）

我们在前一节说过，资本家使用的每一个劳动者，都做两重的劳动。他的劳动时间的一部分，代置资本家垫支给他的工资。马克思称劳动的这一部分为必要劳动。但在此之后，他须继续劳动，并在这继续的时间内，为资本家生产剩余价值。利润便是剩余价值的一个显著部分。劳动的这一部分，便叫做剩余劳动。

我们假设，每星期劳动者要劳动三日来代置他的工资，又劳动三日为资本家生产剩余价值。换言之，便是在每日十二小时劳动中，每日以六小时生产他的工资，六小时生产剩余价值。在一个星期内，人只能劳动六日，就把星期日加入，也只能劳动七日，但在每一日中，他可以劳动六小时、八小时、十小时、十二小时、十五小时，乃至十五小时以上。劳动者已经为一日的工资，把一个劳动日卖给资本家了。但什么是一个劳动日呢，八小时呢还是十八小时呢？

资本家的利益，是使劳动日尽可能延长。劳动日越是长，他所生产的剩余价值就越是多。劳动者有这种正当的意识。他认为，代置工资以上的每一小时劳动，都是不合理地从他们那里榨取的；他们说，那会妨碍他们自己的身体，或者说，他们做了过长的时间。资本家为利润而战，劳动者却为健康，为几小时的休息（使他们在劳动睡眠和饮食之外尚能从事别种活动的休息）而战。在这里留意一下。在这种战争内，个别资本家会不会加入，并不取决于个别资本家的善意，因为竞争本身会使最慈善的人听它支配，使他和同行的人携手，并把这样长的时间定作规则。

关于劳动日规定的斗争，从自由劳动者在历史上最初出现的时候起，一直继续到今日。职业不同，盛行的习常的劳动日也不同；不过，在事实上，遵守的并不见多。在那些用法律规定劳动日，并勉强人遵守这种法律的地方，才实际有标准的劳动日成立。但到现在，在英吉利的工厂区域，方才这样实行。在那里，法律规定一切妇女和十三岁至十八岁的儿童，每日只许劳动十小时。前五日每日劳动十小时半，星期六只做七小时半。并且，因为男子没有女工童工就不能劳动，所以他们的劳动时间也变为十小时的劳动日了。英国的工厂劳动者，是经过多年的忍耐，经过最顽强最坚决的对工厂主的斗争，由出版自由权，由工人集会结社自由权，并由支配阶级自行分裂这一种现象之巧妙的利用，才获得这种法律。这个法律成了英国劳动者的守护神，它逐渐推广到一切大产业部门，在近几年，差不多推广到一切职业上，至少推广到一切使用妇女和儿童的职业上来了。英吉利用法律规定劳动日的历史，本书曾有极详细的记载。下一届"北部德意志议会"也将讨论到职业法的问题，并讨论到工厂劳动法的问题。我们预期，德意志劳动者选出的议员，在讨论这种法规时，都能熟习马克思的著作。那里有许多要贯彻的事情。支配阶级的分裂对于劳动者是有利的。这在英国也是这样。因为，普选权会强制支配阶级对劳动者表示好意。在这情形下，无产阶级只要有四五个代表，就会成为一种势力——如果他们知道怎样利用他们的地位，如果他们了解他们当前的问题，那是资产阶级所不了解的。关于这一点，马克思这本书，会把一切材料，完全的给予他们。

此外，我们还看到一系列极有意思的研究，那包含许多理论上的旨趣。然后在结末一章，讨论资本的蓄积。这里第一次说明了，资本主义生产方法——一方面由资本家一方面由劳动者经营的生产方法——不仅不断地重新生产资本家的资本，同时它还不断再生产劳动者的贫穷。因此，我们忧虑，在一方面，是不断地重新地有资本家，他们是一切生活资料，一切原生产物，一切劳动工具的所有者，在另一方面，则有大群的劳动者，他们受着压迫，不得不为一定量的生活资料，把他们的劳动力卖给资本家，至多只能把自身维持在能够劳动的状态，并生出一代新的有劳动能力的无产者。但资本不单是再生产它自己；它会不断增加并增大起来——它对于无产劳动者阶级的权力，也跟着增大起来。并且，像它会以不断扩大的规模再生产它自身一样，近代资本主义生产方法还会以不断增大的规模，凭不断增加的人数，再生产无产的劳动者阶级。"资本的蓄积，以累进扩大的规模，再生产资本关系，那就是在一极端，再生产更多的资本家或更大的资本家，在另一极端，再生产更多的劳动者。……所以，资本的蓄积，即含有无产者增加的意味。"（第 515 页）但因为机械进步，农业改良等的结果，生产等量生产物所必要的劳动者是益益减少，因为劳动者过剩程度的增进，甚至比增殖的资本的增加，还要更迅速，这种不断增加的劳动人数，将会招致什么结果呢？这种过剩的劳动者将形成一个产业预备军。他们在营业状况衰落或营业平平的时候，仅被付以价值以下的劳动代价，有职业与否，也极不规则，甚至不得不仰赖慈善救济。但在营业特别活跃的时期，这种人却是资本家万不可少的。这种情形，在英国很为显明。在一切情形下，他们都会把有正常职业的劳动者的反抗力破坏，使他们的工资不能提高起来。"社会财富愈大，……则相对的过剩人口或产业预备军也愈加大。但与现役（有正常职业）的劳动军比较，产业预备军愈大，常备的过剩人口——他们的贫困，与他们的劳动痛苦成反比例——也愈大。最后，劳动者阶级中的求乞阶层和产业预备军愈大，官厅正式认为待救恤的贫民也愈多。这就是资本主义蓄积之绝对的普遍的法则。"（第 542 页）

在严密的科学的论证之下，这便是近代资本主义社会制度的主要法则。官派经济学者所注意的，也不外就是对于这一点的否定的尝试。但马克思的主张，就尽于此么？决不是的，马克思既如此尖锐地着重资本主义生产的不良方面，又同样明白地证明了，这个社会形态是使社会生产力发展到一定程度所必要的。必须社会生产力发展到这个程度，社会全体份子的均等的合乎人道的发展，方才是可能的。对于这一层，一切以前的社会形态，都太贫弱了。资本主义生产，才造出这一层所必要的财富和生产力来，但同时它又造出一个社会阶级，那就是人数众多的一天比一天受压迫的劳动者。他们会起来要求，拿这种财富和生产力，利用来为全社会的利益，不像今日一样，单是为一个独占阶级的利益。

〔……〕价值。照瓦格讷（Adolph Wagner）先生说来，马克思的价值学说，是"他的社会主义体系的础石"（第 15 页）。因为我并不曾构想任何的"社会主义体系"，所以这不外是瓦格讷、谢夫勒（Schäffle）等人的狂想。他又说，马克思"在劳动内，发现了交换价值（在这里，他只是指交换价值）之共同的社会的实体，在社会的必要劳动时间内，发现了交换价值的尺度等"。

我没有在任何地方说过交换价值之共同的社会的实体。我其实是说，交换价值（至少要有两个互相比较，交换价值方才会存在）表示某一件它们共同具有的东西，这个东西是和"它们的使用价值（在这里，是指它们的自然形态）相独立，那就是价值"。所以我说（见"资本论"第一卷）"这个共通性，表现在交换关系或交换价值上的，就是它们的价值。在研究的进行中，我们会回过来，讨论交换价值，把它当作价值之必然的表现方法或现象形态；但我们且独立在这个形态之外，先把价值拿来讨论"（参看第 13 页）。

我也不曾说，"交换价值之共同的社会的实体"是"劳动"。不过因为我曾有一篇专讨论价值形态即交换价值之发展，所以看起来好像我曾把这个形态还原作"共同的社会的实体"。并且，瓦格讷先生还忘记了，在我，当作主题的，既不是"价值"，也不是"交换价值"，只是商品。

他又说："这个（马克思的）学说，与其说是一般的价值学说，毋宁说是与里嘉图这个名字结在一起的成本学说（Kosten-theore）。"实则，瓦格讷先生该能从"资本论"或西伯尔（Sieber）的著作——如果他懂得俄文——知道我和里嘉图之间的差别。在里嘉图，劳动不过当作价值量的尺度，从而在他的学说和货币性质之间，不能发现任何的关系。

瓦格讷先生说这"不是一般的价值学说"时，他，就他自己所指的事情来说，是完全正确的，因为他所谓的一般的价值学说，是把"价值"一辞，穿凿附会来解释的。他尽可以这样做，因为在德意志的传统上，"使用价值"和"价值"这两个名词，依然在教授们手里混同着；因二者同有"价值"的名称。但他又说，这是一个"成本学说"。他这句话，或是以一个同义反复为根据；如果商品只表现价值，只表现某种社会物（人类劳动），一个商品的价值量，也只如我所说，由其内包含的劳动时间的量决定，从而，只是由一物生产所费（Kostet）的标准的劳动量来决定；而瓦格讷先生要证明相反的主张，断言这种价值学说不是"一般的"，不过因为这不是瓦格讷先生心下所指的一般价值学说。不然，他这句话，就是胡说；因为里嘉图（随在斯密之后）把价值和生产价格混在一起；我却已经在"经济学批判"内，并且在"资本论"的一个注解内，明白指出，我不把价值和生产价格（那只是表现在货币形态上的生产成本）混同。为什么不呢？我没有对瓦格讷先生说明么？

并且，照他说，我的处置是太随便了。因为我只把"成本解在所谓劳动支出这个最狭隘的意义上。这必须先有这样一种证明：资本家个人以资本为媒介所做的活动，即使全然没有，生产过程也是可能的。但这个证明，还是不曾有过"（第45页）。

实则，有找证据的责任的，并不是我。瓦格讷应须先证明，社会的生产过程（不说生产过程一般）在极多数的共同体内，是不存在的。这种共同体，存在于私资本家出现之前，例如古代印度的共同体，古代斯拉夫的家族共同体等。并且，瓦格讷也只能说：资本家阶级对于劳动阶级的榨取，简言之，资本主义生产的性质，像马克思说明的那样，是正确的，但马克思在这点上错了；亚里斯多德错误地不把奴隶经济当作是暂时的，马克思却错误地把资本主义经济组织当作是暂时的。

"如果这一个证据不曾提出来，（那就是，如果资本主义经济存在着）则（在这里，露出了虾足驴耳了）在事实上，资本利润就是价值的一个'构成'要素，并不像社会主义的说法那样，是劳动者身上的夺取或劫掠。"（第45、46页）什么是"劳动者身上的夺取"（他的皮的夺取等），是不能发明的。刚好相反。我是把资本家视为资本主义生产上的必要的机能者；并且极详细地指出了，他不单是"夺取"或"劫掠"，并且实行剩余价值的生产，所以，他要先帮助着把这种劫掠物创造出来。我详细指出了，甚至在商品交换上，也只是等价物互相交换。资本家以劳动力的现实价值付于劳动力的所有者（劳动者）以后，便有完全的权利，与这种生产方法相应的权利，取得剩余价值。但这一切都不足使"资本利润"成为价值的"构成"要素，却不过证明，在那非由资本家劳动"构成的"价值中，会被取去一部分，并且他"有权"把这个部分占有。那就是，这种占有，并不会侵害那种和商品交换互相照应的权利。

"那个学说，只片面地顾到这一个价值决定的要素"，（1. 同义反复。这个学说是错误的，因为瓦格讷有一个"一般的价值学说"，和它不一致。他以为，"价值"是由"使用价值"决定的，一般御用的教授，就是这样说明。2. 瓦格讷先生把价值解作各时候的市场价格，或和它有差别的商品价格，那是和价值极不相同的东西）"即成本，但没有顾到别一个要素，即使用性，效用，或欲望要素"。（那就是没有把"价值"和使用价值混在一起，在瓦格讷这一类天生就混混沌沌的人看来，这种混淆是尽善尽美的）。"它不但不从现时的交易关系，引出交换价值的形成"，（他是说价格的形成，那是和价值形成绝对无关的；不过，在现时的交换关系上，确实有一个交换价值的形成。这个形成是一般投机家，商品伪造者等人知道的。他们和价值形成过程没有任何的关系；但对于"所形成的"价值，有一双锐利的眼。此外，在劳动力的价值的决定上，我是从这个前提出发：它实际被支付了它的价值。但实际的情形，并不是这样。谢夫勒先生在"资本主义论"内说这是"宽大的"，或与此近似的。他只是指一个科学上必要的假定。）"并且，还像谢夫勒在'神髓'，尤其是在'社会体'内巧妙完美（!）证明的那样，它也不会生出这诸种关系；虽然这诸种关系，在马克思所假设的社会国内，是必须要构想成的。"（所以，谢夫勒先生这样爱好并这样为我想成的社会国，就成了马克思的社会国，不是谢夫勒想象中的马克思的社会国了。）"这一点，可由谷物的例，予以适切的证明。在谷物的收获量已经变化而需要量不生变化的时候，谷物的交换价值，即在社会公定价格制度内，也不能单凭成本来调节。"（这许多话，这许多无意义的话。第一，我不曾在任何地方说到"社会公定价格制度。"我在研究价值时，我是以资本主义的关系为对象，不是处理这个价值学说在一个社会国——那不是我构想的，只是谢夫勒先生替我构想的——内的应用。第二，在歉收时，谷物价格会提高。先是它的价值会提高，因为一个定量的劳动，将实现在较少的生产物内；其次，它的售卖价格会更提高。但这与我的价值学说有什么关系呢？谷物越是在它的价值以上售卖，别的商品便会在它的自然形态或货币形态上，依相同的程度，越是在它的价值以下售卖，虽然它们的货币价格不会下落。价值总额依然不变，虽然这个价值总额用货币表现已经增大，从而，照瓦格讷说来，交换价值的总额也已经增大。情形会是这样的，只要我们假设其余各种商品的总额的下落程度，不足与谷物价格的提高程度相抵。但在这个场合，货币的交换价值会跌在它的价值以下；所以，不仅一切商品的价值总额依然不变，甚至在货币表现上，它也是依然不变，如果我们把货币也算在商品里面。再者，谷物的价格提高，固然会超过谷物价值因歉收而起的提高程度，但这种提高，在社会国内，总要比在今日的谷物商人手里更小一点。因为社会国自始就会这样调整生产，所以，逐年的谷物供给，比较起来，最不受气候变动的影响。生产量（供给）与需要，将有合理的调节。最后，谢夫勒幻想的社会公定价格如果实现了，那会证实或否决我的价值学说么？不会的。在海船上或要塞上或在法国革命时，也曾实行强制规定，但那何曾影响到价值上来呢？"社会国"内的异常的事情，资本主义国的价值法则，以及价值学说云云，都不外是儿童的呓语而已！）

这位瓦格讷先生得意地引用劳（Rau）的话说："为要避免误解，必须确定价值一般的意义。照德文的用法，那应当作什么解释呢？那是指使用价值。"（第46页）

〔……〕价值概念之进一步的演绎：

主观的价值和客观的价值。从主观方面说，最广义的财的价值『"财由其效用取得的重要性，……不是物自体所有的特性，虽然它也要以客观上物的效用为前提，从而要以客观的价值为前提。……在客观的意义上，我们也把有价值的财，解作价值或诸

874

价值。在这里（!）财和价值，诸财和诸价值，就成为本质上一致的概念了。"（第46、47页）

照瓦格讷说来，普通称做"使用价值"的东西是，被称为"价值一般"，被称为价值概念一般，不过他并没有忘记，"这个这样演绎的价值，便是使用价值"。他以前既把使用价值称作"价值概念一般"称作"价值一般"，此后又发现了，他只是就使用价值来胡说，从而是就使用价值来演绎——因为在今日，胡说和演绎，在本质上已经是同一的思想作用了。但在此际，我们却觉得了，瓦格讷提出这种一向来的"客观的"概念混淆时，曾发生一种怎样的主观的事情。那就是，他暴露了一个秘密。洛伯尔图曾给他一封信，发表在一八七八年"杜宾根杂志"上，在那里，他（洛伯尔图）说明了，为什么他只举出"价值的一种"，使用价值。"我（瓦格讷自己）赞成这个见解。在第一版，我就一度举出了它的重要性"。"关于洛伯尔图的说话"，瓦格讷说，"这是完全正确的；并且必须有这种见解，我们方才能够把这种普通的不合逻辑的分割——使用价值和交换价值的分割——改变过来；在第一版，我已经在第三节把这一点讲过了。"（第48页注四）在瓦格讷看来，好像我也主张，"使用价值"应完全由这种科学"离开"。（第49页注）

这一切都只是"胡说"。第一，我并不是从概念出发，所以我也不曾把它分割。我所由以出发的，只是劳动生产物在今日社会内所依以表现的最单纯的社会形态，这就是"商品"。我的分析，先是在它的现象形态上分析它。在这里，我发现了从一方面说，在它的自然形态上，它是一个使用物，换言之，是一个使用价值，从另一方面说，它是交换价值的担当者，并且从这个观点看，它就是交换价值。但交换价值之进一步的分析，却指示了交换价值只是一个现象形态，是包含在商品内的价值之独立的表现方法。然后，我再进而分析价值。我曾在第 36 页（第二版即译本第 23 页）明白说："我们在本章之始，曾依照通俗的说明，说商品是使用价值，又是交换价值。严格说，这种说法是错误的。商品是使用价值（使用对象）和价值。商品要表现为使用价值和交换价值的二重物，其价值须采取与其自然形态相异的现象形态，即交换价值的形态。……"所以，我不是把价值分作使用价值和交换价值，把价值这个抽象体，分成这两个对立物。不过，劳动生产物之具体的社会的姿态，"商品"，一方面是使用价值，另一方面是价值——不是指交换价值，因为这只是现象形态，不是实在的内容。

第二，只有不了解《资本论》内一个字的人，会因为《资本论》第一版一个注解（在那里，我指斥了一切德国教授关于使用价值一般的胡言，并非难那些读"商业入门书"，想由此在现实使用价值上知道一点东西的读者），便推论说，对于他，使用价值是一点作用没有的。使用价值当然不能有它的对立物（价值）的作用；它也和价值没有关系。除了"价值"出现在"使用价值"的名称上。如果可以这样讲，他们还可以说我是不管交换价值。交换价值只是价值的现象形态，不是价值。据我看，一个商品的价值。既不是它的使用价值，也不是它的交换价值。

当我们分析"商品"——最单纯的经济的具象物——时，我们要把一切与当前分析对象无关的关系，搁起来。在商品当作使用价值来说明的限度内，我们对于商品的说明，是尽量减少，并且我们还把使用价值——劳动生产物——所依以表现的特征的形态搁起来。我曾说，"有效用而又为人类劳动生产物之物，可以不是商品。以自身劳动生产物满足自身欲望的人，就只创造使用价值，不创造商品。要生产商品，他不仅要生产使用价值，并且要生产为他人的使用价值——即社会的使用价值"（第 6 页）。

（这就是洛伯尔图的"社会使用价值"的根源）因此，甚至使用价值——当作商品的使用价值——也有一个历史的特殊的性质。在生活资料由成员共同生产共同分配的原始共同体内，共同的生产物将直接满足各成员各生产者的生活需要。生产物或使用价值的社会性质，就存在它的共同性上。（但洛伯尔图却相反地把商品之社会的使用价值，变作"社会的使用价值"一般，所以他是胡说。）

所以，由以上推论起来，这一切话，在商品的分析上，都是全然胡说。因为，商品一面表现为使用价值或财，一面表现为价值。但在此际，却扣上了庸俗的关于这样诸种使用价值的考察。例如瓦格讷或一般德国教授所考察的"国有财产"，"公有财产"，甚至"健康"这一类的东西。这些东西，都不在商品界的领域内。当然，如果国家自为资本主义生产者，例如国营矿山或国营森林，则在这场合，它的生产物也是商品，也具有其他各种商品的特殊性质。

在别方面，这个蠢汉又忽略了，我在商品的分析上，并不是总留在商品所依以表现的二重方法上；我已立即向前进一步论到，生产商品的劳动的二重性，也是表现在商品的这二重意义上。一方面，它是有用劳动，即劳动的具体方法，并创造使用价值，别方面，它是抽象劳动，是劳动力在任何一种有用方法上的支出。（生产过程的说明，以后也就立在这一点上）我还曾进一步论到，"在商品价值形态的说明上，结局，在其货币形态的说明上，从而在货币的说明上，一个商品的价值，是表现在别一个商品的使用价值上，那就是在别一个商品的自然形态上。我还进一步论到，剩余价值也是由劳动力一种特殊的任何他物都不会有的使用价值发生，以及其他等。所以，在我手上，使用价值仍有极重要的作用，不过，它这种作用，和它在以往经济学上的作用完全不同。它在考察上总是很重要，不过这种考察是由经济形态的分析发生，绝非由概念或名词（'使用价值'和'价值'）的反复考究发生的。"

因此，在商品的分析上，我们也不要把资本论的定义，在商品的"使用价值"上面扣住。在我们分析商品诸要素时，这种定义必然是全无意义的。

在我的说明上，使瓦格讷先生讨厌的，是这一件事：我没有顺他的意思，照德国旧来的教授们的研究做法，没有把使用价值和价值混同。虽说德国社会是极落后的，但它也渐渐由封建的自然经济脱离了，至少由封建自然经济的支配脱离了，伸进到资本主义经济里面来了。虽然如此，教授们却依然一只足站在旧的尘埃上。这是当然的。他们由有产者的属民，变作国家的属民，一般政府的属民了。所以，我们这位蠢汉——他不知道，我的分析不是从人出发，只是从一定的经济社会时代出发，和德国教授们固执概念固执名词的方法，没有任何关系——说："我赞成洛伯尔图和谢夫勒的见解，认一切价值有使用价值性质，更加看重使用价值的评价，因为交换价值的评价，对于许多在经济上极其重要的财货，绝对不能适用。"（什么事情叫他这样说呢？他的职位呀！那使他必须把使用价值和价值混同!）"又，对于国家及国家的职务，以及若干公共经济关系，交换价值的评价，也是不能适用的。"（第 49 页注）（这个情形，使我们想起化学这种科学成立以前的古化学家。因为在普通生活上统称为牛奶油的Kockbutter，有一种白色状态，他们就把一切 Chlorice、Zinkbutter、Antimonbutter 等，都叫做牛奶油汁，并主张一切氯化合物、锌化合物、锑化合物，都有牛奶油的性质。）这个无稽之谈是这样引起的：因为有一些财货，特别是国家（一种财!）和它的职务（尤其是经济学正教授们的职务）不是商品，所以商品内包含的诸对立性质，（那也会在劳动生产物的价值形态上表示出来，）必须互相混同。不过，就使瓦格讷之流的"职务"是依照他的使用价值，依照它的实在"内容"来评价，他们也未见得能取得更多；依照他们的"工价"（像瓦格讷说明的一样，那是由社会公定价格制度决定的）或依照他们的"薪给"来评价，他们的进入，也未见得就会更少罢。

〔这种妄谈的唯一的根据是：在语言方面，价值（Wert 或 Würde）这个名词最先是应用在有用物上。这种有用物，在成为商品以前，早就当作劳动生产物存在了。但这个事情，无关于商品价值之科学的决定。这好比，"盐"这个字，在古代，最先是用在食盐上，并且，从普林尼以来，糖也算在盐类之内。（一切无色的可以在水内溶解并有特殊味道的固体，都是如此。）因此，糖这类东西，在那时，也被包括在"盐"这个化学范畴内。〕

现在，我们要说到这个蠢汉的保证人，洛伯尔图（他的论文，我曾在"杜宾根杂志"上看到。）这个蠢汉从洛伯尔图那里引用的文句是：

在该文第四十八页，他说："只有一种价值，那就是使用价值。那或是个人的使用价值，或是社会的使用价值。前者与个人或共需要相对待，完全与社会组织无关的。"（这完全是胡说。参看《资本论》第 133 页，那里说，"劳动过程当作合目的的生产使用价值的活动，是与人类的生活形态无关，得在人类生活各种社会形态上共同适用"。）〔但与个人相对待的，不是"使用价值"这个名词，只是具体的使用价值。至若是什么东西和他相对立，那完全取决于社会生产过程的阶段，不是同社会组织相照应。洛伯尔图只是说使用价值实际是当作使用对象和个人相对待，所以是当作个人的使用价值而与个人相对待么？如果是这样说，他所说的，就是一个无意义的同意复述，甚至是错误。因为，如果不说莱麦，大麦，小麦，或肉（那对于佛教徒，就不是食料），这一类东西，教授位置或简任官位置或勋章的欲望，对于个人，就只在一定的"社会组织"内，才是可能的。〕"第二，是一个由许多个别有机体结成的社会有机体的使用价值。"（第48页）好角色！在这里，它是指"社会有机体"的"使用价值"呢，是指一个"社会有机体"所有的使用价值呢（例如原始共同体的土地），还是指使用价值在一个社会有机体内的一定的"社会的"形态呢？（例如在商品生产行着支配的地方，在那里一个生产者所供给的使用价值，是"为别人的使用价值"，并且在这个意义上，是"社会的使用价值"。）对这样一个浅薄的人，是没有什么说头的。

瓦格讷的浮士德又说："交换价值只是社会使用价值在一定历史时代发生的历史的附属物。当人们把交换价值当作使用价值之论理的对立物，拿来和它相对待时，他们就把一个历史的概念，和一个论理的概念，放在论理的对立性上了。这是不照论理进行的。"（第48页注四）在同书，这个瓦格讷也发狂说："这是完全不确的！"这个"人们"究竟是谁呢？洛伯尔图无疑是指我。因为照麦耶（他的助手）说来，他曾写一部厚书，反对"资本论"。谁在论理的对立性上呢？洛伯尔图呀！在他看来，"使用价值"和"交换价值"二者，本来都是单纯的"概念"。不过，在每个行情表上，每一种商品都实际在通过不合论理的过程，它一方面，当作财，当作使用价值，当作棉花棉纱铁谷等，与别种商品相区别，与别种在性质上完全不同的"财"相区别，但同时在别一方面，它又当作价格，当作同一的本质，那就是在性质上相同，只在分量上有别。对于使用它的人，它是在它的自然形态上表现；但在它是交换价值的限度内，它却在一个完全与此相异但与一切其他商品相同的价值形态上表现。在这里，只有洛伯尔图之类的德国教授们——他们是从价值这个"概念"出发，不是从"商品"这个"社会物"出发，他们把这个概念分成二重的，并由此进行，说明在这两个幻想物中，那一个是真的"杰考布"——会有论理的对立性成为问题。

在这种虚饰的辞句之暗淡的背景中，只有这一个无聊的发现；那就是，在一切情形下，人必须要饮食等，（人也不能长此没有衣物食具居室和床铺，虽然不是在一切情形下都如此，）简言之，在一切情形下，人都须在自然界发现各种现成的外物，来满足他的欲望，或由自然取得物品，加以制造，来满足他的欲望。在他这种实际的经验上，他实际是不断把某一些外物当作使用价值那就是不断把这些外物当作他的使用的对象。所以，照洛伯尔图说来，使用价值是一个论理的概念；所以，因为人必须呼吸，所以"呼吸"是一个论理的概念，不是身体上的"生理的"东西。洛伯尔图的肤浅，当他把"论理的"概念和"历史的"概念对立起来的时候，是全部暴露了。因为，他不过在价值（那在经济学上是与商品的使用价值相对立的）的现象形态上，即交换价值上把握价值；因为，交换价值只在至少有一部分劳动生产物（即使用对象）当作"商品"的地方出现，不是一开始就有的。它要到一定的社会发展时期，在历史发展的一定阶段，方才出现。所以，交换价值就成一个"历史的"概念了。如果洛伯尔图——以下我就会见到，他为什么看不到这一点——进一步分析商品的交换价值，（因为交换价值只在有多数商品，有不同诸种商品的地方，方才存在），他就会在这个现象形态背后，发现"价值"。如果他进一步研究价值，他就会进一步发现，在这场合，物（即使用价值）只是人类劳动的支出，只是等一的人类劳动力之支出；从而，这个内容，也是当作事物之对象的性质，当作物的性质来表现，虽然这种对象性并不表现在它（商品）的自然形态上（也就因此，一个特殊的价值形态成了必要的）。并且，他应该还会发现，商品的"价值"，不过用一个历史的发展了的形态，表现一个东西，这个东西，在其他一切历史社会形态内，也曾以各种不同的形态存在的。那就是，它不过用一个历史的发展了的形态，表现劳动的社会性质，如果劳动是当作社会劳动力的支出。商品的价值，只是在一切社会形态内部存在的东西之一定的历史的形态。被用来标示商品"使用价值"的社会使用价值，也是这样。洛伯尔图先有里嘉图的价值量尺度，但也和里嘉图一样不了解价值的本质。比如，他就不了解原始共同体（当作集合劳动力的共同有机体）的劳动过程的共同性，也不了解他们的劳动在这种力的支出上的共同性。

在此际，进一步论述腐旧的瓦格讷，是赘余的。